从一大到
十九大

中国共产党全国代表大会史

1921—2017

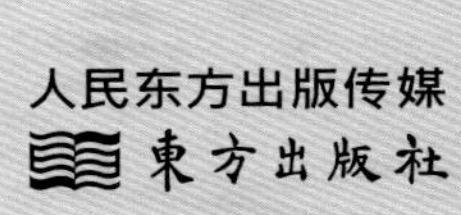
人民东方出版传媒
東方出版社

图书在版编目（CIP）数据

从一大到十九大：中国共产党全国代表大会史 / 张士义，王祖强，沈传宝主编 .
—北京：东方出版社，2018.1
ISBN 978-7-5060-9966-0

Ⅰ. ①从…　Ⅱ. ①张…　②王…　③沈…　Ⅲ. ①中国共产党全国代表大会
—史料　Ⅳ. ① D220

中国版本图书馆 CIP 数据核字（2017）第 286794 号

从一大到十九大：中国共产党全国代表大会史
（CONG YI DA DAO SHIJIU DA：ZHONGGUOGONGCHANDANG QUANGUO DAIBIAODAHUI SHI）

主　　编：张士义　王祖强　沈传宝
策　　划：姚　恋
责任编辑：辛岐波　杭　超
出　　版：东方出版社
发　　行：人民东方出版传媒有限公司
地　　址：北京市东城区东四十条 113 号
邮　　编：100007
印　　刷：三河市金泰源印务有限公司
版　　次：2018 年 1 月第 1 版
印　　次：2019 年 1 月第 10 次印刷
开　　本：710 毫米 ×1000 毫米　1/16
印　　张：28.25
字　　数：510 千字
书　　号：ISBN 978-7-5060-9966-0
定　　价：58.00 元
发行电话：（010）85924663　85924644　85924641

前　言

中国共产党第十九次全国代表大会胜利闭幕了。

习近平总书记在报告中指出："经过长期努力，中国特色社会主义进入了新时代，这是我国发展新的历史方位。""中国特色社会主义进入新时代，意味着近代以来久经磨难的中华民族迎来了从站起来、富起来到强起来的伟大飞跃，迎来了实现中华民族伟大复兴的光明前景；意味着科学社会主义在二十一世纪的中国焕发出强大生机活力，在世界上高高举起了中国特色社会主义伟大旗帜；意味着中国特色社会主义道路、理论、制度、文化不断发展，拓展了发展中国家走向现代化的途径，给世界上那些既希望加快发展又希望保持自身独立性的国家和民族提供了全新选择，为解决人类问题贡献了中国智慧和中国方案。"

这是当代中国共产党人奏响的历史强音，也是中国共产党成立 96 年来，不忘初心、牢记使命，始终坚持为中国人民谋幸福、为中华民族谋复兴，一往无前、不懈奋斗取得的历史性成就。

96 年来，为了实现中华民族伟大复兴的历史使命，中国共产党坚持以人民为中心，深深扎根人民，紧紧依靠人民，一切为了人民，在探索中前进，从挫折中奋起，无论是弱小还是强大，无论是顺境还是逆境，都初心不改、矢志不渝，团结带领人民历经千难万险，付出巨大牺牲，敢于面对曲折，勇于修正错误，攻克了一个又一个看似不可攻克的难关，创造了一个又一个彪炳史册的人间奇迹，成为中国人民和中华民族当之无愧的领导核心。这是贯穿中国共产党全部历史的红线，也是中国共产党永葆生机和活力的奥妙所在。

在推动党和国家事业不断发展进步的过程中，党的全国代表大会扮演着重要角色，发挥了重大作用。中国共产党全国代表大会是党的最高领导机关，具有讨论并决定党的重大问题、修改党的章程、选举党的中央领导机构等重要职权。一次党的全国代表大会，就是一座路标。全面梳理和研究党的全国代表大会的发展历程，不仅能够彰显党的最高领导机关的职能作用，树立党的全国代表大会在全党同志心目中的权威性、指导性，而且有助于人们从宏观上正确认识和把握党的历史主题和主线、主流和本质。

“明镜所以照形，古事所以知今。”为了帮助全党同志深入学习贯彻党的十九大精神，我们组织编写了《从一大到十九大：中国共产党全国代表大会史》一书。本书对中国共产党第一次至第十九次全国代表大会进行了提纲挈领式的生动描述。在六大至十八大各章正文后面，附录了本届中央委员会历次全会的简要介绍，反映大会精神的贯彻落实情况，便于读者把握有关的历史线索和发展脉络。在编写过程中，我们注意突出政治性和思想性、知识性和可读性，力求使本书成为一部带有研究色彩的通俗性党史读物，适合各级领导干部、广大党员群众以及大中学生阅读和收藏。

因时间和水平所限，书中难免存在疏漏和不妥之处，欢迎广大读者批评指正。

编者

2017 年 10 月

目 录

中共一大：本党定名为“中国共产党”

中共二大：中国革命须分“两步走”

中共三大：实行国共两党合作

中共四大：站在国民革命之领袖地位

中共五大：挽救危局的努力

中共六大：回答中国革命的基本问题

中共七大：迎接中国革命的胜利

中共八大：探索社会主义建设道路的良好开端

中共九大：“无产阶级专政下继续革命”

中共十大：难以继续的“继续革命”

中共十一大：历史转折的前奏

中共十二大：“建设有中国特色的社会主义”

中共十三大：社会主义初级阶段理论和党的基本路线

中共十四大：建立社会主义市场经济体制

中共十五大：把中国特色社会主义事业推向 21 世纪

中共十六大：全面建设小康社会

中共十七大：高举中国特色社会主义伟大旗帜

中共十八大：坚持和发展中国特色社会主义

中共一大：
本党定名为“中国共产党”

一、马克思主义的传播和中国工人运动的兴起

● 近代以来中国社会进步和革命发展的客观需要

中国共产党诞生在20世纪20年代初的中国，不是偶然的。在半殖民地半封建的东方大国进行革命，面对帝国主义和封建主义的强大势力，革命任务艰巨而又复杂，迫切需要坚强的领导力量。但近代中国的历史表明，中国的农民阶级和资产阶级都没有能力承担起领导中国革命的责任，不可能领导中国人民完成反帝反封建的民主革命任务。20世纪初，先后建立起来的不同性质的政党都未能提出正确的纲领并发动人民群众，以解决近代中国社会所面临的迫切问题，中国人民和中国革命呼唤着新的领导阶级和新的政党组织。这样，中国先进分子终于选择了马克思主义的科学社会主义作为改造中国社会的武器，选择走俄国十月革命的道路，并根据列宁的建党学说组建起中国无产阶级的政党。由此可以看出，中国共产党的创建，适应了近代以来中国社会进步和革命发展的客观需要，是近代中国历史选择的必然结果，是中国人民选择的必然结果。对此，毛泽东说："中国革命是包括资产阶级民主主义性质的革命（新民主主义的革命）和无产阶级社会主义性质的革命、现在阶段的革命和将来阶段的革命这样两重任务的。而这两重革命任务的领导，都是担负在中国无产阶级的政党——中国共产党的双肩之上，离开了中国共产党的领导，任何革命都不能成功。"①

● 马克思主义在中国的广泛传播

毛泽东说过："一九一七年的俄国革命唤醒了中国人，中国人学得了一样新的东西，这就是马克思列宁主义。"② "中国人找到马克思主义，是经过

①《毛泽东选集》第二卷，人民出版社1991年版，第651页。

②《毛泽东选集》第四卷，人民出版社1991年版，第1514页。

俄国人介绍的。在十月革命以前，中国人不但不知道列宁、斯大林，也不知道马克思、恩格斯。十月革命一声炮响，给我们送来了马克思列宁主义。十月革命帮助了全世界的也帮助了中国的先进分子，用无产阶级的宇宙观作为观察国家命运的工具，重新考虑自己的问题。走俄国人的路——这就是结论。一九一九年，中国发生了五四运动。一九二一年，中国共产党成立。”① 从1918年开始，李大钊就率先传播马克思列宁主义，先后发表《法俄革命之比较观》《庶民的胜利》《Bolshevism 的胜利》等文章。1919 年的五四运动，造就了一批具有初步共产主义思想的知识分子，促进了马克思列宁主义同中国工人运动的结合，在思想上和干部队伍上为中国共产党的诞生准备了条件。五四运动后，宣传马克思列宁主义的报刊大量出现，全国共有 200 多种报刊不同程度地宣传了马克思主义、社会主义。1920 年前后，《共产党宣言》《社会主义从空想到科学的发展》等马列著作或介绍马克思主义的书籍被翻译出版，为中国共产党的诞生奠定了思想基础。

● 中国工人运动的蓬勃兴起

正当中国的思想界发生剧烈变化的时候，中国的社会结构也悄然发生着深刻的变动，随着近代工业的出现，中国产生了新兴的社会力量——工人阶级，这为中国共产党的诞生奠定了阶级基础。到 1921 年建党前夕，全国产业工人约有 261 万人，工人阶级日益成为近代中国一支重要的社会力量。中国工人阶级是近代中国先进生产力的代表者，它与最先进的经济形式相联系，富于组织性纪律性，没有私人占有的生产资料，大公无私，富于革命的彻底性。中国工人阶级还深受帝国主义、封建主义、官僚资本主义的三重压迫，而这些压迫的严重性和残酷性是世界各国中少见的。正是由于中国工人阶级受到如此残酷的压迫和剥削，它在革命斗争中比任何别的阶级都坚决和彻底，是中国最革命的阶级，一个特别能战斗的阶级。据统计，1919 年工人罢工 66 次，参加人数 91520 人；1920 年工人罢工 46 次，参加人数 46140 人；1921 年罢工 49 次，参加人数 108025 人。随着中国工人阶级力量的迅速发展和工人运动规模的日益扩大，就迫切需要一个真正代表工人利益并善于指导

---

①《毛泽东选集》第四卷，人民出版社 1991 年版，第 1470—1471 页。

工人斗争的政党产生。

● 中国共产党早期组织的建立与活动

在中国共产党的筹建过程中，上海、北京的共产党早期组织处于发起的地位，这与两个城市马克思主义传播较早、工人运动发展较快、具有初步共产主义思想的知识分子较多有关；同时，与共产国际来华代表的联系和帮助也有关。1920 年 8 月，陈独秀等人在上海成立了我国第一个共产主义小组，并成为建立中国共产党的发起组织。稍后，李大钊等人在北京也发起成立了共产主义组织。到 1921 年上半年，中国共产党的早期组织在上海、北京、武汉、长沙、济南、广州及重庆等大城市以及旅欧、旅日留学生中相继建立。工人阶级表现出来的伟大力量吸引了革命知识分子的注意，他们开始同工人建立联系，去办工人夜校、办工会，向他们作革命宣传，马克思主义同中国工人运动开始了初步的结合。1920 年 8 月，正在法国勤工俭学的蔡和森给毛泽东的信中，明确提出建党的思想："我以为先要组织党——共产党。因为他是革命运动的发动者、宣传者、先锋队、作战部。"[①]"必如此才能养成少数极觉悟极有组织的份子，适应战争时代及担负偌大的改造事业。"[②]毛泽东则复信："见地极当，我没有一个字不赞成。"[③]

● 共产国际的帮助指导

应该肯定，中国共产党创建初期，共产国际曾对中国建党给予了很大的关心、帮助和指导，并起过重要的作用。这种指导帮助主要体现在三个方面：一是思想理论上的帮助，共产国际的代表积极宣传马列主义的革命学说和建党原则，帮助具有初步共产主义思想的知识分子摆脱无政府主义和各种假社会主义的影响，使中国共产党从筹建起就以马列主义为指导，奠定了正确的思想基础。二是派员来华对中共的创建给予组织帮助，直接参加了中共一大，并始终指导会议的进程。三是在经费上对中共的创建给予帮助，不但

① 《蔡和森文集》（上），人民出版社 2013 年版，第 57 页。
② 《蔡和森文集》（上），人民出版社 2013 年版，第 74 页。
③ 《蔡和森文集》（上），人民出版社 2013 年版，第 77 页。

提供了会务的开支，还给各位代表发送了路费。这为中共一大的顺利召开提供了物质保证。当然，中国共产党的创建有着自己特定的历史背景和社会基础，它是马克思主义与中国工人运动相结合的产物，是中国革命发展到一定阶段的客观需要和必然结果。即使共产国际不派代表来华，中国共产党或迟或早都会诞生的。马林和尼克尔斯基来华前，党的早期组织已在酝酿和准备召开全国代表会议，他们的到来和提议促成了这一伟大事件的实现。

二、上海召开，嘉兴闭幕

● 会前准备

1920 年夏秋已开始酝酿，召开全国代表大会，正式成立中国共产党。1920 年 7 月 5 日至 7 日，由共产国际东亚书记处临时执行局主席维连斯基主持召开的在华工作的俄共党员代表会议中就提道："即将举行的中国共产主义组织代表大会和中国共产党的成立。"① 共产国际执委会远东部书记索科洛夫在给共产国际的报告上也说："我从上海动身前，中国共产党人在积极筹备召开共产党全国代表大会，会上要选举产生中央委员会。"②

1921 年 6 月初，共产国际代表马林和共产国际远东书记处代表尼克尔斯基先后到达上海，并与上海的共产党早期组织成员李达、李汉俊建立了联系。经过几次交谈，他们一致认为应尽快召开全国代表大会，正式成立中国共产党。李达、李汉俊同当时在广州的陈独秀、在北京的李大钊通过书信商议，决定在上海召开中国共产党第一次全国代表大会。随即，他们写信通知北京、武汉、长沙、济南、广州和旅日的党组织，各派两名代表到上海出席会议。

国内各地的党组织和旅日的党组织共派出 13 名代表出席党的第一次全

---

①《共产国际、联共（布）与中国革命档案资料丛书》第一卷，北京图书馆出版社 1997 年版，第 42 页。

②《共产国际、联共（布）与中国革命档案资料丛书》第一卷，北京图书馆出版社 1997 年版，第 59 页。

国代表大会。他们是：上海的李达、李汉俊，武汉的董必武、陈潭秋，长沙的毛泽东、何叔衡，济南的王尽美、邓恩铭，北京的张国焘、刘仁静，广州的陈公博，旅日的周佛海，以及由陈独秀指定的代表包惠僧。他们代表着五十多名党员。共产国际代表马林和尼克尔斯基出席大会。代表中，最年长者是何叔衡，时年 45 岁，最年轻者是刘仁静，时年 19 岁，平均年龄为 28 岁。这时，陈独秀任广东政府教育委员会委员长，正在筹款办学。李大钊除任北京大学图书馆主任、教授外，还兼任北京国立大专院校教职员代表联席会议主席。两人均因事务繁忙，未出席会议。

外地代表中，到会最早的人是张国焘，他在 6 月中下旬到达上海；到会最晚的人是陈公博，他直到 7 月 22 日才到上海。为了做好保密工作，确保中共一大的顺利进行，毛泽东、何叔衡、董必武、陈潭秋、王尽美、邓恩铭、刘仁静、包惠僧、周佛海九名代表以“北京大学暑期旅行团”的身份住在上海法租界蒲柏路的私立博文女校，马林和尼克尔斯基没有同住，李达和李汉俊都住在上海自己的家中，张国焘在上海另有住处，陈公博因为带着太太，住在大东旅社。住在博文女校的代表们的吃饭问题就地解决，由女校的厨役给做，花费也不大。考虑到上海夏天的闷热，组织者还特地买了几张新的芦席，给代表们打地铺用。

7 月 23 日，各地代表到齐后，先在博文女校开了一次简短的预备会。来自各个专区的建党骨干，有些是结识较久的熟人，有些则是从未见面的初交，大家在一起互致问候，并交换意见，一致认为党的代表大会已经准备就绪，应当立即举行。①

会议召开之前，陈独秀给出席会议的代表写信，提出几点意见，希望会议郑重地讨论：“一曰培植党员（即征求党员）；二曰民权主义之指导（即按民主集中制的组织原则）；三曰纪纲（即注意纪律的要点）；四曰慎重进行征服群众政权问题（即目前主要工作为争取群众，为将来夺取政权之准备）。”②

① 沙健孙主编：《中国共产党史稿（1921—1949）》第一卷，中央文献出版社 2006 年版，第 326—327 页。

② 陈公博：《共产主义运动在中国》，中国社会科学出版社 1982 年版，第 23 页。

● 会议开幕

中国共产党第一次全国代表大会于 1921 年 7 月 23 日晚上正式开幕。会场设在上海法租界望志路 106 号（今兴业路 76 号）李汉俊之兄李书城的住宅内。这是一栋砖木结构的两层楼房，在一楼 18 平方米的客厅中间摆放着一张大餐桌，代表们围坐在四周。会场陈设简朴，但气氛庄重。

马林和尼克尔斯基在会上热情致辞，由李汉俊、刘仁静即席翻译。马林首先指出：中国共产党的正式成立，具有重大的世界意义，第三国际增添了一个东方支部，苏俄布尔什维克增添了一个东方战友，希望中国同志努力工作，接受第三国际的指导，为全世界无产者联合起来作出自己的应有贡献。接着，马林介绍了第三国际的概况，以及其本人在爪哇建党活动的经验，并提出中国共产党的成员目前大多是知识分子，工人成分太少，建议特别注意开展工人运动，把工人中的积极分子吸收到党内来。尼克尔斯基也在会上讲了话。他对中国共产党成立表示祝贺，并介绍了赤色职工国际和共产国际远东局的情况，建议中国共产党将代表大会的进程及时报告远东局。

在开幕会议上，代表们具体商讨了大会的任务和议程，一致确定先由各地代表向大会报告各地区的工作，然后讨论和通过党的纲领，制订今后实际工作计划，最后选举党的中央领导机构。上述内容将分别安排在以后的各次会议中逐项进行。

● 会议进程与讨论的重点

党的一大是建党大会，当时全国只有五十多名党员，所以，会议议程和议题都比较简单，主要是：共产国际代表马林和共产国际远东书记处代表尼克尔斯基分别讲话；各地代表汇报党组织开展工作情况；会议起草、讨论、审议和通过了《中国共产党第一个纲领》和《关于当前实际工作的决议》，选举产生了中央局。

7 月 24 日，代表大会举行了第二次会议，由各地代表向大会报告本地区党、团组织的情况。苏共中央 1957 年移交给中共中央的档案资料关于一大的文件中，有《北京共产主义组织的报告》和《广州共产党的报告》，从内容上看是这两个地方代表在一大的汇报稿。

7月25日和26日，休会两天，由张国焘、李达、董必武等人组成起草委员会，起草供会议讨论的党纲和今后实际工作计划。经过两天的紧张工作，起草委员会拿出了《中国共产党第一个纲领》和《中国共产党第一个决议》初稿，供到会代表讨论。

7月27日、28日和29日，连续三天分别举行了三次会议，对党的纲领和决议作了较为详尽的讨论。在这几次会议上，代表们集中精力对起草委员会提供的《中国共产党第一个纲领》展开了认真详细的讨论。大家各抒己见，互相商讨，既有统一的认识，又有激烈的争论。据《中国共产党第一次代表大会》反映："代表大会的第三、四、五次会议专门研究了纲领，有些问题经过长时间辩论以后，做出了最后的决定，只有引起热烈争论的一点除外。这一点就是党员经执行委员会许可能否做官和当国会议员。对这个问题有两种意见，一方坚持认为，我们的党员做官没有任何危险，并建议挑选党员做国会议员，但他们必须在党的领导下进行工作。另一方则不同意这种意见。在第三次会议上，代表们没有得出任何结论，在第四次会议上，辩论更加激烈。一方坚持认为，采纳国会制就会把我们的党变成黄色的党，他们以德国社会民主党为例子说明如下事实：人们进入国会，就会逐渐放弃自己的原则，成为资本家阶级的一部分，变成叛徒，并把国会制看成是斗争和工作的唯一方式。为了不允许同资产阶级采取任何联合行动，为了集中我们的进攻力量，我们应当在国会外进行斗争。况且，利用国会也不可能争得任何改善，而进入国会，就会使人民有可能认为，利用国会，只有利用国会，我们才能改善自己的状况和发展社会革命事业。另一方坚持主张，我们应当把公开工作和秘密工作结合起来，如果我们不相信在二十四小时内可以把国家消灭掉，或者说，如果我们不相信总罢工会被资本家镇压下去，那么，政治活动就是必要的。起义的机会不会常有，只是在极少数时候才会到来，但在和平时期，我们就应做好起义的准备。我们应该改善工人的状况，应该开阔他们的眼界，应该引导他们参加革命斗争和争取出版自由、集会自由的斗争，因为公开宣传我们的理论，是取得成就的绝对必要条件。而利用同其他被压迫党派在国会中的联合行动，也可以部分地取得成就。但是，我们要向人民指出：想在旧制度范围内建立新社会的企图是无益的，即使我们试图这样做也是徒劳的。工人阶级必须自己解放自己，因为不能强迫他们进行革命。否则，他们就会对国会抱有错误的看法，采取和平时期的方式，而不采取激进的手段。”“这个问题我们还是不能作出结论。只好留到下次代表大会去解决。至于谈到我们是否应该做官的问题，这个问题有意识地回避了，但是，我们一致认为不应该当部长、省长，一般说不应当担任重要行政职务。在中国，‘官’这个词普遍应用在所有这些职务上，不过，我们允许我们的同志当类似厂长这样的官。”①

这三天的讨论是富有成果的，基本确定了党的纲领，即最终奋斗目标和组织原则，不论是在理论上或者是在实践上，对党的建设都具有积极意义。

7 月 30 日晚，代表大会举行了第六次会议。全体代表除周佛海因病缺席外都参加了会议，马林和尼克尔斯基也前来出席。按照原定计划，在这次会议上先由共产国际代表讲话，对中共建党问题发表意见。然后再讨论通过《中国共产党第一个纲领》和《中国共产党第一个决议》。但是，这次会议因受到法租界巡捕房的侵扰搜查，未能按原计划进行。

这天的会议刚开始不久，一名陌生的中年男子突然闯入会场，环视一周后又匆忙离去。具有长期秘密工作经验的马林立即断定此人是敌探，建议马上中止会议。大部分代表迅速转移。十几分钟后，法租界巡捕包围和搜查会场，结果一无所获。由于代表们的活动已受到监视，会议无法继续在上海举行。于是，代表们分批转移到浙江嘉兴南湖，在一艘游船上召开了最后一天的会议。

● 会议闭幕

在嘉兴南湖这最后一天，也即中共一大闭幕日是哪一天，出现了较大分歧。至于是哪一天，有 7 月 30 日、7 月 31 日、8 月 1 日、8 月 2 日、8 月 5 日等说法。

对于 7 月 31 日，有多位代表的回忆作支撑。之所以记忆这么清晰，就是因为敌探闯入这一突发事件给代表们留下了深刻印象。其中，包惠僧在

① 中央档案馆编：《中国共产党第一次代表大会档案资料》（增订本），人民出版社 1984 年版，第 12—13 页。

1953年回忆时说："大家商量了一下，就决定明天到嘉兴南湖尽一日之长来结束这个会……次日黎明，我们到了火车站……约在十时左右，我们都到了南湖……把船开到湖心，就开始开会。"[①] 董必武在1971年回忆时说："第二天会议就改在嘉兴南湖继续召开，是由李达的老婆王会悟租了两只船开的。"[②]

质疑者认为，在当时的混乱状况下，安排好第二天的行程，时间太仓促，恐怕来不及。支持者认为，当时大多数代表住在博文女校，个别代表虽分散他处，但相距并不远。即使不是分头通知，仅由一人传递信息也来得及。据查1921年7月沪杭铁路行车时刻表，早上7时35分上海有快车至嘉兴，到达时间是10时25分。这一点，与包惠僧的回忆也相吻合。这就是说，第二天在嘉兴南湖开会，无论是时间的充裕，还是乘车的条件都是完全具备的。尤其是在那种特别紧急的情况下，越是迅速地转移到别处就越安全，第二天一早当是最好的选择。

陈公博虽然没有去嘉兴南湖，但他的《十日旅行中的春申浦》却给出了去南湖的确切日期。他写道："七月三十一日那天早上五点多钟，我在睡梦中忽然听到一声很尖厉的枪声，继而便闻有一女子锐厉悲惨的呼叫。"这样的夜半插曲，足以令陈公博印象深刻。

周佛海在《往矣集》里提到同一件事时说："公博当时正带着新婚夫人度蜜月，住在大东旅社……哪知他隔壁的房中，当夜发生了一件奸杀案，开了两枪，打死了一个女人，公博夫妇真是吓得魂不附体。"正因为受到此事的惊吓，陈公博夫妇没有去嘉兴，而是去了杭州。

将陈公博、周佛海的回忆与上海《申报》《新闻报》当时的相关报道相对照，就发现这一天正是7月31日。

但张国焘等人回忆说："在上海第六次会议受到搜查后，第二天即停会，隔了一日再到南湖将会开完。"张的说法如果属实，那么大会闭幕的日期就应该是8月1日。但据1921年8月3日《申报》的《地方通讯》报道，8月1日下午5时许，嘉兴南湖阴云密布，狂风大作，房舍多有损坏，"最惨者，

① 包惠僧：《包惠僧回忆录》，人民出版社1983年版，第25页。

② 孟醒：《谁主沉浮》，人民出版社2009年版，第3页。

南湖中之避暑游船……被风吹覆者四五艘……而溺毙者竟有三人”。这样的气候条件显然不适合在游船上开会。如果遇到了这种天气，就像在上海遇敌探闯入一样，代表们不可能不留下印象。可没有任何一位代表在回忆中提到遭遇了风暴。当然，也有另一种可能，即在这场风暴到来之前，最后一天的会议早已结束，代表们也早已离开了南湖。

8 月 2 日的说法，来自布置开会游船的王会悟的回忆，但并没有令人信服的材料来印证。

8 月 5 日的说法，源自苏联公布的《驻赤塔赤色职工国际代表斯穆尔基斯的信件》。信件明确提到会议在 8 月 5 日闭幕，并解释说“根据尼克尔斯基同志的建议，我们决定打电报给伊尔库茨克，向他们报告（中国共产党）代表大会的进程”。在这里，斯穆尔基斯并不是大会的参加者，他只是中共一大参加者尼克尔斯基与共产国际远东局的传话人。有关 8 月 5 日的说法极有可能是尼克尔斯基在中共一大召开前的报告，预定的闭幕日期在 8 月 5 日。此后事情发生了意想不到的变化，不得不匆忙结束。尼克尔斯基和马林没有参加在嘉兴南湖的会议也可以作为一个反证，证明这是事前的报告。

不管在哪一天举行，党的一大的闭幕会议在南湖的一艘画舫上进行，时间从中午一直开到傍晚，除陈公博、李汉俊未能出席外，其他的代表们都出席了这次会议，这越来越为更多的研究者所接受。

这天的会议继续着上海第六次会议未能进行的议程，首先讨论和通过《中国共产党第一个纲领》和《中国共产党第一个决议》。党的纲领问题在前几次会议上已经作了比较细致的讨论，因此没有再用多少时间。这次会议着重讨论了党今后工作部署问题，比较具体地研究和安排了以工人运动为中心的各项实际工作，并将讨论结果形成党的决议。会议在选举产生中国共产党的中央领导机构后胜利闭幕。大会代表在闭会时高呼“共产党万岁、第三国际万岁、共产主义——人类的解放者万岁！”等口号。

● 选举结果

党的一大考虑到党员数量少和地方组织尚不健全的情况，决定暂不成立中央执行委员会，只设立中央局作为中央的临时领导机构。大会选举陈独秀、张国焘、李达组成中央局，选举陈独秀担任书记，张国焘负责组织工

作，李达负责宣传工作。中央局的设置，对健全党的组织、加强党的组织建设、加强中央对各地党组织的集中统一领导，发挥了重要作用。

● 代表回忆

毛泽东回忆（1945 年 4 月 21 日）：党的一大“本来是在上海开的，因为巡捕房要捉人，跑到浙江嘉兴南湖，是在水上开的。发了宣言没有？我不记得了。当时马克思主义有多少，世界上的事如何办，也还不甚了了。所谓代表，哪有同志们现在这样高明，懂得这样，懂得那样。什么经济、文化、党务、整风等等，一样也不晓得。当时我就是这样，其他人也差不多”①。

董必武回忆（1929 年 12 月 31 日）：“大会在一九二一年七月（？）在上海开会。”“议事日程中有职工运动，对别党的关系和在政府作事务官等问题，都有争论。”“会场是借李汉俊的住宅，开到最后一次会的时候，忽被侦探所知，未及成会，李寓即被搜检。隔了一日，我们到嘉兴东湖（应为南湖——编者注）船上，将会开完。”“大会没有宣言，只向国际作了一个中国情形的报告。报告是李汉俊和董必武起的草，经大会通过。”②

陈潭秋回忆（1936 年六七月间）：“中共第一次大会是在七月底开的，大会的组织是非常简单的。张国焘被选为主席，秘书为毛泽东和周佛海。大会开幕就在上面所说的校内（指博文女校）举行的，而大会本身的工作则是在李汉俊的家里进行。大会共开了四天。讨论以下的问题：1.目前政治状况；2.党的基本任务；3.党章；4.组织问题。”“最后的批准党章改至大会的第四日议事日程上。但这天吃过晚饭后，大会的参加者晚 8 点集合于李汉俊的家中，主席宣布大会继续工作时，在隔壁房间内发现了一穿长褂的可疑人物……我们即很快收集了文件隐藏起来了。”最后一天的会议“即在……南湖举行。这里虽有游人，但较少。到那里后，我们即租了一只大船，买了食

---

① 这是毛泽东在中国共产党第七次全国代表大会预备会议上的报告。原载《人民日报》1981 年 7 月 16 日。

② 这是董必武给何叔衡的信。原载《“一大”前后——中国共产党第一次代表大会前后资料选编（三）》，人民出版社 1984 年版，第 87—88 页。

物、酒，好像游人一样，在湖上的船中进行大会的工作。”①

李达回忆（1955年8月2日）：“党的第一次会议是7月1日下午8时在上海贝勒路树德里李汉俊的寓所举行的，代表12人全体出席，第三国际的代表马林和尼可洛夫（即尼克尔斯基——编者注）也到了。会场的布置很简单，只有一个大菜台，周围可坐10余人，各代表席上只放了几张油印的文件，也没有张贴什么标语。”“会上有两个问题争论不休，一个问题是：共产党人要不要加入资产阶级国会，另一个问题是南北政府有什么不同。”“忽有一个不速之客闯进会场来，张目四看。我们问他‘找谁？’他随便说了一个名字，匆忙的下楼去了。马林很机警，他说‘此人可疑，我们赶快转移。’”“为了开会的安全起见，我们在嘉兴布置了一个会场，这会场是在南湖中游湖的大画舫上，时间是7月6日上午10时到下午6时。”②

包惠僧回忆（1953年8月20日）：“当夜我们到李达家里会谈（在渔阳里2号，是陈独秀的住宅，李达也住在此处）。大家的意见，明天的会，要改地方，即决定以浏览的姿态到嘉兴南湖找一个大船，尽一日之辰来结束这个会。次日早车我们都到了嘉兴南湖，只有陈公博没有去。李达的爱人王会悟（非同志）是嘉兴南湖人，带她去当向导。”“我们雇了一只大船，并准备了酒菜，把船开到湖心，就开始开会，通过了党纲和劳动运动的计划，便进行选举……”③

张国焘回忆：“我们交换意见的结果，决定7月1日正式举行大会，开会地点借用法租界蒲石路博文女校的课堂，多数代表也就寄住在这间学校里。议事日程共有四项：一、党纲与政纲；二、党章；三、中心工作与工作方针；四、选举。”“为便于马林与尼科罗夫斯基（即尼克尔斯基——编者注）出席起见，大会并改在李汉俊家里举行。大约是7月8日晚7时，当我

① 陈潭秋：《中共第一次大会的回忆》，载中共浙江省委党史资料征集研究委员会等编：《中共“一大”南湖会议》，浙江大学出版社1989年版，第69—71页。

② 李达：《中国共产党的发起和第一次、第二次代表大会经过的回忆》，载中共浙江省委党史资料征集研究委员会等编：《中共“一大”南湖会议》，浙江大学出版社1989年版，第69—71页。

③ 包惠僧：《共产党第一次全国代表会议前后的回忆》，载中共浙江省委党史资料征集研究委员会等编：《中共“一大”南湖会议》，浙江大学出版社1989年版，第78页。

们围坐在李家楼上书房的一张大餐桌的四周，正要宣告开会的时候，突然有一个陌生人揭开书房的门帘，窥探了一下，说声‘我找错了人家’，就转身走了。……马林十分机警，从座位上一跃而起，以手击桌说‘我建议会议立即停止，所有的人分途离开。’”“这个意外事件发生后，我们为了避开警控的视线，商定第二天停会，并通往各代表俟找到妥当开会地点后再行复会。”“大约是7月10日清晨，我们分别搭上沪杭线的早班车，9点多钟就到达了嘉兴的南湖。……我们继续在上海未完的会议……”[①]

陈公博回忆（1924年）：“中国共产党第一次全国代表大会于1921年7月20日在上海召开。这是中国共产党的生日。大会代表12人，代表7个地区——广州、北京、湖南、上海、山东、天津、汉口，以及在日本的中国同志。这次大会持续了两周，选出5个委员起草纲领、计划和宣言。”[②]

周佛海回忆（1942年1月）：“接到上海同志的信，知道7月间要开代表大会了。凑巧是暑假期中，我便回到上海，……我和毛泽东等三四人，住在贝勒路附近的博文女学楼上。……开到第四晚时，究竟是马林有经验，他说‘明晚一定要换个地方，我们在此一连开了几晚会，一定使巡捕注意。’我们说反正明天只有一晚，一时又不易另找地方，大概不要紧。于是决定仍在原地。那天下午，我忽然肚子大痛大泻，不能出门，一个人睡在地板上想工作进行的步骤，糊糊涂涂也就睡着了。大约12时左右，忽然醒来，看见毛泽东探头探脑进房来，轻轻地问我道：‘这里没有发生问题吗？’我骇了一惊，问他，才知道是出了事。”“我们商量决定，鹤鸣（即李达——编者注）夫人明日早车赴嘉兴，先雇一只大船等着，我们第二班车去，乘船游南湖。于是连夜分头通知各人。到了第二天，三三两两的到北站上车，我也抱病前往。”“我们就在船上开起会来，通过党纲和党的组织……中国共产党，就这样在烟雨苍茫、湖波浩渺的孤舟中，正式产生了。”[③]

---

① 张国焘：《中国共产党第一次全国代表大会》，载中共浙江省委党史资料征集研究委员会等编：《中共“一大”南湖会议》，浙江大学出版社1989年版，第92—97页。

② 陈公博：《中国共产党第一次代表大会》，载中共浙江省委党史资料征集研究委员会等编：《中共“一大”南湖会议》，浙江大学出版社1989年版，第101页。

③ 周佛海：《扶桑笈影溯当年》，载中共浙江省委党史资料征集研究委员会等编：《中共“一大”南湖会议》，浙江大学出版社1989年版，第107—109页。

刘仁静回忆（1979 年 12 月 21 日）：“一大是在李汉俊家里开的。那时他住在法租界贝勒路的一幢两楼两底的房子里。我们平常开会总在楼下的一间房子里，但有时开会前，大家也上楼到李汉俊的卧室兼工作室去坐坐。有一天还没有开会，我们大家正在楼上闲谈，忽然有个陌生人上楼来，掀开门帘朝里面张望。我们问他找谁，他说找错了，转身就走。由于事出突然，张国焘立即宣布不再开会，并布置大家离开李家。果然隔了不久法国巡捕房就来搜查。幸而我们及时转移，没有什么损失。后来我们根据李达夫人王会悟的建议，一大早分批乘火车到嘉兴，在南湖上租了一只船，开了一天会，才结束了一大。”[①]

三、中国共产党的第一个纲领诞生

● 确定党的名称

党的一大通过的中国共产党纲领，确定党的名称为“中国共产党”。《中国共产党第一个纲领》以第一条的位置确定党的这个名称，表明了这个党是真正的以马克思主义为指针，以共产主义为奋斗目标的无产阶级政党。

● 规定党的纲领

党的一大通过的中国共产党纲领，规定党的纲领如下：革命军队必须与无产阶级一起推翻资本家阶级的政权；承认无产阶级专政，直到阶级斗争结束，即直到消灭社会的阶级区分；消灭资本家私有制，没收机器、土地、厂房和半成品等生产资料，归社会公有；联合共产国际。纲领明确提出要把工人、农民和士兵组织起来，并确定党的根本政治目的是实行社会革命。

党的一大通过的纲领，表明中国共产党从建党开始就旗帜鲜明地把实

① 刘仁静：《一大琐忆》，载李颖编：《从一大到十七大》，中央文献出版社 2008 年版，第 32 页。

现社会主义、共产主义作为自己的奋斗目标。中国的先进分子经过长时期的艰苦探索，找到马克思主义这个正确的革命理论，认识到只有社会主义、共产主义才能救中国。这是他们对中国革命问题认识的一次具有划时代意义的飞跃。

● 明确主要任务

同纲领规定的奋斗目标相适应，大会要求党集中力量领导工人运动，首先是组织工会和教育工人。纲领指出："我们党承认苏维埃管理制度，要把工人、农民和士兵组织起来，并以社会革命为自己政策的主要目的。"党的一大通过的《中国共产党第一个决议》，对开展工人运动的组织工作和宣传工作，作了具体的规定，指出："本党的基本任务是成立产业工会。凡有一个以上产业部门的地方，均应组织工会，在没有大工业而只有一两个工厂的地方，可成立比较适于当地条件的工厂工会。党应在工会里灌输阶级斗争的精神。党应警惕，不要使工会成为其他党派的傀儡。为此，党应特别机警地注意，勿使工会执行其他的政治路线。对于手工业工会，应迅速派出党员，尽快进行改组工作。拥有会员二百人以上方能成立工会，而且至少要派我党党员二人到该工会去工作。""因工人学校是组织产业工会过程中的一个阶段，所以在一切产业部门均应成立这种学校，例如，应成立'运输工人预备学校'和'纺织工人预备学校'等等。在这种学校里，除非常必要的情况外，不应教若干门不同的课程。学校管理处和校务委员会应完全由工人组成。党聘请的教员可以出席校务委员会的会议。工人学校应逐渐变成工人政党的中心机构，否则，这种学校就无需存在，可予以解散或改组。学校的基本方针是提高工人的觉悟，使他们认识到成立工会的必要。"

《中国共产党第一个决议》还提出要建立工会组织的研究机构，并且规定："这种机构应由各个产业部门的领导人、有觉悟的工人和党员组成，应研究产业工会组织的工作方法等问题。成立这种机构的主要目的，是教育工人，使他们在实践中去实现共产党的思想。应特别注意组织工人工会，援助其他部门的工人运动，研究工人工会以及其他无产阶级组织的情况。为了更适当地进行工作，这种机构的研究工作应分为以下几类：工人运动史，组织工厂工人的方法，卡尔·马克思的经济学说，各国工人运动的现状。研究的成果应定期发表，应特别注意中国本国的工人运动问题。”

会议还强调：“中国共产党彻底断绝与资产阶级的黄色知识分子及与其类似的其他党派的任何联系。”在反对军阀官僚的斗争中，在争取言论、出版、集会自由的斗争中，党应采取独立的政策以维护无产阶级的利益，不同其他党派建立任何联系。

● 申明党员条件和党内纪律

党的一大通过的纲领，还包含属于党章性质的一些条文。

关于党员条件，规定：“凡承认本党党纲和政策，并愿成为忠实的党员者，经党员一人介绍，不分性别，不分国籍，都可以接收为党员，成为我们的同志。但是在加入我们的队伍以前，必须与那些与我们的纲领背道而驰的党派和集团断绝一切联系。”“接收新党员的手续如下：被介绍人必须接受其所在地的委员会的考察，考察期限至少为两个月。考察期满后，经大多数党员同意，始得成为党员。如果该地区有执行委员会，必须经执行委员会批准。”“在公开时机未成熟前，党的主张以至党员身份都应保守秘密。”“除为现行法律所迫或征得党的同意外，不得担任政府官员或国会议员，但士兵、警察、文职雇员不受此限。”

关于党的组织系统，党纲规定：“有五名党员的地方可建立地方委员会。一个地方的委员成员，经当地书记介绍，可转至另一个地方的委员会。不到十人的地方委员会，只设书记一人管理事务；超过十人者，应设财务委员一人、组织委员一人、宣传委员一人；超过三十人者，应组织执行委员会。该委员会的章程另订。”“地方委员会的财政、出版和政策都应受中央执行委员会的监督和指导。”“各地在党员增加的情况下，应根据职业的不同，利用工人、农民、士兵和学生组织，在党外进行活动。这些组织必须受党的地方执行委员会指导。”“在党员人数超过五百，或已成立五个以上地方执行委员会时，应选择一适当地点成立由全国代表会议选出之十名委员组成之中央执行委员会。如果上述条件尚不具备，应组织临时中央执行委员会，以应需要。有关中央执行委员会的详细规章另订。”

四、中国革命的面目焕然一新

党的第一次全国代表大会正式宣告了中国共产党的诞生，从此，在中国出现了一个完全崭新的、以马克思列宁主义为其行动指南的、统一的无产阶级政党。中国的无产阶级因此有了战斗的司令部，中国的革命从此焕然一新。

● 中国革命有了正确的理论武装

中国共产党的成立，是马克思列宁主义同中国革命相结合的产物。中国共产党从诞生的那天起，就明确强调要用马克思列宁主义作为自己的行动指南。由于中国共产党掌握着马列主义这个锐利的思想武器，因此它能够为中国人民指明斗争的目标和走向胜利的道路。毛泽东说："自从中国人学会了马克思列宁主义以后，中国人在精神上就由被动转入主动。"从此，中国革命的面目就起了变化，中国革命就有了正确的理论武装，就有了强大的思想武器。

● 中国革命有了坚强的领导核心与中流砥柱

以往中国人民的革命斗争之所以屡遭失败，其根本原因就是没有一个坚强有力的、密切联系群众的先进政党，作为全国革命力量的领导核心。中国共产党是马克思列宁主义同中国工人运动相结合的产物，是中国工人阶级的先锋队。它不仅代表着中国工人阶级的利益，而且代表着中国最广大人民和整个中华民族的根本利益。自从有了中国共产党，灾难深重的中国人民就有了一个可以信赖的组织者和领导者，工人阶级就有了自己坚强的战斗司令部。中国革命的历史由此掀开了崭新的一页。广大共产党人，为着中国人民的事业冲锋陷阵，英勇奋斗，前仆后继，不屈不挠，成了革命事业的中坚力量，也成了中国人民的楷模。

● 中国革命的面目焕然一新

中国共产党成立后，中国革命就开始出现前所未有的新局面：党领导下的工人运动迅速在全国范围内形成第一次高潮，新型农民运动开始兴起，青年运动有了新发展，妇女运动呈现出新面貌。群众运动不断高涨的革命实践，使中国共产党人加深了对中国国情的认识，开始了对中国革命基本问题的初步探索。

●“红船精神”发扬光大

中国共产党在浙江嘉兴南湖的红船中宣告成立。伴随着中国革命航船的扬帆远航，体现党的一大全部精神内涵的“红船精神”也得以延续和弘扬。2005 年 6 月 21 日，时任浙江省委书记的习近平在《光明日报》发表署名文章《弘扬“红船精神” 走在时代前列》，系统阐述“红船精神”，将其内涵概括为“开天辟地、敢为人先”的首创精神，“坚定理想、百折不挠”的奋斗精神，“立党为公、忠诚为民”的奉献精神，并强调“红船精神”是中国革命精神之源。作为中国革命精神的红色基因，“红船精神”随着中国新民主主义革命的进程而得到继续传承和发扬光大，分别展现为井冈山精神、长征精神、延安精神和西柏坡精神。九十多年来，“红船精神”一直激励和鼓舞着一代又一代中国共产党人，站在历史的高度，走在时代的前列，带领全国人民不断取得革命、建设、改革的新胜利。

中共二大：中国革命须分“两步走”

一、中国的外患与内忧

● 外患与内忧

第一次世界大战的结束，使各帝国主义国家得以从狗咬狗式的相互争斗中腾出手来，开始了新一轮侵华掠华。

1921年11月12日至1922年2月6日，打着“维护世界和平”的幌子，美国发起在华盛顿召开一次新的国际会议，讨论限制军备问题和远东、太平洋地区的问题，主要是讨论中国问题。这次会议史称华盛顿会议。参加会议的有美国、英国、日本、法国、意大利、荷兰、比利时、葡萄牙和中国等九国。

会议签署了《九国关于中国事件应适用各原则及政策的条约（草案）》（简称“九国公约”），其核心是肯定美国提出的“各国在华机会均等”和“中国门户开放”的原则。所谓“机会均等”，是指每一个帝国主义国家在中国都应得到同样的好处；所谓“门户开放”，是指每一个帝国主义国家都不能关闭它在中国所控制地区的门户而不让其他国家进来。这个“九国公约”是帝国主义各国协同侵略中国的强盗协定，正如此后中国共产党所指出的：“华盛顿会议给中国造成一种新局面，就是历来各帝国主义的互竞侵略，变为协同的侵略。这种协同的侵略，将要完全剥夺中国人民的经济独立，使四万万被压迫的中国人都变成新式主人国际托拉斯的奴隶。”① 会后，帝国主义列强都极力扩大了各自在华的势力范围，从经济上、政治上加强了对中国的掠夺和控制。

国际格局的变化和帝国主义列强之间争夺的加剧，深刻地影响着中国国内的政治局势，并由此拉开了由外国列强分别操纵控制的中国各派军阀间争

① 《中国共产党第二次全国代表大会宣言》（1922年7月），载中央档案馆编：《中共中央文件选集》第一册，中共中央党校出版社1982年版，第70页。

夺地盘的又一次大混战。

1920 年 7 月直皖战争后，北京中央政府为英、美帝国主义支持的直系军阀联合奉系军阀所控制。日本为了夺回控制权，极力支持奉系军阀张作霖，消灭直军，掌握中央政权。1922 年四五月间，第一次直奉战争爆发，奉军失败，被迫退回关内。此后，以吴佩孚为首的直系军阀独自控制了北京中央政权和华北、华中的全部省份，并野心勃勃地开始鼓吹“武力统一”，企图把它的势力向南方扩张。而各省地方军阀则提出了“自治”或“联省自治”的政策主张，以求维护各派军阀的自身利益。直、奉、皖及地方各派军阀之间，纷争不断，中国的政局陷于内争迭起、战乱绵延的境地。

● 工人运动

中国向何处去？中华民族的前途在哪里？在国内许多爱国志士苦恼、彷徨和忧虑之际，年轻的中国共产党人则从开展工农运动的革命实践中，迈出了探寻中国前途的坚实步伐。

1921 年 8 月，中国劳动组合书记部成立。作为中国共产党领导工人运动合法的公开的总机关，中国劳动组合书记部由张国焘任主任。在由张国焘等 26 人发表的《中国劳动组合书记部宣言》中，回答了成立该组织的目的，就是要“把一个产业底下的劳动者，不分地域，不分男女老少，都组织起来，做成一个产业组合。因为这样一个团体才能算是一个有力的团体，要这样的组织法，劳动者才能用他们的组织力，做奋斗事业，谋改良他们的地位呢”。并阐明该组织的宗旨是：“要发达劳动组合，向劳动者宣传组合之必要，要联合或改组已成的劳动团体，使劳动者有阶级的自觉，并要建立中国工人们与外国工人们的密切关系。”①

中国劳动组合书记部的总部设在中国产业的中心——上海，随后，在北京、汉口、长沙、广州、济南设立了分部，分别由罗章龙、包惠僧、毛泽东、谭平山、王尽美任分部主任。书记部和各地分部相继成立了工人俱乐部，如汉口江岸京汉铁路工人俱乐部、京绥铁路工会、安源工人俱乐部等；开办了

① 载中央档案馆编：《中共中央文件选集》第一册，中共中央党校出版社 1982 年版，第 4 页。

劳动学校和工人补习学校，如长辛店工人补习学校、唐山工人夜校、天津工人工余补习学校等；出版了机关刊物《劳动周刊》，作为全国劳动者的言论机关，在上海、广东、湖南、湖北等工人集中的地区广泛传播。通过多种形式，劳动组合书记部向工人灌输马克思主义，把工人团结和组织起来进行斗争，成为领导全国劳动运动的中心机关。

在劳动组合书记部的领导下，从 1921 年下半年开始，全国罢工浪潮风起云涌。1921 年七八月间，在党的一大开会期间，早期工人运动领导人李启汉领导上海浦东英美烟草公司 8000 多名工人举行为期三周的罢工，取得了胜利，这是党领导的第一次罢工。1922 年 1 月，震惊中外的香港海员大罢工爆发。在苏兆征、林伟民领导的“中华海员工业联合总会”的组织下，上万名罢工海员离港回省（广州），罢工人数由 6000 人增至 3 万多人，随后又发展成为香港 10 余万名工人的总同盟罢工。罢工历时 56 天，迫使港英当局答应工人增加工资的要求，斗争取得完全胜利。这次大罢工显示了工人阶级的伟大力量，成为全国第一次罢工高潮的起点。此后，各地罢工层出不穷，不仅有京广、粤汉、陇海等线铁路工人的罢工，还有广东土木建筑工人、盐业工人、纸业工人和汉口租界人力车工人，以及长沙、杭州的理发工人的罢工等，这些罢工大都取得了胜利。在 1922 年全国罢工潮中，各地成立的工会组织达到了 100 多个。

在工人运动高涨的同时，党领导的农民运动也走上了中国革命的舞台。1921 年 9 月 27 日，在中共早期党员沈定一等的发动和领导下，浙江萧山县衙前及附近在衙前东岳庙集会，宣告衙前农民协会正式成立。会议发布了经全村农民议决的《衙前农民协会宣言》和《衙前农民协会章程》。宣言提出：“我们底觉悟，才是我们底命运。我们有组织的团结，才是我们离开恶运交好运的途径。”世界的土地应该归农民使用，由农民所组织的团体保管分配。章程宣称“本会与田主阶级立于对抗地位”。成立大会还选举李成虎、陈晋生等六位贫苦农民为领导者。在衙前农民协会的带动下，短短的两个月的时间，浙江萧绍地区的萧山、绍兴和上虞三县共有 82 个村建立了农民协会。11 月 24 日，衙前农民协会联合会成立，并作出了“三折还租”、改大斗为公斗、取消“东脚费”（地主下乡收租时由佃农负担的路费）、反对交预租等规定，领导广大农民群众开展了轰轰烈烈的减租斗争。

衙前农民运动虽然时间不长，在当年的 12 月中下旬就遭到了反动政府的残酷镇压，运动的领导人李成虎等被迫害致死。但它却是中国共产党成立后领导的第一次有组织有纲领的农民运动，被称为“全国农民运动的历史上最先发轫者”。

● 共产国际二大

当中国共产党人抱着为推翻反动阶级的黑暗统治、实现社会主义而奋斗的理念，深入到领导广大工人、农民的实际斗争中去的时候，世界无产阶级领袖列宁和共产国际也十分关注着东方各国特别是中国人民的反帝反封建的革命斗争，列宁关于民族和殖民地问题的革命理论对中国共产党人认识中国反帝反封建的民族革命的任务起了重要的指导作用。

1920 年 7 月到 8 月，共产国际召开第二次代表大会，通过了列宁的《民族和殖民地问题提纲初稿》等文件。大会指出：“殖民地革命在初期并不是共产主义革命，然而，如果它从一开始就由共产主义先锋队来领导，革命群众就将逐渐获得革命经验，走上达到最终目的的正确道路。”大会明确殖民地半殖民地国家的民族解放斗争是反对帝国主义、反对封建主义的资产阶级民主革命。由无产阶级领导的资产阶级民主革命，将开辟通向社会主义与共产主义的前途。这些理论和共产国际的革命纲领，对初创时期的中国共产党人和中国革命具有重要的指导意义。

在此基础上，1922 年 1 月，共产国际召开远东各国共产党及革命团体第一次代表大会。14 名共产党员作为中国代表团的成员出席了这次大会，这是中国共产党成立后第一次正式派出代表参加大型国际会议。这次会议宣传了列宁关于民族和殖民地问题的理论，分析了国际和各国的形势，阐述了殖民地半殖民地国家的革命性质、对象和任务等问题。这次大会，对于中国共产党人认清中国国情和制定中国民主革命的纲领，起到了很大的作用。

工农运动不断高涨的革命实践，使中国共产党人对中国革命的基本问题有了初步的探索。列宁关于民族和殖民地问题的论述，则使党的实践找到了理论指导。实践与理论的结合，使党逐渐酝酿和形成了一个大体上符合中国国情的革命纲领。

● 发表政见

1922 年 6 月 15 日，中共中央发表《中国共产党对于时局的主张》(简称《主张》)。这是中国共产党第一次公开表明政治态度。

《主张》首先阐明了历史状况，“中国经过了几千年的封建政治，人民生活基础自来都建设在农业经济上面，在这种政治经济之下的人民，自然缺乏政治上的感觉力与组织力。一直到 19 世纪后半期，世界的资本主义的生产制度发达到任何国家都变了他们的市场，几千年闭关自大的中国也受了这种势力强迫的侵入”。而正是“因为人民受了外来的政治力经济力压迫的缘故，对于政治上的感觉力与组织力渐次发展，在封建统治下的改良运动便进步到民主革命运动，毕竟推倒了几千年因袭的帝政。那次革命，在中国政治史上算是开了一个新纪元”。

《主张》充分肯定了辛亥革命的历史意义，指出：“辛亥革命战争有两个意义，一个是反对满洲帝政之民主运动，一个是反对外力压迫之自强运动。自强运动里面包含民族独立及发展实业两个主旨。”辛亥革命“是在历史进化上有重要意义的战争”。同时也分析了辛亥革命失败的原因，“是因为民主派屡次与封建的旧势力妥协”。由此，中国的现状和社会性质是“名为共和国家，实际上仍旧由军阀掌握政权”，是“半独立的封建国家”。在这种“半独立的封建国家”中，“执政的军阀每每与国际帝国主义互相勾结”，造成了“中国的特殊势力”和“使中国永远不能发展实业，永远为消费国家，永远为他们的市场”的状况。

在分析中国现状和社会性质的基础上，《主张》分析了中国社会各阶级的状况，指出：“在这样状况之下的中国实业家，受外资竞争，协定关税，地方扰乱，官场诛求，四方八面的压迫，简直没有发展的希望；小工厂主、小商人，受外货及大资本营业的影响，渐次坠入了无产阶级；手工业工人因为手工商品被外来机器品驱逐的缘故，大半流为失业游民；农民因为物价腾贵的缘故，渐次将自种地卖给地主；所有无产阶级的工人、农民，以及无力避难的半无产阶级的人，因为连年军阀互争地盘的缘故，无辜丧了无数的生命。”据此，《主张》提出了中国现阶段的革命对象是军阀和侵略中国的列强，指出：“军阀政治是中国内忧外患的源泉，也是人民受痛苦的源泉”，必须要用“较新的政治组织——即民主政治，来代替现在不良的政治组织——即军阀政治”。

而实现民主政治，则必须用革命的手段。《主张》强调：“民主政治当然由民主派掌握政权，但所谓民主派掌握政权，决不是在封建的军阀势力之下，选一个民主派的人物做总统或是选几个民主派的人物组织内阁的意思，乃是由一个能建设新的政治组织应付世界的新环境之民主党或宗旨相近的数个党派之联合，用革命的手段完全打倒非民主的反动派官僚军阀，来掌握政权的意思。”“是一个阶级推倒别个阶级、一个制度代替别个制度的意思。”

《主张》在分析了国内民主派的力量，肯定国民党是中国现存的各政党中，“比较是革命的民主派，比较是真的民主派”，并对国内从军阀吴佩孚到地方势力和“好政府主义者诸君”所提出的解决时局的方法进行分析后，鲜明地提出了中国共产党在目前的奋斗目标：“在无产阶级未能获得政权以前，依中国政治经济的现状，依历史进化的过程，无产阶级在目前最切要的工作，还应该联络民主派共同对付封建式的军阀革命，以达到军阀覆灭能够建设民主政治为止。”并提出了实现目标的方法：“是要邀请国民党等革命的民主派及革命的社会主义各团体，开一个联席会议，在上列原则的基础上，共同建立一个民主主义的联合阵线，向封建式的军阀继续战争。”并强调：“这种联合战争，是解放我们中国人民受列强和军阀两重压迫的战争，是中国目前必要的不可免的战争。”①

至此，民主革命纲领的基本原则已经提出，党的二大召开的思想、理论准备也已具备。而在组织上，从党的一大到二大召开前的一年里，随着革命活动的开展，党组织也不断扩大。1921年下半年，中共北京地方委员会成立，李大钊任书记。1922年初，中共武汉区执行委员会成立，包惠僧任书记；中共山东支部建立，王尽美任书记；5月，中共湘区委员会成立，毛泽东任书记。至二大前，先后建立了上海、北京、湖南、湖北、广东、山东、郑州等七个地区委员会和上海、北京两个地方委员会。党员人数也从建党时的50

① 《中共中央第一次对于时局的主张》（1922年6月15日），载中央档案馆编：《中共中央文件选集》第一册，中共中央党校出版社1982年版，第16--26页。

余人发展到195人，并相继在上海、北京、武昌、长沙、杭州等17个地方建立了社会主义青年团组织，全国青年团员达5000余人。这一切都为党的二大的召开奠定了扎实的基础。

二、寻找中国革命的现实道路

● 会议主题

1922年7月16日至23日，中国共产党第二次全国代表大会在上海原公共租界南成都路辅德里625号（今成都北路7弄30号）李达寓所召开。

出席大会的代表有中央局成员，来自上海、北京、山东、湖北、湖南、广州、郑州等七个区委员会的代表，有劳动组合书记部和社会主义青年团的代表，以及出席远东民族大会的代表，共12人。他们是：中央局代表陈独秀、张国焘、李达，上海代表杨明斋、北京代表罗章龙、山东代表王尽美、湖北代表许白昊、湖南代表蔡和森、广东代表谭平山、中国劳动组合书记部代表李震瀛、青年团代表施存统（尚缺一人姓名不详）。

党的二大的中心议题是制定党为共产主义而奋斗的最高纲领和民主革命的最低纲领。

● 主要议程

党的二大共召开了三次全体会议。

第一次全体会议：首先，听取了陈独秀代表中央执行委员会所作的工作报告，他在报告中说明了党成立一年来的工作概况，以及上海、北京、广东、汉口、长沙等地工人运动情况；阐述了对于时局的主张，着重阐明了党的民主革命纲领和策略，提出了中国革命分“两步走”，即先实行民主主义革命，等到民主主义革命实现以后，再实行社会主义革命。其次，出席远东民族代表大会中国代表团团长张国焘报告远东民族代表大会的情况，传达了共产国际东方局的指示以及列宁关于民族和殖民地问题的理论。再次，由社会主义青年团中央书记施存统报告社会主义青年团第一次代表大会的经过及大会通过的决议。最后，由与会代表汇报各地工作情况。

第二次全体会议的议程，主要是讨论一年来党的工作，批准中央执行委员会的工作报告，追认中央6月15日发表的《中国共产党对于时局的主张》，以及第一次全国劳动大会和社会主义青年团第一次全国代表大会的决议。

第三次全体会议的议程，是讨论通过11个文件:《中国共产党第二次全国代表大会宣言》《中国共产党章程》《关于“世界大势与中国共产党”的议决案》《关于“国际帝国主义与中国和中国共产党”的决议案》《关于“民主的联合战线”的议决案》《中国共产党加入第三国际决议案》《关于议会行动的决案》《关于“工会运动与共产党”的议决案》《关于少年运动问题的决议案》《关于妇女运动的决议》《关于共产党的组织章程决议案》。最后，大会选出新的中央执行委员会。

● 代表讨论

党的二大的代表讨论主要是在第二次和第三次全体会议上进行，主要是讨论国内外形势、建立联合战线、加入共产国际、工会运动、青年运动等重大问题。

在大会讨论过程中，没有出现太大的争论。讨论党在现阶段革命的方针政策时，有代表提出：资产阶级是无产阶级革命的对象，现在却要帮助资产阶级实行民主主义革命，使自己的敌人资产阶级掌握政权，反过来压迫无产阶级，这是一个很大的矛盾。但多数代表不同意这种看法，认为实行民主革命和将来的社会主义革命，不仅不是矛盾的，而且有它的一致性。因为进行民主革命不是放弃社会主义，联合资产阶级也不是投降资产阶级。民主革命的胜利固然使资产阶级获得利益，工人和农民同样也可以得到一些权利和自由，进一步增强自己阶级的力量。从现实的阶级力量对比来看，工人阶级不可能单独完成民主革命的任务，必须联合资产阶级和广大的小资产阶级。所以，当前援助资产阶级的民主革命，正是无产阶级长远利益所必需的。也有代表认为，党内的工人同志太少是个缺点，建议应吸收大量进步工人党员，这是党的一个重要任务。

● 选举工作

大会选出了新的中央执行委员会。陈独秀、张国焘、蔡和森、高君宇、邓中夏为中央委员；另外选出了三名候补中央执行委员。陈独秀任中央执行委员会委员长，蔡和森、张国焘分别负责宣传和组织工作。

三、制定党的民主革命纲领和第一部章程

● 制定民主革命纲领

党的二大正式通过并发表了《中国共产党第二次全国代表大会宣言》，这是中国共产党以全国代表大会名义公开发表的第一个宣言。

宣言共分三个部分。

宣言的第一部分：国际帝国主义宰割下之中国。

在列数欧美帝国主义对非洲、亚洲的侵略与掠夺事实后，宣言指出："帝国主义的列强历来侵略中国的进程，最足表现世界资本帝国主义的本相。中国因为有广大的肥美土地，无限量的物产和数万万贱价劳力的劳动群众，使各个资本主义的列强垂涎不止，你争我夺，都想夺得最优越的权利，因而形成中国目前在国际上的特殊地位。""帝国主义的列强在这八十年侵略中国时期之内，中国已是事实上变成他们共同的殖民地了，中国人民倒悬于他们欲壑无底的巨吻之间。"

宣言分析了第一次世界大战前后，欧美各国和日本竞相掠夺中国的强盗行为，指出："所谓巴黎和会，便是分配德国的殖民地和从新划定资本主义国家在近东和远东的势力范围的分赃会议；在那次会议席上，日本既是先行获得中国的利益太多，美国帝国主义者又难于迁就，冲突无从调和。""在这样日、美冲突状态下，形成中国的特殊政治状况"，即各帝国主义利用各派系军阀，作为掠夺中国的工具，中国由此陷入军阀混战的境地。而华盛顿会议的本质，"就是历来各帝国主义者的互竞侵略，变为协同的侵略"。

“所有上述那些事实，都是帝国主义的列强怎样必须侵略中国怎样宰割中国和剥夺中国工人和农人的贪婪的写真。”而“被压迫的中国劳苦群众最要明了现今世界大势，才能从受压迫的痛苦中加快的救出自己来”。为此，宣言指出：“最近数十年之内，中国人反抗帝国主义压迫的势力，已是大有进步，而且还会增长起来。但是中国的反帝国主义的运动也一定要并入全世界被压迫的民族革命潮流中，再与世界无产阶级革命运动联合起来，才能迅速的打倒共同的压迫者——国际资本帝国主义。中国劳苦群众要从帝国主义的压迫中把自己解放出来，只有走这条唯一的道路。”

宣言的第二部分：分析了中国政治经济现状和受压迫的劳苦群众，指出：“帝国主义的列强既然在中国政治经济上具有支配的实力，因此中国一切重要的政治经济，没有不是受他们操纵的。又因现尚停留在半原始的家庭农业和手工业的经济基础上面。工业资本主义化的时期还是很远，所以在政治方面还是处于军阀官僚的封建制度把持之下。”

在如此政治经济现状之下，宣言对中国的各个阶级进行了分析，指出新兴的中国资产阶级并不能通过“自由发展和自由竞争而达到独立的地位，只不过做世界资本主义侵入中国的中间物罢了”。因此，“中国幼稚资产阶级为要免除经济上的压迫起见，一定要起来与世界资本帝国主义奋斗”；“中国三万万的农民，乃是革命运动中的最大要素”。“大量的贫苦农民能和工人握手革命，那时可以保证中国革命的成功”；手工业者、小店主、小雇主等“大量的群众也势必痛恨那拿痛苦给他们受的世界资本主义，加入到革命的队伍里面来”。而对在中国劳动运动第一阶段中发展起来的工人阶级，宣言指出：“工人们处在中外资本家的极端压迫之下，革命运动是会发展无已的。发展无已的结果，将会变成推倒在中国的世界资本帝国主义的革命领袖军。”

在分析了现状后，宣言指出：“各种事实证明，加给中国人民（无论是资产阶级、工人或农人）最大的痛苦的是资本帝国主义和军阀官僚的封建势力，因此反对那两种势力的民主主义的革命运动是极有意义的；即因民主主义革命成功，便可得到独立和比较的自由。因此我们无产阶级审察今日中国的政治经济状况，我们无产阶级和贫苦的农民都应该援助民主主义革命运动。而且我们无产阶级相信在现今的奋斗进行中间，只有无产阶级

的革命势力和民主主义的革命势力合同动作，才能使真正民主主义革命格外迅速成功。"

宣言的第三部分："中国共产党的任务及其目前的奋斗"。

首先，提出了中国革命分"两步走"战略方针，第一步是进行民主主义革命，并指出："无产阶级去帮助民主主义革命，不是无产阶级降服资产阶级的意义，这是不使封建制度延长生命和养成无产阶级真实力量的必要步骤。"第二步是实行"与贫苦农民联合的无产阶级专政"，并指出："如果无产阶级的组织力和战斗力强固，这第二步奋斗是能跟着民主主义革命胜利以后即刻成功的。"

其次，提出了党的最高纲领和最低纲领。

最高纲领："中国共产党是中国无产阶级政党。他的目的是要组织无产阶级，用阶级斗争的手段，建立劳农专政的政治，铲除私有财产制度，渐次达到一个共产主义的社会。"

最低纲领："中国共产党为工人和贫农的目前利益计，引导工人们帮助民主主义的革命运动，使工人和贫农与小资产阶级建立民主主义的联合战线。""中国共产党为工人和贫农的利益在这个联合战线里奋斗的目标"，是"消除内乱，打倒军阀，建设国内和平"；"推翻国际帝国主义的压迫，达到中华民族完全独立"和"工人和农民，无论男女，在各级议会市议会有无限制的选举权、言论、出版、集会、结社、罢工绝对自由"等七个方面。

宣言最后提出了"中国共产党万岁！"的口号。这是历史上的第一次。从此，"中国共产党万岁！"回响在祖国的大地和天空，激励着无数革命先烈为之抛头颅、洒热血。

● 提出了建立民主联合战线的策略

有了明确的纲领，还必须要有与之适应的策略方针作保证。建立民主联合战线的策略，就是二大为实现党的纲领而作出的战略决策。

在二大通过的《关于"国际帝国主义与中国和中国共产党"的决议案》中，分析了国际大势、中国现状和中国资本主义的发展等情况，指出："中国工人要联合在中国共产党旗帜之下，一方面加入民主革命的战线；一方面做增进自己阶级地位的奋斗。”“工人阶级的利益在中国共产党占第一位。我们加入民主革命的阵线，完全是以他为达到工人阶级夺得中国政权的一步过程；所以我们组织‘民主主义联合战线’是我们一种政策。”

为此，二大讨论通过了《关于“民主的联合战线”的议决案》。议决案指出：“中国名为共和，实际上仍在封建式的军阀势力统治之下，对外则为国际资本帝国主义势力所支配的半独立国家，在这各政治经济状况之下的无产阶级，在这种内外两层压迫之下无法得着自由而又急须得着自由的无产阶级，更有加入民主革命运动之必要。”而且“无产阶级加入民主革命的运动，并不是投降于代表资产阶级的民主派来做他们的附属品，也不是妄想民主派胜利可以完全解放无产阶级；乃因为在事实上必须暂时联合民主派才能够打倒公共的敌人——本国的封建军阀及国际帝国主义——之压迫，不如此无产阶级便无法得着为自己阶级开始团结所必需的初步自由”。

由此，议决案提出：“在中国的政治经济现状之下，在中国的无产阶级现状之下，我们认定民主的革命固然是资产阶级的利益，而于无产阶级也是有利益的。因此我们共产党应该出来联合全国革新党派，组织民主的联合战线，以扫清封建军阀推翻帝国主义的压迫，建设真正民主政治的独立国家为职志。”

议决案还提出了建立民主联合战线“三步走”的计划：“(A)先行邀请国民党及社会主义青年团在适宜地点开一代表会议，互商如何加邀其他各革新团体，及如何进行。”“(B)运动倾向共产主义的议员，在国会联络真正民主派的议员，结合民主主义左派联盟。”“(C)在全国各城市，集合工会、农民团体、商人团体、职教员联合会、学生会、妇女参政同盟团体、律师公会、新闻记者团体等，组织‘民主主义大同盟’。”

二大关于建立“民主的联合战线”战略决策，改变了党的一大文件中关于不同其他党派建立任何联系的规定，是中国共产党最早提出的关于统一战线的思想和主张。它对推动中国革命的发展有着重大的意义。

● 加强党的自身建设

党的二大通过了第一个正式的《中国共产党章程》，并作出了《关于共产党的组织章程决议案》。这是总结党创立以来的经验和针对党员中存在的

若干模糊思想而制定的。

在二大通过的《关于共产党的组织章程决议案》中，首先就清楚地表明党的先进性和群众性，指出："我们共产党，不是'知识者所组织的马克思学会'，也不是'少数共产主义者离开群众之空想的革命团体'，'应当是无产阶级中最有革命精神的大群众组织起来为无产阶级之利益而奋斗的政党，为无产阶级做革命运动的急先锋'。"这就明确了中国共产党的性质是：为无产阶级利益而奋斗的政党，为无产阶级做革命运动的急先锋。在此基础上，决议案明确了党的两条重大准则：即"党的一切运动都必须深入到广大群众里面去"；"党的内部必须有适应于革命的组织与训练"，并在此基础上，提出了党的七条组织原则，即：（1）自中央机关以至小团体的基本组织要有严密系统才免得乌合的状态；要有集权精神与铁似的纪律，才免得安那其[①]的状态。（2）个个党员都要在行动上受党中军队式的训练。（3）个个党员不应只是在言论上表示是共产主义者，重在行动上表现出来是共产主义者。（4）个个党员须牺牲个人的感情意见及利益关系以拥护党的一致。（5）个个党员须记牢一日不为共产党活动，在这一日便是破坏共产主义者。（6）无论何时何地，个个党员的言论，必须是党的言论，个个党员的活动，必须是党的活动；不可有离党的个人的或地方的意味。离开党的支配而做共产主义的活动，这完全是个人的活动，不是党的活动，这完全是安那其的共产主义。（7）个个党员须了解，共产党施行集权与训练时，不应以资产阶级的法律秩序等观念施行之，乃应以共产革命在事实上所需要的观念施行之。

党的二大通过的《中国共产党章程》是中国共产党诞生以后的第一个完备的章程，共有6章29条，这6章分别是：党员、组织、会议、纪律、经费与附则。在"党员"一章中，规定了党员的条件和入党手续。在"组织"一章中，规定了党的各级组织的成立条件、组织领导的产生办法与任期等。在"会议"一章中，规定了各级组织会议的召集办法。在"纪律"一章中，明确："全国代表大会为本党最高机关；在全国代表大会闭会期间，中央执行委员会为最高机关。""全国大会及中央执行委员会之议决，本党党员皆须

① 安那其，即安那其主义（Anarchism），是无政府主义的旧称。

绝对服从之。”“下级机关须完全执行上级机关之命令”，有不同意见时，“得提出上级执行委员会判决”，“但在未判决期间均须执行上级机关之命令”。党的“一切会议均取决于多数，少数绝对服从多数”。并对党员的违纪处理作出了明确的规定。在“经费”一章中，明确规定除失业工人及在狱党员外，每位党员均需交纳党费。

党的二大通过的《关于共产党的组织章程决议案》和《中国共产党章程》，是党成立后首次对党的建设和党员言行所作出的规范，也是中国共产党成立后加强党建工作的一次成功尝试。它不仅为党的组织和党员队伍建设提供了根本的依据，也为此后党领导革命斗争提供了组织保证。

● 正式决定加入共产国际

党的二大讨论通过了《中国共产党加入第三国际决议案》，指出：“无产阶级是世界的，无产阶级革命也是世界的，况且远东产业幼稚的国家，更是要和世界无产阶级联合起来，才足以增加革命的效力。现在代表世界的无产阶级为世界无产阶级革命大本营的，只有俄罗斯无产阶级革命后新兴的第三国际共产党。”“中国共产党既然是代表中国无产阶级的政党，所以第二次全国大会议决正式加入第三国际，完全承认第三国际所决议的加入条件二十一条，中国共产党为国际共产党之中国支部。”

因此，在党的二大宣言的结束语中，中国共产党正式宣布“中国共产党是国际共产党的一个支部”，并大声宣布：“一齐来和全世界的革命伙伴们并肩前进呀！只有‘全世界无产阶级和被压迫民族的联合’是解放全世界的途径呀！前进呀！共同前进！”宣言还提出了“国际共产党万岁！”的口号。

二大作出正式加入共产国际的决定，这在当时是必要的也是必然的一种抉择。一方面，它加强了与共产国际的联系，得到了共产国际的大力支持与帮助，对党的建设与发展起到了积极作用，也推动了早期中国革命的快速发展；另一方面，加入共产国际，无条件地执行共产国际代表大会及其执委会的一切决议，由别的国家或某一个国际中心来指挥中国革命，也必然给中国革命带来很大的消极影响。

四、圆满完成党的创建工作

● 指明了革命方向和步骤

党的二大宣言初步阐明了中国革命的性质、对象、动力、策略、任务和目标，指明了中国革命的前途。这就是：革命的性质是民主主义革命；革命的对象是帝国主义和封建军阀；革命的动力是工人、农民和小资产阶级，民族资产阶级也是革命的力量之一；革命的策略是组成各阶级的联合战线；革命的任务和目标是打倒军阀，推翻国际帝国主义的压迫，实现中华民族的独立和中国的统一；革命的前途是向社会主义革命转变。

这是中国共产党第一次将民主革命中要实现的目标同将来进行社会主义革命要实现的长远目标结合起来，不仅明确提出反对帝国主义、反对封建主义的民主革命任务，并指出要通过民主革命进一步创造条件，实现社会主义和共产主义。这是党对中国国情和中国革命问题认识的一次深化，是党把马克思主义基本原理同中国革命实际相结合的一个重要成果，是党的战略方针的一次重大转变。

一个政党的纲领就是它的一面旗帜。党的二大提出的革命纲领，既坚持和包含了无产阶级政党为实现共产主义而奋斗的最高理想，又第一次明确地提出了党在现阶段的行动方针和革命任务，即进行反帝反封建的民主革命。中国共产党成立仅一年的时间，就能够从中国的国情出发，初步地认识了实际上是最低纲领和最高纲领的关系。这表明，只有以马克思主义为指导并将它与中国革命实际相结合的中国共产党，才能科学地分析中国社会的现状，反映中国人民的愿望和要求，指明中国革命的正确方向，肩负起领导中国革命的历史重任。

● 推动了工人运动、青年运动和妇女运动的发展

党的二大通过了《关于“工会运动与共产党”的议决案》《关于少年运

动问题的决议案》和《关于妇女运动的决议》，第一次比较完整地对工人运动、青年运动和妇女运动作出规定，从而推动了这些运动的发展。

《关于“工会运动与共产党”的议决案》，分析了中国工人运动的现状，指出：“中国的劳动运动，是在第一个阶段中发展，还脱不了旧行会和手艺组合的束缚。同时劳动阶级的奋斗还不过是某种手艺或某个工厂的特别状况的单独运动，并没有普遍性质的运动。工人的组织也不强固，组合的人数也不多。”而“切实研究这种现状，集中、扩大和正当指挥这种运动，是中国共产党的根本任务”。

从这一根本任务出发，议决案指出：“中国共产党在他的工会运动范围内，必须集中他的力量为产业工人的组合运动，如铁路、海员、五金、纺织工人等。”议决案对党领导的工会性质、党在工会运动中的任务、与党的关系等各项原则与方针，作了许多具体的规定。议决案着重指出：“工会就是保护工人切身的利益和为工人的利益奋斗的机关”；“工会应该努力做改良工人状况的运动，凡在资本主义之下能够改良的，都要努力去做。同时须使工会很快的向着劳动运动的最终目的进行，就是完全打倒工人奴隶制的资本制度，并照共产主义原则改造社会。”议决案强调：“工人最主要的活动是与资本家和政府奋斗；互相帮助，联络感情不过是次要的目的，因为工会是一战斗的团体，不专是共济的机关。”因此，“工会的构造须要很快的使他成为团结很紧的、中央集权的和有纪律的产业组合”。“工会是所有工人的组合（不管政治见解怎样），工人们在工会里，去接受‘怎样用社会主义和共产主义精神去奋斗’的教育，与共产党向同一目的进行。”

党的二大通过的《关于少年运动问题的决议案》，是一部指导青年运动的决议。决议在详细介绍国际和国内以及青年运动的情况后，指出：“共产主义少年在中国最近奋斗的重要责任。中国少年运动的先锋，他不但要在共产主义与少年国际领导之下为了少年劳动者经济和文化利益而奋斗，将他们组成了无产阶级革命的少年军旅，他同时要联络中国一切被压迫的少年们的革命势力在一条民主革命的联合战线上，引导他们做打倒帝国主义和封建势力的奋斗”。为此，决议提出：“共产主义少年在中国的运动是要成个大群众的性质。他且要记着他是以劳动少年的利益为第一的。”“这种运动是中国共产运动中重要的一部。”决议强调：“关于中国社会主义青年团对中国共产党

的关系，在青年劳动者一切经济和教育利益奋斗的方面，中国社会主义青年团应是个独立的团体；关于普通政治运动方面，中国社会主义青年团则应当约束他与中国共产党协定之下。”

《关于妇女运动的决议》是党的第一个妇女运动的决议。决议分析了当时妇女的现状，指出：“在中国现状之下，不独女劳动者已陷在极惨酷的地位，还有许多半无产阶级的妇女，也渐渐要被经济的压迫驱到工厂劳动队里面去。就是全国所有的妇女，都还拘囚在封建的礼教束缚之中，过娼妓似的生活，至于得不着政治上、经济上、教育上的权利，乃是全国各阶级妇女的普遍境遇。”所以，中国共产党的职责是：“除努力保护女劳动者的利益而奋斗——如争得平等工价、制定妇孺劳动法等之外，并应为所有被压迫的妇女们的利益而奋斗。”

如何实现妇女的解放？党的二大在决议中提出：“妇女解放是要伴着劳动解放进行的，只有无产阶级获得了政权，妇女们才能得到真正解放。”因此，二大根据共产国际第三次大会的决定，提出了“目前为妇女奋斗”的任务是：“（一）帮助妇女们获得普通选举权及一切政治上的权利与自由；（二）保护女工及童工的利益；（三）打破旧社会一切礼教习俗的束缚。”

正如陈独秀在党的三大闭幕词中所说：“党在第一次代表大会时还没有纲领，甚至没有规章，党的要求——无产阶级专政——悬在半空，到第二次大会时就脚踏实地了，有了规章，找到了与中国实际的联系并决定了党要走的道路。”党的二大发表的宣言和通过的各项决议，创造了党的历史的多项“第一”：第一次制定了民主革命纲领；第一次提出了民主联合战线的策略；制定了第一部《中国共产党章程》；发表了第一个《中国共产党宣言》；第一次由党的领导代表中央在大会上作工作报告；等等。所有这些都为圆满完成中国共产党的创建工作，在政治上、理论上和组织上奠定了基础。这也是党的二大在党史上所具有的特殊意义。

中共三大：
实行国共两党合作

一、从“党外合作”设想到“党内合作”策略

● 工运风潮

党的二大对工人运动给予了密切关注，大会通过的《关于“工会运动与共产党”的议决案》，要求各地党组织“在他的工会运动范围内，必须集中他的力量为产业工人的组合运动，如铁路、海员、五金、纺织工人等”。

党的二大后，工人运动继续高涨，罢工浪潮在全国各地普遍兴起。其中影响最大的当属安源路矿工人大罢工、开滦五矿大罢工和京汉铁路工人大罢工。

安源路矿是江西萍乡的安源煤矿和由湖南株洲到萍乡安源的株萍铁路的合称。该企业是德国、日本资本控制的汉冶萍公司的一部分，共有工人 1.7 万人。自 1921 年秋冬起，中共湖南支部书记毛泽东和李立三、刘少奇等先后来到安源，从关心安源路矿工人的疾苦入手，向工人进行宣传和组织工作，并于 1922 年 2 月，建立了中共安源支部。5 月，成立了安源路矿工人俱乐部。9 月初，毛泽东再次来到安源，对罢工作了部署。9 月 12 日，罢工指挥部和侦察队等罢工组织相继成立。经过充分准备，9 月 14 日，安源路矿工人大罢工爆发。俱乐部发表《萍乡安源路矿工人罢工宣言》，提出保障工人权利、增加工资、改善待遇、发清欠饷、废除封建把头制等 17 项要求。罢工得到了全国各地工会的声援和社会舆论的支持。在一系列阴谋诡计都告失败后，路矿当局被迫于 9 月 18 日派出代表，同工人俱乐部的代表正式签订有 13 款内容的条约，接受了工人们提出的要求。

条约的签订，标志着安源路矿工人罢工取得完全的胜利。罢工的胜利，提高了党组织在工人群众中的威信，扩大了党的影响。这次罢工，是中国共产党第一次独立领导并取得完全胜利的工人斗争，是中国工人运动史上的一次壮举。然而，随后爆发的开滦五矿大罢工和京汉铁路工人大罢工，却遭到了帝国主义和封建军阀的联合镇压。

开滦五矿包括唐山、赵各庄、林西、马家沟和唐家庄等五个矿区，是由英帝国主义者控制的、当时中国规模最大和最早采用新式技术开采的煤矿，有矿工约 4 万人。从 1921 年冬起，中共北京地委、唐山地委和中国劳动组合书记部先后派遣罗章龙、王尽美、邓中夏等深入矿区，了解工人的劳动生活状况，举办工人夜校，组织工会，领导工人开展斗争。1922 年 9 月，开滦五矿先后成立工会。10 月 16 日，在开滦五矿工人联合会的组织下，唐山矿、林西矿、赵各庄矿和秦皇岛码头工人的代表，向矿务局递交请愿书，提出增加工资、改善待遇等六项要求。10 月 19 日，在中共唐山地委和中国劳动组合书记部的领导下，开滦五矿同盟罢工委员会成立。在遭到开滦矿务局拒绝、部分工人代表被矿方扣押的情况下，10 月 23 日，开滦五矿和秦皇岛码头工人，以及唐山市内部分企业工人近 5 万人，先后宣布举行罢工，并以五矿工人俱乐部的名义向全国各界发表总罢工宣言，控诉英国资本家虐待工人的行径，述说工人的悲惨生活，呼吁全国工人和社会各界予以支援和支持。中国劳动组合书记部迅速发动各地工人团体以发表通电、捐款捐物等形式，对开滦五矿的工人罢工斗争予以支持，中共北京地委还指导成立了北京开滦矿工罢工经济后援会，发表宣言、组织人员上街募捐，举行示威游行。然而，罢工却遭到了军阀政府和英帝国主义武装的联合镇压。10 月 26 日，军警向罢工工人开枪，制造了重伤 7 人、轻伤 57 人的流血惨案。开滦五矿工人俱乐部等工会组织被查封，罢工领导人被逮捕。

京汉铁路纵贯直隶（今河北）、河南、湖北三省，是连接华北和华中的交通命脉，具有重要的经济、政治和军事意义。早在 1921 年 8 月中国劳动组合书记部成立后不久，就在北京、汉口分别设立了北方分部和武汉分部，在京汉铁路工人中进行发动和组织工作。到 1922 年底，京汉铁路各站已建立起 16 个工会分会，1923 年 2 月 1 日，来自京汉铁路各工会分会的代表和京奉、陇海、粤汉等铁路的代表，以及北京、武汉等地工会、学生代表和新闻界人士共 300 余人，以及中共中央和党的有关组织负责工人运动的成员张国焘、陈潭秋、罗章龙、包惠僧、林育南等云集郑州，召开京汉铁路总工会成立大会。面对汹涌的工运高潮，一度戴着“保护劳工”面具的军阀吴佩孚却在帝国主义列强的支持下，撕下了假面具，下达了禁止召开京汉铁路总工会成立大会的命令，派出大批军警包围了大会会场，驱散了代表，刚刚成立

的总工会也被强行捣毁。2 月 4 日上午，汉口江岸机器厂工人首先罢工。到中午，全路 2 万多名工人全部罢工，1200 多条公路铁路顿时瘫痪。

京汉铁路工人大罢工的爆发，引起外国列强的恐慌。在帝国主义势力的支持下，吴佩孚调动2万多名军警镇压罢工工人，制造了二七惨案。2月7日，京汉铁路罢工工人遭到武力镇压，京汉铁路总工会江岸分会委员长、共产党员林祥谦和京汉铁路总工会法律顾问、共产党员施洋等 40 余位工会负责人、罢工工人牺牲，40 多人被捕，1000 多人被开除。为了保存革命力量，2 月 9 日，京汉铁路总工会被迫下令复工。

京汉铁路工人大罢工是党领导的第一次工人运动高潮的顶点。这次大罢工进一步显示了中国工人阶级的力量，扩大了中国共产党在全国人民中的影响。它虽然失败了，但工人的生命和鲜血，却使共产国际和中国共产党人进一步认识到，要推翻帝国主义和封建军阀在中国的统治，仅仅依靠工人阶级的力量是不够的，必须要建立工人阶级与民主力量的联合阵线。

● 西湖会议

1922 年 8 月 29 日至 30 日，当南方的盛夏尚未消退，在凉风习习的西子湖畔，中国共产党中央执行委员会全体会议却围绕中国共产党与中国国民党两党合作的形式问题进行着激烈的辩论。

党的二大后，贯彻民主革命纲领，建立民主联合阵线成为党的中心任务，其目标就是作为民主主义革命代表的国民党。而此时由“伟大的革命先行者”孙中山所领导的国民党正经历着其建党以来最大的挫折。1922 年 6 月，由于陈炯明的背叛，护法运动宣告失败。孙中山被迫离开广州，避居上海。与此同时，他从美、英、日等国得到援助的幻想也宣告破灭。这使他一方面不得不重新寻求革命出路，寻找新的革命同盟者；另一方面也深感自己所领导的革命必须改弦易辙，要救活国民党就需要新鲜血液。8 月，共产国际代表马林在李大钊陪同下会见孙中山商谈改组国民党、联合苏俄，以及同中国共产党合作等问题。经过艰苦工作，孙中山决定以俄为师，同意和中国共产党实行党内合作，改组国民党，允许共产党员以个人身份加入国民党。

然而，对于采用何种方式与国民党进行合作，在中国共产党内却有着激烈的争论。作为国民党一方孙中山明确表示不接受党外联合的办法，只同意共产党员以个人身份加入国民党。作为共产国际代表的马林认为，应当正视现实，接受孙中山的建议。但中国共产党内大多数领导人认为，国民党是一个资产阶级政党，共产党员加入进去，就有丧失自己独立性的危险。为了解决中共对待国共合作的问题，马林提议，中共中央召集一次会议，讨论这个问题。

中国共产党中央执行委员会在杭州召开的全体会议（史称“西湖会议”）正是在这种情况下召开的。出席会议的有中共中央第二届执行委员会委员陈独秀、张国焘、蔡和森、高君宇，候补中央执行委员李大钊，以及共产国际代表马林和翻译张太雷。会议由陈独秀主持。会上，马林转达了共产国际对中国革命和与国民党联合的意图，即“共产国际执行委员会认为国民党是一个革命组织”“共产党人应该支持国民党”“共产党人应该在国民党内开展工作”。他指出，中共二大通过的与国民党建立“民主联合战线”的决议，是“空洞不能实行的左倾思想”，进而阐述了其必须实行“党内合作”的理由。

与会者围绕是否加入国民党的问题展开了激烈的讨论，形成了三种意见。第一种意见明确反对“党内合作”，认为国民党是资产阶级政党，共产党员加入无异与资产阶级相混合，会丧失自己的独立性。第二种意见是基本同意“党内合作”，认为国民党组织非常松散，共产党员加入不会受到约束，采取共产党员加入的方式，是实现民主联合战线易于行得通的办法。第三种意见则认为，共产国际的决议可以服从，只是必须向国民党提出一定的条件，即孙中山要根据民主主义原则改组国民党，取消“打手模”及向个人宣誓等手续。

经过两天的热烈讨论和马林的说服，会议以互相谅解的形式，通过了陈独秀提出的在国民党取消“打手模”以后，中共少数负责同志可以根据党的指示加入国民党为党员的决定，从而为实现国共合作迈出了重要一步。

西湖会议是中国共产党历史上一次重要会议，也是党在共产国际的帮助下，政治主张和策略方针的一个重要转折点。会议把马克思列宁主义的基本原理运用于中国革命的具体实践，将难以实现的国共两党“党外合作”设想转变为切实可行的“党内合作”策略，初步统一了党的最高领导层对国共合作的认识，为国共合作的最终实现铺平了道路，对中国共产党以及中国革命的前景，产生了深远的影响。

● 国际指示

西湖会议后，1922 年 11 月至 1923 年 1 月，陈独秀率中共中央代表团赴莫斯科参加共产国际第四次代表大会。这是中国共产党成立以后，特别是加入共产国际后，第一次正式派遣代表团参加共产国际代表大会。

共产国际第四次代表大会首次直接就东方问题作出专门决议——《第四次代表大会关于东方问题的总提纲》。该提纲共分八个部分：东方革命运动的发展、斗争条件、土地问题、东方的工人运动、各国共产党的共同任务、反帝统一战线、太平洋沿岸地区无产阶级的任务和各宗主国共产党在殖民地的任务。在第六部分“反帝统一战线”中，提纲强调，在殖民地东方，“必须提出反帝统一战线的口号”。大会并就无产阶级如何在统一战线中进行斗争的问题，指出：“殖民地和半殖民地国家的工人运动，首先应在整个反帝战线中争取成为一个独立的革命因素。只有承认它的这种独立的作用，并保持它在政治上的完全自主，才有可能而且有必要同资产阶级民主派达成暂时的协议。”①

作为对提纲的补充，共产国际四大还通过了《中国共产党的任务》的决议。该决议将关于东方问题的总提纲更加具体化了，力求制定出更符合中国实际的斗争策略。决议指出：“近几年来，中国的共产主义运动已开始在南方和北方发展起来。中国共产党人开始参加工人阶级的自发斗争，但是他们还未能贴近人民群众。为了做到这一点，他们应该首先更明确地认清中国政治事件的意义以及工人阶级和共产党在其中的作用。”决议认为“中国目前还处在资产阶级革命发展的准备时期”。在这一时期，中国共产党的任务是，“要以在民主基础上实现中国统一的倡导者的身份开展活动。中国共产党人要提出统一的中华人民共和国的口号，为实行同唯一不追求帝国主义目标的大国——苏维埃俄国结成联盟的独立自主政策而斗争”。共产党人要“靠下层人民群众取得革命胜利来实现中国的统一”。决议明确指示：“为了在这场斗争中能代表一种实际的力量，共产党人应该将自己的主要注意力用于组织

---

① 张静如主编：《中国共产党全国代表大会史丛书：从一大到十七大》第一册，万卷出版公司 2007 年版，第 231—232 页。

工人群众、成立工会和建立坚强的群众性共产党方面。”[①]

1923 年 1 月，孙中山会晤苏联政府代表越飞，发表《孙文越飞联合宣言》，公开确立国民党的联俄政策，表明孙中山改组国民党的坚定决心。同月，共产国际执委会通过《关于中国共产党与国民党的关系问题的决议》。

决议首先指出国共两党合作的必要性，指出：“中国唯一重大的民族革命集团是国民党。”“由于国内独立的工人运动尚不强大，由于中国的中心任务是反对帝国主义者及其在中国的封建代理人的民族革命，而且由于这个民族革命问题的解决直接关系到工人阶级的利益，而工人阶级又尚未完全形成为独立的社会力量，所以共产国际执行委员会认为，国民党与年青的中国共产党合作是必要的。”

对于国共合作的形式，决议明确指出：“在目前条件下，中国共产党党员留在国民党内是适宜的。”

同时，共产国际在决议中对保持中国共产党的独立性作了反复强调。决议指出，中国共产党党员加入国民党，“但是，这不能以取消中国共产党独特的政治面貌为代价。党必须保持自己原有的组织和严格集中的领导机构。中国共产党重要而特殊的任务，应当是组织和教育工人群众，建立工会，以便为强大的群众性的共产党准备基础”。“在这一工作中，中国共产党应当在自己原有的旗帜下行动，不依赖于其他任何政治集团，但同时要避免同民族革命运动发生冲突。”决议强调：“只要国民党在客观上实行正确的政策，中国共产党就应当在民族革命战线的一切运动中支持它。但是，中国共产党绝对不能与它合并，也绝对不能在这些运动中卷起自己原来的旗帜。”[②]

共产国际的这些决议和指示，对于进一步转变中共领导人对于国民党的态度，推动国共合作，有着重要意义。

① 张静如主编：《中国共产党全国代表大会史丛书：从一大到十七大》第一册，万卷出版公司 2007 年版，第 232 页。

②《共产国际执行委员会关于中国共产党与国民党的关系问题的决议》（1923 年 1 月 12 日），载中央档案馆编：《中共中央文件选集》第一册，中共中央党校出版社 1982 年版，第 93—94 页。

二、在激烈辩论中统一思想

● 会议主题

1923 年 6 月 12 日至 20 日，中国共产党第三次全国代表大会在广州市东山区恤孤院 31 号（今恤孤院路 3 号）正式召开。这次大会的主要议题是讨论共产党员加入国民党问题。

出席三大的代表 30 多人，代表全国 420 名党员。这 30 多名代表，是由各地根据中央要求，按民主程序推选产生。当时，中共中央下设北方、两湖、江浙和广东四个区。区党组织的名称叫区委员会。据北方区委负责人之一的罗章龙回忆，1923 年 5 月，中共中央给各区委去信，要求按规定选派代表参加三大。中央规定的条件为：一是主要是产业工人；二是各区委书记可以来，但不要都来；三是工运负责人。按此条件，北方区委选出李大钊、罗章龙、王荷波等 12 人为代表。两湖区有毛泽东、陈潭秋、项英等，江浙区有徐梅坤、于树德、金佛庄等，广东区有谭平山、阮啸仙、冯菊波等。中央代表为陈独秀、张国焘、张太雷。此外，还有从法国回来的蔡和森、向警予，从苏联回来的瞿秋白。马林作为共产国际代表出席会议。

在党的三大正式召开之前，1923 年 6 月上旬，中共中央召开了三大预备会议，地点是在广州东山的春园（今广州东山新河浦 22、24、26 号）。会议由陈独秀和马林主持。马林传达了共产国际关于国共合作问题的意见，报告国际形势。会议讨论了中央委员人选和中共三大各个决议案的起草情况。在正式会议召开前举行预备会议，这在党的全国代表大会史上还是第一次。

● 主要议程

党的三大于 1923 年 6 月 12 日开幕。大会没有举行开幕式。大会的主要议程有下列几项：

一是听取并讨论陈独秀代表第二届中央执行委员会所作的关于上届代表

会议以来的工作报告；

二是由马林报告国际形势和国际工运情况；

三是由各地代表汇报当地一年来的工作情况；

四是由瞿秋白简要介绍共产国际四大的情况、陈潭秋报告二七惨案的经过、孙去鹏报告京汉铁路大罢工被捕工人的救济工作、毛泽东和徐梅坤就农运工作讲话；

五是就国共合作问题进行讨论。

大会在充分讨论、坚持党的民主集中制原则的前提下，表决通过了《中国共产党党纲草案》《关于第三国际第四次大会决议案》《关于国民运动及国民党问题的议决案》《关于劳动运动的议决案》《关于农民问题的决议案》《关于党员入政界的决议案》《关于青年运动的决议案》《关于妇女运动的决议案》《中国共产党中央执行委员会组织法》《中国共产党第一次修正章程》《中国共产党第三次全国代表大会宣言》等文件。

6月20日，党的三大的最后一天，全体代表来到了广州黄花岗烈士陵园，由瞿秋白和张太雷教唱《国际歌》。由此，在党的全国代表大会闭幕式上唱《国际歌》成为一种惯例。这也是党的三大所创造的一项第一。

● 代表讨论

党的三大的代表讨论，不是共产党要不要加入国民党的问题，这一问题在中央执行委员会的西湖会议上已经解决。但西湖会议实际上只解决了由少数负责人以个人身份加入国民党的问题。而对于是全体党员加入还是部分党员加入的问题，特别是要不要动员产业工人加入的问题，以及共产党如何在国民党内为国民革命工作的问题，则在党的三大上引起了激烈的争论。

在争论中，以陈独秀和马林为代表，赞成全体共产党员加入国民党，产业工人也加入。他们认为，中国革命目前的任务，只是进行国民革命，不是进行社会主义革命；国民党是代表国民革命运动的党，应成为革命势力集中的大本营；共产党和无产阶级现在都很幼弱，还没有形成一个独立的社会力量。因此，全体共产党员、产业工人都应参加国民党，全力进行国民革命；凡是国民革命的工作，都应当由国民党组织进行，即所谓“一

切工作归国民党”，只有这样，才能增强国民革命的力量。马林认为，“中国国民党是合乎理想而具实力的国民革命的政党”，“中国优秀的革命分子多在国民党内”，“中共党员应该老老实实到那里去学习民族自觉”。对于中国工人阶级，他认为“无论从那一方面说，都是脆弱的”[①]，因此他主张“我们的职工运动都能到国民党工人部去做”。陈独秀也认为，中国无产阶级在数量上和质量上都非常幼稚，“至于党的发展只有500余人，工作只能做经济争斗，而不能做政治争斗”，而且“党更不能公开，故我们要做工人运动只有加入国民党，集中努力于国民党”。[②] 马林、陈独秀的观点，得到了瞿秋白、张太雷等人赞成。

以张国焘、蔡和森、邓中夏等人为代表，形成了大会讨论的另一派意见。他们虽承认反帝反封建的国民革命是中国革命的重要任务，但认为中国共产党还有它的特殊任务，即领导工人运动，同资产阶级作斗争，这两个任务同等重要，应当同时进行。因此，他们反对全体共产党员特别是产业工人加入国民党，认为那样做就会取消共产党的独立性，把工人运动送给国民党。张国焘说：“发展共产党的唯一途径是独立行动，而不是在国民党内活动。”蔡和森认为，“一切工作归国民党”的口号，“这是取消C.P.存在的主张”。他批评陈独秀等提出的“把工人置于国民党的旗帜下”，是违反共产国际决定的。他提出“在统一战线中无产阶级如果不能全部掌握领导权，至少应拥有部分领导权”。邓中夏在发言中表现出对国民党的极不信任，认为“国民党是一个内部利益迥异的政党，很难改造”，“让孙中山听取新党员的意见十分困难”。“没有人反对我们与国民党合作，但我们不是为国民党工作，以后我们应改变合作的政策”。林育南也在会议发言中，支持张国焘、蔡和森等人的观点，认为“资产阶级不可能是革命的因素，无产阶级必须领导”。“我们不能牺牲自己的利益站在他们一边，不能对他们的改组抱有希望。他们不会听取我们的意见”，“必须让群众知道我们党的存在”，“不加入国民党我们也能帮助做国民运动”。

① 张国焘：《我的回忆》第一册，转引自王宗华主编：《中国大革命史》上册，人民出版社1990年版，第70页。

② 蔡和森：《中国共产党史的发展（提纲）》，转引自王宗华主编：《中国大革命史》上册，人民出版社1990年版，第70—71页。

此外，对于国共合作的问题，除党内一些比较高级的领导人外，一般党员也有许多不理解，特别是工人和从事工运的同志。如时任中国劳动组合书记部副主任的罗章龙等人就认为，“国民党并不注重工人运动，在工人中影响甚微。而国民党脱离群众，成分中官僚、政客不少，鱼龙混杂，却为人所共知”。因此，许多同志不愿与之为伍，反对加入国民党。

李大钊在讨论中，首先提出了统一战线的领导权问题，认为过去和将来国民运动的领导因素都是无产阶级，而不是其他阶级；由于这个原因，我们不要害怕参加国民运动，我们应站在运动前列。

毛泽东也在会上发言，提出：国民党是否就不能发展——这是个问题；在中国，资产阶级革命行不通。所有反帝运动都是由饥寒交迫者而不是由资产阶级发动的；我们不应该害怕加入国民党。①

大会讨论非常热烈。徐梅坤后来回忆：“‘三大’的中心议题是讨论国共合作及共产党员是否加入国民党”，“这个问题争论得很激烈，一个多星期的会议，大部分时间是辩论这个问题”。最后，大会以 21 票赞成、16 票反对，仅 5 票的优势通过《关于国民运动及国民党问题的议决案》，就充分说明了大会对此问题争论之激烈，也反映了党内对这一决议的真实态度。

● 选举工作

大会选举陈独秀、蔡和森、李大钊、谭平山、王荷波、毛泽东、朱少连、项英、罗章龙为中央执行委员会委员，邓培、张连光（未到职）、徐梅坤、李汉俊（未到职）、邓中夏为候补委员，组成新的中央执行委员会。由陈独秀、蔡和森、毛泽东、罗章龙、谭平山组成中央局，陈独秀为委员长，毛泽东为秘书，罗章龙为会计，负责中央日常工作。李大钊、王荷波、项英、朱少连则分别为中央驻北方、上海、湖北、湖南委员，指导当地党的工作。

在党的三大上，毛泽东首次进入了中央领导核心。中央局秘书一职，是第三届中央委员会特设的，实际上相当于后来设中央主席时的总书记。毛泽东担任中央局秘书，“负本党内外文书及通信及开会记录之责任，并管理本党

---

① 张静如主编:《中国共产党全国代表大会史丛书：从一大到十七大》第一册，万卷出版公司 2007 年版，第 247—249 页。

文件。本党一切函件须由委员长及秘书签字”。事实上，毛泽东成为党中央领导核心的第二把手。后来，毛泽东兼任中央组织部部长，从而使党中央真正有了负责全党自身建设，特别是党务工作的专职主持者。

三、共产党员以个人身份加入国民党

● 加入国民党，实现国共合作

经过两天的讨论，大会接受了共产国际关于同国民党合作的指示，通过了《关于国民运动及国民党问题的议决案》《中国共产党第三次全国代表大会宣言》，决定采取共产党员以个人身份加入国民党的方式实现国共合作。

大会通过的《关于国民运动及国民党问题的议决案》，是大会对国共合作问题进行充分讨论后作出的。议决案指出：“在被国际帝国主义压迫之殖民地及半殖民地，只有实现国民革命加帝国主义以有力的打击，是他在世界的革命之工作中所应尽的职务。”议决案分析了中国的现状、国民党的性质和中国工人阶级的状况，指出：“此时统治中国的是封建的军阀，不是资产阶级。军阀政府名为独立政府，其实事事听命于国际帝国主义的列强，不啻是他们的经理人，财政、交通、工业几完全操于国际帝国主义者之手，中国资产阶级所占者仅仅日用品之极小部分，帝国主义者利用其在华政治势力，妨碍中国工业之自由发展，所以半殖民地的中国，应该以国民革命运动为中心工作，以解除内外压迫。”而对于国民党，议决案指出：“依中国社会的现状，宜有一个势力集中的党为国民革命运动之大本营，中国现有的党，只有国民党比较是一个国民革命的党，同时依社会各阶级的现状，很难另造一个比国民党更大更革命的党，即能造成，也有使国民革命势力不统一不集中的结果。”不能另建的原因，就在于中国工人阶级的弱小。议决案认为：“以产业落后的原故，中国劳动阶级还在极幼稚时代，多数劳动群众之意识，还停顿在宗法社会，非政治的倾向非常之重，只有少数产业工人已感觉国民运动之必要，真能了解共产主义及共产党组织的更是少数，因此，工人运动尚未能强大起来，成功（为）一个独立的社会势力，以应中国目前革命之需要。”因此，“共产国际执行委员会议决中国共产党须与中国国民党合作，共产党员应加入国民党。中国共产党中央执行委员会曾感此必要，遵行此议决，此次全国大会亦通过此议决。”

为此，大会宣言强调：“中国国民党应该是国民革命之中心势力，更应该立在国民革命之领袖地位”，“我们希望社会上革命分子，大家都集中到中国国民党，使国民革命运动得以加速实现”。同时，大会宣言明确指出：“不幸中国国民党常有两个错误的观念：（一）希望外国援助中国国民革命，这种求救于敌的办法，不但失了国民革命领袖的面目，而且引导国民依趋外力，灭杀国民独立自信之精神；（二）集中全力于军事行动，忽视了对于民众的宣传。因此，中国国民党不但要失去政治上领袖的地位，而且一个国民革命党不得全国民众的同情，是永远不能单靠军事行动可以成功的。”“希望中国国民党断然抛弃依赖外力及专力军事两个旧观念，十分注意对于民众的政治宣传，勿失去一个宣传的机会，以造成国民幸福之真正中心势力，以树立国民革命之真正领袖地位。”

● 保持党的独立性

在决定共产党员以个人身份加入国民党，实现国共合作的同时，党的三大也明确规定了党必须在政治上、思想上和组织上保持自己的独立性。大会强调：“我们加入国民党，但仍旧保存我们的组织，并须努力从各工人团体中，从国民党左派中，吸收真有阶级觉悟的革命分子，渐渐扩大我们的组织，谨严我们的纪律，以立强大的群众共产党之基础。”“我们在国民党中，须注意下列各事：（1）在政治的宣传上，保存我们不和任何帝国主义者任何军阀妥协之真面目。（2）阻止国民党集全力于军事行动，而忽视对于民众之政治宣传；并阻止国民党在政治运动上妥协的倾向，在劳动运动上改良的倾向。（3）共产党党员及青年团团员在国民党中言语行动都须团结一致。（4）须努力使国民党与苏俄接近；时时警醒国民党，勿为贪而狡的列强所愚。”“我们须努力扩大国民党的组织于全中国，使全中国革命分子集中于国民党，以应目前中国国民革命之需要。同时我们特别的工作，须努力促成全国总工会之独立的组织，从事经济的及政治的争斗。我们须努力引导劳动

群众由日常生活的争斗到政治的争斗。目前政治的争斗，自然只是国民运动——排除外力及军阀的运动，因此在劳动群众中须有大规模的国民运动的宣传，扩充国民革命的国民党，同时凡已了解国民革命之必要更进而有阶级觉悟的革命分子，当尽量加入我们自己的组织；并当于群众中普遍宣传'国民运动中拥护劳动阶级利益的必要'。"

大会发表的《中国共产党第三次全国代表大会宣言》也特别强调："中国共产党鉴于国际及中国之经济的政治的状况，鉴于中国社会的阶级（工人、农民、工商业家）之苦痛及要求，都急需一个国民革命。拥护工人农民的自身利益是我们不能一刻忽忘的；对于工人农民之宣传与组织是我们特殊的责任；引导工人农民参加国民革命更是我们的中心工作。我们的使命是以国民革命来解放被压迫的中国民族，更进而谋世界革命，解放全世界的被压迫的民族和被压迫的阶级。"

当然，在作出实行国共合作战略决策的同时，党对合作中的领导权问题未能给予高度的重视，没有提出工人阶级争取对革命领导权的问题。在大会通过的议决案和发表的宣言中，对国共两党及其所代表的阶级力量的分析，存在着很大的片面性估计。大会认为中国工人阶级还不是一个"独立的社会势力"，共产党在短期内也不可能发展成为"一个大群众的党"，因此，大会反复强调"中国国民党应该是国民革命之中心势力，更应该立在国民革命之领袖地位"。中国共产党在国共合作中所应该做的是，"努力扩大国民党的组织于全中国，使全中国革命分子集中于国民党，以应目前中国国民革命之需要"。[①] 而这一切不仅说明了党在建党初期在革命策略上的幼稚，而且也为此后在国共合作方面所犯下的右倾错误种下了祸根。

● 加强党的建设

党的三大在对加强党的自身建设方面作出的重要规定，主要体现在大会所通过的三个党建的规章上，尤其是《中国共产党中央执行委员会组织法》和《中国共产党第一次修正章程》。

---

① 中央档案馆编：《中共中央文件选集》第一册，中共中央党校出版社 1982 年版，第 115—116、129 页。

中共三大通过的《中国共产党中央执行委员会组织法》(以下简称《组织法》)，在党的历史上第一次用法规条文的形式明确规定了党中央组织结构和工作制度，集中体现了党的民主集中制原则。

这个法规共10条，主要内容包括中央执行委员会的组成及其职能、分工和工作制度等。在中央执行委员会及中央局的组成及职责方面，《组织法》规定："中央执行委员会由本党常年大会选出。其一切行动对大会负责，在两大会之间为本党最高指导机关，管理各区地方之行动，发行用本党名义之出版物；并管理派遣做青年、妇女、劳工、农民等工作之职员。""中央执行委员会以九人组织之。中央委员缺职时，应以候补委员补缺。"在中央局的工作分工方面，《组织法》对委员长、秘书和会计的职责作了规定，在强调"委员长主席一切中央局及中央执行委员会之会议"的同时，特别规定"本党一切函件须由委员长及秘书签字"，"执行委员会之一切会议，须由委员长与秘书召集之"，从而开始了通过党内法规来约束最高领导人权力的探索。在工作制度方面，《组织法》作出了一系列的规定："中央执行委员会常会每四个月开一次，中央局每星期开会一次。中央局自己或经中央执行委员四人之请求，可召集特别会议。""如有本党三分一之区代表全党三分一之党员之请求时，执行委员会必须在接到请求书之一月内召集本党临时大会。"《组织法》还特别强调："中央执行委员会及中央局之一切决定，以多数取决，但召集临时全党大会之议决，须以三分之二的多数取决。"这些充分体现了党的民主集中制原则。

党的三大通过的《中国共产党第一次修正章程》，是中国共产党第一部党章修正章程。它依据党的自身发展状况和形势发展的需要，对二大党章进行了修改，进一步完善了党的各项制度。

三大党章的创新内容，主要体现在三个方面：一是严格了入党的手续，加强了对党员的管理。三大党章规定："党员入党时，须有正式入党半年以上之党员二人之介绍，经小组会议之通过，地方委员会之审查，区委员会之批准。"它首次规定了新党员的候补期的制度，"候补期劳动者三个月，非劳动者六个月，但地方委员会得酌量情形伸缩之"。三大党章还首次规定了党员可以"自请出党"，即自愿退党，并作出了相应的规定。二是对党的各级组织建制作出了新的规定。如成立党小组的党员数由原来的"三人至五人"

提高到“五人至十人”；将原来“一地方有两个支部以上，可成立地方党委员会”，改为“一地方有十人以上，经中央执行委员会之许可”，可成立地方执行委员会等。党章还对地方执行委员会的工作职责作出了适当调整，从而使更了解当地党员和支部实际工作的地方执行委员会能更有效地领导各项工作的开展。三是对各级党组织会议的召开制度进行了调整，使其更符合实际。

四、国共合作步伐加快

● 实现了党的工作重心的第一次战略转变

在党的三大通过的大会宣言结束部分，党所喊出的口号是“中国国民革命万岁！”这标志着党在工作重心上的一次战略转变。即从党的二大所确定的以反封建军阀的工农民主革命为重心，转到以实行国民革命为中国革命现阶段的主要任务和中心工作。

在三大通过的《关于国民运动及国民党问题的议决案》和《中国共产党第三次全国代表大会宣言》里，对国民革命运动作了较详尽的阐述，指出：“半殖民地的中国，应该以国民革命运动为中心工作，以解除内外压迫。”[①]“中国共产党鉴于国际及中国之经济的政治的状况，鉴于中国社会的阶级（工人、农民、工商业家）之苦痛及要求，都急需一个国民革命。”而“引导工人农民参加国民革命，更是我们的中心工作”。为此，大会号召“社会上革命分子，大家都集中到中国国民党，使国民革命运动得以加速实现”。[②]

所谓国民革命，就是工人、农民、小资产阶级和民族资产阶级联合一

① 中央档案馆编：《中共中央文件选集》第一册，中共中央党校出版社 1982 年版，第 115 页。

② 中央档案馆编：《中共中央文件选集》第一册，中共中央党校出版社 1982 年版，第 128—129 页。

致，共同反对帝国主义和封建军阀的革命。为此，党的三大在通过了《关于劳动运动的议决案》《关于青年运动的决议案》《关于妇女运动的决议案》的同时，还特别通过了《关于农民问题的决议案》。这份决议案虽然文字不长，全篇仅 253 个字，却是我党历史上第一个关于农民问题的决议。决议在分析了中国农民生活的现状后，指出："我党第三次大会决议认为有结合小农佃户及雇工以反抗牵制中国的帝国主义者，打倒军阀及贪官污吏，反抗地痞劣绅，以保护农民之利益而促进国民革命运动之必要。"这也为此后国民革命中各地农民运动的掀起奠定了基础。

总之，党的三大确定以国民革命为党的中心工作，使党在思想上和行动上都发生了重大变化，即将进行自身建设和开展工人运动为主要责任，转变到以打倒帝国主义和军阀的国民革命为宗旨。这一战略策略的转变，标志着党实现了工作重心的第一次转变。也正是以党的三大为标志，党开始从创建时期进行到大革命时期，党的历史也由此翻开了新的篇章。

● 揭开了国共合作的序幕

党的三大通过了共产党员以个人身份加入国民党，实现国共合作的决定，解决了革命发展中的重要问题。这一问题的解决，使国共两党能够在孙中山这面颇有号召力的革命旗帜下，通过共同努力，广泛发动群众，发展革命力量，加速推进民主革命的进程，而且使中国共产党迅速走上了更广阔的政治舞台，得到了锻炼和发展。

党的三大后，党采取了一系列实际步骤帮助国民党改组，国共合作的步伐大大加快。1924 年 1 月，国民党第一次全国代表大会在广州召开，大会审议并通过了《中国国民党第一次全国代表大会宣言》，确立了联俄、联共、扶助农工的三大革命政策，第一次国共合作正式开始，革命统一战线正式建立。中国共产党第三次全国代表大会，也因此成为以反帝反封建的国民革命为主要标志的中国的第一次大革命的起点。

中共四大：站在国民革命之领袖地位

一、国共合作的进展和总结

● 共产国际的关注与支持

党的三大以来，国内外形势发生巨大的变化，国内国共开始合作，建立了统一的反帝国主义战线，苏联关注与支持中国的革命运动。共产国际执委会在1923年5月24日作出《对中共三大的指示》，共13条。指示指出："在孙中山与北洋军阀内战的问题上，我们支持孙中山，但是，我们要求国民党通过有系统的宣传鼓动建立广泛的民族政治运动，阐明孙中山军事行动的意义，并以国家的独立、统一和民主为行动纲领，吸引中国最广泛的民主力量参加反对北洋军阀和外国帝国主义的斗争。"① 这个指示虽在党的三大后才传到中国，但对国共合作和党在这一时期的指导思想起着重要的作用。

● 国共两党的合作与斗争

在共产国际和中共的推动与帮助下，孙中山加快了改组国民党的步伐，1923年8月，派出了有共产党人参加的"孙逸仙博士代表团"，赴苏联考察军事、政治、党务，并洽谈援助问题。8月15日，在广州召开了有共产党人参加的改组国民党特别会议，谭平山成为临时中央执行委员会成员。1924年1月，中国国民党第一次全国代表大会在广州举行。中共以国民党的名义开展工作，帮助发展国民党。蔡和森、毛泽东、罗章龙及瞿秋白均被调去做国民党工作。在广州，由于有鲍罗廷，共产党把全部工作都集中在国民党内，这引发了党内争论。为此，5月10日至15日召开了中共中央执委会扩大会议。许多人对共产党实际上被融化在国民党中表示反对，甚至有人主张与国民党决裂。但会议最后通过了关于在巩固和加强党的共产主义组织的同时继续留

① 中共四大史料编纂委员会：《中国共产党第四次全国代表大会》，中共党史出版社2004年版，第85页。

在国民党中央工作的决议。这时，国共两党在许多问题上的意见分歧已经暴露无遗。陈独秀等共产党人对国民党依靠一部分军阀反对另一部分军阀，同张作霖、段祺瑞建立反对直系军阀的“三角同盟”的做法提出善意的批评，在《向导》等报刊上发表文章，希望国民党走上依靠工农革命的道路，却屡遭国民党方面的警告和责难。

1924年6月，国民党内的右派分子邓泽如、张继、谢持向国民党中央执行委员会提出《弹劾共产党案》，声称共产党员加入国民党“于本党之生存发展，有重大妨害”，“绝对不宜党中有党”。陈独秀与毛泽东在7月21日联名签发了第15号中央通告，指出：“自从5月吾党扩大执行会后，国民党大部分党员对我们或明或暗的攻击排挤日甚一日，意在排除我们急进份子，以缓和列强及军阀对国民党的压迫。”[①] 中共中央要求各地党组织采取毫不妥协的态度，以各种方式公开表示对国民党右派的不满，努力获得和巩固指挥工人、农民、学生和市民各团体的实权。8月，国民党举行了一届二中全会，张继等又抛出所谓《护党宣言》，诬蔑共产党员加入国民党的目的是消灭国民党。国民党右派要求“共产党员友好地退出国民党”，即开除共产党员。中派则指责中共中央与共产国际联系是企图“垄断中国革命”，提出国民党要有一个特殊的组织，能知道共产国际与中共对国民党的态度等等。鲍罗廷擅自同意在国民党中央政治局下设立国际联络委员会。消息传到上海，中共中央采取多项强硬措施，坚决抵制国民党的决议，严厉谴责鲍罗廷不尊重中共中央的错误行为，并抵制妥协政策。

1924年8月，发生了广东商团事件，无论是对共产国际的世界革命还是中国国民革命，都是一个至关重要的枢纽环节。在汇丰银行高层的授意与帮助下，粤省商团团长陈廉伯以防范驻粤的滇桂军等客军残害商民为由，向南利洋行订购大批军械，挪威商船哈佛（Hav）号被截获。为争还扣械，商团鼓动举行全省大罢市。孙中山令黄埔军校学生大队等开入市区维持秩序，严惩叛乱行为者，英国代理总领事翟比南（Bertram Giles）于29日向广州政府

① 中共四大史料编纂委员会：《中国共产党第四次全国代表大会》，中共党史出版社2004年版，第118页。

发出警告："如遇中国当局向城市开火时，英海军即以全力对待之。"[①] 为此，孙中山致函英相麦克唐纳（R. Mac Donald），指责英国政府"干涉中国内政"和对广州政府"宣战"[②]。

9月，苏联人民开展了声势浩大的"反对英帝国主义及其雇佣的商团军"和"不干涉中国"行动，声援孙中山及国民党左派，反对帝国主义侵略中国。莫斯科的介入使中国的民族解放运动真切地看到了同盟军的强大声势，刺激了国内的反帝情绪。及10月上旬，由于广州政府与商团签订的还械"六条件"始终无法兑现，10月10日全副武装的商团军向庆祝"双十节"大会的游行队伍开枪射击，当场打死二十多人。在共产党人的支持下，14日夜或15日晨，黄埔学生军、工团军、农团军、吴铁城警卫军及滇军、湘军平乱，存在于粤省14年的商人武装寿终正寝。商团叛乱可以清晰地看到帝国主义列强对中国革命的仇视，他们网罗买办、军阀、国民党右派作为自己的帮凶，以使其成为自己统治中国的社会基础。

1924年9月5日，倒直"三角同盟"约定共同出兵，孙中山移师北上，江浙战争爆发，旋即引发直奉大战。江浙战争，牵连全国，牵动帝国主义者美日，是军阀直系与反直系的战争。10月24日，冯玉祥发动北京政变，提出反战主和，"一切政治善后问题请全国贤达商补救之方，开更新之局"。北京政变铲除了封建帝制复辟的祸根，也使直系在北方的势力受到沉重打击。反直系战争，在经济上，财政上，都引起了极大的恐慌，尤其是贫苦的工人和农民。学校因缺经费而停办，学生也不能安生求学。

1924年11月10日，孙中山发表了《北上宣言》，接受了中国共产党以前提出的召集国民会议的主张，郑重地重申国民革命之目的，对内推倒军阀，对外取消一切不平等条约。中共中央提议在国民会议产生的正式政府成立前，国民会议预备会"即为临时国民政府——号令全国的唯一政府"。中共中央还提出13条最低要求，作为劳动人民群众向国民会议预备会的最低限度的要求，在全国掀起了一场轰轰烈烈的国民会议运动。

---

① 中国社科院近代史所中华民国史研究室编:《中华民国史资料丛稿大事记》第十辑，中华书局1986年版，第136页。

② 广东社科院历史研究所等编:《孙中山全集》第十一卷，中华书局1986年版，第1页。

● 工农运动的广泛开展

由于帝国主义及军阀的残暴压制，工会组织完全被封，工人运动低落。工人运动虽在政治和经济上都是处于恶劣的情形，但从未停止过。1924 年 2 月，全国铁路总工会成立，在北京召开了第一次全国铁路代表大会，山东胶济铁路发生罢工运动。1924 年 5 月 19 日晚，安南总督梅兰被人刺杀于广州，广州公使团就此照会广州政府，要求制止反对外国人的活动，并颁布“新警律”。7 月 15 日，广州沙面爆发了反帝罢工，这次罢工打破了 1923 年二七惨案以来工人运动的沉寂局面，唤醒了洋务工人的民族意识，使工人运动重新走向高潮。

农民运动得到了大发展。1923 年 9 月，湖南衡山岳北建立了岳北农会，广东惠州地区也有农民运动。为了培训农运骨干，1924 年 7 月，中国共产党人主持在广州开办农民运动讲习所，至 1926 年 9 月，共举办六届，招收学员 955 名，毕业 797 名，学员中的党团员人数占全所学员的一半以上。[①] 组织他们参加平定商团叛乱、平定杨刘叛乱及省港大罢工的革命斗争。农讲所的学员毕业后，大多数回到各地，在农村发展中共组织，建立农民协会，组织农民自卫军，积极开展农民运动。

二、为大革命作准备的动员会

● 会前准备

为了总结国共合作一年来的经验，加强对革命运动的领导，回答党所面临的许多新问题，1924 年 8 月 31 日，中共中央致函各地，要求各级党组织：“对于本党一年来各种政策，工农、青年、国民党各种实际运动及党内教育上、组织上各种问题发表其意见，并于小组会议时提出讨论，以其

①《广州农民运动讲习所资料选编》（中国现代史资料丛书），人民出版社 1987 年版，第 297 页。

结果报告中央。个人有特别意见者，指令其写成意见书，由委员或组长汇寄中央局。”

9月15日，中央又正式发出召开四大的通知：四大定于11月开会，要求各个地方组织及俄法两特别组应召集同志大会，推选代表于11月14日前到达开会地点上海。会议拟从11月15日开始，要求参加人数，广州、上海、南京、济南、北京、唐山、天津、武汉、长沙、安源、苏俄特别组、法国特别组、少年中国学会、特别邀请各一人，共14人。议事日程拟定为：（1）世界政治经济报告，（2）中国政治经济报告，（3）中共中央局的报告，（4）对中共中央局报告的讨论，（5）共产党与民族运动，（6）中国劳动与民族运动，（7）党的发展计划，（8）党的章程修改，（9）党的组织和教育，（10）选举，共10项议程。

共产国际代表维经斯基于11月底12月初到达上海后，立即参与审定大会的基本材料和提纲，并与陈独秀一起召开了为期一周的中央全会，确定了四大的中心议题，维经斯基指出：“代表大会的中心议题是党渗透到城市工人群众中去的问题，也就是从在小组中做宣传工作过渡到在工厂中做鼓动工作的问题，向工人们说明现在中国政治斗争的基本因素。同时，代表大会应该找到把群众集中和组织起来的各种方式。”中共中央指定陈独秀、彭述之、维经斯基等组织起草委员会，四大的所有提案均由起草委员会草拟。瞿秋白担任维经斯基的翻译，并将维经斯基起草的议决案和其他文件译成中文。委员们对于各种草案都要经过一番讨论，其中尤以民族革命运动的草案讨论最为详细，争论较多。首先，对于民族革命运动的性质，各委员的见解很不一致。陈独秀、彭述之等认为，民族革命运动是资产阶级民主革命。维经斯基则以为“民族革命运动的性质不能确定，须看将来的成功如何”，不过，后来到审查草案委员会的时候，他亦承认陈独秀他们的观点了。其次，关于无产阶级在国民革命中的领导地位问题，这次大会对于此点特别注意。彭述之不同意陈独秀、瞿秋白等在三大上“把无产阶级在国民革命中的力量看得太低，把资产阶级的力量看得太高”，认为“中国工人阶级比任何阶级要革命，并且是国民革命中之必然的领导者”。另外，关于青年运动，在起草委员会亦有一次争论，不过，到后来两方都互相让步了。

● 会议主题

1925 年 1 月 11 日至 22 日，党的第四次全国代表大会在上海闸北的横浜路六号（东宝兴路 254 弄 8 号）一幢三层石库门建筑内举行。此处靠近租界，属于华界，两界警探都不太注意。楼下是客堂，二楼房间用课桌、黑板布置成教室，会议在其内举行。楼梯口装有拉铃，一旦发现警探，即刻通知楼上，以便代表收起文件而拿出英语课本，以私人办英语补习班作掩护。[①] 三楼房间供外地代表作为临时宿舍，李维汉、尹宽、阮济、李逸四人住会所，没有床，大家都席地而睡。李维汉、尹宽个子都比较高，所备被子长度不够，他们和衣而睡，用毛巾将被头下端扎起，这样才能在寒夜中保持足部温暖。

出席的代表有 20 人，其中工人占 20%，知识分子占 80%，有表决权的 14 人，代表着全国 994 名共产党员。中央有陈独秀、蔡和森、瞿秋白、张太雷、郑超麟，法国代表周恩来，莫斯科代表彭述之，海参崴代表何今亮，中国共产主义青年团代表林育南、邓中夏、恽代英、任弼时、张秋人、张伯简，武汉代表陈潭秋，湖南代表李维汉，广东代表谭平山，上海代表庄文恭，济南代表尹宽，北京代表范鸿劼，唐山代表阮济，天津代表李逸，安源代表朱锦棠，职工运动负责人项英、李立三、罗章龙，妇女运动负责人向警予，还有王荷波。特邀列席旁听的有张崧年、刘清扬夫妇，沈定一、王华芬夫妇，黄国佐等。额头光光，俨然是一位家长的是陈独秀，分析政局鞭辟入里的瞿秋白，张太雷和易近人[②]，李维汉发言很有分量，往往能起决定作用，张太雷便给李维汉起个绰号，叫“实力派”[③]。

大会的中心议题是：如何加强党对日益高涨的革命运动的领导，以及在宣传工作、组织工作和群众工作方面如何准备迎接大革命的高潮。

● 主要议程

会议由陈独秀主持，彭述之为秘书长，郑超麟、张伯简为记录员。维经斯基出席第一天的大会，作了关于世界共产主义运动状况的报告，并以大

---

① 郑超麟：《郑超麟回忆录》，东方出版社 2004 年版，第 75 页。

② 李逸：《中共四大会议琐忆》，载上海市虹口区政协编《文史苑》1990 年第 5 期。

③ 郑超麟：《郑超麟回忆录》，东方出版社 2004 年版，第 77 页。

会的名义谴责托洛茨基在联共（布）党内分裂活动。陈独秀代表上届中央执行委员会作工作报告，代表们认真讨论了陈独秀的工作报告，全面评价了党中央一年多来的工作。彭述之代表中国共产党出席共产国际五大代表团，向大会传达了共产国际五大的决议。周恩来在大会上主要谈了广东的军事情况。各区、各地方委员会代表向大会报告了所在地区的工作情况。瞿秋白说：大会“在讨论国民革命问题时，几乎毫无争议地通过了陈独秀同志的提纲。”“大会正确地评价了过去一年来同国民党工作的意义，并意识到在中国人民的解放斗争进程中，无产阶级及其政党只有实行积极的政策和在工农大众中开展强有力的工作，才能取得领导权和将革命进行到底”。同时，代表们也对中央执行委员会在组织技术等方面的工作失误以及执行中央决议的迟延，提出了批评和建议。最后，大会希望新的中央执行委员会“应与共产国际发生更密切的关系，使中国共产党能得到世界革命的总指挥之理论上政策上的更多的指导”。

大会经过讨论，通过了《对于出席共产国际第五次大会代表报告之议决案》《对于中央执行委员会报告之议决案》《对于共产国际执行委员会代表报告世界共产主义运动状况之议决案》《对于民族革命运动之议决案》《对于职工运动之议决案》《对于农民运动之议决案》以及《对于青年运动之议决案》《对于妇女运动之议决案》《对于组织问题之议决案》《对于宣传工作之议决案》等决议案，通过了《中国共产党第二次修正章程》，发表了《中国共产党第四次全国代表大会宣言》。大会闭幕的前一天，正值列宁逝世一周年纪念日，为此大会发表《对于列宁逝世一周年纪念宣言》，宣言指出“只有起来努力了解列宁主义实行列宁主义”，中国人民才能脱离自己的重重压迫与奴隶地位。

● 会议选举

最后，大会选举了新的中央执行委员会，陈独秀、瞿秋白、蔡和森、张国焘、彭述之、李大钊、谭平山、李维汉、项英九人当选为中央执行委员，邓培、王荷波、张太雷、罗章龙、朱锦堂五人为候补执行委员。在随后举行的中央执行委员会第一次会议上，陈独秀当选为中央总书记兼中央组织部主任，彭述之任中央宣传部主任，张国焘任中央工农部主任，蔡和森、瞿秋白任中央宣传部委员，以上五人组成中央局。[①]

三、重新审定中国革命的政策和策略

● 提出无产阶级在民主革命中的领导权问题和农民同盟军问题

中国共产党第四次全国代表大会全面总结了国共合作一年来的经验，批评了党内的右倾错误，重新审定了中国民族民主革命的政策和策略，并从理论上就有关中国民主革命的基本问题加以系统化和新的概括，第一次明确地提出了无产阶级在民主革命中的领导权和农民同盟军问题，初步形成了中国共产党关于民主革命总路线的基本思想，为新的革命高潮作了理论上、思想上、组织上的准备。

李维汉在《回忆与研究》中说："'四大'比较明确地提出了党在民主革命中的领导权和工农联盟的问题，提出了中国革命是世界无产阶级革命的一部分和争取非资本主义前途问题。可以说，在理论上已经提出了新民主主义革命的几个基本观点，但还没有形成一定的思想体系。"《对于民族革命运动之议决案》认为"大商买办阶级，完全是帝国主义之工具"[②]。新兴工业资产阶级还在"由买办官僚的资产阶级到民族的工业资产阶级之过程中，所以还不能参加民族革命"[③]。濒于破产的小商人手工业主，尤其是生活不安的知识阶级、游民无产阶级，如果能在无产阶级指导下，在民族革命运动中"有相当的作用"。"无产阶级是最有革命性的阶级。"所以，民主革命"必须最革

① 中共四大史料编纂委员会：《中国共产党第四次全国代表大会》，中共党史出版社2004年版，第85页。

② 中央四大史料编纂委员会：《中国共产党第四次全国代表大会》，中共党史出版社2004年版，第39页。

③ 中央四大史料编纂委员会：《中国共产党第四次全国代表大会》，中共党史出版社2004年版，第40页。

命的无产阶级有力的参加，并且取得领导的地位，才能够得到胜利”[①]。

工人阶级不仅为本阶级的利益而奋斗，同时还要参加民族革命运动，并且在民族运动中取得领导地位。《对于职工运动之议决案》提出了国共合作时期，共产党对职工运动领导权的对策：（1）中国共产党是中国工人阶级唯一的指导者，要使工人阶级取得民族革命运动的领导地位，工人阶级要有强固的群众的独立的阶级组织，才能成为独立的政治势力，在民族运动中的领导地位才能有保障。（2）在国民党中发展劳动群众的左派势力，使国民党特别的革命化。（3）对在国民党名义下的工人组织，也尽力去取得指导权，吸收觉悟分子，组织党的支部，取得群众信仰以备彻底改组工会。（4）在民族革命运动时期，须普遍防止官僚主义、机会主义和工团主义的“左”倾的幼稚病，根据工人阶级自身的政治上经济上的利益，不笼统地抽象地宣传三民主义。

议决案提出了反分裂工会的对策：（1）恢复与公开工会工作。（2）主张工会的统一，主动加入各种工会，为群众的利益而工作，以取得群众的信赖。（3）在职工运动中加强对群众的指导，提出合适的目标，使群众凝聚起来。（4）加强对工人阶级的指导，提高工人阶级的政治觉悟。

在工人群众中实施共产党的政治教育及党的组织，阐明阶级斗争、民族革命的相互关系及职工运动的阶级性，宣传中国共产党的党纲及策略，说明工人阶级须有自己阶级的政党——共产党。在工厂及铁路等地方组织共产党支部，在工人群众中吸收党员，加强在群众中的政治教育及工人党员的训练等工作。

议决案还提出了职工运动的组织问题。实行“工厂小组”工作，工厂小组是一种秘密组织，是职工运动发展的原动力。小组不但是训练工人的单位，也是培养工人阶级战斗力量的养成所。议决案对产业工人的运动、各工业区的工作、大城市手工业工人的运动、妇女劳动及青年工人、合作社职工运动做了具体计划，由中央工农部职工运动委员会指导职工运动，地方工农部也设职工运动委员会专管职工运动，筑成统一的工人运动。

① 中央四大史料编纂委员会：《中国共产党第四次全国代表大会》，中共党史出版社2004年版，第40页。

● 制定中国共产党同国民党关系的新政策

《对于民族革命运动之议决案》回顾了党的三大以来，同国民党建立革命统一战线的历史过程，指出在实际工作中，出现“左”倾或右倾错误。“左”倾错误的表现是：反对加入国民党，反对参加国民革命，以为这是和资产阶级妥协。右倾错误的主要表现是：(1)以为应集全力于国民党的工作，不必同时进行中国共产党的工作；(2)以为做国民运动，不必进行阶级斗争；(3)以为应当帮助国民党，不必助长左右两派之分裂。“左”倾错误不懂得争取革命同盟军是实现无产阶级领导权的关键。右倾错误则是主动放弃无产阶级对国民革命的领导责任。右倾是当时党内的主要倾向，并告诫全党，在民族革命运动中，应当时刻警戒右倾的危险，但也要提防“左”倾的发生。

党的四大制定了同国民党合作关系的六项新政策：(1)国民党包含社会各阶级的成分，因此要极力反对阶级妥协；(2)国民党是中国民族运动中一个重要工具，在国民党内外宣传反帝、反封建、反军阀政治，要攻击右派，阻止中派右倾；(3)在思想上组织上要巩固左派，扩大左派，攻击右派，并在工农群众中宣传阶级斗争的理论；(4)不放弃在国民党中的斗争，在国民党内公开扩大中国共产党的宣传和组织工作；(5)要求国民党保护工农利益，要使工农自己有强固的组织；(6)在国民党内努力宣传党员群众，团结左派。

● 第一次提出农民同盟军问题，强调了农民问题的重要性

《对于农民运动之议决案》阐明了农民是无产阶级同盟军，强调了农民在中国民族革命中的重要地位，中国革命要与农民结合，农民是民主革命的重要力量，而且比资产阶级更彻底。《对于农民运动之议决案》指出：“如果不发动农民起来斗争，无产阶级的领导地位和中国革命的成功是不可能取得的。”“农民阶级至今还是社会的重要成分，约占全国人口的百分之八十。所以农民问题在中国尤其在民族革命时代的中国，是特别的主要。中国共产党与工人阶级要领导中国革命至于成功，必须尽可能系统地鼓动并组织各地农民逐渐从事经济和政治的争斗。”[①]《对于农民运动之议决案》强调，在农

① 《对于农民运动之议决案》，载中央档案馆编：《中共中央文件选集》第一册，中共中央党校出版社 1989 年版，第 358 页。

民运动中，须随时随地注意启发农民的阶级觉悟，并向他们解释共产党的性质、党纲与策略。要注意宣传农民组织农民的方法。以农民协会的组织去团结农民，要求农会多做公益的事情，提高其地位。宣传乡村自治会，提出佃农协会及雇农协会的主张，宣传农民自卫军，武农民以防匪祸，并利用国民党拥护工农利益的政纲来反抗国民党右派及军装阀的压迫。《对于农民运动之议决案》还提出了保护农民利益，反对苛税，反对预征钱粮、拒绝交纳陋规及一切不法征收，政府征收田税订定税额须经乡民会议（农民会）的同意。议决案还要求政府兴办水利，创立农民借贷银行，免除高利贷之苦，以官地分给贫农，解决农民的土地问题。

● 提出推动青年运动与妇女运动的对策

《对于青年运动之议决案》对中国共产党与中国共产主义青年团之间的工作任务与相互关系，作了明确的界定，指出："少年共青团在政治上是要绝对的受党的指导，而在青年工作范围以内是须有自由活动的可能。"[①] 少年共青团最主要的工作有三方面：青年工人运动、青年农民运动和青年学生运动。青年学生运动是政治运动中最主要的推动力，少年共青团要在学生中长期宣传，引导他们为自己利益而奋斗，从而获得学生的拥护，指导他们为工人运动和农民运动出力，引导他们参与政治活动。

妇女运动是以工农妇女为骨干，代表工农妇女的利益。《对于妇女运动之议决案》指出："本党妇女部在中国现在的政治状况下，只能秘密存在。"共产党妇女部主要在国民党妇女部中工作，或在进步妇女分子组织的无党的妇女团体中工作。为发展妇女运动应做好三项工作：（1）各地党部应注意介绍女党员，因为在守法和社会关系未曾打破的中国，女党员担任妇女运动确有许多便利。（2）党的妇女运动有专门负责的机关，各地党部应设立妇女部，无女党员的地方亦应组织妇女部。（3）各地党部加强妇女党员关于妇女运动理论方面的指导和训练。

---

① 中共四大史料编纂委员会：《中国共产党第四次全国代表大会》，中共党史出版社2004年版，第59页。

● 改善党的组织工作和宣传工作

大会决定在全国范围内建立党的组织和加强党的建设，要求必须“扩大党的数量，实行民主的集权主义，巩固党的纪律”①，使党从知识分子小团体向与工农群众及各阶层人民群众有着较密切联系的群众性革命政党过渡。党的四大对党章作了两条必要的修改：一是将“有 5 人以上可组织一小组”改为“有 3 人以上即可组织支部”，二是把有些地方规定青年必须先加入团而后才能入党的方法改为可以“直接加入本党”。党的组织系统为支部、地执委、区委、中央。为健全各级党的组织，会议决定设立中央组织部，负责指导地方党组织，并再次强调“在国民党及其他有政治性质的委员团体中，应组织党团”。

大会还对党的宣传工作进行了整顿。为使宣传工作做得完美而有系统，“中央应有一个强固的宣传部”，指导各地宣传部。集中办好《新青年》，同时加强《向导》《中国工人》《党报》的工作，使其成为运用马列主义解决中国实际问题和解释党的方针政策的重要宣传阵地。设立党校，有系统地教育党员，“增进党员相互间对主义的深切认识”。大会要求各地设立马列主义研究会、讨论讲演会，扩大共产主义宣传和党的影响。

四、拉开了中国大革命的序幕

● 无产阶级逐步取得革命的领导权

党的四大最主要的历史功绩在于明确了无产阶级在中国民主革命中的地位和作用，对无产阶级在资产阶级民主革命中的领导权问题，第一次作了明确的理论概括。中国共产党发展到第四次全国代表大会时，革命的情形与以前不同，“以前是宣传的时期，现在到了行动的时期，即是说中国革命发

① 中共四大史料编纂委员会：《中国共产党第四次全国代表大会》，中共党史出版社 2004 年版，第 64 页。

展到了新的阶段”[①]。以前，共产党虽有相当的发展，但是局部的，不是普遍的，在政治上缺乏理论和训练，所以还会发生错误的倾向。1926 年，蔡和森在《中国共产党的发展及其使命》报告中强调：“虽然这时只有一千党员，但是在党的政策走到行动的时期了，所以第四次大会是形成群众党的开始的基础，因此在党的历史上有很大的意义。”中共四大在无产阶级为何争取领导权以及在如何争取领导权问题上，已经提出了初步设想，诸如坚持无产阶级独立自主地位，坚持依靠共产党领导的工农革命力量等，无产阶级领导权逐步得到落实。党的四大对中国民主革命的内容作了更加完整的规定。为了有利于发动广大农民，把除反对帝国主义和封建军阀外，反对封建的经济关系也作为国民革命的内容。《对于民族革命运动之议决案》指出：在“反对国际帝国主义”的同时，既要“反对封建的军阀政治”，又要“反对封建的经济关系”。这表明，此时党已把新民主主义革命基本思想的要点提出来了，对中国革命规律的认识又前进了一步。党的四大以后，党的工作迅速深入到工人、农民、青年、妇女等广大群众中去，无产阶级革命运动和政治生活有相当影响，在实际斗争中，也显示了它的影响，如“广州罢工委员会几乎就是第二个政府”，“小资产阶级和国民党左派处于无产阶级的领导之下”，“在上海无产阶级常常独自行动。在北方，如果工人不行动起来，其他阶级也不会行动起来，在‘五卅’运动中付出最大牺牲的是无产阶级，各阶级都在其领导之下”。[②] 可以说，凡是没有无产阶级和共产党的地方，就没有运动。因此，说无产阶级已取得领导权，只不过还没有取得政权。通过五卅运动、省港大罢工、北伐战争和南方农村革命风暴，工农运动发展为波澜壮阔的大革命。

● 工农组织不断扩大，工农革命运动新高潮到来

党的四大以后，以工农为主体的革命群众运动进一步发展。农民运动不仅在广州，而且在河南、湖北、湖南和江西各省，都取得了许多重大的成就，尤其在湖北省，把农民工作和农民运动结合起来了。湖南省有将近 1000

① 蔡和森：《蔡和森文集》（下），人民出版社 2013 年版，第 845 页。

② 中共四大史料编纂委员会：《中国共产党第四次全国代表大会》，中共党史出版社 2004 年版，第 264 页。

万农民在党的领导下组织起来了。到 1925 年 5 月，在中国共产党领导和影响下的工会已有 160 多个，拥有有组织的工人约 54 万。在广东已有 20 余个县成立农民协会，会员达 20 多万人，并建立了全省农民协会。在中国共产主义青年团的推动和影响下，各地学生联合会也十分活跃，会员有数百万人。到党的五大时，党领导下的群众团体有 280 万工会会员，农民协会会员增长到 972 万，学生联合会从 60 个增加到近 420 个，共青团员从 2365 人增加到 3.5 万人。这些组织的群众已经有不同程度反帝反封建的觉悟，为革命高潮的到来提供了组织与思想保证。

● 加强了党的自身建设，党员队伍迅速发展壮大

党的四大对党的自身发展等问题提出了新的要求，有力地推动了党的建设，尤其是党的组织建设，四大所作的贡献在党的历史上产生了深远的影响。四大将党的工作重点由帮助国民党发展转向为加强我党自身的组织建设：在全国范围内发展和建立党的组织；第一次规定党的支部为党的基本组织；简化了入党程序，积极吸收工人、贫农和一般革命分子入党。到 1925 年 10 月，党员已达 3000 余人，年底达到 10000 余人，到五大时，党员增加到 57967 人，其中工人占 53.8%，知识分子占 19.1%，军人占 3.1%，妇女的比重达到 10%。四大后不仅继续实行农民的政策，而且继续把农民吸收到党内来，党内农民占 18% 以上，重视在国民党有势力的地方注意发展我们的党组织，为迎接革命高潮进行了组织准备。

● 直接领导五卅运动和省港大罢工，拉开了中国大革命的序幕

党的四大以后，党中央抽调干部加强对上海工运工作的领导，采取经济斗争的形式，领导工人开展反对日本资本家的罢工。1925 年 2 月初，日本纱厂工头殴打女童工，开除 50 名成年工人并扣留其工资，引发日商纱厂工人大罢工。在党的领导和上海人民的支援下，迫使日本资本家承认工人提出的条件，取得罢工的胜利。上海工人罢工胜利，影响到青岛、天津、汉口等地的工人运动，使全国工人阶级革命空气高涨。上海顾正红事件发生后，共产党直接组织和领导了反帝的五卅大示威。五卅惨案的发生，燃起了广大人民群众的怒火，五卅运动的狂飙迅速席卷全国，从工人发展到学生、商人、

市民、农民等社会各阶层。中国人民的反帝斗争不仅得到了海外华侨的声援，国际组织和世界各国人民也纷纷表示同情并伸出援助之手。五卅惨案发生后，为支持与声援上海人民斗争，香港海员、电车、印务等工会首先宣布罢工，拉开了长达 16 个月的省港大罢工序幕。五卅运动和省港大罢工扩大和深化了爱国反帝运动的影响，沉重地打击了帝国主义，对巩固广东革命根据地和准备北伐战争起了巨大作用，扩大了中国共产党和工人阶级的政治影响，也为反帝国主义斗争积累了丰富的经验。这些对推动大革命高潮的到来和发展有着重要的作用。

中国共产党第四次全国代表大会，是党的历史上一次非常重要的会议。会议第一次提出了无产阶级领导权问题，第一次提出了工农联盟问题。这次大会，统一了全党的思想认识，使党站在国民革命之领袖地位，推动工人、农民运动的大发展，掀起了以上海二月工潮和五卅运动为标志的全国反帝运动，迎来了大革命的高潮。但是，对于党如何争取领导权，缺乏具体明确的方针，只讲对群众运动的领导权，而完全忽视了对政权和武装力量的领导权；也没有提出土地革命这一解决农民问题的根本思想。这些缺点和不足，也对革命形势的发展产生了不利影响。

中共五大：
挽救危局的努力

一、中国革命处于危急关头

● 北洋军阀势力分崩离析，帝国主义列强公然干涉中国革命

随着北伐战争的节节胜利，北洋军阀势力分崩离析，从根本上动摇了帝国主义、封建主义在中国的反动统治。帝国主义列强为了维护其在华利益，一方面公然以武力威胁，积极准备干涉中国革命。例如1927年1月，当北伐军向长江下游推进时，英、美、日、法等国即借口保护侨民，向上海等地增派兵员和军舰。英国海军大臣扬言：我们必须保护我们在上海的利益，要这样做，就只有派遣陆海空军，“派遣军队越多越好”。英国“国会的二月常会且批准了增拨95万镑作远征中国之用”。它还向美国提出了所谓联合“保卫”上海的建议。由此，驻泊长江的外国军舰达到63艘，上海的四国驻军连同万国商团和巡捕，总数达到3万人以上[①]。另一方面，帝国主义列强“还用软的办法，从国民运动营垒中诱惑所谓稳健分子所谓温和派，和他们妥协，以打击所谓急进派，根本削弱革命势力，破坏国民运动的联合战线”[②]。在这些所谓的“稳健分子”中，帝国主义列强最为看重的就是国民党新右派中握有军权、占有地盘而又野心勃勃的蒋介石等人，认为“蒋介石、何应钦、白崇禧是唯一可以使长江以南的区域免于沦入共产党之手的保护力量”[③]。为此，英、美等国以“变更”领事裁判权、协定关税、租界制度为诱饵，“准备以最宽大的精神与中国谈判新条件”。日本政界鼓吹要对南北政府采取“不偏不倚”的政策，奉系军阀杨宇霆也公开表示“蒋介石若对于共产派施以彻底的压迫，则南北之妥协非不可能之事”。[④] 与此同时，江浙财

---

① 沙健孙：《中国共产党通史》第二卷，湖南教育出版社1996年版，第427页。

② 中央档案馆编：《中共中央文件选集》第三册，中共中央党校出版社1983年版，第9页。

③ 吴汉全：《中国现代政治史》上卷，人民出版社2015年版，第320页。

④《南北妥协消息一束》，《向导》1927年第192期。

二、中国革命中之争论问题

● 会前准备

1927 年 4 月 27 日至 5 月 9 日，中国共产党在四一二反革命政变后的白色恐怖之中，毅然在武汉召开第五次全国代表大会。中国共产党第四届九名中央委员，有一人没有到会，他就是李大钊。4 月 28 日，中国共产党召开第五次全国代表大会的第二天，李大钊这位中国共产党的创始人在北京西交民巷京师看守所被奉系军阀杀害，这是当时严峻形势的真实写照。此时，全党上下最为关注的问题是：如何正确认识严峻复杂的局势，如何从危难中挽救革命。党的五大虽然提出了争取无产阶级对革命的领导权、建立革命民主政权和实行土地革命等正确原则，但对无产阶级如何争取领导权，如何领导农民进行土地革命，如何对待武汉国民政府和国民党，特别是如何建立党的革命武装等迫在眉睫的重大问题，都未能提出有效的具体措施，因此，难以承担在生死存亡的危急关头挽救革命的任务。作为会议亲历者的毛泽东回忆："一九二七年四、五月间党的第五次全国代表大会在武汉召开时，党仍然在陈独秀操纵之下。尽管蒋介石已经发动了反革命政变，并且开始在上海和南京袭击共产党，陈独秀却依旧主张对武汉的国民党妥协退让。他压制所有的反对意见，奉行右倾机会主义的小资产阶级政策。对于当时党的政策，特别是有关农民运动的政策，我非常不满意。"① 另一位会议亲历者李维汉认为："'五大'是在蒋介石叛变以后，武汉国民党也即将分共的前夜召开的，政治局势已经十分险恶。'五大'不仅没有对险象环生的局势作出清醒的估计，甚至有一种盲目乐观的情绪，简单地认为资产阶级脱离革命，不但不会削弱革命，反能减少革命发展的障碍。"②

① 《毛泽东自述》，人民出版社 1993 年版，第 46 页。

② 李维汉：《回忆与研究》上册，中共党史资料出版社 1986 年版，第 113 页。

1927年4月2日，共产国际驻华首席代表罗易率领共产国际代表团抵达武汉。从4月4日起到4月20日，在武汉连续召开国际代表、中央委员以及湖北区委的联席会议，着重研究五大的有关筹备事宜。会议决定以中央名义致电报各地代表来武汉开会，并成立农民土地问题委员会、职工运动委员会、组织委员会，为大会准备材料。4月16日，陈独秀到达汉口，参加并主持了18日和20日的中央会议。四一二反革命政变后，党内对陈独秀的错误主张非常不满，陈独秀、彭述之等人担心这时候召开五大会对他们不利，因而想把会议推迟到1928年，结果遭到共产国际代表团和多数中共中央委员的强烈反对。事实上，各地代表在接到会议通知之后，都已纷纷上路。4月20日，郑超麟在上海乘船出发，他发现“统舱里有许多青年人，西装的，中装的，学生装的，问起来都是‘卖水果的’‘做茶叶生意的’‘坐庄的’或‘贩瓷器的’”。“但是芜湖、大通、安庆、九江一路过去后，这些‘开鱼行的’‘卖水果的’‘做茶叶生意的’等等，都高谈阔论了，他们的政治常识超出了他们同职业的人水平以上去”①。原来，陆定一、李立三、罗亦农、王荷波等人，甚至共产国际代表维经斯基都在这条船上，都是前往武汉参加党的五大的代表。

● 会议主题

1927年4月27日，中国共产党第五次全国代表大会在武汉市武昌都府堤20号的国立武昌高等师范学校附小开幕。这里也是湖北早期党组织的创建人、中共武汉地委领导人陈潭秋以教书作掩护从事革命活动的地方。会场设在学校的一幢二层楼房里，是当时学生每逢刮风下雨上体育课的地方。

出席党的五大的代表有：陈独秀、蔡和森、瞿秋白、毛泽东、任弼时、刘少奇、邓中夏、张国焘、张太雷、李立三、李维汉、陈延年、彭湃、方志敏、恽代英、罗亦农、项英、董必武、陈潭秋、苏兆征、向警予、蔡畅、向忠发、罗章龙、贺昌、阮啸仙、王荷波、彭述之等82人，代表着全国57967名党员。共产国际代表罗易、多里奥、鲍罗廷、维经斯基等出席了大会。

大会的主要任务是接受共产国际执委会第七次扩大会议关于中国问题的

① 郑超麟：《郑超麟回忆录》，东方出版社2004年版，第240—241页。

决议案，纠正陈独秀的右倾机会主义错误，并决定党的重大方针政策。

● 会议议程

陈独秀主持开幕式，并代表上届中央委员会作了《政治与组织的报告》。报告的整个基调是右倾机会主义的，既没有正确地总结经验教训，也没有提出挽救时局的方针和政策，并为过去的错误进行辩护，继续提出了一些错误的主张。陈独秀报告之后，共产国际代表团团长罗易作了题为《中国革命问题和无产阶级的作用》的讲话。接着，大会代表对陈独秀的右倾投降主义作了一定的批判。瞿秋白把自己写的批判陈独秀错误的《中国革命中之争论问题》的小册子，印发给大会代表，并作了系统发言。蔡和森在发言中指出：中国小资产阶级政党（国民党）过去之弱点及现在动摇，说明能领导革命到底并取得胜利的只有无产阶级政党。我们应以坚决的无产阶级的领导去制胜小资产阶级的动摇与犹疑。毛泽东批判了陈独秀在对待农民问题上的错误，主张把农民组织起来，武装起来，迅速加强农民的斗争。

● 陈独秀作《政治与组织的报告》

4 月 29 日，陈独秀代表中央委员会作了《政治与组织的报告》，前后长达五个小时。“在作报告的时候，陈独秀侃侃而谈，好像是一位长者在教育后辈。”[①] 这个报告迄今未发现中文原件，能够看到的是从俄文翻译过来的，约有二三万字。报告共分 11 个部分，第一部分是“革命的形势及其发展和党的策略”，把党的四大以来的工作分为四个时期。第一个时期，从党的四大到 1925 年 12 月，以共产主义高潮为特征。第二个时期，从 1925 年 12 月到冯玉祥的国民军从南口等地撤退，以革命运动的低潮和反动势力的加剧为特征。第三个时期，从北伐战争开始到国民军占领上海，以革命的复兴为特征。第四个时期，蒋介石在上海叛变以后，资产阶级已经完全脱离开了革命战线。报告的第二部分至第三部分，分别阐述了“关于资产阶级在革命中的作用”“土地问题”“无产阶级的领导权”“军事力量和革命的社会力

① 陆定一:《回忆大革命前后——陆定一谈中共党史（之一）》，《中共党史研究》2002 年第 2 期。

量”“革命基地和西北理论”“国民党问题”“改组军队问题”“建立革命民主政权”“财政经济政策”。陈独秀在报告中虽然也承认过去党的工作犯过一些错误，但既没有正確总结经验教训，也没有提出挽救时局的方针政策，因而招致与会代表的不满，“对这个报告签名发言者有 38 人，并将报告讨论到几天之久”[①]。

● 瞿秋白等系统批判党内的右倾观点

瞿秋白是陈独秀报告的激烈反对者，他向代表们递交了题为《中国革命中之争论问题》的小册子，系统批判了党内的右倾观点，着重论述了无产阶级同资产阶级争夺领导权问题以及农民土地、武装斗争等问题。关于领导权问题，瞿秋白指出，中国革命有两种前途：第一，资产阶级取得领导权，使革命毁于一旦，人民仍旧受帝国主义的侵略和奴役；第二，无产阶级取得领导权，使革命得到胜利，并为社会主义准备条件。“第一个前途是否可能的呢？我们实际上早已答复了这个问题。如果无产阶级政党没有正确的布尔塞维克的战术，这是可能的。”[②] 事实上，由于下述两种情况的出现，这种可能性已经急剧增加。一是外部帝国主义的压力和诱惑，二是内部无产阶级政党领导机关中机会主义的妥协政策，鼓励民族资产阶级得寸进尺，步步紧逼。由此可见，无产阶级的领导权，并非“天然”就有，而是要在斗争中努力夺取。关于土地革命问题，瞿秋白认为“中国国民革命应当以土地革命为中枢。中国没有土地革命，便决不能铲除帝国主义、军阀之统治和剥削的根基”。[③] 关于军队问题，瞿秋白呼吁无产阶级要切实抓紧军队工作，要使军队从资产阶级手里转到无产阶级手里，使军阀掌握下的军队变成革命的军队。瞿秋白还一针见血地指出：“我肯定的说，我们的党是有病。凡是有病的人，如果‘讳疾忌医’，非死不可。而我们党的第一种病，便是讳疾忌医……中国共产党内有派别，有机会主义……如果再不明白的公开的揭发出来，群众和革命要抛弃我们了。我们不能看‘党’的面子，比革命还重。一

① 沙健孙：《中国共产党通史》第二卷，湖南教育出版社 1996 年版，第 555 页。

②《瞿秋白选集》，人民出版社 1985 年版，第 322 页。

③《瞿秋白选集》，人民出版社 1985 年版，第 350 页。

切为了革命的胜利！”[①] 据陆定一回忆：“陈独秀主持会议，他不让代表讨论瞿秋白的意见。后来瞿秋白也在大会上发言，他还是维护陈独秀的领袖地位的，没有点他的名，只是批判彭述之。彭述之也在大会上发言，几乎没有人赞同他的观点，他没有讲多久，就垂头丧气地从讲台上下来了。”[②] 李立三后来说：“这本小册子在当时并没有能引起全党同志严重的注意，甚至在五次大会时也没有很热烈的讨论，于是党的机会主义的危险，并没有能挽救过来。”[③]

除了瞿秋白，蔡和森、任弼时、毛泽东等人也对陈独秀的报告提出了尖锐批评。蔡和森针对陈独秀报告关于统一战线的错误，指出：中国小资产阶级政党（国民党）过去之弱点及现在动摇，说明能领导革命到底并取得胜利的只有无产阶级政党，所以我们现在对于小资产阶级及国民党应采取坚决的领导态度，去制胜小资产阶级的动摇与犹疑。如若不然，我们的革命也将如法国及俄国二月革命一样的破产。[④] 团中央书记任弼时指出，陈独秀的政治路线，是要主动放弃无产阶级在民主革命中的领导权。他批评陈独秀放弃东南转而到西北去发展革命力量的主张是逃跑主义。他认为“党中央对国民党的关系，完全依赖两党上层领袖的接洽谈判（联席会议）的形式解决一切‘纠纷’问题，完全不依靠群众的力量，因而对于国民党不敢批评，并且处处退让而接受右派的影响，毫无独立的阶级政策”[⑤]。毛泽东不满意陈独秀执行的“右倾机会主义的小资产阶级政策”，“特别是对农民运动的政策”。[⑥] 在农民问题上，陈独秀主张没收大地主的土地，毛泽东则主张先“政治没收”土豪劣绅及军阀的土地，按农村人口重新分配，然后再“经济没收”那些“自己不耕种而出租于他人的田”。陈独秀支配下的中央委员会拒绝将这一主张交大会讨论，还认为毛泽东推动了湖南农民运动，加剧了武汉的困

①《瞿秋白选集》，人民出版社 1985 年版，第 332 页。

② 陆定一：《回忆大革命前后——陆定一谈中共党史（之一）》，《中共党史研究》2000 年第 2 期。

③《中国共产党历史》（上卷），人民出版社 1991 年版，第 191 页。

④《中共党史报告选编》，中共中央党校出版社 1982 年版，第 98 页。

⑤《任弼时选集》，人民出版社 1987 年版，第 43—44 页。

⑥［美］埃德加·斯诺：《西行漫记》，东方出版社 2005 年版，第 152 页。

难局势。这使得毛泽东“心情苍凉，一时不知如何是好”，在黄鹤楼旁发出如下感慨：“茫茫九派流中国，沉沉一线穿南北。烟雨莽苍苍，龟蛇锁大江。黄鹤知何去？剩有游人处。把酒酹滔滔，心潮逐浪高。”

● 选举产生党的中央委员会

大会选举了新的中央委员会。当选的中央委员有：陈独秀、张国焘、蔡和森、周恩来、李维汉、李立三、瞿秋白、刘少奇、苏兆征、张太雷、阮啸仙、任弼时、陈延年、罗亦农、贺昌、向忠发、彭湃、项英、彭公达、赵世炎、恽代英、谭平山、彭述之、罗章龙等 29 人。候补中央委员有：毛泽东、陈潭秋、陆沉、黄平、李震瀛、袁达时、林育南、吴雨铭等 11 人。中央委员会总书记仍由陈独秀担任。

陆定一认为，选举陈独秀为总书记，看来有这么几个原因：一是瞿秋白等同志批评了陈独秀右倾机会主义的错误，但是在全体代表中，对右倾机会主义错误的严重危害性还认识不足；二是陈独秀是党的缔造者之一，在社会上有较大的影响，建党时期的同志除李大钊外，其他的不是他的学生，就是他的后辈，大家仍然敬重他，希望他能改正错误，继续担当党的领袖这个重任；三是当时党内还没有出现更孚众望的人物，只好由他继续领导全党。总的来说，对陈独秀是迁就的。[①] 米夫在《紧急时期的中国共产党》一文中也认为，选举陈独秀做总书记，确实“表现出相当的族长制度的传统。因为一般说来，这种传统在中国还有很大的影响，因此这种传统在年青的中国共产党中，也这样或那样的保存着”。

● 代表回忆

据郑超麟回忆，大会第一天完全是仪式，“陈独秀当主席，致开幕词。国际代表团个人致祝词，徐谦代表国民党中央致祝词，工会、学生会、青年团、童子军代表致祝词。湖北总工会纠察队队长项英领了一队纠察队进会场来行礼。国民党除徐谦外，还有谭延闿和孙科，他们坐在主席台上不说

① 陆定一：《回忆大革命前后——陆定一谈中共党史（之一）》，《中共党史研究》2000 年第 2 期。

话”[①]。会议开始后，由湖北代表罗章龙提议，通过了陈独秀、蔡和森、李立三、李维汉、罗章龙、瞿秋白、张国焘、谭平山等 13 人组成的主席团名单。主席团成员，“除陈独秀外，都是反对派（即反对陈独秀的人），一切忠实执行上海中央路线的人都不在名单之内”[②]。

为了防备反动派突然袭击，党的五大是秘密召开的，所有报纸一律保持缄默。第二天，武昌高等师范学校附小就没了代表的踪影，会议转移到汉口黄陂同乡会馆继续召开。黄陂会馆呈长方形，一头开着大门，一头立着三间平房，中间是大厅，布置成会场，右边房间是秘书处办公地方，油印也在里面，左面的房间没有用场。从大厅至大门隔着一个长方形院子，当中一条石路，两旁草地，草地之外就是围墙。大门旁边有警卫室，住着警卫。门外，天天有唐生智军队的士兵在一片空地上操练机关枪。主席台上并排挂着马克思和列宁的像，旁边墙上张贴很长的红标语，都是大会秘书长蔡和森的杰作。标语的内容大致是“工人小资产阶级联盟”“争取非资本主义前途”一类口号，这是以前未曾有过的宣传，把会场气氛烘托得庄严而又热烈。

就大会本身而言，郑超麟认为：“大家对于大会都视为一种宗教仪式，仿佛进教堂听牧师宣讲或者听神甫做弥撒，并不视为决定革命命运的会议。事实上确是这样的，真正的决议是在大会以外做的，大会不过是宣布和登录决议的机关罢了。演说的人不起劲，争论的人不热烈。瞿秋白的演说并没有小册子里那种锋芒，彭述之的答辩使人觉得他与瞿秋白意见相差不多。代表们如果对于当时迫切的问题有兴趣，在这大会上是得不到解答的。”[③]张国焘也认为：“大会于是花了许多时间听取各代表那些冗长的报告，枝枝节节的指出一些这样或那样的检讨和主张。真正紧急的问题仍在经常假座鲍（罗廷）公馆举行的中央政治局会议里争论不休，大会似反成了无关紧要的装饰品。人们多觉得这样一些带机密性的紧急问题是不宜在人多口杂的大会中讨论的，也有人觉得在这紧急关头，一切应该当机立断，才能应付非常，这时

① 郑超麟:《郑超麟回忆录》，东方出版社 2004 年版，第 251 页。
② 郑超麟:《郑超麟回忆录》，东方出版社 2004 年版，第 251 页。
③ 郑超麟:《郑超麟回忆录》，东方出版社 2004 年版，第 251 页。

举行大会从容讨论，在时机上根本就不适宜。所以向重现实的鲍罗庭就从不参加大会，也不予以重视。因此，在大会中，既没有对过去作彻底的检讨，也没有对未来提出坚定不移的主张。”[①] 大会进行得很慢，常常休会半天或一天，到5月10日宣告闭幕。

三、要争夺对民主革命的领导权

● 通过《政治形势与党的任务议决案》《土地问题议决案》等

5月9日，大会议程的最后一天，通过了《中国共产党接受共产国际第七次大会关于中国问题决议案之决议》《政治形势与党的任务议决案》《对于土地问题决议案》《对于职工运动决议案》《对于组织问题决议案》《对于共产主义青年团工作决议案》以及《中国共产党第五次全国代表大会宣言》。大会还发表了《为“五一”节纪念告世界无产阶级书》和《为“五一”节纪念告中国民众书》。其中，《政治形势与党的任务议决案》认为，只有扩大革命，或仅加深革命，都不全面，都不正确，应该两者同时进行，但其中加深革命是首要的。因此，议决案进一步指出：“在这个时期里革命的主要任务，是除去反动根基，以巩固革命。要做这件事，必须执行急进的土地改良政纲和创造乡村的革命民主政权。”[②] 这一论断，为党内从1927年4月初开始的关于扩大革命和深入革命的争论作了一个比较符合中国革命实际的总结。

● 第一次提出要争夺对民主革命的领导权

五大是在革命紧急关头召开的，对无产阶级如何争取领导权，如何领导农民进行土地革命，如何对待武汉国民政府和国民党，特别是如何建立党

---

① 张国焘：《我的回忆》第二册，东方出版社1991年版，第233—234页。

② 中央档案馆编：《中共中央文件选集》第三册，中共中央党校出版社1983年版，第42页。

的革命武装等迫在眉睫的重大问题，都未能作出切实可行的回答。而且，五大召开后不久，大革命就遭到了惨重失败。因此，人们对五大的印象比较淡漠，评价也不高，没有赋予它应有的历史地位。事实上，五大在理论上是有多方面贡献的，大革命的失败并不能抹杀五大在中国共产党发展历程中的积极作用。

党的五大第一次提出要争夺对民主革命的领导权。会议批判了陈独秀放弃领导权的右倾错误，认为我们的党“只注意于反帝国主义与反军阀的斗争，而忽略了与资产阶级争夺领导权的斗争”①。会议还提出了争夺领导权的具体办法，其中重要的一项措施就是要使无产阶级壮大起来，认为：“必须无产阶级的经济利益有了保证，他才能完全实现这个政治上的功用而行使其革命的领导权。须有英勇的革命斗争，才能获得光明的政治发展。工资低微，营养恶劣，衣服褴褛受尽剥削的工人，决不能负担这个责任。”②

● 提出了彻底实行土地革命的主张

大会明确提出：必须彻底实行土地革命，才是革命胜利的唯一保障。《土地问题决议案》在党的历史上第一次以党的全国代表大会决议的形式肯定了“无代价的没收地主租与农民的土地，经过土地委员会，将此等土地交诸耕地的农民”③。这一革命原则，无疑有重大历史价值。1927 年 8 月，中共中央在《关于湘鄂粤赣四省农民秋收暴动大纲》中明确指出，暴动的目的是要“实行中央土地革命政纲”。这个“中央土地革命政纲”就是五大通过的《土地问题决议案》。

● 第一次强调在南方坚持与发展革命根据地

五大批判了鲍罗廷、陈独秀等人的“西北学说”。大会决定：“党有一

---

① 中央档案馆编：《中共中央文件选集》第三册，中共中央党校出版社 1983 年版，第 39 页。

② 中央档案馆编：《中共中央文件选集》第三册，中共中央党校出版社 1983 年版，第 45 页。

③ 中央档案馆编：《中共中央文件选集》第三册，中共中央党校出版社 1983 年版，第 55 页。

个目前重要的任务，就是在湖北、湖南、江西、广东、广西、福建、浙江诸省，毫不留情地与反动势力作战。这个任务的完成，其意义是在很大的地域上建立革命的民主政权，这地域在社会情形及经济上都是合宜的。这样可以铲除封建资产阶级消灭革命的企图。"[①] 对"西北学说"的深刻批判，为大革命失败后党在湘鄂赣粤等省直接举行武装起义，奠定了稳固的思想和理论基础。

● 在党的组织建设上取得许多创新成果

（1）五大在党的历史上第一次使用"中央委员会"的称谓，以取代二大党章所规定的"中央执行委员会"，并沿用至今。（2）五大选举周恩来、任弼时、李立三、彭湃、赵世炎、罗亦农、陈延年、陈乔年、刘少奇、恽代英等为中央委员，选举毛泽东、陈潭秋、郭亮、林育南、李震瀛等为候补中央委员，为八七会议和土地革命作了最重要的组织准备。（3）五大选出中央委员会后举行了五届一中全会，在党的历史上第一次选举产生中共中央政治局。中央政治局及常委会制度，对于加强党中央的领导、发挥民主集中制，起到了重要作用。共产国际首席代表罗易也认为五大选出了"目前情况下尽可能好的领导"[②]。（4）五大在党的历史上第一次成立以王荷波为书记的中共中央监察委员会，规定监察委员"得参加中央及省委员会议"[③]。监察委员会的设立，充分说明中国共产党从建党初期就高度重视廉政建设。据李维汉回忆，八七会议召开之时，"中央委员到了不过半数"，"便只有召集在武汉的中央委员、监察委员、共青团中央委员及湖北、湖南、上海的负责人开会"。[④] 而监察委员参加会议，是符合五大相关规定的，这就赋予了八七会议在组织程序上的合法性。（5）五大党章在党的历史上第一次明确规定：

---

① 《中共中央文件选集》第三册，中共中央党校出版社1983年版，第43页。

② ［美］罗伯特·诺斯、津尼亚·尤丁编著：《罗易赴华使命》，王淇等译，中国人民大学出版社1981年版，第266页。

③ 中央档案馆编：《中共中央文件选集》第三册，中共中央党校出版社1983年版，第39页。

④ 李维汉：《回忆与研究》上册，中共党史资料出版社1986年版，第161页。

"党部的指导原则为民主集中制。"[①] 五大通过的《组织问题议决案》明确指出："中央应该强毅地实行集体的领导。"以后党的历次代表大会，均把民主集中制作为党的组织原则写入党章。

四、影响深远的决策

党的五大虽然批判了陈独秀的右倾错误，但对无产阶级如何争取领导权，如何领导农民进行土地革命，如何对待武汉国民政府和国民党，特别是如何建立党的革命武装等迫在眉睫的重大问题，都未能作出切实可行的回答，因此，难以承担在生死存亡的危急关头挽救大革命的重任。而真正结束中央所犯的右倾机会主义错误，制定正确的土地革命和武装起义方针，是在三个月后的八七会议上完成的。

然而，用发展的眼光看，会议作出了一些影响深远的决策，对后来的革命运动和党自身的发展都产生了积极的影响。

① 中央档案馆编：《中共中央文件选集》第三册，中共中央党校出版社 1983 年版，第 125 页。

中共六大：
回答中国革命的基本问题

一、革命低潮时的深刻反省

● 八七会议的召开

八七会议选举了以瞿秋白为首的临时中共中央政治局，撤销了陈独秀的领导职务，在革命的紧急关头，坚决果断地结束了陈独秀右倾机会主义的错误路线，确立了土地革命和武装反抗国民党反动派的总方针，成功地实现了共产国际关于中国革命政策的转变。但是八七会议没有慎重考虑到当时革命正处在白色恐怖镇压之下的低潮阶段，没有很好地结合实际制定一些较为适宜的必要的退却策略，却主张极力地去激起党员和革命群众对敌人的仇恨，鼓动立即用革命的方式去进攻敌人，甚至还把进攻城市作为革命的首要目标。对于当时国内革命的基本情况，共产国际的有关领导人也作出了错误的判断。1927 年 8 月 9 日，联共（布）中央委员会和中央监察委员会联合会议通过《中国革命的教训》，认为：革命“在其遭严重失败的同时，发生了各派力量的激烈改组，在各派力量的改组过程中，工农和城市贫民结成反对一切统治阶级和帝国主义的同盟，在较短时期内，新的革命高潮将取代革命的暂时失败这种前景”[①]。8 月 21 日，中共中央根据共产国际的精神通过《中国共产党的政治任务与策略的议决案》，认为“革命之重新高涨，不但在最近期内是可能的，而且是不可免的”[②]。9 月 15 日，中共中央在政治报告中指示：目前我们的政策是暴动政策，主要的是要引导工农群众暴动，即工人作经济斗争的时候也要以暴动为目标。[③]5 月 19 日，中共中央政治局会议通过的决议案在谈到建立苏维埃的问题时指出：“苏维埃的组织，首先应当在那些中心的地方如广州长沙等”，“在小县城里面要坚决的拒绝组织苏维埃，这是为

① 《共产国际有关中国革命的文献资料》第一辑，中国社会科学出版社 1981 年版，第 334 页。

② 《八七会议》，中共党史资料出版社 1986 年版，第 129 页。

③ 《八七会议》，中共党史资料出版社 1986 年版，第 159 页。

着不要失掉苏维埃政权的真意”。[①] 这个“真意”是什么呢？就是联共（布）中央城市中心论的革命模式。

● 各地暴动及其失败

南昌起义、秋收起义都是按照城市中心论的革命模式进行的，最终相继失败了。中共中央却认为：“固然南昌暴动及南征广东的革命军队失败于潮汕，固然广东两湖的农民暴动一处也没得确定的大规模的胜利，但是革命虽然又遇着这几处部分的新失败，然而三个月来一般的斗争经验，更证明了本党的策略是完全对的。”[②] 11 月 9 日至 10 日，中共中央临时政治局扩大会议在上海召开。罗米那兹和刚从莫斯科赶来接替他的共产国际代表米特凯维奇参加了会议。会议通过了由罗米那兹起草的《中国现状与党的任务决议案》，再次否认当时革命的客观形势是处于低潮，认为党的任务在于“努力鼓动各地城乡革命的高潮，创造总暴动的局面”，并要求完全没收一切地主的土地，“对于豪绅工贼及一切反革命派，应当采取毫无顾惜的歼灭政策”。[③] 这种不讲策略的对敌斗争态度，使中国共产党和人民的革命力量在白色恐怖的包围下更陷于孤立无援之中。11 月中央临时政治局扩大会议后，中共中央布置了在广州、上海、武汉、天津、长沙、两湖、江苏、浙江等地的总罢工、总暴动计划，并先后发动了宜兴、无锡、上海、武汉、顺直等地的起义和暴动。这些大大小小的暴动或起义，均因敌我力量过于悬殊而遭到挫败，使中国共产党和革命群众付出了巨大代价。

中国各地武装起义的接连失败，不能不引起联共（布）、共产国际的高度重视。1928 年 2 月，共产国际召开执委会第九次扩大全会，会议通过了由联共（布）代表团斯大林、布哈林和中共代表团向忠发、李震瀛联合起草的《关于中国问题的议决案》，该议决案对罗米那兹的不断革命论进行了批判，

① 中央档案馆编:《中共中央文件选集》第三册，中共中央党校出版社 1983 年版，第 313 页。

② 中央档案馆编:《中共中央文件选集》第三册，中共中央党校出版社 1983 年版，第 363—364 页。

③ 中央档案馆编:《中共中央文件选集》第三册，中共中央党校出版社 1983 年版，第 372—373 页。

认为革命当前的形势是革命的“第一个高潮已经过去了”，“目前，在全国范围内还没有出现群众革命运动的新高潮”，并指出“必须坚决反对工人阶级某些阶层中的盲动主义，反对在城市和农村采取无准备、无组织的行动，反对把起义当儿戏”等。[①] 中国共产党中央政治局在讨论《关于中国问题的议决案》之后，表示接受议决案的一般方针，随即号召纠正各地的“左”倾盲动错误，并停止了暴动计划。这样，瞿秋白“左”倾盲动主义错误自 1928 年 4 月起在全国的范围内实际上就基本停止了。

● 总结革命经验教训

为了总结党的革命经验教训，分析当时的形势和革命性质，确立党在新时期的方针政策，中国共产党决定在莫斯科召开第六次全国代表大会。

召开六大的动议，最早出现在 1927 年八七会议通过的《党的组织问题决议案》中。决议案规定：“中央临时政治局应在六个月内准备召集第六次全国代表大会。”[②] 这一年的 11 月，中央临时政治局扩大会议通过《关于第六次全国代表大会之决议》，再次宣布：“第六次全国代表大会决于 1928 年三月初至三月半之间召集。”[③]1928 年 1 月 28 日，中央临时政治局第八次会议又讨论了召开六大的问题。瞿秋白提出在三至四月召开大会，地址考虑在澳门（多数人主张在香港）。之所以选择澳门或香港召开六大，是因为国内白色恐怖十分严重。大革命失败后，大批共产党员被屠杀，一些不坚定分子离开了党，少数人甚至当了叛徒。共产党员由 5.7 万余人减少到 1 万人左右，大多数的地方党组织被打散，工会成员从革命高潮时的 300 万减少到 3 万人，曾拥有 1000 万会员的农会组织绝大部分不再存在。在这种情况下，中国共产党很难在内地找到一个能够保证安全的地方召开会议。1928 年 2 月 13 日，中共中央再次开会讨论召开六大的相关事宜，考虑到中国共产党还将在春夏

---

①《共产国际有关中国革命的文献资料》（第一辑），中国社会科学出版社 1981 年版，第 350—351 页。

② 中央档案馆编：《中共中央文件选集》第三册，中共中央党校出版社 1983 年版，第 230 页。

③ 中央档案馆编：《中共中央文件选集》第三册，中共中央党校出版社 1983 年版，第 388 页。

间派遣代表出席在莫斯科召开的赤色职工国际第四次代表大会、共产国际第六次代表大会和少共国际第五次代表大会，会议决定报告共产国际执委会，希望批准中共六大能够在苏联境内举行，同时要求共产国际执委会派代表团参加，并希望斯大林或布哈林等领导人能够出席这次大会。

1928 年 3 月底，共产国际执委会复电同意中国共产党的请求，要求中共中央的重要领导人瞿秋白、罗亦农、任弼时、周恩来、黄平立即赴莫斯科，进一步商定召开大会事宜，还要求陈独秀、彭述之、张国焘、蔡和森也去莫斯科参加大会。4 月 2 日，中共中央临时政治局常委会研究决定李维汉、任弼时留守负责中央日常工作，邓小平为留守中央秘书长。事实上，1927 年 11 月中央临时政治局扩大会议通过的《关于第六次全国代表大会之决议》，已经规定了六大代表的产生办法：一、“各省党部得选举有表决权的代表。代表应由各省党部代表大会选出，如因秘密组织的环境关系，不能开代表大会，则由各省委全体会议派出代表，然而应当尽可能由扩大的省委全体会议选派”；二、“各省党部选派代表以五百党员选出一代表为标准，五百人以下的党部，亦得选一有表决权的代表；无表决权的代表各省党部亦得选派，但必得中央的同意”；三、“中央委员或中央候补委员如果没有被某一省党部选为代表，因而无表决权，则可以无表决权的参加大会”；四、“共产青年团中央委员会派五人出席大会”；五、“出席大会代表必须入党一年以上的方能当选”。但由于当时环境十分险恶，加上时间仓促，除了广东、河南等省的代表是开会选出来的，其余大多数是中央指定的。李维汉认为：“确定六大代表人选的工作，是有缺点的，主要有两条：一是过分强调工人成分；二是没有让一些从事实际工作、具有丰富革命斗争经验并在党内享有声望的同志参加‘六大’。”①

在共产国际执委会指定、各地选举、中共中央指定的六大代表中，陈独秀拒绝参加会议。为此，中共中央派王若飞前往劝说，希望陈独秀能与会。但陈独秀认为八七会议、中央临时政治局扩大会议均没有让他参加，也没有让他发表意见，估计去莫斯科也只有挨骂的份。后来瞿秋白、周恩来也去做过劝说的工作，但陈独秀主意已定，谁也改变不了。虽然陈独秀自己拒绝出

① 李维汉：《回忆与研究》上册，中共党史资料出版社 1986 年版，第 240—241 页。

席六大，但他并未阻挠或煽动别人不去，甚至反过来劝说张国焘等人“应前往参加”。他还再次向张国焘说明了不参加六大的理由：“八七会议的决议对他批评如此严厉，足证明国际早有牺牲他的决心；他的处境不同，即使出席，也难以挽回的。”同时，陈独秀还表示，“以往他常为中央刊物做些短文章，今后还可以做一些。再不愿参加中共的领导工作，不为自己辩护，也不出面批评别人”。①

二、中国革命向何处去

● 会前准备

前往苏联的道路，同样危机四伏。1928 年 4 月，中央政治局常委罗亦农从湖南巡视工作回到上海，准备赴莫斯科出席六大。4 月 15 日，他在北京西路赫德路一带接头时，被曾在他领导下做过秘书工作的何家兴、贺治华夫妇出卖，突然被捕，并未经任何审讯在上海西郊被枪杀。

出于安全考虑，中共中央细致研究了具体的交通路线，决定除一小部分代表由上海乘轮船经海参崴前往苏联外，其余大部分由上海经大连到哈尔滨，然后由哈尔滨护送到满洲里或者绥芬河出境。此外，中共中央还决定在哈尔滨设立秘密接待站，由中共哈尔滨县委指派中共哈尔滨县委、共青团委书记李纪渊（又名李纪元）负责接待站的工作，秘密接待站设在哈尔滨道里区外国四道街 14 号，是接待人员阮节庵、沈光慈夫妇的住处。与此同时，在中共中央妇委工作的瞿秋白夫人杨之华奉命携带女儿独伊先期前往哈尔滨，协助哈尔滨县委完成护送六大代表工作。虽然中国共产党的各级组织竭力做好安全、策应工作，但一路上还是随时可能遭遇不测。

周恩来与邓颖超就曾在大连遭遇日本警察的盘问与特务的跟踪，处境一度十分危险。据邓颖超回忆：“我们从上海出发到达哈尔滨，一路上的险境，

① 张国焘：《我的回忆》第二册，东方出版社 1991 年版，第 367 页。

由于恩来同志的机智、镇定、沉着，泰然无事地对付敌人的盘问，终于脱险了。可是，我们在哈尔滨接头的证件已被毁掉，无法同有关人士取得联系。幸运的是，‘六大’代表分批出发，在我们后面还有一批，其中有李立三同志，因此，我每天到火车站等候李立三同志，一连数日都没有接到，真是有点着急，但还是继续去车站，最后还是等到了。经过同他的联系，再同哈尔滨的外国朋友联系上了。这样，我们才离开哈尔滨去莫斯科参加党的六次大会。”① 代表黄平也在途中遭到日本警察的盘查，他在《往事回忆》中说：“我奉中央之命带了三位香港海员同志一起去。我们是乘日本船到大连。同船去的有杨殷……船快到大连时，日本警察盘问杨殷。杨殷说他是做药材生意的，并打开手提箱，拿出一些药丸样品给他们看，警察就走开了。”② 另据代表唐韵超回忆：“1928 年 5 月，我们从沈阳乘火车到哈尔滨。临走时，满洲省委交给我一个火柴盒，里面装有 21 根火柴，让我下车后到哈尔滨道里区中国大街一个马车店接头。下车后，我们找了一家旅馆住下。我揣着接头的火柴盒找到了马车店，与先期到达那里的张国焘、罗章龙、夏曦等人接上了头。张国焘对我说：因南方代表语言容易暴露，满洲省委代表还有一项任务，就是把你们分到各组，护送南方代表过境……记得第一次护送的是广东代表团。我到车站买了去满洲里的火车票，带着他们乘上火车。一路上他们几人尽量不说话，一切由我出面。从哈尔滨到满洲里火车要开一天一夜。上车前，接待站发给每个代表一个过境的号码牌。下车后，我们根据手中的号码，找到带号头的马车。马车前面挂着车灯，如果代表手中的号码牌和车灯上的号码对上，就把手中的号码牌交给苏联马车夫，不必说话，点点头即可上车了。送走广东代表，我在满洲里住了一夜，第二天又返回哈尔滨。就这样，我先后护送云南、贵州和江西的代表过了境。”③

进入苏联境内后，算是到了安全地带。但当火车即将抵达莫斯科之时，代表们还是被要求放下窗帘，等乘客都走完后，由挂着窗帘的汽车直接运往会议地址。“他们一到大会会址，就立即换穿列宁服或西服，尽量不使他们

① 邓颖超：《我们一次遇险与脱险的经过》，《人民日报》1985 年 8 月 14 日。

② 黄平：《往事回忆》，人民出版社 1981 年版，第 57 页。

③ 唐韵超：《赴莫斯科参加中共六大》，《大连干部学刊》2000 年第 1 期。

显眼。”[①] 为了保密，与会代表甚至只用编号而不用姓名，例如李立三的代号是“23”。六大会址位于莫斯科近郊兹维尼果罗德镇五一村，是沙皇时代的一个地主的别墅，因为它的主要建筑是白色的，因而又叫“银色别墅”。“银色别墅”是一座三层楼房，做过克格勃的办公用房，底层是餐厅、厨房及大会秘书处的办公室，二楼有个能容纳七八十人的客厅，其余房间住的是周恩来和邓颖超、瞿秋白和杨之华、王若飞和李培之等几对夫妇，三楼则全部是宿舍。离“银色别墅”不远，是共产国际书记布哈林的别墅，六大召开期间，他有时候就住在这里。

代表们到达莫斯科后，继续进行向大会提交各项报告的准备工作。有些报告是在国内起草的，如4月2日瞿秋白完成了政治报告的撰写工作，5月7日留守国内的任弼时完成了共青团报告的撰写工作。其余政治、组织、职工、农运等决议草案，均是瞿秋白、周恩来等中央负责人到达莫斯科以后才开始起草的。文件的抄写、誊印工作，基本上是由中山大学的学生负责完成。六大代表盛岳回忆：“大会秘书处主要由中大学生组成。瞿秋白最小的弟弟瞿景白率领为六大服务的中山大学学生。这些学生是秘密指定的。”关向应的前妻秦曼云是参加大会工作的学生之一，她说：“到一九二八年五月底六月初，我被叫到秘书长波古里耶夫的办公室去。他给我们分发了一些中文文件，告诉我们把它们刻成蜡纸以便付印，他严厉警告我们不得让其他学生了解这些文件的内容，连我们来过他办公室这件事也不能让人知道。在我们分发文件之前，他们已经把文件拆成好多部分或者分成好多小段……采用这种警戒办法是为了不让我们任何人了解全貌或文件的整个思想……这一神秘的工作持续了整整一周。然后有一天波古里耶夫个别告诉我们去收拾行具……在这些被‘征调’的学生登上同一节火车驰向预定目的地之前，没有人知道谁是‘精选小组成员’……只是在我上了去车站的车子以后，我才第一次有机会看看这个小组都是些什么人。我们当中有李培之，她的学生证是中山大学的第一号。她是中共中央委员王若飞的夫人。还有陈绍禹的‘爱人’孟庆树和陈昌浩的夫人杜作祥。男同学当中有胡锡奎和瞿秋白的弟弟瞿

① ［美］盛岳：《莫斯科中山大学和中国革命》，东方出版社2004年版，第197页。

景白等。”[①] 有意思的是，以后很是出名的陈绍禹（王明），在中山大学校长米夫的安排下担任六大秘书处翻译科主任。王明利用米夫要他挑选几名中山大学学生做工作人员之机，指名要当时才是团员的孟庆树参加大会工作，引起了很多党员同学的不满，但赢得了孟庆树的好感。

6 月 9 日，斯大林召集部分六大代表座谈，参加会议的人有瞿秋白、周恩来、苏兆征、蔡和森、李立三、项英、张国焘、向忠发、黄平等人。据黄平回忆，斯大林当天穿一身士兵军服，一双肥大笨重的粗牛皮靴子，肩上和帽上都没有级别与兵种的标志，穿得像一个复员的农民。[②] 斯大林主要谈了两个问题，一个是当时中国革命的性质，另一个是当前中国革命的形势，亦即“高潮”与“低潮”的问题。首先，他认为“中国革命是资产阶级民主革命，不是‘不断革命’，也不是社会主义革命”[③]。其次，他认为“广州暴动不是革命高涨之开始，而是革命退后之结束”[④]。李立三在斯大林面前争辩说，当时中国革命并不是低潮，因为全国各地还不断地发生工农起义。斯大林回答：低潮时，也会溅起几朵浪花。在当时中共领导人的心目中，斯大林是“最高权威”“世界革命导师”。他的这些论述，为中共六大定了基调。6 月 14 日和 15 日，布哈林又以共产国际书记的名义召集瞿秋白、周恩来、蔡和森、李立三、项英、黄平、邓中夏、向忠发、王若飞、张国焘等 21 人，开了“政治座谈会”。布哈林要求与会代表对中国革命形式的估计、中国革命的经验教训、党在今后的任务和方针等问题发表自己的看法。所有的与会者都发了言，其中以张国焘的发言最长也最尖刻。第一，他认为“中共领导的错误……是太过于依赖共产国际……甚至，对于共产国际代表的任何指示，也奉若神明，无不言听计从”。第二，他指责瞿秋白中央儿戏暴动，讥笑“它何曾是暴动指挥部”，只不过是不高明的“暴动编辑部”。第三，他为自己阻止南昌暴动辩解，是因为“奉了罗明纳兹根据共产国际由布哈林同

① ［美］盛岳：《莫斯科中山大学和中国革命》，东方出版社 2004 年版，第 194—195 页。

② 黄平：《往事回忆》，人民出版社 1981 年版，第 62 页。

③ 金冲及主编：《周恩来传（1898—1949）》，人民出版社 1995 年版，第 169 页。

④《联共（布）、共产国际与中国苏维埃运动（1927—1931）》第七卷，中央文献出版社 2002 年版，第 477 页。

志具名的电令”。[①] 张国焘的发言，从某个侧面使布哈林及共产国际了解到了中共党内的某些分歧。会上其他人的发言，也使布哈林了解到中共党内对中国革命的普遍看法。

6月17日，也就是六大召开的前一天，周恩来、瞿秋白分别在下午和晚上主持召开预备会。会议通过了大会议程，大会主席团、秘书处、代表资格审查委员会的组成和名单，并作出大会有关规定，强调大会应以能切实解决一切重要问题为原则，尤应减少各种琐碎问题的争辩。会议决定周恩来出任大会秘书长，黄平、罗章龙为副秘书长，会议通过的主席团人员包括曾文甫、项英、徐锡根、余茂怀、关向应、向忠发、王凤飞、李立三、王灼、蔡和森、杨殷、邓中夏、胡福田、周秀珠、毛简青、王藻文、苏兆征、周恩来、瞿秋白、斯大林、布哈林。

● 会议议程

1928年6月18日下午1时，中国共产党第六次全国代表大会在莫斯科近郊兹维尼果罗德镇“银色别墅”的大厅正式开幕。开幕式由向忠发主持，出席会议的有各省正式代表84人，五届中央委员4人，特约代表1人，指定代表53人，共计142人。出席大会开幕式的还有共产国际代表、少共国际代表和赤色职工国际代表，以及意大利、苏联等国家的共产党代表。瞿秋白代表中国共产党第五届中央委员会致开幕词，希望与会同志充分发表自己的意见，“使党得以纠正一切错误”，“一方面要肃清机会主义的残余，另一方面也要肃清变形的机会主义，如盲动主义、先锋主义等等。这样才能使党完全布尔什维克化，完成中国革命和世界革命的伟大任务”。[②]

6月19日，六大开幕的第二天，共产国际代表布哈林向大会作了政治报告（29日又在大会上作讨论政治报告的总结发言），秦曼云回忆：“他那九个小时的报告虽然很长，但他的口才吸引了全体代表的注意力，让大家听他的讲话，没有一个人显得厌倦和想打瞌睡。”[③] 布哈林的讲话，对中国

① 张国焘：《我的回忆》第二册，东方出版社1991年版，第376页。

② 《瞿秋白文集（政治理论篇）》第五卷，人民出版社1995年版，第526—527页。

③ ［美］盛岳：《莫斯科中山大学和中国革命》，东方出版社2004年版，第202页。

革命的性质、形势和任务作了详细阐述。关于中国革命的性质，他认为当前的革命不是无产阶级夺取政权的社会主义革命；关于革命形势，他认为中国革命是处于两个革命高潮之间的低潮时期；关于党的中心工作，他认为在许多失败之后，群众还没有起来，应当积极争取群众。此外，布哈林批判了中共党内的右倾机会主义，也批判了中共党内的盲动主义，反复强调必须承认革命已经失败的事实。同时，他认为中国共产党在革命中犯有右倾或“左”倾错误，中国同志有责任，共产国际代表鲍罗廷、罗易、罗米那兹也有责任。布哈林实事求是的态度，受到与会代表的好评，“认为他有正直诚实的风度”。①

6月20日，瞿秋白代表第五届中央委员会，向大会作题为《中国革命和中国共产党》的口头政治报告，对书面报告未展开的意思，从中国革命问题、过去的教训、现阶段盲动主义的危险、革命形势、党的任务五个方面加以阐述和补充，一共讲了九个小时。6月21日，中国共产党青年团代表关向应向大会作政治副报告。从这天开始，代表们用了八天时间对瞿秋白和布哈林的报告进行分组讨论，气氛极为热烈，蔡和森等60名代表发言。对于这种现象，瞿秋白感到非常高兴，他在《政治报告讨论后之结论》中指出：这次大会不仅有布哈林同志的报告，以及分析错误，指出将来的方针，而且听见了群众的声音和各地工农的意见及感想；对于中央、各地代表都加以批评，大家相互之间也展开了批评。这是以前所没有的。以前，所谓党即执委会，执委会即常委，常委即书记，可以决定一切。这次大会就不同，不仅受共产国际指示，并且受各地群众代表的指导。但是，“在‘六大’会议上是有‘山头’倾向的”，一些代表“不能完全平心静气地讨论问题”，其中最出格的就是张国焘。瞿秋白在政治报告中曾提出由于革命发展的不均衡，有一省数省出现革命的直接形势，实行割据的可能性。张国焘认为：“一省数省割据之说，目前实属幻想。”他还多次提到瞿秋白的“左”倾盲动主义，强调：“大吹而特吹暴动，而不切实准备暴动，实际是反对暴动。”② 张国焘对瞿秋白的指责，已超越党内正常的批评与自我批评的范畴，成为意气之争。

① 张国焘：《我的回忆》第二册，东方出版社1991年版，第378页。

② 张国焘：《革命形势与目前工作重心》，《党的文献》1988年第1期。

米夫希望张国焘能化解对瞿秋白的成见，张国焘指着桌上的茶杯说：就像这个茶杯，被打成几片，虽然可以补起来，究竟不如没有补的那么自然。[①]“那时机会主义的代表是张国焘，盲动主义的代表是瞿秋白同志，两人争论不休。后来布哈林出来讲话，说就是你们这两个大知识分子在吵架，再吵就把工人干部提拔起来代替你们。”[②]

6月27日，大会结束了对布哈林、瞿秋白政治报告的讨论。6月30日至7月6日，周恩来、李立三、刘伯承、向忠发分别作了组织、农民、土地、军事、职工运动等问题的报告。7月7日至8日，大会休会，政治、组织、军事、农民、土地问题等各委员会开会，讨论修改即将提交大会讨论通过的决议。7月9日，大会开始讨论各项决议，首先通过的是《政治决议案》，由瞿秋白宣读一段，大家讨论修改一段，一直到全部讨论修改完毕。这一天还通过了《职工运动决议案》《农民问题决议案》《土地问题决议案》《定“广州暴动”为固定的纪念日的决议》《关于党纲的决议》《关于民族问题的决议》《对国内工作指示的电稿》等。7月10日，大会的第一项议程是继续讨论有关决议，通过了《组织问题决议案》《苏维埃政权组织问题决议》《宣传工作决议案》《共产主义青年团工作决议案》《妇女运动决议案》；第二项议程是讨论通过了党的章程；第三项议程是选举第六届中央委员会。

● 会议选举

对于选举第六届中央委员会的问题，此前党内已经过多次磋商。第一次是7月4日晚上召开的第11次主席团会议。共产国际代表米夫提出意见说：在党的工作处于秘密条件下，为了工作的方便，中央委员会的人数不宜太多，应比上一届的人数少一些。会议同意米夫的意见，由蔡和森、李立三、瞿秋白、苏兆征、项英和一位共产国际代表组成选举委员会，向主席团提交40至45人的名单，再由主席团将名单交各代表团征求意见，最后由主席团汇总并交大会表决。第二次是7月8日下午召开的主席团第14次会议，介

① 张国焘:《我的回忆》第二册，东方出版社1991年版，第381页。

②《建党以来重要文献选编（1921—1949）》第二十一册，中央文献出版社2011年版，第81页。

绍了 51 位候选人的情况。第三次是 7 月 9 日，大会讨论并通过第六届中央委员会选举法。第四次是 7 月 10 日上午召开的主席团第 16 次会议和各省代表书记联席会议，米夫提出正式委员 21 人，中央候补委员 11 人，瞿秋白提出中央委员和中央候补委员各增加 2 人，最终形成 36 人的名单。由于共产国际在总结中国革命的教训中，错误地认为中共中央之所以犯了严重错误，重要原因是党的领导人都是知识分子，领导机构中的工人成分太少。为了实现中国共产党领导机关“工人化”，36 人的候选人名单，工人占到了 22 人，向忠发的名字被排到了第一位。经过选举，列入名单的人全部当选为中央委员。这样，第六届中央委员会正式产生。

7 月 11 日，大会闭幕。7 月 19 日，召开第六届中央委员会第一次全体会议，选举新的政治局委员。布哈林和米夫参加了这次会议，并提出新中央政治局委员七人候选名单，即向忠发、瞿秋白、张国焘、周恩来、蔡和森、李立三、项英。在选举过程中，瞿秋白虽然当选为中央政治局委员，但得票很少，政治局常委也没有被选上。而向忠发几乎被所有投票人不约而同地推举为中央政治局兼中央常务委员会主席。至此，中共党史上唯一工人出身的总书记诞生了。盛岳在《莫斯科中山大学和中国革命》中说：“向忠发之所以爬上宝座，仅仅是因为工人阶级出身。中共六大在共产国际的压力之下，把一艘正在波涛汹涌的大海上航行的船，交给一个未出过海而只是划过长江小船的人去掌舵，实在是极大的风险。正是这一决定，使得李立三能够从向忠发的领导无能中掌握实权，从而推行他那灾难深重的‘立三路线’。”[①] 事实上，向忠发并不像有些史书记载的那样，是一个四肢发达、头脑简单、只会人云亦云的人。大革命时期，向忠发先后担任过中共湖北区执行委员会委员、国民党汉口市党部工人部部长、湖北总工会委员长、武汉工人纠察队总指挥等职，在武汉地区有一定的群众基础，因此曾被选为中共五大的中央委员。据杨奎松的研究，在整个六大期间，他的表现也有些与众不同。在当时几乎所有的与会者都把批评的矛头指向以前的和现在的中共中央及其领导人时，向忠发则声称：第一，中国共产党的机会主义错误的产生，最主要的是它的小资产阶级社会基础；第二，中央的错误要批评，但不能站在个人的立

① ［美］盛岳：《莫斯科中山大学和中国革命》，东方出版社 2004 年版，第 201 页。

场上，更不能不顾事实，把所有问题都说成是中央的。向忠发的这种与众不同的态度一直坚持到六大结束。[①]

三、党的总路线是争取群众

● 通过 16 个决议案

中共六大经过激烈的讨论，先后通过了《政治决议案》《职工运动决议案》《农民问题决议案》《土地问题决议案》《定“广州暴动”为固定的纪念日的决议》《关于党纲的决议》《关于民族问题的决议》《组织问题决议案》《苏维埃政权组织问题决议》《宣传工作决议案》《共产主义青年团工作决议案》《妇女运动决议案》等 16 个决议案，并通过了经过修改的《中国共产党章程》。

●《政治决议案》

在六大通过的决议案中，最为重要的是《政治决议案》。它阐明了中国的革命性质，规定了中国革命的任务、动力、前途；它分析了大革命后的政治形势，确定了党的总路线。《政治决议案》指出：“中国革命现在阶段的性质，是资产阶级民主革命。如认为中国革命目前阶段已转变为社会主义性质的革命，这是错误的，同样，认为中国现时革命为‘不断革命’也是不对的。”因此，中国革命的中心任务是：驱逐帝国主义者，达到中国的真正统一；彻底的平民式的推翻地主阶级私有土地制度，实行土地革命；经过发动群众和武装斗争推翻国民党政权，建立工农兵代表会议的政权。《政治决议案》认为现阶段中国革命的动力是“无产阶级和农民”，“而且无产阶级底领导权，又能在资产阶级民主革命阶段之中就建立起来，所以，这就可以开

① 杨奎松：《中共与莫斯科的关系：1920—1960》，台北：东大图书公司 1997 年版，第 229 页。

辟中国革命将来发展的道路，使它有非资本主义的前途，亦就是社会主义的前途”，而“以苏维埃为国家政权形式的工农民主专政，就可以成为转变到无产阶级专政的出发点”。[①]《政治决议案》具体分析了大革命后的政治形势，指出：工农运动的第一个浪潮，已经完结，因为工农受着极严重的失败，他们的革命组织受着极大的摧残（工会、农民协会、共产党党部），最好的干部遭受屠杀，工农先锋遭受很大的损伤。现时的形势，“一般说来是没有广泛的群众的革命高潮”，但“新的广大的革命高潮是不可避免的”，但目前“新的浪潮还没有到来，反革命底势力已超过工农”。因此，“暂时武装起义在全国范围的意义，还只是宣传的口号”，“党底总路线是争取群众”。[②] 这就是说，就全国范围来说，目前党的任务不是进攻，不是普遍地组织起义，而是争取群众，这样也就进一步纠正了 1927 年 11 月临时政治局扩大会议以来的“左”倾盲动主义。

●《军事工作决议案》

六大通过的由周恩来起草的《军事工作决议案》，对党领导的军事运动和红军建设起到重要的指导作用。《军事工作决议案》强调党员要军事化，因为“依据最近暴动的经验看来，不但无产阶级的群众不会使用武器，便是多数党员也是如此。党员在工农暴动时便不会很好的指挥这个暴动的军事行动，以至在暴动发生后也不会利用很好的机会以战胜敌人”。《军事工作决议案》要求：“在工农暴动胜利及建立苏维埃的地方，本党应迅速将自己武装力量的组织从游击形式改组而成立经常的红军。只有如此，本党才能巩固已得的胜利，且将此胜利扩大到邻近各地。”《军事工作决议案》规定了建立红军的基本原则：（1）士兵必须按征兵制由工农分子充之。达到这一制度的过渡时期可用自愿制，不过旧军队的兵士应经中央慎重选择和政治训练后方可采用。且从军阀转过来的各种军队，必须立即改编，以相当的可靠的革命战斗员参加其中。有可能时应将其旧时全体干部撤换，用我们自己可靠的军

① 中央档案馆编：《中共中央文件选集》第四册，中共中央党校出版社 1983 年版，第 169—170 页。

② 中央档案馆编：《中共中央文件选集》第四册，中共中央党校出版社 1983 年版，第 178—180 页。

官。其主力应为革命的工农队伍。红军的士兵无论是征兵制或志愿兵制，必须规定其最少限度的服役期限。（2）官长工人化，关于这些军事官长的造就，现在即应开始（派人至国外由兄弟党办理）。（3）采用苏联红军组织的经验，实行政治委员与政治部制度。叶挺与贺龙的部队的遭破坏，其重要原因之一，即在于他们军队中未设法肃清反动的官长，未派遣政治委员，未设立政治训练等机关。（4）红军在各方面都应服从当地最高级苏维埃政权的命令和指挥。最后，《军事工作决议案》还确立了党对于红军的领导地位，认为“中国共产党的一切军事工作都应集中于中国共产党中央军事部。各地应设立军事委员会，受地方党部之一般指导而工作，但于军事技术方面，则受中央军事部之指挥。中央军事部和各地军事委员会均依据中国共产党中央所规定之计划书而工作”。[①]

● 肯定农村游击战争的作用

六大通过的十六个决议案中，《土地问题决议案》《农民问题决议案》《对国内工作指示的电稿》《苏维埃政权组织问题决议案》涉及乡村游击战争、农村根据地和农民土地问题。这样的密集论述，在以往的历次代表大会中是不曾有过的。足见六大不仅制定了争取群众的策略总路线，而且至少在理论上开始有了从“城市中心”向“乡村中心”转移的趋势。《土地问题决议案》指出：“中国的革命农民，除开与已经建设着社会主义的苏联无产阶级，与各先进国家和中国本国的社会主义的无产阶级一同前进，去建设社会主义外，没有第二条路可以解放自己。”[②]《农民问题决议案》认为：“在现在革命阶段上，共产党主要的策略，应该创造建设绝对大多数被残余封建势力剥削的农民群众的统一战线，从雇农起到中农止。无论任何条件之下，要特别注意于富农中的工作，防止富农的夺取贫农组织的领导权。必须在农民组

① 中央档案馆编：《中共中央文件选集》第四册，中共中央党校出版社 1983 年版，第 311—314 页。

② 中央档案馆编：《中共中央文件选集》第四册，中共中央党校出版社 1983 年版，第 206 页。

织中，巩固贫农的思想上与组织上的领导权。”[①]《农民问题决议案》还指出：“在农村阶级矛盾斗争到了最激烈的地方，每一小的日常生活的斗争，都将要走到武装的冲突，所以游击战争已成为这些地方的主要斗争方式，所以共产党必须积极的去领导这些斗争，使其更有组织性，与群众更有密切的联系……游击斗争的主要任务：第一，立即实现农民斗争的口号，没收地主土地交给农民，杀戮土豪劣绅等。建立农民代表会议及苏维埃政权，发展农民更广大的群众到革命斗争的战线上来。第二，建立红军。游击战争中勇敢的青年，尤其是无产阶级和半无产阶级的分子参加到游击队伍中来，使其逐次扩大，成为工农革命的红军，及消灭反动派的力量，如收缴民团警察的武装等。”[②] 而当乡村中发生武装起义时，《苏维埃政权组织问题决议案》认为：“应在该地组织革命委员会；委员会的组织在武装起义前就要由党部规定”，“为避免农民协会与革命委员会的冲突起见，可以把农民协会底领袖包纳在革命委员会内，并将农民协会全部负责人才，吸收在政府机关内，在革命委员会中，应保障那些积极参加武装起义的农民之领导作用”。[③]

● 加强党的建设

特别需要指出的是，六大通过的《组织问题决议案》和修改后的《中国共产党章程》，对中国共产党的自身建设产生了深远的影响。第一，《组织问题决议案提纲》指出中国共产党的组织建设的主要任务是“达到党成为工人阶级自己的群众化的战斗的党的目的”。第二，《组织问题决议草案提纲》确立了秘密条件下党的活动的两大原则：一是党不能因为从公开走向地下而放弃党内民主；二是党内民主不能走向极端民主主义。《组织问题决议案提纲》指出：“从前下级群众是没有讨论过政策，没有发表意见的机会，没有选举过自己支部干事会和委员会。——与机会主义斗争奋斗后，渐能批评自

① 中央档案馆编：《中共中央文件选集》第四册，中共中央党校出版社 1983 年版，第 210—211 页。

② 中央档案馆编：《中共中央文件选集》第四册，中共中央党校出版社 1983 年版，第 214 页。

③ 中央档案馆编：《中共中央文件选集》第四册，中共中央党校出版社 1983 年版，第 249 页。

己和上级机关，但党的政策还是没有能够普遍传达到下级党部，引起群众的讨论。——由家长制转变后倾向于极端民主主义。”这种极端主义主要体现为“小资产阶级的意气之争”“极端的自由选举观念”以及无原则的批评所导致的互相倾轧和否定纪律。[①] 为此，六大修改后的新党章首次提出了党的民主集中制的三条根本原则：“下级党部与高级党部由党员大会、代表会议及全国大会选举之；各级党部对选举自己的党员，应作定期的报告；下级党部一定要承认上级党部的决议，严守党纪，迅速切实的执行共产国际执行委员和党的指导机关之决议。管辖某一区域的组织，对该区域有各部分的组织为上级机关。党员对党内某个问题，只有在相当机关对此问题的决议未通过以前可以举行争论。”[②] 第三，《中国共产党组织决议案草案》提出了加强党的组织建设的具体任务和方针，主要有：（1）发展党的组织，改善党的成分，“侵入重要工业之大企业中”，“使着党以后的发展是向着工业无产阶级一方面的，使着无产阶级分子成为党的基础”；（2）中国共产党应当注意地方党部的工作，地方党部应由“当地党员中最有威望、最有信仰的同志，与工农群众有联系的”人员组成；（3）严格遵守秘密党的工作原则，建立巩固的秘密机关，“应当使这些机关在日常生活中能够加强与工农群众的联系，以便有系统的准备之下，工农群众走向革命的发动，而不仅是党员和同情者的狭小范围的人作革命的发动”；（4）贯彻干部工人化的方针，强调这是一个“为改良自己指导的长期的坚决的有系统的工作”，同时应该纠正有些党的组织对这一问题的曲解，“如以为每个知识分子一定要作出机会主义的错误，而每个工人一定能定出正确的布尔塞维克的路线的观念，也是不对的”；（5）对于工农群众组织中的工作，应当加以最严重的注意，争取并“团结城市与乡村最广大的劳动群众于党的周围和党的口号领导之下”[③]，党不但要密切与现有群众组织关系和加强其指导，并应当“利用任何机会，不拘任何

---

① 中央档案馆编：《中共中央文件选集》第四册，中共中央党校出版社 1983 年版，第 273—274 页。

② 中央档案馆编：《中共中央文件选集》第四册，中共中央党校出版社 1983 年版，第 298 页。

③ 中央档案馆编：《中共中央文件选集》第四册，中共中央党校出版社 1983 年版，第 288—295 页。

形式的创造非党的工农组织”。[①] 第四,《组织问题决议案提纲》严肃指出党的组织建设过程中存在许多错误的倾向和方法:(1)国民党式的组织路线;(2)小资产阶级的意气之争;(3)极端的自由选举观念;(4)将党的机关与群众对立;(5)尾巴主义与盲动主义;(6)机械的执行纪律;(7)个人无原则的相互倾轧;(8)反知识分子的倾向;(9)雇佣观念;(10)不正确的平等观念,等等。而克服上述非无产阶级倾向的过程就是加强党的思想建设的过程,其根本目的是为了确保党的无产阶级先锋队的性质。

四、中国革命的正确理论基础

● 中国革命运动,从此就有了正确的理论基础

如何评价六大的历史功绩,中共党内有两个权威文件。一个是 1944 年 3 月,周恩来在延安中央党校作的报告——《关于党的“六大”研究》,还有一个是中共六届七中全会通过的《关于党的若干问题的决议》。周恩来在《关于党的“六大”研究》中说:“‘六大’关于革命的性质、动力、前途、形势和策略方针等问题的决定基本上是对的,所以说‘六大’的基本路线基本上是对的。”[②] 他还指出:“‘六大’正确的地方,主要是斯大林同志的影响。这里有两点证明:一是一九二八年二月间共产国际第九次执行委员会扩大会议关于中国问题的决议,是经过斯大林同志看过、改过的,它成了‘六大’的基本根据。主要的问题都是这个决议上有的,如革命的性质、动力等。二是斯大林同志在‘六大’前夜曾和中国党的几个负责人谈话,具体地解释了革命性质与革命形势这两个问题。”[③] 六届七中全会通过的《关于党的若干历史问题的决议》,对中共六大的历史地位和作用,从总体上作了概括与结论。

① 中央档案馆编:《中共中央文件选集》第四册,中共中央党校出版社 1983 年版,第 279 页。

② 《周恩来选集》上卷,人民出版社 1980 年版,第 186 页。

③ 《周恩来选集》上卷,人民出版社 1980 年版,第 183 页。

决议认为："一九二八年六、七月间召开的党的第六次全国代表大会的路线，基本上是正确的。它正确地肯定了中国社会是半殖民地半封建社会，指出了引起现代中国革命的基本矛盾一个也没有解决，因此确定了中国现阶段的革命依然是资产阶级民主革命，并发布了民主革命的十大纲领。它正确地指出了当时的政治形势是在两个革命高潮之间，指出了革命发展的不平衡，指出了党在当时的总任务不是进攻，不是组织起义，而是争取群众。它进行了两条战线的斗争，批判了右的陈独秀主义和'左'的盲动主义，特别指出了党内最主要的危险倾向是脱离群众的盲动主义、军事冒险主义和命令主义。这些都是完全必要的。"①

历史证明，上述两个文件对六大历史功绩的评价是客观公允的。在当时特定的历史条件下，召开六大是非常必要的。六大所厘清的基本问题，也都是中国共产党所面临的全局性的、迫切需要及时解决的大问题。虽然，八七会议在大革命失败后挽救了党，红军上井冈山代表了中国革命的大方向。但是，如果只有八七会议和井冈山斗争而没有六大的召开，中国革命的发展前途也是很难想象的。因此，李立三在20世纪30年代说："六次大会开（始）了新的阶段，给予我们以新的生命，是党历史上所未有的，对于中国整个问题都有正确的回答。"② 毛泽东在后来亦指出，六大肯定了红军和农村根据地的斗争，使得"中国革命运动，从此就有了正确的理论基础"。③

●"左"倾思想的片面发展和极端扩大

当然，中共六大也有它的不足之处。周恩来在《关于党的"六大"研究》中认为六大有以下几个方面的问题：第一，六大是在共产国际影响下召开的，不能不受共产国际领导人的一些错误论断的影响。例如"布哈林对中国苏维埃、红军运动的估计是悲观的。他认为只能分散存在，如果集中，则会妨害老百姓利益，会把他们最后一只老母鸡吃掉，老百姓是不会满意的。他要高级干部离开红军，比方说，要调朱德、毛泽东同志去学习。所以我们

① 《毛泽东选集》第三卷，人民出版社1991年版，第958页。

② 《中共党史报告选编》，中共中央党校出版社1982年版，第276页。

③ 《毛泽东选集》第一卷，人民出版社1991年版，第188页。

回国后就指示要调朱德、毛泽东同志离开红军。朱德、毛泽东同志不同意。后来蒋桂战争起来了，我们觉得红军有可能发展，就作罢了，但没有认识到这种调动是错误的”。第二,六大的代表成分不健全:“一、太重视工人成分,……七十五个代表中，工人有四十一人，经过大革命锻炼的人不多。二、没有把当时有革命经验的干部集中起来参加‘六大’。共产国际三月底来电通知，四月代表就要走。当时要毛泽东同志去是有困难的，但还有许多同志是可以去的，如刘少奇、任弼时、恽代英、陈潭秋、李富春等同志。如果多去一些做实际工作的同志，就可以多反映一些实际问题和意见。但当时觉得国内工作更重要，所以没有去。三、有失败情绪、‘山头’倾向和人身攻击等。所以讨论问题不能深入，一讨论到实际问题就闹起来。”第三，“在选举中，有多选工人为中央委员的倾向。三十六个中央委员中就有二十一个是工人。过去大革命中涌现出来的工人领袖虽然不少，但党对他们的教育不够，而知识分子干部中有许多是五四运动中涌现出来的，做了许多实际工作，有经验的不少。由于太强调工人成分，很多较好的知识分子干部参加中央工作就受到了限制，如刘少奇同志只被选为审查委员会的书记，没有被选为中央委员。恽代英同志也没有选上，到二中全会才补上。这和后来中央很弱是有关系的”。第四，“大会没有充分时间来研究讨论问题。代表在思想上没有什么准备，代表又不是各地选来的（只有广东来的是开会选出的，其他大多数是中央指定的），对许多决议的讨论也不充分，只是所谓原则通过交委员会在文字上修改。如果时间多一点，可能好些”①。六届七中全会通过的《关于党的若干问题的决议》也认为六大“对于中间阶级的两面性和反动势力的内部矛盾，缺乏正确的估计和政策；对于大革命失败后党所需要的策略上的有秩序的退却，对于农村根据地的重要性和民主革命的长期性，也缺乏必要的认识”。这些缺点和错误，“使得八七会议以来的‘左’倾思想未能根本肃清，并被后来的‘左’倾思想所片面发展和极端扩大”。②

对于中共六大存在的不足、缺点或错误，应当实事求是地看待。正如周恩来所说：六大“这些错误没有形成路线错误，没有形成宗派主义，虽然一

①《周恩来选集》上卷，人民出版社 1980 年版，第 185—186 页。

②《毛泽东选集》第三卷，人民出版社 1991 年版，第 958 页。

些倾向是有的。这些，对以后立三路线、宗派主义的形成是有影响的，但不能负直接责任”①。《关于党的若干问题的决议》也认为，这些缺点错误“仍然不足以掩盖第六次大会的主要方面的正确性”②。

附录 1：六届中央委员会历次全会简介

六届一中全会

1928 年 7 月 19 日在苏联莫斯科克里姆林宫举行。出席会议的有中央委员十二人，候补中央委员十一人，参加会议的还有共产国际代表布哈林、米夫等。会议选举出中央政治局的组成人员，其中中央政治局委员七名、中央政治局候补委员七名、政治局常委五名、政治局常务候补委员三名。会议选举向忠发为党的主席，周恩来任秘书长兼组织部长，苏兆征任工委书记，李立三任农委书记，张金保任妇委书记。会议选举瞿秋白、张国焘为中国共产党驻共产国际的代表。

六届二中全会

1929 年 6 月 25 日至 30 日在上海召开。全会听取了关于政治、组织、农民、土地问题等方面的报告，通过了《关于中央政治局工作报告的决议》《政治决议案》《组织问题决议案》《宣传工作决议案》《职工运动决议案》《告红军将领士兵同志书》《关于德国及其他各国党内右倾派别的决议》《告柏林无产阶级书》《致在狱同志及死难同志与在狱家属书》及《中国共产党中央执行委员会第二次全体会议宣言》等文件。全会总结和检查了第六次全国代表大会以来的工作，肯定了六大路线的正确，根据党的总路线和当时的政治局势，确定了以后斗争的路线和策略，提出了加强反帝反军阀斗争，继

① 《周恩来选集》上卷，人民出版社 1980 年版，第 186 页。
② 《毛泽东选集》第三卷，人民出版社 1991 年版，第 958 页。

续深入土地革命，开展游击战争，扩大苏维埃区域，建立和扩大红军等 15 项政治任务。全会批准了中央政治局开除王藻文中央委员和开除王仲一候补中央委员的决定，增补选恽代英等为中央委员。

六届三中全会

1930 年 9 月 24 日至 28 日在上海召开，出席全会的有中央委员 14 人，中央审查委员 2 人，北方局、南方局、长江局、满洲省委、青年团、全国总工会党团代表 20 人。全会通过了《关于政治状况和党的总任务决议案》。会议根据六大以后党的中央委员及政治局委员的牺牲和病故等变化情况，补选了中央委员 7 人：温裕成、李维汉、陈郁、徐锡根、陆文治、贺昌、邓发。补选了候补中央委员 8 人：袁炳辉、陈云、林育英、王克全、朱德、黄平、恽代英、陈潭秋。补选了中央审查委员 2 人：宁迪卿、康生。改选后的中央政治局委员是：向忠发、项英、周恩来、瞿秋白、李立三、关向应、张国焘；候补中央政治局委员是：罗登贤、徐锡根、卢福坦、温裕成、李维汉、顾顺章、毛泽东。

六届四中全会

1931 年 1 月 7 日在上海召开，出席会议的共 37 人。会议由向忠发主持，“米夫是全会的实际操纵者”。会议严厉谴责“立三路线”及其后中央的“调和主义”。会议补选了中央委员，改选了中央政治局：撤销李维汉、贺昌中央委员职务，补选韩连会、王尽仁、沈先定、刘少奇、夏曦、陈绍禹、徐畏三、沈泽民、曾炳春为中央委员；撤销瞿秋白、李维汉、李立三政治局委员职务，选举向忠发、项英、徐锡根、张国焘、陈郁、周恩来、卢福坦、任弼时、陈绍禹为政治局委员，选举罗登贤、关向应、王克全、刘少奇、温裕成、毛泽东、顾顺章为政治局候补委员，选举向忠发、周恩来、张国焘为政治局常委，向忠发任总书记。

六届五中全会

1934 年 1 月 15 日至 18 日，在瑞金沙州坝召开。博古主持会议并作了《目前的形势与党的任务》的报告，出席会议的有中央委员、候补中央委员

和一些省的代表。全会接受共产国际十二次会议对于世界形势的分析，规定了党在苏区的中心任务。全会高度评价六届四中全会。全会增选王稼祥、凯丰为中央委员，增选彭德怀、杨尚昆、李富春、李维汉、孔原为候补中央委员；改选了中央政治局，博古、张闻天、周恩来、王稼祥、项英、陈云、王明、康生、任弼时、张国焘、毛泽东为政治局委员，刘少奇、朱德、关向应、邓发、凯丰为政治局候补委员。全会决定设立中央书记处（又称中央政治局常委会），博古、张闻天、周恩来、项英为书记处书记，博古负总责。全会还选举了中央党务委员会，李维汉任书记。

六届六中全会

1938年9月29日在延安桥儿沟天主教堂召开。毛泽东在会议上作了《论新阶段》的报告。会议决定撤销中央长江局，设立中央中原局和南方局，从政治上、组织上清除了王明右倾错误在中央的影响。

六届七中全会

1944年5月21日至1945年4月20日在延安召开。这次会议是在全党整风的基础上，通过讨论党的历史，总结党的历史经验，党的高级干部对许多重大历史问题取得了一致的或更深刻的认识，党内思想在马列主义基础上基本统一的情况下召开的。出席会议的中央委员和候补中央委员有：毛泽东、朱德、刘少奇、任弼时、周恩来、康生、彭德怀、张闻天、邓发、陈云、博古、李富春、吴玉章、杨尚昆、陈郁、李维汉、孔原。参加会议的还有各中央局、分局和其他方面的负责同志（有发言权和表决权）彭真、高岗、贺龙、林彪、叶剑英、陈毅、刘伯承、聂荣臻、朱瑞、徐向前、谭政、陈伯达。这是中国共产党历史上持续时间最长的一次会议，历时11个月，先后召开了八次全体会议。《关于若干历史问题的决议》是会议通过的主要文件之一，是在延安整风运动的基础上形成的。党的六届七中全会标志着整风运动的胜利结束，为党的第七次全国代表大会的胜利召开作了充分准备。

附录 2：中国共产党全国代表会议（1937 年 5 月）

1937 年 5 月 2 日至 14 日在延安召开，当时称苏区代表会议。此后又于 5 月 17 日至 6 月 10 日召开白区代表会议。

1936 年西安事变的和平解决，促成了第二次国共合作的新局面。1937 年 5 月 2 日，为了进一步动员全体共产党员和全国人民巩固和平，争取民主，早日实现对日抗战，中共中央于延安召开了全国代表会议，出席会议的正式代表 260 人，列席代表 74 人。张闻天致开幕词，毛泽东作《中国共产党在抗战时期的任务》的报告和《为争取千百万群众进入抗日民族统一战线而斗争》的结论。毛泽东在报告和结论中指出，在“中日矛盾成为主要矛盾，国内矛盾降到次要和服从地位而产生的国际关系和国内关系的变化”的新阶段，中国共产党的主要任务是争取民主。他又说：“抗战需要全国的和平和团结，没有民主自由，便不能巩固已经取得的和平，不能增强国内的团结。抗战需要人民的动员，没有民主自由，便无从进行动员。”他进一步强调了中国共产党在抗战中的领导责任：“中国反帝反封建的资产阶级民主革命的任务，历史已判定不能经过资产阶级的领导，而必须经过无产阶级领导，才能够完成。”

为了加强对白区工作的领导，1937 年 5 月 17 日至 6 月 10 日，中共中央在延安召开白区代表大会，总结十年内战时期白区斗争经验，制定新的工作方针。刘少奇受中共中央委托作《关于白区的党和群众工作》的报告，张闻天作《白区党目前的中心任务》的总结。刘少奇在报告中，首先，根据局势的变化，指出必须实现党的组织工作的转变。其次，着重提出党和群众的关系问题，“为了争取和组织千百万群众在党的领导之下进入民族革命的战场，我们必须正确建立党和群众的关系，学习在各种环境下领导群众的艺术”。再次，针对党的工作的转变，提出迅速恢复党的组织和谨慎发展党员；党内工作与公开工作分开；扩大党的民主；彻底改变宣

传工作；克服主观主义和形式主义；训练干部；改变干部中“左”的错误等基本要求。

1937 年 5 月召开的中国共产党全国代表会议，是全面抗战爆发前夕的党的重要会议，为迎接全国抗日战争的到来在政治上组织上作了重要准备。

中共七大：迎接中国革命的胜利

一、延安整风奠定基础

● 国际国内形势逐渐好转

党的七大是在国际国内形势逐渐有利于人民和革命的条件下召开的。

国际方面，德国法西斯面临彻底覆灭。七大召开前，苏联军队已经开始进攻柏林，英美法联军也正在配合打击希特勒残军，意大利人民又已经发动了起义。这一切，都表明将很快地消灭希特勒。希特勒被消灭以后，打败日本侵略者就为时不远了。苏联人民加上其他反法西斯同盟国的人民的努力，使打倒法西斯成为可能。

国内方面，中国抗日战争接近最后胜利。七大召开前，共产党领导的敌后军民在华北、华中、华南地区，对日伪军普遍发起局部反攻。“中国人民在其对于日本侵略者作了将近八年的坚决的英勇的不屈不挠的奋斗，经历了无数的艰难困苦和自我牺牲之后，出现了这样的新局面——整个世界上反对法西斯侵略者的神圣的正义的战争，已经取得了有决定意义的胜利，中国人民配合同盟国打败日本侵略者的时机，已经迫近了。”①

毛泽东在分析七大召开的历史背景时，明确指出：“现在的时机很好。在欧洲，希特勒快要被打倒了。世界反法西斯战争的主要的一部分是在西方，那里的战争很快就要胜利了，这是苏联红军努力的结果。现在柏林已经听到红军的炮声，大概在不久就会打下来。在东方，打倒日本帝国主义的战争也接近着胜利的时节。我们的大会是处在反法西斯战争最后胜利的前夜。”②

① 《毛泽东选集》第三卷，人民出版社 1991 年版，第 1029 页。
② 《毛泽东选集》第三卷，人民出版社 1991 年版，第 1025 页。

● 延安整风任务完成

延安整风的进行，为七大的召开创造了良好的条件。抗日战争时期，中国共产党在延安和各抗日根据地开展的整顿党的作风，进行马克思列宁主义教育的运动。为了提高全党的马克思列宁主义水平，纠正党内的各种非无产阶级思想，毛泽东于 1941 年 5 月和 1942 年 2 月，分别作了《改造我们的学习》、《整顿党的作风》和《反对党八股》的报告，号召全党反对主观主义以整顿学风、反对宗派主义以整顿党风、反对党八股以整顿文风。同年 6 月，中共中央宣传部发出了《关于在全党进行整顿三风学习运动的指示》，从此开始了全党范围的整风运动。延安整风运动从 1942 年 2 月开始至 1945 年春季结束，共计三年多时间，是分两期进行的：参加整风学习的干部大体分为三部分：一是中直、军直系统，二是西北局、陕甘宁边区系统，三是中央党校系统。第一期自 1942 年 2 月至 1943 年 7 月，约一年半时间。第一期整风学习带有试点性质，参加这次整风学习的干部，共四五千人。第二期自 1943 年七八月间至 1945 年 4 月，近两年时间，这是延安地区和陕甘宁边区全体党员干部普遍参加整风运动的阶段。参加这一期整风学习的干部，共计 1.2 万余人，包括全党范围的高、中级领导干部；其中集中在中央党校的有六七千人，占总人数的二分之一以上。运动的宗旨是“惩前毖后，治病救人”。1945 年 4 月，中共六届七中全会的主要内容和最重要的成果，就是通过了《关于若干历史问题的决议》。这个决议以毛泽东 1941 年写的《历史问题草案》为蓝本，并在毛泽东的领导下，从 1944 年 5 月开始起草。这个决议对大革命失败后党内重大历史问题作出了系统总结，高度评价了毛泽东运用马克思列宁主义基本原理解决中国革命问题的杰出贡献，肯定了确立毛泽东在全党的领导地位的重大意义。同时，全面详尽地阐述了历次“左”倾错误在政治、军事、组织、思想方面的表现和造成的严重危害，并郑重分析了产生错误的社会根源和思想根源。这个历史决议的通过标志着整风运动的完成。

通过整风运动，提高了党员的马克思列宁主义理论水平，全党达到空前的团结和统一，为夺取抗日战争和民主革命的胜利奠定了思想基础。

多次酝酿和筹备

从党的六大到党的七大，其间隔长达 17 年，是历次党的代表大会中间隔最长的。筹备召开党的七大，经过了长期的酝酿与准备，仅中央正式决定就有八次之多。1931 年 1 月 7 日，扩大的中共六届四中全会在上海召开。会上，有的代表提出召开紧急会议，中共中央总书记向忠发在政治局报告中也提出“党现在就应开始准备七次大会”，共产国际代表也表示赞成，全会决议案便决定“委托新的政治局开始必须的准备工作”，此后不久，由于国民党军队连续对中央苏区发动“围剿”；第五次反“围剿”失败，红军被迫撤出中央苏区等原因，召开七大之事便难能顾及了。

中共中央到达陕北后，日渐安定，召开七大又被提上了议事日程。1937 年 12 月召开的中共中央政治局会议随即通过了《中共中央政治局关于召集第七次全国代表大会的决议》，决定“在最近期内”召开七大。由于诸多因素相扰，这个决议并没有被付诸行动。

1938 年，中共中央又在 3 月召开的中共中央政治局会议和 11 月召开的中共六届六中全会上，就召开七大的报告起草、议事日程、代表分配等具体细节和准备工作作出了若干规定和明确指示，并就这一决定向共产国际作了汇报，希望共产国际派人指导。

1939 年 6 月 14 日、7 月 21 日，中共中央书记处两次向各地党组织发出如何选举七大代表的通知，要求 9 月 1 日前选举出代表：总数约为 450 人。然而，从这时起，国内形势又发生变化，国民党顽固派相继发动了两次反共高潮，中共中央把主要精力放在领导各地打退反共高潮和粉碎日军“扫荡”上，召开七大的筹备工作又一次受到影响。

1941 年 3 月 12 日，中共中央政治局会议在延安召开，会议决定在五一劳动节召开七大。随后不久，中共中央又决定推后召开七大。当年 9 月召开的政治局会议又曾打算于次年上半年召开会议，后因整风运动、大生产运动和其他工作相扰，召开七大被再次推迟。

1943 年，中共中央书记处在 7 月 17 日召开的会议上向政治局提出于八九个月内召开七大等相关建议，中央政治局采纳了其建议，于 8 月 1 日发出《关于七大代表赴延安出席大会的指示》，决定七大改在年底举行。随后，由于中共中央政治局重新召开整风会议，七大再次延期。

经过整风运动，全党思想空前统一，其他各方面条件也已具备，于是，中共中央书记处在 1944 年 5 月 10 日召开的会议上决定：立即着手筹备工作，准备召开七大。会议还决定在七大前召开六届七中全会。一再延迟的中共七大，至此终于提上了日程。①

● 党的力量成长壮大

在七大的酝酿和筹备过程中，经过艰难曲折和不懈努力，党的力量有了很大的发展。到七大召开前，中国共产党的党员已经发展到 121 万，党领导的军队已经有 91 万，还有 220 万民兵，解放区的人口已经有 9550 万。经过锻炼，党已经成为全国政治的决定因素。党的领袖在政治上迅速成长起来。毛泽东在抗战时期以及此前所撰写的大量文章和中共中央发布的许多文件，已经对党的历史经验从各个方面进行了比较系统的总结。特别是以毛泽东为核心的中央领导集体的形成和整风运动的成功，使全党的思想、政治和组织状况都发生了根本性的变化，为七大的召开创造了良好条件。

二、五十天会期创下党代会第一

● 预备会议

为了使七大顺利进行，中共中央于 1945 年 4 月 21 日召开了中国共产党第七次全国代表大会预备会议，在预备会议上，任弼时报告了大会的筹备经过，并就七大代表的产生经过、七大的议事日程和报告草案的准备情况，一一作了说明。毛泽东在会上作了《“七大”工作方针》的讲话。他指出：这次大会的方针是团结一致，争取胜利。简单讲，就是一个团结，一个胜利。胜利是指我们的目标，团结是指我们的阵线，我们的队伍。我们要有

① 李蓉：《中共七大轶事》，人民出版社 2009 年版，第 3—11 页。

一个团结的队伍去打倒我们的敌人，争取胜利；而队伍中间最主要的、起领导作用的，是我们的党。没有我们的党，中国人民要胜利是不可能的。[①]毛泽东在报告中还说，陈独秀作了启蒙运动的工作，创造了党，有功劳，将来修党史的时候还是要讲到他。预备会议表决通过了六项议案：推举毛泽东、朱德、刘少奇、周恩来、任弼时、林伯渠、彭德怀、康生、陈云、陈毅、贺龙、徐向前、高岗、张闻天、彭真等15人组成七大主席团；毛泽东、朱德、刘少奇、周恩来、任弼时为大会主席团常委；任弼时、李富春为大会的正副秘书长；以彭真为主任的22人组成代表资格审查委员会；七大会场规则；七大的会议议程：（一）政治报告（毛泽东）；（二）军事报告（朱德）；（三）修改党章的报告（刘少奇）；（四）选举中央委员会。

● 会议主题

为了系统地总结中国革命的基本经验，为彻底打败日本侵略者、建设新中国作准备，在抗日战争即将取得胜利的前夜，1945年4月23日至6月11日，中国共产党第七次全国代表大会在延安杨家岭中央大礼堂召开，历时50天。出席七大的代表共755名[②]，其中正式代表547名，候补代表208名，代表全党121万党员，分为中直（包括军直系统）、西北、晋绥、晋察冀、晋冀鲁豫、山东、华中和大后方八个代表团。代表中，1921年至1927年入党的党员约占28%，1928年至1936年入党的党员占59%，1937年至1941年入党的党员占13%。代表的平均年龄是36.5岁，最年长的69岁，最年轻的23岁。女代表占代表总人数的6.9%。

4月23日，延安杨家岭中央大礼堂，在庄严的《国际歌》声中，大会秘书长任弼时宣布中国共产党第七次全国代表大会开幕，毛泽东致《两个中

---

① 中央档案馆编：《中共中央文件选集》第十五册，中共中央党校出版社1991年版，第91页。

② 七大开幕前夕，代表总数是752人。当时《解放日报》公开报道的数字是：正式代表544人、候补代表208人。经查证，正式代表应为545人，候补代表应为207人。大会开幕后，又增加正式代表2人，候补代表1人。所以，七大闭幕时《解放日报》的报道改为547位正式代表、208位候补代表。正式代表有发言权和表决权，候补代表只有发言权。

国之命运》的开幕词。他说："在中国人民面前摆着两条路，光明的路和黑暗的路。有两种中国之命运，光明的中国之命运和黑暗的中国之命运……我们的任务不是别的，就是放手发动群众，壮大人民力量，团结全国一切可以团结的力量，在我们党领导之下，为着打败日本侵略者，建设一个光明的新中国，建设一个独立的、自由的、民主的、统一的、富强的新中国而奋斗。我们应当用全力去争取光明的前途和光明的命运。"①

● 4 月 24 日，毛泽东向大会提交《论联合政府》书面政治报告

报告分析了国际国内形势，总结了抗战中两条不同指导路线的斗争和人民战争的基本经验，阐述了中国共产党在民族民主革命阶段的一般纲领和具体纲领，指出中国人民应当争取打败侵略者、建设新中国的前途。报告指出：作为一般纲领，我们在政治上的主张，是在彻底打败日本侵略者之后，建立一个全国绝大多数人民为基础而在工人阶级领导之下的统一战线的民主联盟的国家制度，即新民主主义的国家制度。作为具体纲领，当前我们主张废止国民党一党专政，建立民主的联合政府。我们共产党人的最高纲领是将中国推进到社会主义和共产主义，这是确定的和毫无疑义的。但是，一切中国共产党人不为着现阶段的目标而奋斗，而空谈社会主义和共产主义，就不是一个自觉的忠诚的共产主义者。"只有经过民主主义，才能到达社会主义，这是马克思主义的天经地义。而在中国，为民主主义奋斗的时间还是长期的。"我们主张的新民主主义经济，必须是由国家经营、私人经营和合作社经营三部分组成。"有些人不了解共产党人为什么不但不怕资本主义，反而在一定的条件下提倡它的发展。我们的回答是这样简单：拿资本主义的某种发展去代替外国帝国主义和本国封建主义的压迫，不但是一个进步，而且是一个不可避免的过程。它不但有利于资产阶级，同时也有利于无产阶级，或者说更有利于无产阶级。"报告指出："中国一切政党的政策及其实践在中国人民中所表现的作用的好坏、大小，归根到底，看它对于中国人民的生产力的发展是否有帮助及其帮助之大小，看它是束缚生产力的，还是解放生产力的。""没有工业，便没有巩固的国防，便没有人民的福利，便没有国家

① 《毛泽东选集》第三卷，人民出版社 1991 年版，第 1025—1026 页。

的富强。”报告还指出：“以马克思列宁主义的理论思想武装起来的中国共产党，在中国人民中产生了新的工作作风，这主要的就是理论和实践相结合的作风，和人民群众紧密地联系在一起的作风以及自我批评的作风。”“应该使每个同志明了，共产党人的一切言论行动，必须以合乎最广大人民群众的最大利益，为最广大人民群众所拥护为最高标准。应该使每一个同志懂得，只要我们依靠人民，坚决地相信人民群众的创造力是无穷无尽的，因而信任人民，和人民打成一片，那就任何困难也能克服，任何敌人也不能压倒我们，而只会被我们所压倒。”报告号召全党团结起来，为实现党的任务而斗争，“一个新民主主义的中国不久就要诞生了，让我们迎接这个伟大的日子吧！”①

● 4月25日，朱德在党的七大作《论解放区战场》的军事报告

朱德在报告中阐述了军队中的政治工作，指出：两种不同的军队，也有两种不同的政治工作。国民党内的反动派在军队中的政治工作，其目的在使官兵愚蠢，所以，他们在军队不是进行抗日教育，而是进行反动教育，不是教育官兵去争取民主，而是绞杀有民主思想的官兵。“八路军、新四军既把为人民服务、保卫祖国作为宗旨，则是政治工作便成为这种军队的灵魂。”其目的在于：提高官兵的政治自觉性；团结本军和友军；团结军队与人民；从政治上心理上瓦解敌伪；巩固和提高军队本身的战斗力。朱德认为：我们的军队之所以是人民的军队，所以能达到官兵团结和军民团结，我们进行的战争，所以能进行人民的战略战术，所以能打胜仗，都是和这种政治工作不能分开的。②

● 4月30日，周恩来在党的七大作《论统一战线》的发言

周恩来说：大革命、十年内战和抗日战争三个时期的统一战线又都属于新民主主义的统一战线，因为新民主主义是我们三个时期统一战线的政治基础。新民主主义的统一战线，就是无产阶级领导的人民大众的反帝反封建

① 《毛泽东选集》第三卷，人民出版社1991年版，第1029—1098页。

② 《朱德选集》，人民出版社1983年版，第135—183页。

的统一战线。在敌人方面，其营垒是变化的，极不统一，极不一致，变动极大。周恩来指出：我们应该很好地分析，运用毛泽东同志的利用矛盾、争取多数、反对少数、各个击破的方针，才不会犯“左”的、右的错误。在队伍方面，新民主主义统一战线，有无产阶级，有农民，有小资产阶级，有自由资产阶级，甚至有时有些大地主、大资产阶级也来参加。无产阶级是这个队伍的骨干。右的观点忘记了农民，忘了工农群众，去依靠自由资产阶级，是错误的。“左”的观点否定与自由资产阶级的联合，也是错误的。关于领导权的问题，周恩来说：无产阶级比别的阶级先进，是应当领导别的阶级的。领导权，是统一战线中最集中的问题。[①]

● 5 月 14 日、15 日，刘少奇在中国共产党第七次全国代表大作关于修改党章的报告

报告说：“党章的总纲上确定以毛泽东思想作为我党一切工作的指针，在党章的条文上又规定：努力地领会马克思列宁主义、毛泽东思想的基础，是每一个共产党员的义务。这是我们这次修改的党章一个最大的历史特点。”“毛泽东思想，就是马克思列宁主义的理论与中国革命的实践之统一的思想，就是中国的共产主义，中国的马克思主义。”[②]

● 大会讨论

党的七大充分发扬民主，始终洋溢着民主、团结、融洽的气氛，对重要报告进行了认真深入的讨论，尤其对毛泽东的政治报告，先后讨论修改达九次之多。七大的每一个报告、决议、文件，不仅事前均经中共中央作了充分的准备，而且还经过全体代表、各代表小组、各代表团会议和开大会反复详尽地讨论，提出意见，加以补充修改。

七大原定会期较短，大会开始后，代表们纷纷要求延长，大会发言人数也突破了原定人数，七大主席团尽一切可能让每个代表发表自己的意见，除了毛泽东、朱德、刘少奇和周恩来外，先后在大会上发言的还有陈云、彭德

① 《周恩来选集》上卷，人民出版社 1980 年版，第 190—220 页。

② 《刘少奇选集》上卷，人民出版社 1981 年版，第 332—333 页。

怀、张闻天、李富春、陈毅、叶剑英、杨尚昆、刘伯承、彭真、聂荣臻、陆定一、乌兰夫、博古、高岗等，他们的发言受到大会的普遍欢迎。即使那些因故不能到会的同志，也要请他们用书面发言的方式表达自己的意见。这些讨论，从各个方面论述党的政治路线、军事路线、组织路线的基本精神，总结党的历史经验，并对各条战线的任务和政策提出了具体意见。在讨论中，代表们或者具体总结所在地区、所在部门、所在单位在长期革命斗争中积累起来的经验教训，或者对过去党内所犯的错误，特别是以王明为代表的"左"倾教条主义的错误，从团结的愿望出发，深入开展批评。一些犯过错误的同志也进行了自我批评。大会对犯错误的同志进行了耐心的帮助和教育。大会经过深入讨论，一致通过了关于政治、军事、组织方面的报告，通过了政治决议案、军事决议案和新的党章，使大会的每个决议和报告更臻于完善、丰富、生动和正确。

七大认为，经过长期战争的锻炼，中国人民已经大大地提高了觉悟和团结的程度，而且有了强大的中国解放区和日益高涨的全国性的民主运动，又面临着第二次世界大战胜利的有利的国际形势。因此，同中国近百年来历次人民斗争的失败和挫折相比较，这一次不同了，已经存在着避免失败和取得胜利的一切必要条件。中国人民克服一切困难，实现其具有伟大历史意义的基本要求的时机，已经到来了。这是一个光明的前途。大会同时指出，在中国人民面前，还有很大的困难。这是因为自抗战以来国民党与共产党两条不同抗战路线，将造成两种截然不同的结果，使抗日战争在有利的形势下又潜藏着极大的危机。这是一切中国问题的关键所在。大会尖锐地指出：由于国民党继续实行法西斯独裁统治，拒绝进行民主改革，由于它不是将重点放在反对日本侵略者方面，而是放在反人民方面，即使日本侵略者被打败了，中国仍然可能发生内战，将中国拖回到痛苦重重的、不独立、不自由、不民主、不统一、不富强的老状态去。这就是一个黑暗的前途。在中国面临着两个前途、两种命运的情况下，中国共产党的任务，就是要竭尽全力去争取光明的前途，反对黑暗的前途。大会确信："如果我们能够团结全国人民，努力奋斗，并给以适当的指导，我们就能够胜利。"①

① 《毛泽东选集》第三卷，人民出版社 1991 年版，第 1032 页。

● 会议选举

党的七大十分重视选举工作，多次开会酝酿讨论。

5 月 17 日，毛泽东主持在枣园召开的中共七大主席团和各代表团主任会议。会议讨论选举问题，决定由任弼时、刘少奇、周恩来、彭真、李富春组成一非正式的委员会，与各代表团主任商定一个中等人数的候选名单，并拟定选举条例。

5 月 23 日，毛泽东主持在杨家岭中央大礼堂召开的中共七大主席团和各代表团主任会议，会议听取对选举问题讨论情况的汇报。各代表团讨论中，提出中央委员会要少而精，有人提出不要照顾山头、王明是否要列入中央委员会候选名单等意见。毛泽东在听汇报后指出：少而精的思想是好的，但这是理想。山头是要照顾的。中央委员会不可能每个人都有各方面的知识。如何对待犯错误的人，过去八七会议不要陈独秀出席，后来又不选他，过去还有人主张所有犯错误的人都不要，这些都是不对的。现在拟的名单，形式上看很庞杂，实际上大不同。现在世界形势变了，党有了三个时期的经验，整风以来二十五个中央委员中起了很大变化。少而精只是一方面的真理，少不见得就很精，多一点也不见得就不精。就是说要照顾到山头，要照顾到犯错误的同志，不要一次就精得不得了，太精了就会脱离群众。①

5 月 24 日，毛泽东在中国共产党第七次全国代表大会上代表主席团作关于中央委员会选举方针的报告。报告指出：我们的大会开得很顺利，三个议事日程已经过去了，第四个议事就是选举中央委员会。关于选举方针，主席团交换过几次意见，认为选举的标准应当是，要能够保证实行大会路线的同志来组织中央委员会。按这个标准，犯过错误的同志应不应该选？犯过路线错误但是已经承认错误并决心改正错误的人可以选入中央委员会，必须有承认错误并且改正错误这一条原则。过去我们图简单、爱方便，不愿意与有不同意见的人合作共事，一掌推开，这种情绪在我们党内还是相当地存在着。六次大会不选陈独秀为中央委员，党并没有从此就毫无乱子，天下太平了。最近十年，我们采取了忍耐的态度，这样的方针帮助了我们，虽然也出

① 《毛泽东年谱（1893—1949）（修订本）》中卷，中央文献出版社 2013 年版，第 599—600 页。

了些纠纷，但是比较顺利。历史经验证明，要图痛快，就不痛快，准备了麻烦，麻烦就少。要不要照顾山头？我们有许多根据地，白区也有许多块，这就是中国革命的实际。没有这些，就没有中国革命。有山头不是坏事，坏的是山头主义、宗派主义。要消灭山头主义，就要认识山头，照顾山头，缩小山头，这是一个辩证法。没有全国产业的发展，交通的方便，要彻底消灭山头主义情绪是不可能的。是否每一个中央委员都应该是通晓各方面知识的人？事实上，任何一个人都不可能通晓各方面的知识。我们的新的中央应该包罗各种人才，尽可能地照顾各个方面、各个山头，知识也是一样，要尽可能地通晓的方面多一点。如果我们有各方面的人，每一个人都通晓一方面或者有比较多的专长，那我们的中央就会比较完全。我们要从集体求完全，不是从个人求完全。关于中央委员会的人数问题，报告指出：主席团考虑了很久，没有提出确定的人数，我提议七十人左右。新的中央委员会不要太小，也不要太大。七大要选举一个比较大的中央，必须比现在的中央委员会二十五个人要扩大，才能够适应目前党的情况、将来的发展以及国际国内的形势。[①] 这天的会议通过《中国共产党第七次全国代表大会选举新的中央委员会的条例》，共有六条内容。

5 月 27 日，毛泽东主持在枣园召开的中共七大主席团和各代表团主任会议。会议讨论中央委员会选举问题，决定中央委员会由正式中央委员 45 名、候补中央委员 25 名组成。

6 月 11 日，大会举行隆重的闭幕式。毛泽东致题为《愚公移山》的闭幕词。他说："我们开了一个很好的大会"，"我们开了一个胜利的大会，一个团结的大会"。他在闭幕词中向全党发出了鼓舞人心的号召："下定决心，不怕牺牲，排除万难，去争取胜利。"[②]

党的七大选举产生了新的中央委员会和中央领导机构。其中，中央委员 44 人，中央候补委员 33 人。随后召开的七届一中全会，选举毛泽东、朱德、刘少奇、周恩来、任弼时、陈云、康生、高岗、彭真、董必武、林伯渠、张

---

①《毛泽东年谱（1893—1949）（修订本）》中卷，中央文献出版社 2013 年版，第 600—601 页。

②《毛泽东选集》第三卷，人民出版社 1991 年版，第 1101 页。

闻天、彭德怀为中央政治局委员；选举毛泽东、朱德、刘少奇、周恩来、任弼时为中央书记处书记；选举毛泽东为中央委员会、中央政治局主席。选举任弼时为中央秘书长，李富春为副秘书长。

● 会议特点

党的七大是中国共产党成立以后第一次脱离共产国际（苏联）的指挥独立自主召开的全国代表大会。几十年后，邓小平在中国共产党第十二次全国代表大会的开幕词中讲道：七大“是建党以后民主革命时期我们党最重要的一次代表大会”。[①] 七大会期 50 天，是党的历史上时间最长的一次全国代表大会；七大共举行全体会议 21 次，是党的历史上举行全体会议最多的一次全国代表大会。有资料显示，党的七大开幕和闭幕时唱《国际歌》。会议还安排了文艺演出，6 月 10 日，毛泽东同全体中共中央委员和七大代表一起观看鲁艺演出的大型歌剧《白毛女》。

党的七大在选举中坚持了三个原则：一是对过去犯过错误的同志，不要一掌推开，只要承认错误，决心改正错误，还可以入选；二是对于中国革命在长期分散的农村环境中形成的“山头”，既要承认和照顾，又要缩小和消灭，要把各个地方、各个方面的党的先进代表人物都组织进中央委员会；三是不要求每一个中央委员都通晓各方面知识，但要求中央委员会通晓各方面知识，因而要把有不同方面知识和才能的同志选出来。以这样民主方式进行选举，在党的代表大会历史上是第一次。七大对党内选举制度的形成和确立具有划时代的意义。党的七大第一次在党章中明确了党员的权利和义务，其中包括党员均有“选举权和被选举权”；同时强调“党的组织机构，是按照民主的集中制建设起来的”；“党的各级领导机关由选举制产生”，此外还对以往关于党内选举的规定作了进一步的细化，包括“选举党的各级委员会，须按候选人名单进行无记名投票或表决，并保障选举人有批评与调换每一个候选人的权利”等等。通过这一时期的不断探索，党内选举制度逐渐形成和确立下来。党的七大所选举产生的中央领导机关是一个具有很高威信的、能够团结全党的坚强的领导集体。

① 《邓小平文选》第三卷，人民出版社 1993 年版，第 1 页。

三、将毛泽东思想写在党的旗帜上

● 确定党的政治路线

党的七大的一个重大历史功绩是确定了党的政治路线，即“放手发动群众，壮大人民力量，在我党的领导下，打败日本侵略者，解放全国人民，建立一个新民主主义的中国”①。我们党所要建立的新中国，既不应是大地主大资产阶级专政的国家，也不应是民族资产阶级统治的旧民主主义的国家，也不能是社会主义国家，而应当是在工人阶级领导下各革命阶级民主同盟的国家，即新民主主义的国家。七大强调指出，为了建立新中国，当前最重要、最迫切的任务，就是立即废止国民党一党专政，建立民主联合政府。国民党的一党专政，是国民党内反人民集团的专政，它是中国民族团结的破坏者，是国民党战场抗日失败的负责者，是动员和统一中国人民抗日力量的根本障碍物，又是内战的祸胎。只有废除国民党的一党专政，才能成立民主的联合政府，达到打败侵略者、建立新中国的目的。民主联合政府是抗日民族统一战线在政权上的最高形式，是全国人民的呼声和要求。大会还拟定了在彻底打败日本侵略者之前和之后建立民主联合政府的两个具体步骤。对新民主主义国家在政治、经济、文化各方面的纲领和外交政策的基本原则，大会也作了全面具体的说明。

关于新民主主义的一般纲领，七大强调要允许资本主义在新民主主义社会中得到比较大的发展。毛泽东指出：中国经济落后，“拿资本主义的某种发展去代替外国帝国主义和本国封建主义的压迫，不但是一个进步，而且是一个不可避免的过程。它不但有利于资产阶级，同时也有利于无产阶级，或者说更有利于无产阶级”②。在新民主主义的社会制度下，在发展国家经济、

① 《毛泽东选集》第三卷，人民出版社 1991 年版，第 1101 页。

② 《毛泽东选集》第三卷，人民出版社 1991 年版，第 1060 页。

合作经济的同时，让那些不是操纵国民生计而是有利国民生计的私人资本主义有发展的便利，保障一切正当的私有财产，既符合马克思主义所指明的社会发展规律，也有利于中国社会的发展，有利于将来的社会主义。七大关于发展资本主义的论述，是对新民主主义理论的重大发展。

七大的这条政治路线阐明了全党全国人民的奋斗目标是打败日本侵略者，建立一个新民主主义的中国；阐明了为实现这一奋斗目标，就要放手发动群众，壮大人民力量；阐明了加强党的领导是革命取得胜利的关键。毛泽东指出："没有中国共产党的努力，没有中国共产党人做中国人民的中流砥柱，中国的独立和解放是不可能的，中国的工业化和农业近代化也是不可能的。"[①] 为加强党的领导，毛泽东号召全党要发扬理论和实践相结合的作风，和人民群众紧密地联系在一起的作风，自我批评的作风。这是党的优良传统，也是区别于其他非无产阶级政党的显著标志。

● 通过新的党章

党的七大通过的党章共分总纲和十一章七十条。第一章"党员"；第二章"党的组织机构"；第三章"党的中央组织"；第四章"党的省及边区之组织"；第五章"党的地方、县、市及区之组织"；第六章"党的基础组织"；第七章"党的地下组织"；第八章"党的监察机关"；第九章"党外组织中的党组"；第十章"奖励与处分"；第十一章"经费"。

七大党章的一个突出优点和特点是第一次在条文前增写了总纲部分；第一次确立了毛泽东思想是党的指导思想；特别强调了党的群众路线；更加完善了党的民主集中制原则和制度；第一次规定了党员的权利和义务；等等。七大党章还对原内容进行了一些合并，新增了三章，即"奖励与处分""党的地下组织""党的监察机关"。七大党章的突出特点是：

第一，增写出了总纲部分。七大党章的一个鲜明特征是，根据毛泽东"党的建设密切联系党的政治路线"的科学论断，在党章中增加反映党的政治路线的总纲部分，从而为党的自身建设规定了统一的奋斗目标和基本路线。七大党章第一次在条文之前增加的总纲部分，实际上是党的最简要的基

① 《毛泽东选集》第三卷，人民出版社 1991 年版，第 1098 页。

本纲领。从此，党的纲领、党的思想路线和政治路线一并写入党章，并成为传统而坚持下来，使党的思想一致、政治一致和组织上、行动上的一致有了统一的制度保证。

刘少奇在七大关于修改党章的报告中指出："我们现在制订了党的总纲，加在党章前面。这就是我们党的基本纲领。这也是党章的组成部分，是党章的前提和总则。因此，凡是党员，都必须承认这个总纲，并以这个总纲作为自己一切活动的准则。我们党有了这个总纲，将更加促进全党的团结与统一。""这个总纲，是概括我们党二十四年斗争的经验，并吸收了世界工人运动中最好的经验，也即是概括我党领袖毛泽东同志的思想而制订的。它用简要的文字，说明了我们党的性质与理论；说明了中国革命的性质、动力、任务和特点，以及我们党在中国革命中的基本方针和我们党所必须具备的条件；还说到了在我们党内不能容许机会主义存在；说到了党内的自我批评，党的群众路线和党的组织原则等。所有这些，在党章的总纲内都已提到。"①

七大党章第一次在党章中明确规定了党的最高纲领和最低纲领，并且简要阐述了党的性质、奋斗目标和指导思想以及中国革命的性质、动力、任务和特点等基本问题，对于教育党员在提高思想水平的基础上增强执行党章的自觉性，以及更进一步增强全党的团结和统一，具有重要的意义。

第二，七大党章在总纲中第一次确立了毛泽东思想是党的指导思想。这是七大通过的党章最重要的也是最根本的特点。刘少奇指出："党章的总纲上确定以毛泽东思想作为我党一切工作的指针，在党章的条文上又规定：努力地领会马克思列宁主义、毛泽东思想的基础，是每一个共产党员的义务。这是我们这次修改的党章一个最大的历史特点。"②

第三，七大党章特别强调了党的群众路线。七大党章指出："中国共产党人必须具有全心全意为中国人民服务的精神，必须与工人群众、农民群众及其他革命人民建立广泛的联系。并经常注意巩固与扩大这种联系。每一个党员都必须理解党的利益与人民利益的一致性，对党负责与对人民负责的一致性。每一个党员都必须用心倾听人民群众的呼声和了解他们的需要，并帮助

①《刘少奇选集》上卷，人民出版社 1981 年版，第 321—322 页。

②《刘少奇选集》上卷，人民出版社 1981 年版，第 332 页。

他们组织起来，为实现他们的需要而斗争。每一个党员都必须决心向人民群众学习，同时以革命精神不疲倦地去教育人民群众，启发与提高人民群众的觉悟。中国共产党必须经常警戒自己脱离人民群众的危险性，必须经常注意防止和清洗自己内部的尾巴主义、命令主义、官僚主义与军阀主义等脱离群众的错误倾向。”①

刘少奇在修改党章报告中指出：“在党章的总纲上和条文上，都特别强调了党的群众路线，这也是这次修改党章的一个特点。因为党的群众路线，是我们党的根本的政治路线，也是我们党的根本的组织路线。这就是说，我们党的一切组织与一切工作必须密切地与群众相结合。”“毛泽东同志屡次指示我们，在一切工作中要采取群众路线。他在向这次大会的报告中，又以极恳切的词句指示我们，要根据群众路线去进行工作。他说：我们共产党人与最广大的人民群众取得最密切的联系，是我们区别于任何其他政党的一个显著的标志。他要我们：‘全心全意地为人民服务，一刻也不脱离群众；一切从人民的利益出发，而不是从个人或小集团的利益出发。’他要我们同志明了：‘共产党人的一切言论行动，必须以合乎最广大人民群众的最大利益，为最广大人民群众所拥护为最高标准。’要我们同志明了：‘只要我们依靠人民，坚决地相信人民群众的创造力是无穷无尽的，因而信任人民，和人民打成一片’，我们就是不可战胜的。他说‘在一切工作中，命令主义是错误的，因为它超过群众的觉悟程度，违反了群众的自愿原则，害了急性病’。又说：‘在一切工作中，尾巴主义也是错误的，因为它落后于群众的觉悟程度，违反了领导群众前进一步的原则，害了慢性病。’所有毛泽东同志的这些指示，都是极端重要的，每个同志都必须细心领会和切实执行。”②

第四，七大党章更加完善了党的民主集中制原则和制度。七大党章对党的民主集中制原则的内容第一次作出明确规定，指出了实行民主集中制的基本条件，并根据民主与集中的辩证关系充实完善了若干具体条文规定。七大党章规定：“党的各级领导机关由选举制产生”，“党的各级领导机关向选举自己的党的组织作定期的工作报告”，“党员个人服从所属党的组织，少

①《中共中央文件选集》第十五册，中共中央党校出版社 1991 年版，第 117—118 页。

②《刘少奇选集》上卷，人民出版社 1981 年版，第 342—343 页。

数服从多数，下级组织服从上级组织，部分组织统一服从中央”，“党的各级领导机关，凡能进行选举的地方，均须由选举产生之”，“党的政策及各种问题，在未经决定以前，每个党员在党的组织内及党的会议上，均可自由地切实地进行讨论，发表自己的意见。但一经决议以后，即须服从，并须无条件地执行”；规定了党的全国代表大会的职权，以及党在一个地方、一个县、一个城市、一个区的组织和工作规则；重新规定了党的监察机关的任务与职权。这些规定，使党的民主集中制更加完善，党的集体领导制度、工作制度、党的纪律都有了很好的规范。

第五，七大党章第一次明确规定了党员的权利和义务。党员的四项权利是：（一）在党的会议或党的刊物上，参加关于党的政策的实施问题之自由的切实的讨论。（二）党内的选举权和被选举权。（三）向党的任何机关直至中央提出建议和声明。（四）在党的会议上批评党的任何工作人员。党员的四项义务是：（一）努力地提高自己的觉悟程度和领会马克思列宁主义、毛泽东思想的基础。（二）严格地遵守党纪，积极参加党内的政治生活和国内的革命运动，实际执行党的政策和党的组织的决议，和党内党外一切损害党的利益的现象进行斗争。（三）为人民群众服务，巩固党与人民群众的联系，了解并及时反映人民群众的需要，向人民群众解释党的政策。（四）模范地遵守革命政府和革命组织的纪律，精通自己的业务，在各种革命事业中起模范作用。另外，七大党章还恢复了六大党章取消了的关于党员候补期的规定。

第六，七大党章还对党的基层组织的组织范围、权利和任务等，首次作出了明确规定，提出了具体要求。七大党章指出：“党的基础组织，是党的支部。在每一个工厂、矿山、农村、企业、街道、连队、机关、学校，等等之内，凡有党员三人以上者，即成立党的支部组织。党员不到三人者，则加入邻近之党的支部组织。党的支部组织，须经县委或市委之批准。”“凡在党员数量比较多的处所，在党的支部委之下，得按自然的、居住的或工作的情况，划分小组。选举组长一人，必要时再选举副组长一人。凡有党员和候补党员超过五十人之乡村，或超过一百人厂、机关和学校，得成立党的总支部。在总支部下，按居住、车间、部门和班次，成立分支部。分支部享有普通支权利。”“凡有党员及候补党员超过五百人以上之大乡镇、大工厂、机关和学校，得省委或边区党委之允许，得选举党的乡镇、工厂、机关、学校委员会。在委员会之下，按居住、车间、部门和班次，成立党的支部。”“支部必须使人民群众与党密切结合起来。”支部的任务是：（一）在人民群众中进行宣传和组织工作，以实现党的主张和上级组织的各种决议。（二）经常注意并向上级机关反映人民群众的情绪和要求，关心人民群众之政治的、经济的、文化的生活。并组织人民群众来解决他们自己的各种问题。（三）吸收新党员，征收党费，审查与鉴定党员，对党员执行党的纪律。（四）教育党员，组织党员的学习。这些规定明确写进党章，对于党的基层组织的建设，具有十分重要的指导意义。

第七，七大通过的党章在组织系统名称方面，与六大党章有所不同。规定边区委员会与省委员会为同级党委；省（区）委员会之下为地方委员会；党的基础组织由支部干事会改为支部委员会；在政府、工会、农会、合作社及其他群众组织领导机关中设立的党团改称党组等。

第八，七大党章在全党第一次设置了中央委员会主席一职。中央委员会主席同时还是中央政治局和中央书记处的主席。虽然七大党章把党的最高权力集中于主席一人，不利于坚持党的民主集中制和集体领导原则，对党的监察委员会的规定也存在缺陷。但是，它作为中国共产党第一部完全独立自主修改通过的党章，是一部具有鲜明中国特色的民主革命时期最完备的党章，也是一部保证党领导中华民族和中国人民获得革命胜利和解放的党章，是党成熟的一个重要标志。

● 首次明确提出要以生产力标准来评判一个政党的历史作用

党的七大在党的文件中首次明确提出要以生产力标准来评判一个政党的历史作用。毛泽东在政治报告中指出：“中国一切政党的政策及其实践在中国人民中所表现的作用的好坏、大小，归根到底，看它对于中国人民的生产力的发展是否有帮助及其帮助之大小，看它是束缚生产力的，还是解放生产力的。”[①] 中国共产党领导人民打败日本侵略者，建设新中国，实行土地制度改革以解放农民，继续为中国的工业化和农业近代化而斗争，允许资本主义

① 《毛泽东选集》第三卷，人民出版社 1991 年版，第 1079 页。

在内的各种有利于中国社会进步的经济成分存在，都是为了解放和发展中国的社会生产力，归根到底，是为了最广大人民的根本利益。

● 系统地总结历史经验

党的七大系统而深刻地揭示中国新民主主义革命发展的规律，对党领导中国革命的三项基本经验，即武装斗争、统一战线、党的建设问题进行了系统的总结。七大把党在长期奋斗中形成的优良传统作风概括为三大作风，即理论和实践相结合的作风，和人民群众紧密联系在一起的作风，批评和自我批评的作风。这是共产党区别于其他政党的显著标志，是使党的路线、方针得以顺利贯彻的根本保证。七大强调："全心全意地为人民服务，一刻也不脱离群众；一切从人民的利益出发，而不是从个人或小集团的利益出发；向人民负责和向党的领导机关负责的一致性；这些就是我们的出发点。""共产党人的一切言论行动，必须以合乎最广大人民群众的最大利益，为最广大人民群众所拥护为最高标准"[①]，反对脱离群众的命令主义、官僚主义等错误倾向。

七大系统地总结党领导武装斗争特别是抗日战争的经验，论述了解放区战场的创建、发展和壮大的历程以及人民战争战术，分析了抗日战争中国民党单纯防御的军事路线和共产党的人民战争的军事路线，并对人民战争的军事路线和战略战术作了详细的阐述。七大指出：人民的军队，人民的战争，人民战争的路线和战略战术，构成了中国人民武装抗日的军事路线，是解放区战场在军事上取得胜利的关键所在。党领导的人民军队，是人民的子弟兵，它来自人民，紧紧地和中国人民站在一起，全心全意为人民服务。这是一个总的建军原则。七大提出，今后全国的军事任务是：八路军、新四军与一切抗日友军团结起来，打败日本侵略者。

---

①《毛泽东选集》第三卷，人民出版社 1991 年版，第 1094—1096 页。

四、民主革命时期我们党极其重要的一次代表大会

● 为全党继续奋斗指明了前进的方向

党的七大是中国共产党在新民主主义革命时期极其重要的一次，也是最后一次代表大会。它总结中国新民主主义革命二十多年曲折发展的历史经验，制定了正确的路线、纲领和策略，克服了党内的错误思想，使全党特别是党的高级干部对于中国民主革命的发展规律有了比较明确的认识，从而使全党在马克思列宁主义、毛泽东思想的基础上达到了空前的团结。这次大会作为"团结的大会、胜利的大会"而被载入史册。它为党领导人民去争取抗日战争的胜利和新民主主义革命在全国的胜利，奠定了政治上、思想上和组织上的深厚基础。

● 毛泽东思想丰富和发展了党的理论成果

确立毛泽东思想为党的指导思想并写入党章，是党的七大的历史性贡献。七大党章提出："毛泽东思想，就是马克思列宁主义的理论与中国革命的实践之统一的思想，就是中国的共产主义，中国的马克思主义。""毛泽东思想，就是马克思主义在目前时代的殖民地、半殖民地、半封建国家民族民主革命中的继续发展，就是马克思主义民族化的优秀典型。"①

毛泽东思想系统地回答了中国革命的社会历史环境、经济文化基础，以及革命性质、基本动力、斗争形式、发展道路、奋斗目标和领导力量等一系列基本问题。七大概括了毛泽东思想的主要内容，这就是："毛泽东同志关于现代世界情况及中国国情的分析，关于新民主主义的理论与政策，关于解放农民的理论与政策，关于革命统一战线的理论与政策，关于革命战争的理论与政策，关于革命根据地的理论与政策，关于建设新民主主义共和国的理

① 《刘少奇选集》上卷，人民出版社 1981 年版，第 333 页。

论与政策，关于建设党的理论与政策，关于文化的理论与政策等。”① 毛泽东思想是“中国人民完整的革命建国理论”。

七大确立毛泽东思想为党的指导思想，是近代中国历史和人民革命斗争发展的必然选择。中国共产党成立后，以毛泽东为主要代表的中国共产党人，根据马克思列宁主义的基本原理，经过二十多年的艰苦探索，把中国革命实践中的一系列独创性经验进行理论概括，创造性地发展了马克思列宁主义，形成了适合中国情况的科学指导思想。

毛泽东思想这一科学概念的形成，经历了一个过程。1941 年 3 月，党的理论工作者张如心用了“毛泽东同志的思想”的提法。同年 6 月，中共中央北方局、八路军野战政治部指示：要宣传“我党领袖毛泽东同志发展了马列主义的关于中国革命的各项学说和主张”。9 月，中央政治局扩大会议进一步肯定了毛泽东关于中国革命的理论。1943 年 7 月 5 日，王稼祥在《中国共产党与中国民族解放的道路》一文中，首先使用了“毛泽东思想”这个概念，明确提出：“毛泽东思想就是中国的马克思列宁主义。”毛泽东思想这一科学概念提出后，很快被全党同志所接受。在此前后，朱德、刘少奇、周恩来、陈毅、邓小平等同志纷纷发表文章或演说，论述毛泽东同志的思想。1945 年 4 月，党的扩大的六届七中全会通过了《关于若干历史问题的决议》，充分肯定和高度评价了毛泽东的理论贡献，指出：“中国共产党自 1921 年产生以来，就以马克思列宁主义的普遍真理和中国革命的具体实践相结合为自己一切工作的指针，毛泽东同志关于中国革命的理论和实践便是此种结合的代表。”

毛泽东思想是马克思列宁主义在中国的运用和发展，是被实践证明了的关于中国革命的正确的理论原则和经验总结，是中国共产党集体智慧的结晶。党的许多卓越领导人对它的形成和发展作出了重要贡献，毛泽东的科学著作是它的集中概括。七大以后，全党同志在毛泽东思想的指引下，团结一致，为推进中国革命的进程而努力奋斗。

① 《刘少奇选集》上卷，人民出版社 1981 年版，第 335 页。

● 选举产生了以毛泽东为核心的中央领导集体

党的七大在中央委员会的选举中，有两个显著的特点：第一个特点是实行了充分的民主。中央委员会的构成和选举条例经过上下反复讨论才确定，中央委员会名单经过反复酝酿。第二个特点是照顾了中国革命的现实，使选出的中央委员会成为一个具有广泛代表性的领导集体，使全党在组织上达到空前的团结和统一。

党的七大是中国共产党在新民主主义革命时期极其重要的一次代表大会，也是中国共产党成立以来最完满、最盛大的一次代表大会。七大是党的历史的伟大转折点，它在历史的关头，为党领导人民去争取抗日战争的胜利和新民主主义革命在全国的胜利，奠定了政治上、思想上、组织上的基础。七大之后，全党同志在毛泽东思想的指引下，团结一致，为推进中国革命的历史进程努力奋斗，终于在 1949 年取得了新民主主义革命的伟大历史胜利。

附录：七届中央委员会历次全会简介

七届一中全会

1945 年 6 月 19 日在延安杨家岭召开。全会选举毛泽东为中央委员会主席；毛泽东、朱德、刘少奇、周恩来、任弼时为书记处书记；毛泽东等 13 人为中央政治局委员。根据党章关于“中央委员会主席即为中央政治局主席与中央书记处主席”的规定，毛泽东为中央政治局主席与中央书记处主席。

七届二中全会

1949 年 3 月 5 日至 13 日在河北省西柏坡召开。出席会议的有中央委员 34 人，候补中央委员 19 人，列席的重要工作人员有 11 人，因为交通条件等原因缺席者 20 人。毛泽东主持了会议，全会听取并讨论了毛泽东的报告即

《在中国共产党第七届中央委员会第二次全体会议上的报告》，批准了1945年6月七届一中全会以来的中央政治局的工作，批准了由中国共产党发起的关于召开新的政治协商会议及成立民主联合政府的建议，批准了毛泽东关于以八项条件与南京政府进行和平谈判的基础的声明。会议根据毛泽东的报告，通过了相应的决议，确定了在彻底摧毁国民党统治、夺取全国胜利后，把党的工作重心从乡村转移到城市，以生产建设为中心任务；规定了中国由农业国转变为工业国、由新民主主义社会发展到社会主义社会的总任务和主要途径。全会通过了《中国共产党第七届中央委员会第二次全体会议决议》和《关于军旗的决议》。《关于军旗的决议》规定了中国人民解放军的军旗应为红地，加五角星，加“八一”二字。七届二中全会是一次制定夺取全国胜利和胜利后的各方面政策的极其重要的决策性会议。这次会议完满地解决了中国共产党夺取民主革命的最后胜利和由新民主主义革命向社会主义革命转变的一系列重大方针问题；并为这种转变，在政治上、思想上和理论上作了重要的准备。

七届三中全会

1950年6月6日至9日在北京召开。出席会议的有中央委员35人，候补中央委员27人。各省、市委、中央各部委负责人及有关工作人员43人列席了会议。会议分析了国际国内形势，总结了七届二中全会以来即中华人民共和国成立前后一年多的工作。毛泽东主持会议，并作了《为争取国家财政经济状况的基本好转而斗争》的报告和《不要四面出击》的讲话，刘少奇作了《关于土地改革问题的报告》，陈云作了《关于财政经济问题的报告》，聂荣臻作了《关于人民解放军整编问题的报告》，周恩来作了《关于外交工作与统一战线工作的报告》。薄一波、安子文、胡乔木分别作了关于税收、党的组织工作以及整党工作的专题报告。会议的主要议题是确定党在国民经济恢复时期的主要任务，以及所应采取的战略策略方针。全会通过了毛泽东作的《为争取国家财政经济状况的基本好转而斗争》的报告。全会决定成立土改问题委员会。土改委员会由11人组成，刘少奇负责。全会决定增补廖承志、王稼祥、陈伯达、黄克诚为中央委员，撤销黎玉、刘子久的候补中央委员。七届三中全会是中华人民共和国成立初期党中央的一次最重要的会议。会议提出的策略路线和行动纲领，对于开展各项民主改革，巩固人民民主专政，恢复国民经济，起了重要的指导作用。

七届四中全会

1954年2月6日至10日在北京召开。出席会议的有中央委员35人，候补中央委员26人。中央各部委、中央人民政府党组，军委各部门和人民团体的主要负责同志共52人列席了全会。刘少奇代表中央政治局作了《中共中央政治局向第七届第四次中央全会的报告》。朱德、周恩来、陈云、邓小平等44位同志在会上发言。全会揭露和批判了高岗、饶漱石的反党分裂活动；批准了中央政治局提出的党在过渡时期的总路线，即要在一个相当长的时期内，基本上完成国家工业化和对农业、手工业、资本主义工商业的社会主义改造；批准了中央政治局关于1954年内召开党的全国代表会议的决定；讨论了第一个五年计划纲要及其他有关的各项问题。全会通过了《中国共产党第七届中央委员会第四次全体会议的决议》和《关于增强党的团结的决议》。

七届五中全会

1955年4月4日在北京中南海西楼召开。全会批准了1955年3月召开的中国共产党全国代表会议通过的《关于中华人民共和国发展国民经济的第一个五年计划草案的决议》《关于高岗、饶漱石反党联盟的决议》和《关于成立党的中央和地方监察委员会的决议》，批准了全国代表会议选出的中央监察委员会委员15人，候补委员6人的名单，及董必武的书记职务和刘澜涛、谭政、王从吾、钱英、刘锡武的副书记职务；通过了中国共产党中央委员会关于全国代表会议的公报。全会补选了林彪、邓小平为中央委员会政治局委员。

七届六中全会（扩大）

1955年10月4日至11日在北京召开。出席会议的有中央委员38人，候补中央委员25人；各省、市、自治区党委书记和各地委书记，中央各部委和国家机关各部门党组负责人等388人列席了会议。全会的主要议题是关

于农业合作化问题和关于召开党的第八次全国代表大会问题。毛泽东主持全会，并作了《关于农业合作化问题》的报告。全会通过了《关于农业合作化问题的决议》及《农业生产合作社示范章程（草案）》。全会把党内在合作化速度问题上的不同意见当作右倾机会主义来批判，助长了农业社会主义改造中的急躁冒进情绪，使农业合作化运动在肯定“大发展”的方针和批判所谓右倾错误的推动下迅猛发展。全会还通过了《关于召开党的第八次全国代表大会的决议》和《关于党的第八次全国代表大会代表名额和选举办法的规定》。

七届七中全会

1956 年 8 月 22 日、9 月 8 日、9 月 13 日在北京召开。出席会议的有中央委员 44 人，候补中央委员 23 人。全会通过了《中国共产党第八次全国代表大会日程（草稿）》《大会规则（草稿）》《八大预备会议安排（草稿）》《七届七中全会关于第八届中央委员会选举工作的建议（草稿）》《各代表团团长、副团长名单（草稿）》《第八次全国代表大会代表资格审查委员会名单（草稿）》《中央委员会向第八次全国代表大会的工作报告（草案）》《中国共产党章程（草稿）》《关于修改党的章程的报告（草稿）》《中国共产党第八次全国代表大会关于发展国民经济的第二个五年计划（1958 年到 1962 年）的建议（草案）》《关于发展国民经济第二个五年计划的建议的报告（草稿）》《党的第八次全国代表大会主席团名单（草案）》《党的第八次全国代表大会秘书处名单（草案）》。全会决定递补王首道、邓颖超、陈少敏为第七届中央委员。确定了八届中央委员的候选人名单，决定八届中央委员名额为 170 人。

中共八大：
探索社会主义建设道路的良好开端

一、“他们走过的弯路，你还想走？”

● 国际形势的新变化

1956年，世界形势处于一个错综复杂的变化阶段。朝鲜战争停战后，尽管社会主义同资本主义两大阵营之间的冷战仍在继续，但其缓和的趋向已经出现。对抗双方开始就一系列重大国际问题举行谈判，并取得了一些成果。社会主义阵营中，苏联和东欧国家开始思考原有体制的弊端，出现了要求按照各国不同情况建设社会主义的呼声。万隆会议后，亚非国家争取和维护民族独立的运动也有新的进展。1956年下半年，埃及为收回苏伊士运河主权而进行的斗争引起世界瞩目，一些亚非新兴国家向社会主义阵营靠拢。

这时，中国所处的国际环境也在不断改善。中国同社会主义各国的交往日益密切，中苏关系处在良好的发展时期。中国同亚非各国的关系取得新进展。1956年5月，中国同埃及宣布建交，对中东地区国家的关系取得突破。与此同时，中国与主要资本主义国家的关系也显露出一些可能改善的迹象，中日民间关系的发展引人注目，中美关系在两国大使级谈判开始后有所缓和。这些都为中国共产党制定适合中国实际国情的建设社会主义的道路和政策，开展大规模经济建设提供了有利的国际环境。

经过第二次世界大战结束后10年左右的恢复和重建，世界经济和科学技术开始进入一个迅速发展的时期。西方资本主义国家不仅构筑了新的国际金融和贸易体系，而且调整了各自内部的经济结构，通过加强国际市场的作用，相互间经济和贸易得到较大发展。与此同时，各社会主义国家走的基本是一条有计划发展经济的道路。当时，社会主义国家在经济建设方面取得的成就十分显著。苏联经济的平均增长速度远高于美国、英国等主要资本主义国家。中国超额完成了第一个五年计划，经济增长速度也高于美国、英国等西方国家和日本。

此外，第二次世界大战后出现的以核能、电子计算机和空间技术为代表的新科技革命，给人类社会的发展以巨大影响。科技成果转化为直接生产力，大大提高了劳动生产率。科学技术的进步对促进经济发展、保障国家安全的巨大作用越来越受到世界各国的高度重视。当时，苏联所拥有的尖端科学技术不仅可以与美国等资本主义发达国家相抗衡，而且有些已处于领先地位。苏联于 1957 年率先将人造地球卫星送入太空，震动了世界。

这种国际形势，为中国刚刚起步的大规模社会主义建设提供了难得的机遇，同时也带来很大的挑战。这种挑战主要来自以美国为首的西方国家对中国的制裁、封锁和禁运。对于科学技术长期处于落后状态的中国来说，在社会主义建设中如何赶上世界先进科学技术水平，如何把当代科学技术同经济发展密切结合起来，充分发挥社会主义制度应有的优越性，更是一个非常紧要的任务。

● 苏共二十大及其影响

1956 年 2 月，苏联共产党召开第二十次代表大会。会议闭幕前一天深夜，苏共中央第一书记赫鲁晓夫作了题为《关于个人崇拜及其后果》的报告，尖锐地揭露和批判了斯大林在领导苏联社会主义建设中所犯的一些重大错误，以及对他的个人崇拜所造成的严重后果，触及了当时苏联党和国家政治生活中的许多问题。不久，秘密报告的有关内容就被西方披露出来，在社会主义阵营和国际共产主义运动内部引起极大震动，在人民群众中造成不同程度的思想混乱。

中国共产党中央对苏共二十大采取了十分慎重的态度。毛泽东要求大家认真研究这份报告以及它在全世界造成的影响。他说："现在全世界都在议论，我们也要议论。现在看来，至少可以指出两点：一是揭了盖子，一是捅了娄子。说它揭了盖子，就是讲，这个秘密报告表明，苏联、苏共、斯大林并不是一切都正确的，这就破除了迷信。"[①] 有利于反对教条主义。秘密报告无论在内容上或方法上都有严重错误，主要是不恰当地全盘否定斯大林。对这一错误，应当通过对斯大林问题的正面阐述加以补救。方式可以考虑发表

---

① 逄先知、金冲及主编:《毛泽东传》第四册，中央文献出版社 2011 年版，第 1459 页。

文章，表明我们党的原则立场。毛泽东认为，斯大林犯错误是难免的。因为“实现共产主义，是空前伟大而又空前艰巨的事业……在这艰巨斗争的过程中，不犯错误是不可能的，因为我们走的是前无古人的道路……苏联要犯错误，我们也要犯错误。问题在于共产党能够通过批评和自我批评克服自己的错误”[①]。

1956 年 4 月 5 日，《人民日报》发表经毛泽东审阅和修改并由中央政治局扩大会议讨论通过的编辑部文章《关于无产阶级专政的历史经验》。这篇文章对斯大林的功绩作了充分肯定，对苏共二十大反对个人崇拜给予积极评价，又对斯大林后期的错误进行了分析。在中央政治局讨论这篇文章时，毛泽东着重指出：这篇文章算是我们初步总结了经验教训。“我认为最重要的教训是独立自主，调查研究，摸清本国国情，把马克思列宁主义的基本原理同我国革命和建设的具体实际结合起来，制定我们的路线、方针、政策。民主革命时期，我们走过一段弯路，吃了大亏之后才成功地实现了这种结合，取得革命的胜利。现在是社会主义革命和建设时期，我们要进行第二次结合，找出在中国进行社会主义革命和建设的正确道路。”[②] 中华人民共和国成立以来，我们有过不少成功的探索和实践，但也不是没有缺点，没有片面性，这说明我们还没有完全地系统地掌握中国社会主义革命和建设的规律，还要在今后长时期内探索符合客观规律的正确道路。《关于无产阶级专政的历史经验》一文指出，斯大林错误地把自己的作用夸大到不适当的地位，把他个人的权力放在和集体领导相对立的地位，结果也就使自己的某些行动和自己原来所宣传的某些马克思列宁主义的基本观点处于相对立的地位。当像斯大林这样的党和国家的领导人也接受个人崇拜这种落后思想的影响时，就会反转过来再影响给社会，造成社会主义事业的损失。文章表示：“我们要是不愿意陷到这样的泥坑里去的话，也就更加要充分地注意执行这样一种群众路线的领导方法，而不应当稍为疏忽。为此，我们需要建立一定的制度来保证群众路线和集体领导的贯彻实施，而避免脱离群众的个人突出和个人英

---

① 逄先知、冯蕙主编：《毛泽东年谱（1949—1976）》第二卷，中央文献出版社 2013 年版，第 549 页。

② 吴冷西：《十年论战》（上），中央文献出版社 1999 年版，第 23—24 页。

雄主义，减少我们工作中的脱离客观实际情况的主观主义和片面性。”这个思想，在稍后召开的党的八大关于党的建设的方针政策中体现出来。因此，苏共二十大所产生的正面效应，对党的八大的召开有着积极的影响。

● 国内形势的重大变化

党的八大是中国共产党在全国范围内执政后召开的第一次全国代表大会，距党的七大已过去 11 年。11 年间，中国共产党的自身状况也发生了巨大变化，1956 年党员人数比七大时增加了 8 倍，达到 1073 万；党也已经由领导革命的党转变为在全国范围内掌权执政的党，担负着领导社会主义建设的重任。

自从 1952 年提出过渡时期总路线后，社会主义改造一直加紧进行。到 1955 年下半年，在党的七届六中全会批判右倾机会主义的推动下，全国形成迅猛发展的农业合作化的浪潮，随之带动手工业和资本主义工商业的社会主义改造步伐大大加快。到 1956 年 6 月，全国加入合作化的农户占总农户的 91.7%；个体手工业者加入各种合作化的占其从业人员的 90%；私营工业已有占其产值 99% 和占职工数 98% 的企业实现了公私合营，私营商业也有 68% 的户数和 74% 的从业人员实现了改造。这意味着三大改造的任务已经提前许多年完成。尽管还遗留了不少问题，但我国无产阶级和资产阶级的矛盾已经基本解决，社会主义基本经济制度在我国建立起来。这就为党的八大作出国内主要矛盾变化的重要判断，从而实现党的工作重心的转变提供了令人信服的基本依据。

在 1955 年最初准备党的八大的时候，毛泽东提出八大报告的中心思想是反对右倾保守。但是，社会主义改造步伐的加快，对国民经济建设规模和发展速度产生了巨大压力，经济建设中出现了财政和物资紧张的局面。党为制定既反保守又反冒进的经济建设方针作了许多努力。还在 1956 年初，党中央和国务院负责经济工作的领导人已经发现急躁冒进倾向，并努力加以纠正。周恩来在年初召开的知识分子问题会议上作总结讲话时也提醒说，不要做那些不切实际的事情，要使我们的计划成为切实可行的实事求是的，不是盲目冒进的计划。2 月 8 日，周恩来在国务院第二十四次全体会议上说：“现在有点急躁的苗头，这需要注意。社会主义积极性不可损害，但超过现实可

能和没有根据的事，不要乱提，不要乱加快，否则就很危险。”[①]2月10日，陈云出席国务院常务会议时指出：工业高潮来了，很好。但对困难要有足够的估计，不能回避。在实际工作中，已经尽了可能的，不叫“小脚女人”，超过可能的是“左”。5月中旬，刘少奇主持有中央负责人参加的会议，提出我国经济发展要实行既反保守又反冒进，坚持在综合平衡中稳步前进的方针。6月4日，刘少奇主持中共中央会议讨论1955年国家决算和1956年国家预算报告稿。周恩来代表国务院全面介绍半年来经济建设中出现的问题，提出继续削减财政支出、压缩基本建设经费的意见。根据周恩来、陈云的建议，会议确定了“既反保守又反冒进，在综合平衡中稳步前进”的经济建设方针。6月10日，刘少奇主持召开中央政治局会议，基本通过预算报告初稿。经过政治局讨论的修改稿进一步强调要反对急躁冒进。6月20日，《人民日报》根据中央政治局会议精神，发表题为《要反对保守主义，也要反对急躁情绪》的社论，为动员全党尤其是各级领导干部重视在经济工作中纠正急躁冒进倾向起了重要推动作用。这样，经过几个月的努力，经济建设上一股来势很猛的盲目冒进势头初步得到遏制。在经济建设中既反右倾保守，又反急躁冒进，实际上成为八大的一个重要的指导思想。

● 对中国建设社会主义道路的初步探索

1956年，中国共产党开始了对中国自己的建设社会主义道路的探索。1956年2月中旬至4月下旬，毛泽东等中央领导人分别听取党中央和国务院34个部门关于工业生产和整个经济工作的汇报。4月25日，毛泽东在中央政治局扩大会议上作《论十大关系》的报告，经过讨论后得到政治局的赞同。5月2日，他又在最高国务会议上作报告。他在报告中提出一个基本方针，即把国内外一切积极因素调动起来，为社会主义事业服务。他所论述的十大问题（即十大关系），一方面是从总结我国经验、研究我国的实践提出来的，另一方面是借鉴苏联的经验教训提出来的。鉴于苏联忽视农业、轻工业，片面注重重工业，造成农、轻、重发展不平衡的教训，报告提出今后我国应该适当调整，更多地发展农业、轻工业，更多地利用和发展沿海工业，

① 《周恩来年谱（1949—1976）》上卷，中央文献出版社1997年版，第545页。

降低军政费用的比重，多搞经济建设。报告初步提出了中国社会主义经济、政治建设的若干新方针。

1956 年 1 月，党中央还召开了关于知识分子问题会议，周恩来代表党中央肯定我国知识界的面貌已经发生根本改变，绝大部分已经成为工人阶级的一部分。会议分析世界科学技术发展的形势，号召全党努力学习科学技术知识，提出了“向现代科学进军”的任务。中央政治局扩大会议在讨论《论十大关系》报告时，又针对我国科学文化领域受苏联学术批评中粗暴作风和教条主义的影响，把毛泽东提出的“百花齐放、百家争鸣”作为发展科学和文化的基本方针。党在知识分子问题和发展科学文化上作出的这些决策，初步提出了中国社会主义文化建设的若干新方针。

总之，1956 年，中国共产党已经开始对社会主义道路进行探索并取得初步的成果。

二、筹划如何建设社会主义的历史盛会

● 会议准备

在 1956 年召开党的八大，是党中央于 1955 年确定下来的。当年 10 月 11 日，党的七届六中全会通过《关于召开党的第八次全国代表大会的决议》。毛泽东领导并参加了起草政治报告、修改党章和起草修改党章的报告的工作。八大文件草稿形成之后，中央曾组织中央机关和各省、市、自治区及军队党的负责人反复讨论，征求意见。毛泽东指示将政治报告已定稿的各部分，印发给八大所有代表，请他们边看边作修改。八大文件不仅凝聚了以毛泽东为首的党中央领导集体的经验和智慧，也凝聚了全党的经验和智慧。

1956 年 8 月 22 日，党的七届七中全会在北京召开。这次全会通过了准备向党的八大提交的各项文件，对大会的有关事项作出决定，为顺利召开八大作好了各方面准备。会议明确提出八大议程应突出建设这个主题。毛泽东说：这一次重点是经济建设。报告里面有国内外形势，有社会主义改造，有

建设，有人民民主专政，有党。这么几个大题目，都可以讲。但是重点是两个，一个是社会主义改造，一个是经济建设。这两个重点中主要的还是在建设。全会还就新一届中央委员会尤其是中央核心领导层的人选问题进行了反复酝酿。毛泽东谈到，中央准备设四位副主席，另外还准备设一个书记处，推举一名总书记。他说，对于我们这样的大党，这样的大国，为了国家的安全、党的安全，恐怕还是多几个人好。

8 月 30 日至 9 月 12 日，八大预备会议召开。会议对中央委员会准备提交大会的各项报告和文件进行详细讨论，提出修改意见。8 月 30 日，毛泽东主持预备会议第一次全体会议并发表讲话。他提出：大会的目的和宗旨是总结七大以来的经验，团结全党，团结国内外一切可以团结的力量，为建设伟大的社会主义中国而奋斗。他认为："这是一种责任"，如果不是这样，我们对人类的贡献就不大。他强调要继承党的优良传统和作风，坚持理论与实践的统一，要继续反对主观主义、宗派主义，还要反对官僚主义。关于选举新的中央委员会，他强调对待犯错误的同志包括犯过路线错误的同志，要采取团结的方针。毛泽东的讲话，对于开好八大具有重要的指导意义和动员作用。

9 月 10 日，毛泽东在预备会议第二次全体会议上讲话，重点讲经济建设和中央委员会的选举。他希望在社会主义建设时期不要像民主革命时期犯那么多和那么长时间的错误，避免栽那么多筋斗。他说：搞经济，这几年有了一些经验。搞新的科学技术还没有经验。世界上新的工业技术和农业技术我们还没有学会，主要靠第二个五年计划和第三个五年计划来学会更多的东西。大规模的经济建设，需要造就知识分子。旧中国留下来的高级知识分子只有 10 万。我们计划在三个五年计划之内造就 100 万到 150 万高级知识分子，以适应社会主义建设的需要。到那时党中央委员会的成分也会改变，中央委员会中应该有许多工程师，许多科学家。现在的中央委员会还是一个政治中央委员会，还不是一个科学中央委员会。这是毛泽东根据国内外迅速发展的形势，对党中央领导集体的建设方向提出的新要求。

● 大会开幕式

1956 年 9 月 15 日，党的八大在北京全国政协礼堂隆重开幕。大会代表

1026 人，候补代表 107 人。50 多个国家的共产党、工人党代表团应邀列席会议，中国各民主党派、无党派民主人士的代表，以及中共中央直属机关、中央国家机关、中国人民解放军和各人民团体的负责人列席了会议。

毛泽东最初为自己准备在开幕式上致的开幕词起草了一个简要提纲。提纲指出，八大的主要任务就是总结党的七大以来的经验，团结一切积极的力量，为了建设一个伟大的社会主义国家而奋斗。毛泽东让陈伯达按照提纲起草整个稿子。陈伯达起草的稿子，毛泽东不满意，说他写得太长，拉得太远。于是毛泽东又让田家英起草，还嘱咐说："不要写得太长，有个稿子带在口袋里，我就放心了。"这时离大会开幕只有几天了，十分紧急。当时田家英 34 岁，精力充沛，他开了一个通宵的"夜车"，很快赶写出一个约 2000 字的初稿。毛泽东比较满意，亲笔作了多处重要修改和补充，然后让杨尚昆送给有关的人审阅修改。这时已经是 9 月 14 日清晨 4 时 30 分，离大会开幕只有一天的时间了。吸收了大家的意见后，稿子改得越来越好，毛泽东十分满意。

毛泽东的主要修改是：在概括八大的任务之前，毛泽东加写了一段纪念牺牲同志和朋友的文字；在总结七大以来的经验之前，毛泽东加写了关于党的路线的正确性和党在当时的地位的文字；在欢迎其他国家的共产党、工人党代表文字的后面，毛泽东加写了对国内民主党派、无党派人士的代表表示欢迎的文字。

毛泽东在党的会议上所作的报告和发言，从来不让别人代笔，都是自己亲自动手。八大开幕词可能是唯一的例外。9 月 15 日，毛泽东致开幕词的过程中，全场不断响起热烈掌声，简短的开幕词被掌声打断 30 余次。致辞后，毛泽东来到休息室。许多人称赞开幕词写得好。毛泽东对大家说："开幕词是谁写的？是个年轻秀才写的。此人是田家英！"对于开幕词中的"虚心使人进步，骄傲使人落后"这句话，毛泽东很是欣赏，后来成为脍炙人口的格言。

● 会议进程

9 月 15 日大会开幕当天举行了第一次全体会议，议程是：（一）选举大会主席团；（二）选举大会秘书处；（三）选举代表资格审查委员会；（四）通

过大会日程；（五）通过大会的会议规则。全体代表一致通过了由七届七中全会提出的大会主席团、大会秘书处、代表资格审查委员会三个名单和大会日程、会议规则。

八大的会议规则是：（一）大会会议每日下午 2 时开会，7 时休会（中间休息 20 分钟到 30 分钟）。（二）大会发言先向主席团报名，发言时间一般不超过 20 分钟。但是个别同志的发言，在得到主席的同意之后，可以超过 20 分钟。（三）通过大会决议的时候，用举手方式，分赞成的和反对的两次表决。（四）选举中央委员会的时候，采用无记名投票的方式。

大会进行上述议程之后。刘少奇代表第七届中央委员会向大会作政治报告。党的八大就在这样热烈、严肃、民主的气氛中开始了。

9 月 16 日，大会举行第二次会议，议程是：邓小平作关于修改党的章程的报告；周恩来作关于发展国民经济的第二个五年计划的建议的报告。尔后，大会代表资格审查委员会举行会议，讨论并通过代表资格审查委员会的报告。大会主席团常务委员会举行会议，讨论大会发言和致辞次序的安排问题。大会秘书处举行会议，讨论大会发言和致辞次序的安排问题。

9 月 17 日，大会举行第三次会议。首先由董必武作关于代表资格的审查报告，接着是大会发言和致辞。大会秘书处举行会议，讨论大会发言和致词次序的安排问题。

9 月 18 日，大会举行第四次会议。主要是大会发言和致辞。

9 月 19 日，大会举行第五次会议。除进行大会发言和致辞外，主席团常务委员和各代表团团长、副团长举行会议，进行了八届中央委员会候选人第二次预选。

9 月 20 日，大会举行第六次会议。主要是进行大会发言和致辞。大会秘书处举行会议，讨论关于八届中央委员会候选人第二次预选的安排问题。

9 月 21 日，大会休会。主席团常务委员和各代表团团长、副团长举行会议，讨论八届中央委员候选人名单问题。主席团常务委员会举行扩大会议。讨论八届中央委员候选人名单问题。主席团举行宴会，招待各国共产党、工人党代表团。

9 月 22 日，大会举行第七次会议。除进行大会发言和致辞外，主席团、代表团团长、副团长、组长、副组长和秘书长举行联席会议，讨论并通过八届中央委员和候补中央委员候选人名单。

9月23日，大会举行第八次会议。主席团和代表团团长、副团长举行会议，对八届中央委员和候补中央委员进行第二次预选。

9月24日，大会举行第九次会议。除进行大会发言和致辞外，大会主席团，各代表团团长、副团长和秘书处成员举行联席会议，公布并通过各代表团关于八届中央委员和候补中央委员候选人的预选结果。提出大会选举的总监票人和监票人候选人名单。大会主席团常务委员和各代表团团长、副团长举行会议，讨论关于政治报告的决议（草案），各代表团讨论关于政治报告的决议（草案）。

9月25日，大会举行第十次会议。除进行大会发言和致辞外，各代表团团长、副团长举行会议，讨论关于选举八届中央委员时，正式代表缺席由候补代表递补的问题。

9月26日，大会举行第十一次会议。大会议程是：通过《中国共产党章程》；大会发言和致辞；通过大会选举总监票人和监票人名单；选举八届中央委员会委员。大会主席团举行会议。原则通过关于政治报告的决议（修正草案）；关于文件的细节方面，决定交由主席团常务委员会继续修改。大会主席团常务委员会举行会议，讨论关于政治报告的决议（修正草案）。各代表团继续讨论关于政治报告的决议（修正草案）。

9月27日，大会举行第十二次会议。大会议程是：选举八届中央委员会候补委员；宣布八届中央委员会正式委员和候补委员的选举结果；通过关于政治报告的决议；通过关于发展国民经济的第二个五年计划的建议。最后，陈云代表大会主席团宣布大会闭幕。全体代表起立，长时间地热烈鼓掌。大会在《国际歌》声中胜利闭幕。

● 会议选举

第八届中央委员会的产生，充分发扬了党内民主。先由各位代表进行不限额的自由提名，然后汇总名单，经过几上几下的反复酝酿和讨论，又经过两轮预选才确定提交大会正式选举的候选人名单。这种提名方式在党的历史上是第一次。在讨论中，一些代表谈到本来是不愿意选举王明、李立三的，但听了毛主席在预备会议上的讲话后，觉得为了团结，可以选举他们。还有

代表说，根据中央的政策，同意提王明为候选人，但对王明至今对错误没有认识很不满意，建议中央向外国党讲清楚：代表选举他，是为了等他和争取他改正错误。在讨论和酝酿名单的过程中，一些代表团也对候选人名单提出了一些意见和建议。有的建议在中央委员中再增加一位妇女代表，考虑选一名劳动模范当中央委员，对边远省份、特殊部门的人选作适当考虑。有的代表肯定中央委员会不像苏共那样大进大出是对的，但也不要一次选上后就成了"金饭碗"，不管工作好坏每次都能当选，这不能鼓励进步和做好工作。这些意见和建议，有的被大会接受和采纳。大会最后选出 97 名中央委员，73 名候补中央委员。

9 月 28 日，中国共产党第八届中央委员会举行第一次全体会议，产生了新的中央领导机构。中央政治局委员是：毛泽东、刘少奇、周恩来、朱德、陈云、邓小平、林彪、林伯渠、董必武、彭真、罗荣桓、陈毅、李富春、彭德怀、刘伯承、贺龙、李先念；政治局候补委员是：乌兰夫、张闻天、陆定一、陈伯达、康生、薄一波。中央政治局常委是：毛泽东、刘少奇、周恩来、朱德、陈云、邓小平。中央委员会主席是：毛泽东；副主席是：刘少奇、周恩来、朱德、陈云；中央委员会总书记是：邓小平。中央书记处书记是：邓小平、彭真、王稼祥、谭震林、谭政、黄克诚、李雪峰；候补书记是：刘澜涛、杨尚昆、胡乔木。中央监察委员会书记是：董必武。

新产生的中央政治局常委，除七届一中全会选出的"五大书记"中的四人外，增加了陈云、邓小平两人。毛泽东在七届七中全会上说：邓小平这个人比较公道和厚道，比较有才干，能办事，比较顾全大局，处理问题比较公正。他是在党内经过斗争的。陈云是工人阶级出身。他比较公道、能干，比较稳当，他看问题有眼光。不要看他和平得很，但他看问题尖锐，能抓住要点。党的八大产生的中央领导机构承续了七大选出的党中央领导集体，又有新的成分加入，为以后的新老交替作了重要准备。

党的八大开得很活跃。会议举行的消息事先发布，会议的进程及时向外界报道，八大的报告、代表的大会发言及时在报纸上刊登；中央委员、候补中央委员的选举结果公布时，当选者名单是以得票多少为序（得票相同的则以姓氏笔画为序）排列的。通过新闻媒体的报道，大会的目标和宗旨、进程和情况，不仅为全党和全国人民及时了解，而且受到国际舆论关注。

党的八大，使刚刚进入社会主义的中国人无比振奋。各民主党派和无党派民主人士的代表献给八大的礼物是象牙雕刻的工艺品，刻画的是在二万五千里长征途中红军胜利渡过大渡河的情景。中国国民党革命委员会主席李济深在致辞中说：我们用这件礼品来象征我们各民主党派在中国共产党领导下，“同舟共济”，胜利地过渡到繁荣幸福的社会主义和共产主义社会。

● 国际反响

中国共产党第八次全国代表大会受到了国际舆论的普遍关注。会议召开的当天，世界各社会主义国家的主要报刊都发表社论和专文，认为这次大会不仅是“中国共产党和全体中国人民的一件大事。同时，也对国际共产主义和工人运动有巨大的意义”。

苏联和各人民民主国家的报纸都以大量篇幅刊载中国共产党第八次全国代表大会的文件和消息。苏联的《真理报》《消息报》和其他中央一级的报纸都连续刊登中共八大的消息和会议发言。莫斯科广播电台也播送了由它的记者编采的中共八大特别节目。在苏联，有几千名宣传员到群众中去宣传中共八大的文件。许多工厂、集体农庄、机关和学校，还组织了有关中共八大的座谈会和讨论会，并组织阅读中共八大文件。伏龙芝、明斯克、维尔纽斯等地的一些高等院校、图书馆和文化机关还举行了图片和书籍展览会，介绍中国共产党的战斗历程。9 月 29 日，苏联《真理报》发表了题为《中国共产党代表大会的伟大历史意义》的社论，热情称赞中国共产党第八次全国代表大会对进一步创造性地发展马克思列宁主义作出了重大的贡献。中国共产党的功绩在于善于寻找最适合中国实际情况的建设社会主义的新形式和新方法。

1956 年 9 月 15 日，美国报纸《基督教科学箴言报》刊载一篇文章指出：中国共产党是世界上最大的全国性共产主义组织，这个党在 35 年中走过了很长的路程。目前举行的第八次全国代表大会反映了“巨大的权力和极大的信心”。“这个党正在缓慢地、但却是相当有把握地领导着把农业的中国推向工业化。”“不管承认与否，中国共产党已经使中国成为世界一大强国”。

英国《星期日泰晤士报》在评论毛泽东的开幕词和刘少奇的政治报告时认为，北京代表大会的气氛“是充满了信心、喜悦、乐观和团结的。这是能够理解的，任何不抱偏见的观察家都将承认这一点”。

当时，参加中共八大的外国代表团有56个国家的共产党、工人党、劳动党，他们来自亚洲、非洲、拉丁美洲、大洋洲、欧洲、北美洲。49个代表团的团长或代表在大会上致辞，另外，还有12个国家的共产党中央向大会发来了贺信或贺电。一些外国党代表团还向大会赠送了锦旗和礼品。毛泽东在大会开幕词中说：“今天在座的有五十几个国家的共产党、工人党、劳动党和人民革命党的代表。他们都是马克思列宁主义者，他们和我们有一种共同的语言。他们走了很长的路程来到我国，以崇高的友谊参加我们党的这次代表大会。这对于我们是一个很大的鼓舞和支持。”①

各国党代表团的致辞都一致称赞，中国共产党根据马克思列宁主义的普遍原理，借鉴苏联社会主义革命与建设的基本经验，从中国的实际出发，创造性地解决了中国社会主义革命的实际问题，并开始探索中国自己的建设社会主义的道路。

三、对国内主要矛盾和任务的新认识和新决策

● 坚持既反保守又反冒进，在综合平衡中稳步前进的经济建设方针

周恩来的报告对“一五”计划的实践和反冒进的经验作了初步总结，强调应该根据需要和可能，合理地规定国民经济发展速度，把计划放在既积极又稳妥可靠的基础上，以保证国民经济比较均衡地发展。这个总结，初步反映了党对我国社会主义经济发展规律的正确认识。八大坚持并阐述了在综合平衡中稳步前进的经济建设方针。政治报告决议指出：如果对于凭借有利条件较快发展我国生产力的可能性估计不足，那就是保守主义的错误；但是，

① 《人民日报》1956年9月16日。

也必须估计到当前的经济、财政和技术力量上的客观限制，而不应当脱离经济发展的正确比例。如果不估计到多种客观限制而规定一种过高的速度，那就是冒险主义的错误。党必须随时注意防止和纠正这两种错误倾向。大会通过的关于“二五”计划建议的各项指标，比较符合当时中国经济发展的客观实际。

● 积极探索改进经济管理的方针政策

周恩来在报告中指出：要在适当范围内，更好地运用价值规律，来影响那些不必要由国家统购包销的、产值不大的、品种繁多的工农业产品的生产，以满足人民多样的生活需要。因此，在国家统一市场的领导下，将有计划地组织一部分自由市场；在一定范围内，将实行产品的自产自销；对某些日用工业品，将推行由需要者自行选购的办法；对所有商品，将实行按质分等论价等办法。陈云在大会发言中提出“三个主体、三个补充”的思想：在工商业经营方面，国家经营和集体经营是主体，附有一定数量的个体经营作为补充；在生产的计划性方面，计划生产是工农业生产的主体，按照市场变化而在国家计划许可范围内的自由生产作为补充；在社会主义的统一市场里，国家市场是主体，附有一定范围内国家领导的自由市场作为补充。这些意见受到大会的重视，写进大会决议之中。这是从理论和实践上突破苏联模式，探索经济体制改革道路的重要尝试。

● 扩大人民民主，建立健全社会主义法制

八大规定国家政治生活的主要任务是：进一步扩大国家的民主生活，开展反对官僚主义的斗争。刘少奇在政治报告中明确提出：要认真地、有系统地改善国家机关，精简机构，明确职责，改进作风；加强各级人民代表大会对政府工作的检查、批评和讨论，鼓励和支持人民群众对国家机关工作人员的批评和监督。

大会还提出着手系统地制定比较完备的法律，健全国家的法制。刘少奇在政治报告中指出：“目前在国家工作中的迫切任务之一，是着手系统地制定比较完备的法律。”董必武在大会发言中强调，当前进一步加强人民民主法制的中心环节就是“一切国家机关，都必须依法办事”。为此，必须做到

“有法可依”，“有法必依”。“今后对于那些故意违反法律的人，不管他现在的地位多高，过去的功劳多大，必须一律追究法律责任。”① 他在列举我国法制不完备的现象之后，提出在废除国民党的《六法全书》之后，要逐步完备我国的法制，要尽快制定刑法、民法、诉讼法、劳动法、土地使用法等一系列法律，要尽快执行律师制度和公证制度。

● 明确社会主义思想文化建设的方针任务

八大关于政治报告的决议确认“百花齐放、百家争鸣”为繁荣科学和文化艺术工作的指导方针，指出：“用行政的方法对于科学和艺术实行强制和专断，是错误的。对于封建主义和资本主义的思想，必须继续进行批判。但是，对于中国过去的和外国的一切有益的文化知识，必须加以继承和吸收，并且必须利用现代的科学文化来整理我国优秀的文化遗产，努力创造社会主义的民族的新文化。”

八大还提出：文化教育事业在整个社会主义建设中占有重要地位。必须大力发展文化教育和卫生事业，特别是科学事业、高等教育和中等教育事业；加强专门人才的培养和科学研究的发展，以便积极掌握世界各国的最新科学成就。党和政府必须大力帮助科学院和政府各部、各高等学校、各大企业的科学研究机关，使全国的科学家有必要的条件实现科学发展的十二年规划，争取许多重要科学和技术部门尽快地接近世界先进水平。

● 坚持以和平共处五项原则为基础的外交政策

八大分析了出现和缓趋向的世界局势，认为这种局势对于我国的社会主义建设是有利的，必须努力争取世界的持久和平。八大在坚持和平共处五项原则的基础上，阐明了我国在国际事务中的方针，即继续巩固和加强同苏联和各人民民主国家的兄弟友谊；同赞成和平共处五项原则的亚洲、非洲国家和其他国家建立和发展友好关系；同一切愿意同我国建立外交关系和经济文化关系的国家建立和发展正常的外交关系和经济文化关系；在同一切外国和外国人民的交往中，采取真正平等对待的态度，坚决反对大

① 《中国共产党第八次全国代表大会文献》，人民出版社 1957 年版，第 262 页。

国主义等。

在坚持以和平共处五项原则为基础的外交政策的同时，八大还初步提出了“打开国门”，把先进的科学技术和文化引进来的政策。毛泽东在审阅八大政治报告时指出：“为了和平和建设的利益，我们愿意和世界上一切国家，包括美国在内，建立友好关系。”[①] 毛泽东在八大期间会见外国党代表团时重申，中国经济文化还很落后，现在刚开始搞一点工业，开办一些学校，要实现工业化，需要朋友，需要和平环境。中国是世界和人类的组成部分。中国是一张白纸，你们可以在这张白纸上写字，你们的科学和文化可以驰骋在这张纸上。在中国人民生活的这块土地上，各国人都有份。毛泽东在会见法国共产党代表团时明确表达了从该国引进先进技术设备的意向。他一再强调：我们的门是开着的。刘少奇在八大政治报告中也明确宣布：铁幕不在我们一边，我们的门是对一切人敞开的。这反映了党对“开门”搞建设的一种基本态度。

● 在全国执政条件下加强党的建设

邓小平在大会上作了《关于修改党的章程的报告》，提出党的建设的基本任务就是提高全党的马列主义水平，坚持理论联系实际、实事求是的原则，把马克思主义的普遍真理同中国革命的具体实践密切结合，反对主观主义、官僚主义和宗派主义。邓小平的报告深刻系统地阐述了群众路线是党的根本路线这一重要观点，把贯彻执行党的群众路线，作为执政党必须着力解决的历史任务。他强调：我们党区别于其他任何政党的一个显著标志是全心全意为人民服务，密切联系群众。共产党的先进性就因为“它是人民群众的全心全意的服务者，它反映人民群众的利益和意志，并且努力帮助人民群众组织起来，为自己的利益和意志而斗争”。群众路线的核心是为人民服务，因此，必须在全体干部和党员中反复地进行全心全意为人民服务的教育。

鉴于苏联等社会主义国家共产党的历史教训和中国共产党在工作中存在的缺点，八大强调坚持党的集体领导原则，健全党的民主集中制，加强对党

① 《毛泽东外交文选》，中央文献出版社、世界知识出版社 1994 年版，第 246 页。

的组织和党员的监督（包括党内的监督和党外的监督），发展党内民主，反对个人崇拜。邓小平在报告中对加强党内外监督问题作了说明。他说："我们需要实行党内监督，也需要来自人民群众和党外人士的监督。党内监督和党外监督的关键在于发展党和国家的民主生活，发扬我们党的传统，即理论和实践相结合的作风，和人民群众紧密地联系在一起的作风以及自我批评的作风。"在论述党的民主集中制原则时，邓小平提出了反对个人崇拜问题，他强调："继续坚决地执行中央反对把个人突出、反对对个人歌功颂德的方针"，只有如此，才能真正巩固领导者同群众的联系，使党的民主原则和群众路线，得以贯彻执行。

为了进一步加强和改善党的领导，八大在党和国家制度方面作出相关规定。大会提出，党员有在工作中充分发挥创造性的权利，对党的决议有不同意见的时候，除无条件地执行外，有保留和向党的领导机关提出自己意见的权利；党的下级组织如果认为上级组织的决议不符合本地区、本部门的实际情况，应当向上级组织请求改变这个决议。八大强调，要加强党和国家的监察工作，及时发现和纠正各种官僚主义、处理各种违法乱纪的言行。八大还提出，党的各级代表大会的定期召集和充分发挥作用，是党的民主集中制的基本要求之一；县级以上各级党代表大会改为常任制，每年召开一次会议，使各级党的委员会更便于集中广大群众的意见，使代表大会成为党的充分有效的最高决策机关和最高监督机关。

党的八大还强调要进一步加强共产党同民主党派和无党派民主人士的合作共事关系。刘少奇在政治报告中阐述了毛泽东提出的"长期共存，互相监督"的方针，他指出：在社会主义改造完成以后，民族资产阶级和上层小资产阶级的成员将变成社会主义的劳动者的一部分。各民主党派就将变成这部分劳动者的政党，将同共产党一道长期存在。对于少数民族的上层人士、宗教界的爱国人士都应当继续坚持同他们的团结合作。中国共产党应当善于从各民主党派和无党派民主人士的监督和批评中得到帮助。

四、大规模社会主义建设全面展开

● 正确认识国内主要矛盾和主要任务的意义

党的八大正确地分析了国内的主要矛盾，并在此基础上提出党和国家的主要任务是集中力量发展社会生产力。

刘少奇在党的八大政治报告中分析了社会主义改造基本完成之后中国社会阶级关系的变化。他指出：在完成农业、手工业和资本主义工商业的社会主义改造之后，中国的内外关系发生了一系列的根本变化。在国内，封建地主阶级，除个别地区外，已经消灭了。富农阶级也正在消灭中。原来剥削农民的地主和富农，正在被改造成为自食其力的新人。民族资产阶级正处在由剥削者变为劳动者的转变过程中。广大农民和其他个体劳动者，已经变为社会主义的集体劳动者。工人阶级已经成为国家的领导阶级。它的队伍扩大了，其觉悟程度和文化技术水平大大提高了。知识界已经改变了原来的面貌，组成了一支为社会主义服务的队伍。以共产党为领导的人民民主统一战线，更加扩大和巩固。因此，中国共产党现时的任务"就是要依靠已经获得解放和已经组织起来的几亿劳动人民，团结国内外一切可能团结的力量，充分利用一切对我们有利的条件，尽可能迅速地把我国建设成为一个伟大的社会主义国家"。党的八大通过的《中国共产党第八次全国代表大会关于政治报告的决议》指出：由于社会主义改造已经取得决定性的胜利，"我国的无产阶级同资产阶级之间的矛盾已经基本上解决，几千年来的阶级剥削制度的历史已经基本上结束，社会主义的社会制度在我国已经基本上建立起来了"。"我们国内的主要矛盾，已经是人民对于建立先进的工业国的要求同落后的农业国的现实之间的矛盾，已经是人民对于经济文化迅速发展的需要同当前经济文化不能满足人民需要的状况之间的矛盾。"这一矛盾的实质，在我国社会主义制度已经建立的情况下，也就是先进的社会主义制度同落后的社会生产力之间的矛盾。在正确分析国内的主要矛盾后，决议提出了全党和全国

人民所面临的主要任务："就是要集中力量来解决这个矛盾，把我国尽快地从落后的农业国变为先进的工业国。"

八大关于我国国内主要矛盾实质的提法，尽管在理论上有不完全准确的地方，但对国内主要矛盾的整个分析，重点在于把我国生产力发展还很落后这一基本国情突出出来还是符合实际的。八大强调在生产资料私有制的社会主义改造已经基本完成的情况下，国家的主要任务是在新的生产关系下面"保护和发展生产力"，全党要集中力量去发展生产力。这是八大最重要的理论贡献，也成为当时全党的共识。

党的八大在明确主要任务的同时，进一步确定了社会主义建设的战略任务，"就是有计划地发展国民经济，尽可能迅速地实现国家工业化，有系统、有步骤地进行国民经济的技术改造，使中国具有强大的现代化的工业、现代化的农业、现代化的交通运输业和现代化的国防。"中国共产党向全国人民提出了实现四个现代化的宏伟目标。

● 肯定"三个主体，三个补充"的思想，对调整经济关系、改进经济体制产生了直接影响

八大之后，党沿着八大确定的正确方向继续探索，调整了若干方面的经济关系，编制了 1957 年的建设计划。

按照"三个主体，三个补充"的方针，八大以后调整经济关系有了初步进展，并产生了一些新思路。1956 年秋冬，自由市场渐又活跃，个体工商户明显增长，其中还出现了较大的手工业和手工工场，人们称之为"地下工厂"，也出现了"地下商店"。对社会主义改造后出现的这种情况，党中央领导人提出了十分开明的主张。1956 年 12 月，毛泽东同全国工商联负责人和中央统战部负责人谈话，认为"地下工厂"要使它成为地上，合法化。只要有市场、有原料，这样的工厂还可以增加。毛泽东甚至说，可以消灭了资本主义，又搞资本主义。刘少奇、周恩来等人也表示，在社会主义建设中搞一点私营的，活一点有好处。同八大相比，这些思路又有新的发展，即不仅允许一定数量的个体经营作为补充，而且允许一定限度的私人资本主义经营存在和发展，使之在国家领导下作为社会主义经济主体的补充。

在农业集体经济内部，党中央在八大之后提出了整顿农业生产合作社、

做好农业社生产管理工作的要求。1956年到1957年上半年，四川、安徽、广东、浙江、河北等不少地方的农村进行了包产到户的试验。这些政策和实践，是根据实际情况，对合作化以后农村的生产关系进行的调整，是实行农村生产责任制的创造性尝试。

党中央还开始酝酿经济管理体制的改革。1956年10月，中共中央、国务院发出有关改进国家行政体制的文件草案，要求各地讨论。以陈云为组长的中央经济工作小组，着手拟定这一方面改革的方案。这一改革的主要精神是改变权力过多集中于中央而地方和企业权力太少的状况，重新划分中央、地方和企业的权限，下放一部分权力给地方和企业。中央设想的改革涉及从计划、财政、基本建设到工业、运输、邮电等十八个方面，先从工业、商业、财政三个方面展开。1957年9月，党的八届三中全会通过改进工业、商业、财政管理体制的规定。这三个文件是对党的八大关于经济体制改革思想的具体化。

● 准备全党整风，正确处理日渐突出的人民内部矛盾

党在探索经济体制改革和经济建设方针的同时，根据八大的精神，针对党内存在的主观主义、官僚主义和宗派主义的思想作风，准备全党整风。

1956年6月和10月，波兰、匈牙利先后发生罢工、游行示威和骚乱。这年秋冬，中国国内也出现一些不安定的情况。一些地方发生罢工、请愿事件。在农村，夏收以后不少地方发生闹粮食、闹退社的风潮。知识界在“百花齐放、百家争鸣”方针提出后，思想日趋活跃，在政治、经济、文化、科学、教育等问题上发表各种意见，其中不少意见相当尖锐。

波匈事件和国内的不安定情况，引起党中央和毛泽东的高度重视和思考。党中央和毛泽东认为，在波兰和匈牙利，一方面已经出现否定苏联和十月革命的倾向；另一方面，官僚主义、脱离群众、照搬苏联经验、阶级斗争不彻底等错误的恶果也逐渐表露出来。对国内闹事，党中央和毛泽东着重从领导方面分析，指出其发生原因是由于领导上存在官僚主义和主观主义，政治或经济的政策上犯了错误，还有工作方法不对。这表明，党试图以波匈事件为戒鉴，从整顿党的作风入手，正确处理人民内部矛盾，以缓和党和人民群众间的某些紧张状态。毛泽东指出，在革命时期，大家集中力量去对付阶

级斗争了，人民内部矛盾不突出。建设时期剩下一部分阶级斗争，大量表现的是人民内部的斗争，对于这个东西我们的经验不足，值得好好研究一下。

1957年2月，毛泽东在最高国务会议第十一次（扩大）会议上发表《关于正确处理人民内部矛盾的问题》的讲话。毛泽东指出，社会主义社会仍然充满着矛盾。社会主义社会的基本矛盾仍然是生产力和生产关系、经济基础和上层建筑之间的矛盾，不过社会主义社会的这些矛盾同旧社会具有根本不同的性质和情况，可以经过社会主义制度本身的调节不断得到解决。毛泽东特别分析了社会主义社会存在着敌我之间和人民内部两类性质根本不同的矛盾，他指出前者需要用强制的、专政的方法去解决，后者只能用民主的、说服教育的、“团结——批评——团结”的方法去解决，决不能用解决敌我矛盾的方法去解决人民内部的矛盾。毛泽东认为，在这个时候提出划分敌我和人民内部两类矛盾的界限，提出正确处理人民内部矛盾的问题，是十分必要的。这表明党把正确处理人民内部矛盾作为国家政治生活的主题，并且从理论上提出了社会主义社会矛盾的新学说。这个学说发展了马克思主义的科学社会主义理论，是党和毛泽东探索社会主义政治建设的一个重要的理论和思想成果。

从1956年到1957年春，党对中国自己的建设社会主义道路作了多方面探索。这些探索虽然是初步的，但却是整个探索过程的一个良好开端。当然，由于实践的时间很短，理论上和思想上还不可能很成熟，许多新的观念和方针还没有牢固地确立和取得共识，许多新设想还没有付诸实施或者还没有充分付诸实施。因此，这个探索远未完结，它将经历很长而且很曲折的历程。

● 八大党章及其影响

八大通过的党章有两个比较突出的特点。

一是增加了“中央委员会认为有必要的时候，可以设立中央委员会名誉主席一人”一款。这是酝酿废除领导干部职务终身制，准备实行党和国家领导体制改革的一项很有意义的设想。这一设想最初是1956年夏季毛泽东在北戴河，在准备八大的过程中，向中央提出他不再当国家主席，同时提出他也准备不再当党的主席。前一个设想大家认为可行，后一个设想大家也认为将来适当时机可行，只是暂时还不可行。八大以后，确切说是1957年春天以后，毛泽东逐渐向党外、国外透露他准备不再当主席的设想，这主要是指不再当下一届国家主席，也包含条件具备时不再当党的主席的意思。1957年4月30日，毛泽东在第十二次最高国务会议上讲整风问题时最后提出："明年二届人大，一定辞去国家主席，减少一部分工作，以便集中精力研究一些问题。瑞士有七人委员会，总统是轮流当的。我们几年轮一次总可以，采取逐步脱身政策。不赞成也没办法，不能强加于人。如赞成，要透点消息出去，否则老百姓不了解。"[①] 第二天，参加了最高国务会议的陈叔通、黄炎培写信给刘少奇、周恩来，对毛泽东此议"期期以为未可"。他们认为毛泽东提出不再当下一届国家主席在当时国内国际形势下不相宜，应该再任一届国家主席。他们在信中还提出考虑修改宪法，加上一条国家主席"连选不得过两任"。不过，毛泽东还是坚持他原来的方案。1957年5月5日毛泽东在陈叔通、黄炎培的信上批注了许多意见，除说到"此事去年在北戴河已在几十人的会上谈过"以外，还说到"现在党内高级领导同志对此事想通了的多起来了，而党外人士因为交换意见太少，想不通的还多，因此，有提出来从容交换意见的必要"；说到他从下一届起不再担任国家主席（以后还可能不担任党的主席），"以便集中精力研究一些重要问题（例如在最高国务会议上，以中共主席或政治局委员资格，在必要时，我仍可以做主题报告）"。由于二人来信中提及修改宪法，毛泽东在来信的末尾另写了一条批注："可以考虑修改宪法，主席、副主席连选时可以再任一期，即在今年人代大会修改宪法，请邓小平同志准备。"[②] 由此可见，党中央和毛泽东当时已经提出废除最高领导职务实际上的终身制，实行有限任期制和有限连任制。毛泽东准备不再当国家主席，也准备到适当时机不再当党的主席，而是当党的中央委员会名誉主席，或当党的中央政治局委员（这是领导职务能上能下的另一个设想），或当报纸的一名专栏作家、大学教授。后来的实际情况是毛泽东这些好的设想没

① 逄先知、金冲及主编：《毛泽东传（1949—1976）》（上），中央文献出版社2003年版，第673页。

② 逄先知、金冲及主编：《毛泽东传（1949—1976）》（上），中央文献出版社2003年版，第674页。

有很好实现，终其一生，他一直留在党的主席的繁重岗位上。

二是在党的指导思想中没有提“毛泽东思想”。这是根据毛泽东本人的多次提议而决定的。1954年12月，中共中央宣传部专门发了一个通知：“毛泽东同志曾指示今后不要再用‘毛泽东思想’这个提法，以免引起重大误解。我们认为今后党内同志写文章做报告，应照毛泽东同志的指示办理。”毛泽东在审定这个通知稿时，还加了一句话：“在写文章做演讲遇到需要提到毛泽东同志的时候，可用‘毛泽东同志的著作’等字样。”[①] 毛泽东曾说：“如果把毛泽东思想同马列主义并提，有人会以为是两个东西，为了不使发生误会，就不提毛泽东思想。”[②] 对于此，据胡乔木说，为什么八大没有提毛泽东思想？“是因为苏联的关系。苏联始终拒绝承认毛泽东思想，在苏联报刊上绝口不提毛泽东思想。凡是中共文件中提了的，他们刊用的时候都给删掉。这成了一个禁区。”[③] 八大不提毛泽东思想，丝毫没有影响毛泽东思想在全党的指导地位，也没有影响毛泽东在全党的领袖地位。

附录1：八大二次会议

八大通过的党章规定：“全国代表大会会议由中央委员会每年召开一次。在特殊情形下，中央委员会可以决定延期或者提前召开。”按照这一规定，中国共产党第八次全国代表大会第二次会议本应于1957年召开，但由于种种原因，延期至1958年5月。此后直到中国共产党第九次全国代表大会召开前，中国共产党第八次全国代表大会再也没有召开过全国代表参加的会议，此前和以后各次全国代表大会也没有作出过类似八大党章的规定。只有中国共产党第八次全国代表大会召开过两次有全国代表参加的大会会议，这

① 逄先知、金冲及主编：《毛泽东传（1949—1976）》（上），中央文献出版社2003年版，第535页。

② 《毛泽东文集》第六卷，人民出版社1999年版，第387页。

③ 《胡乔木回忆毛泽东》，人民出版社1994年版，第10—11页。

在中共党史上是独一无二的。

1958年5月5日至23日，八大二次会议在北京举行。大会根据毛泽东的意见，正式改变八大一次会议关于国内主要矛盾已经转变的正确分析，认为我国社会的主要矛盾仍然是无产阶级同资产阶级、社会主义道路同资本主义道路的矛盾。许多省和自治区的代表在大会发言，报告了本地区党组织在整风运动中，同党内的所谓“右派分子”、“地方主义分子”、“民族主义分子”以及“右倾机会主义分子”作斗争的经过。许多地方的重要领导干部被宣布为“右派集团”、“右倾集团”或“反党集团”。大会号召全党和全国人民认真贯彻执行社会主义建设总路线，争取在15年或者在更短的时间内，在主要工业产品产量方面赶上和超过英国。毛泽东在会上讲话，强调要破除迷信，解放思想，发扬敢想敢说敢做的创造精神。会议正式制定了“鼓足干劲、力争上游、多快好省地建设社会主义”的总路线。

会议听取和讨论刘少奇所作的《中国共产党中央委员会向第八届全国代表大会第二次会议的工作报告》。报告着重阐述了建设社会主义的总路线及其基本点：调动一切积极因素，正确处理人民内部矛盾；巩固和发展社会主义的全民所有制和集体所有制，巩固无产阶级专政和无产阶级的国际团结；在继续完成经济战线、政治战线和思想战线上的社会主义革命的同时，逐步实现技术革命和文化革命；在重工业优先发展的条件下，工业和农业同时并举；在集中领导、全面规划、分工协作的条件下，中央工业和地方工业同时并举，大型企业和中小型企业同时并举；通过这些，尽快地把我国建设成为一个具有现代工业、现代农业和现代科学文化的伟大的社会主义国家。报告详细论述了三个“并举”的方针，这是党在探索社会主义建设道路的实践中取得的积极成果。毛泽东后来把它称为“两条腿走路”的方针。报告根据总路线的要求，确定了党和全国人民在技术革命和文化革命方面的主要任务。

在技术革命方面的主要任务是：把包括农业和手工业在内的全国经济有计划有步骤地转到新的技术基础上，转到现代化大生产的技术基础上，使一切能够使用机器的劳动都使用机器，实现全国城市和农村的电气化，使全国的大中城市都成为工业城市，并在那些条件具备的地方逐步建立新的工业基地，使全国的县城和很多乡镇都能有自己的工业，使全国各省、

自治区以至大多数专区和县的工业产值都超过农业产值；在全国范围内建立一个以现代工具为主的四通八达的运输网和邮电网。在尽可能地采用世界上最新的技术成就的同时，在全国的城市、农村中广泛地开展改良工具和革新技术的群众运动，使机械操作、半机械操作和必要的手工劳动适当结合起来。

在文化革命方面的主要任务是：扫除文盲，普及小学教育，逐步地做到一般的乡都有中等学校，一般的专区和许多的县都有高等学校和研究机关，完成少数民族文字的创制和改革，积极地进行汉字的改革；消灭“四害”，讲究卫生，提倡体育，消灭主要疾病，破除迷信，移风易俗，振奋民族精神；开展群众的文化娱乐活动，发展社会主义的文学艺术；培养新知识分子，改造旧知识分子，建立一支成千万的工人阶级的知识分子队伍，其中包括技术干部队伍（这是数量最大的），教授、教员、科学家、新闻记者、文学家、艺术家和马克思主义理论家的队伍。

代表们在讨论中表示坚决拥护社会主义建设总路线，并列举本地区、本部门的成绩和经验说明总路线是正确的。从中央部门到地方的一些负责人，纷纷提出各自部门和地区的生产高指标。

会议还听取和讨论了邓小平所作的《关于在莫斯科举行的各国共产党和工人党代表会议的报告》、谭震林所作的《关于一九五六年到一九六七年全国农业发展纲要（第二次修正案）的说明》，并作出相应的决议，批准了这些报告。

会后，全国各条战线迅速掀起了“大跃进”高潮。

附录 2：八届中央委员会历次全会简介

八届一中全会

1956 年 9 月 28 日在北京举行。出席会议的有中央委员 96 人，候补中央委员 70 人。全会选出了新的中央机构。毛泽东当选为中央委员会主席，刘少奇、周恩来、朱德、陈云当选为副主席，邓小平当选为总书记。选出中央政治局委员 17 人，政治局候补委员 6 人，政治局常委 6 人，中央书记处书记 7 人，候补书记 3 人。中央监察委员会委员 17 人，候补委员 4 人，董必武为书记。

八届二中全会

1956 年 11 月 10 日至 15 日在北京举行。出席会议的有中央委员 84 人，候补中央委员 65 人；列席会议的有中央和地方的有关负责人 147 人。会议先后听取了刘少奇作的《目前时局问题的报告》、周恩来作的《关于一九五七年度国民经济发展计划和财政预算控制数字的报告》、陈云作的《关于粮食和主要副食品（猪肉和食油）问题的报告》。毛泽东在会上作了总结讲话。全会根据毛泽东的提议，确定从 1957 年下半年起，开展党内整风运动：一整主观主义，二整宗派主义，三整官僚主义。这次全会在坚持综合平衡的思想指导下，正确地调整了 1957 年的国民经济计划，从而保证了第一个五年计划的胜利完成。

八届三中全会（扩大）

1957 年 9 月 20 日至 10 月 9 日在北京中南海举行。出席会议的有中央委员 91 人，候补中央委员 62 人。各省、市、自治区党委第一书记，各地委第一书记，直辖市的区委书记以及中央各部门党的负责人 416 人也参加了这次会议。会上，邓小平作了《关于整风运动的报告》和会议的总结发言；陈云作了《关于改进国家行政管理体制问题和关于农业增产问题的报告》；周恩来作了《关于劳动工资和劳保福利问题的报告》。毛泽东在会议结束前作了题为《做革命的促进派》的讲话。全会通过了中共中央政治局提出的《1956 年到 1967 年全国农业发展纲要（修正草案）》《关于改进工业管理体制的规定（草案）》《关于改进商业管理体制的规定（草案）》《关于改进财政体制和划分中央与地方对财政管理权限的规定（草案）》以及《关于工人、职员的劳动工资和劳保福利问题的规定（草案）》等文件。

全会提出和规定了改进党的领导、改革经济体制、重视发展农业以及整顿农业生产合作社、改进农业生产管理等一系列正确的思想和方针政策，反

映了党的八大路线的贯彻和发展。全会在中国社会的主要矛盾问题上，改变了党的八大关于中国社会主要矛盾的正确论断，认为中国社会的主要矛盾仍然是无产阶级和资产阶级的矛盾，社会主义道路和资本主义道路的矛盾；对1956年采取的纠正冒进倾向的正确方针作了错误的批判，这对后来的社会主义建设事业产生了不良影响。

八届四中全会

1958年5月3日在北京中南海怀仁堂举行。出席会议的除中央委员、候补中央委员外，各省、市、自治区党委第一书记列席了会议。全会讨论了党的八大二次会议的议程、代表团的组成和大会主席团的组成。讨论了《中央委员会向八大二次会议的工作报告（修正稿）》和《八大二次会议关于在莫斯科举行的各国共产党、工人党代表大会的决议（草案修正稿）》等文件。

八届五中全会

1958年5月25日在北京举行。全会增选林彪为中央委员会副主席、中央政治局常委；增选柯庆施、李井泉、谭震林为中央政治局委员；增选李富春、李先念为中央书记处书记。递补杨献珍、王恩茂为中央委员。全会还决定创办出版党中央理论刊物《红旗》杂志，由陈伯达任总编辑。会议要求全党积极支持这个杂志，各级党委经常供给稿件。会议决定，除了在中央成立一个编辑部以外，上海局和各省、市、自治区党委都应分别成立一个编辑小组，负责征集、初审和修改稿件。6月1日，《红旗》杂志正式创刊。

八届六中全会

1958年11月28日至12月10日在湖北武昌举行。出席会议的有中央委员84人，候补中央委员82人。中央有关部门负责人和各省、市、自治区党委第一书记列席了会议。毛泽东主持会议并作了重要讲话。邓小平作了《关于人民公社若干问题的决议的说明》，李富春作了《关于一九五九年国民经济计划安排的说明》。全会通过了由毛泽东主持起草的《关于人民公社若干问题的决议》，通过了《关于改进农村财政贸易管理体制的决议》《关于1959年国民经济计划的决议》和《同意毛泽东同志提出的关于他不作下届中华人民共和国主席候选人的建议的决定》。《关于人民公社若干问题的决议》，批评了企图过早地否定集体所有制、按劳分配原则以及商品生产和商品交换的错误，批评了企图超越社会主义阶段而跳入共产主义的空想，着重指出在今后一个历史时期内，人民公社仍应保留按劳分配制度，重申了集体所有制与全民所有制、社会主义与共产主义的区别，宣布个人生活资料永远归个人所有，还批评了经济建设工作中的浮夸作风。

全会注意到了1958年国民经济出现比例失调的问题，初步总结了“大跃进”运动的经验教训，降低了1958年8月北戴河会议所确定的1959年工业生产的高指标。这是党自“大跃进”运动开展以来，在毛泽东领导下，主动纠正工作中“左”的错误的一次重要会议。

八届七中全会

1959年4月2日至5日在上海举行。出席会议的有中央委员81人，候补中央委员80人。中央各部门负责人和各省、市、自治区党委第一书记列席了会议。毛泽东主持了这次会议。全会听取了薄一波作的《关于第一季度工业生产情况和第二季度的安排的报告》，李先念作的《关于财贸工作的情况和意见的报告》，邓小平作的《关于经济工作和国家机构的人事配备的说明》，李富春作的《关于准备提交全国人民代表大会讨论的1959年国民经济计划主要指标的说明》。全会讨论并通过了《关于人民公社的十八个问题》《1959年国民经济计划草案》和《关于国家机构和人事配备的方案》。全会还讨论并决定了准备向第二届人大一次会议提出的国家机构领导人员候选人的提名方案。全会通过的政治局扩大会议制定的《关于人民公社的十八个问题》的会议纪要，总结了纠正公社化运动中“左”的错误的成果，对人民公社的管理体制作了一系列原则的规定。全会再次批评了“反冒进”。毛泽东在会议期间提出要学习明朝著名清官海瑞刚正不阿、冒死上谏的精神。会后不久，吴晗开始写有关海瑞的文章。

八届八中全会

1959年8月2日至16日在庐山举行。出席会议的有中央委员75人，候补中央委员74人。中央有关部门和各省、市、自治区党委第一书记14人列

席了会议。这次全会召开前，中央在庐山召开了政治局扩大会议，会议前期是总结经验，继续纠正“左”的错误。7 月 14 日，彭德怀给毛泽东写了一封信。会议后期错误地发动了对彭德怀等人的批判。

这次会议的议题：一是对彭德怀、黄克诚、张闻天、周小舟等进行批判；二是讨论调整 1959 年经济计划指标。毛泽东在会议期间作了多次讲话。全会通过了《关于以彭德怀同志为首的反党集团的错误的决议》《关于撤销黄克诚同志中央书记处书记的决定》《为保卫党的总路线、反对右倾机会主义而斗争的决议》《关于开展增产节约运动的决议》和《中国共产党第八届中央委员会第八次全体会议公报》。全会决定撤销彭德怀、黄克诚、张闻天和周小舟四人分别担任的国防部长、总参谋长、中央书记处书记、外交部第一副部长和湖南省委第一书记职务，保留他们的中央委员、中央候补委员、政治局委员和政治局候补委员职务以观后效。（1978 年以后，党中央为这些同志平反。）

八届九中全会

1961 年 1 月 14 日至 18 日在北京举行。出席会议的有中央委员 83 人，候补中央委员 87 人。中央有关部门和各省、市、自治区党委的负责人 23 人列席了会议。毛泽东主持了这次会议。全会听取了李富春作的《关于 1960 年国民经济计划执行情况和 1961 年国民经济计划主要指标的报告》、邓小平作的《关于 1960 年 11 月在莫斯科举行的各国共产党和工人党代表会议的报告》。全会通过了上述两个报告；通过了在 1960 年 12 月 24 日至 1961 年 1 月 13 日中共中央北京工作会议上产生的《关于农村整风整社和若干政策问题的讨论纪要》；批准了中央政治局关于成立中央局的决议，决定成立东北、华北、华东、中南、西南、西北六个中央局，代表中央分别加强对各省、市、自治区党委的领导。全会正式批准了调整国民经济的八字方针，即“调整、巩固、充实、提高”。毛泽东在这次会议上号召全党大兴调查研究之风，并在会后带头亲自指导三个小组下农村调查。这是 1958 年“大跃进”以来经济指导工作的一次重要转变，对于后来大规模的经济调整工作起了巨大的指导作用。此后，中国进入了国民经济调整阶段。

八届十中全会

1962 年 9 月 24 日至 27 日在北京举行。出席会议的有中央委员 82 人，候补中央委员 88 人。中央有关部门和各省、市、自治区党委的负责人 33 人列席了会议。会前，中共中央先在北戴河、后在北京，开了近两个月的工作会议，为十中全会作准备。中共中央政治局决定，彭德怀、习仲勋、张闻天、黄克诚、贾拓夫五人不参加全会。毛泽东主持了会议，并作了关于阶级、形势、矛盾和党内团结问题的讲话，提出了“千万不要忘记阶级斗争”的号召。全会对邓子恢、彭德怀、习仲勋等开展了错误的批判与斗争，并决定成立两个专案审查委员会，对彭德怀和习仲勋进行审查。全会还对所谓“黑暗风”、“单干风”和“翻案风”进行了错误的批判。

全会通过了《关于进一步巩固人民公社集体经济、发展农业生产的决定》《农村人民公社工作条例（修正草案）》《关于商业工作问题的决定》《关于有计划地交流各级党政主要领导干部的决定》和《关于加强党的监察机关的决定》等文件，并发表了《中国共产党第八届中央委员会第十次全体会议的公报》。全会坚持了对国民经济调整的“八字方针”，制定了关于农业、商业和人民公社等问题的文件，这对于当时国民经济的恢复和发展起到了积极的作用。但是，全会接受和肯定了毛泽东的阶级斗争扩大化理论，为以后发动的“文化大革命”作了思想和理论准备。全会增选了中央监察委员会委员 21 人、候补委员 21 人。增选陆定一、康生、罗瑞卿为中央书记处书记。撤销了黄克诚、谭政的中央书记处书记职务。

八届十一中全会

1966 年 8 月 1 日至 12 日在北京举行。出席会议的有中央委员和候补中央委员 141 人。省、市、自治区党委及中央有关部门的负责人，中央文革小组全体成员和首都高等学校的“革命师生”代表 47 人列席会议。全会原定会期为五天，议程有四项：通过关于无产阶级文化大革命的决定；讨论和批准十中全会以来中央在国内、国际问题上的重大措施；通过会议公报；补行法律手续问题（即 5 月 23 日政治局扩大会议关于停止彭真、陆定一、罗瑞卿的中央书记处书记职务，停止杨尚昆的中央书记处候补书记的职务等决定）。会议由毛泽东主持。刘少奇报告了八届十中全会以来中央的各项工作，对派工作组承担了责任。刘少奇的讲话没有正式文字稿，同时说明，这只是他个人的意见。8 月 4 日，全会发生大的转折。原定这天开大会，第二天全会结束，但在这天召开的中央政治局常委扩大会上，毛泽东发表了措辞十分激烈的讲话，并决定当日不开大会了，各组传达常委扩大会内容。由此全会改变了原定日程。

8 月 5 日，毛泽东写了《炮打司令部——我的一张大字报》，指责从中央到地方的某些领导同志，是站在反动的资产阶级立场上，实行资产阶级专政，将无产阶级轰轰烈烈的“文化大革命”运动打下去。

8 月 7 日，大字报发表后，全会立即转为集中揭发批判刘少奇和邓小平。全会讨论并通过了《中国共产党中央委员会关于无产阶级文化大革命的决定》（即“十六条”），规定“文化大革命”的斗争目标是斗垮“走资本主义道路的当权派”，批判“资产阶级反动学术权威”，把领导权夺回到无产阶级手中来。进行“文化大革命”的方法是运用“四大”（大鸣、大放、大字报、大辩论）。

全会讨论和批准了 1962 年 9 月八届十中全会以来中央政治局关于国内、国际问题的重大决策和重大措施。全会根据毛泽东的提议改组了中央领导机构，决定撤销彭真、罗瑞卿、陆定一及杨尚昆的中央书记处书记和候补书记的职务；补选中央政治局委员六人、政治局候补委员三人；补选中央书记处书记二人；选举中央政治局常委十一人。全会选出的中央政治局常委，未按得票多少排列名次，林彪名列第二位，实际上成为毛泽东的副手和接班人。全会没有重新选举中共中央主席和副主席，但以后只有林彪被称为副主席，刘少奇、周恩来、朱德、陈云原来的副主席职务不再提及，实际上是取消了。八届十一中全会对于“文化大革命”的全面发动是一次关键性的会议。会后，中央政治局和中央书记处的很大部分权力，逐渐为中央文化革命小组所掌握。

八届十二中全会（扩大）

1968 年 10 月 13 日至 31 日在北京举行。这次会议是在极不正常的情况下召开的。出席会议的成员共有 133 人，八届中央委员和候补中央委员只有

59 人，中央文革小组、军委办事组，各省、市、自治区革命委员会和大军区主要负责人，中央直属机关人员共 74 人出席了会议。毛泽东主持会议，并在开幕式上作了讲话。

全会在不正常的情况下通过了由江青、康生、谢富治等人凭伪证写成的《关于叛徒、内奸、工贼刘少奇罪行的审查报告》，决定把刘少奇永远开除出党，撤销其党内外一切职务（此项决议已于 1980 年经中共十一届五中全会宣布撤销，并作出《关于为刘少奇同志平反的决议》）。

全会根据毛泽东关于“把无产阶级文化大革命进行到底”的总口号，作出了实行“革命大联合和革命三结合”“认真做好清理阶级队伍工作”“认真做好整党建党工作”等项部署，使“文化大革命”继续错误地向前发展。全会通过了召开党的第九次全国代表大会的决定，以及《关于九大代表产生的决定》；通过了《关于〈中国共产党章程（草案）〉》的决定。全会通过的公报肯定“‘文化大革命’是在中国无产阶级专政条件下，无产阶级反对资产阶级和一切剥削阶级的一次政治大革命”的错误论断。

中共九大：

“无产阶级专政下继续革命”

一、国际反修与国内防修

●“文化大革命”爆发与各级革命委员会的成立

1966年5月中央政治局扩大会议后，“文化大革命”爆发，到1966年底，“文化大革命”已经在全国各地和各个领域大规模地发动起来。运动猛烈地冲击着国家政治、经济、文化生活的各个方面，整个社会动荡不安。全国各级党的组织基本处于瘫痪状态，从中央委员会、中央政治局到各省、市、自治区党委，以至基层党的组织，都无法正常工作。1967年初，以上海造反派的“一月夺权”为发端，出现全国性的“全面夺权”，导致“天下大乱”，并在许多地方演变成动用武器的“内战”。动乱在7月、8月、9月达到空前严重的地步。经过持续20个月“全面夺权”的动乱和反复，到1968年9月，全国（除台湾省外）29个省、市、自治区相继成立了革命委员会。在此前后，党中央和国务院各部委、各基层党政机关、企事业单位、农村人民公社等，也陆续成立了革命委员会。9月7日，《人民日报》《解放军报》发表社论称：这是“无产阶级文化大革命的全面胜利”，“它标志着整个运动已在全国范围内进入了斗、批、改的阶段”。

革命委员会是在“全面夺权”的基础上建立起来的，其建立的过程又是各派群众组织争夺权力的过程。1967年上半年以后陆续成立的省级革命委员会，都因几派造反组织分别夺权而经历了派别对抗和“内战”高潮，然后经过军管会与各派群众组织的反复协商，最后经中央批准而成立。

革命委员会的建立以全盘否定中华人民共和国成立以来我国的党政领导体制为前提，是“打倒一切”“全面夺权”的畸形产物。革命委员会以抓阶级斗争作为自己的基本职能，被认为是“领导广大革命群众向阶级敌人进攻的战斗指挥部”。但是，革命委员会的成立，也在一定程度上结束了全国大动乱局面，填补了国家和地方权力的真空半真空状态，承担起组织工农业生产和管理社会生活的责任，使国家的各项工作有可能逐步恢复和展开。

● 中央采取措施制止武斗升级及形势相对稳定

全面夺权造成的几近失控的混乱局面，是毛泽东没有料想到的。他在“一月夺权”开始后不久即一再强调不准武斗，打人的要法办。在当时无政府状态下，既要通过“天下大乱”实现夺权，又必须制止武斗，维持起码的生产、生活秩序，以保障造反派顺利地从“走资派”手中夺权。于是，毛泽东决定派军队全面介入地方工作。1967 年 1 月 23 日，中共中央、国务院、中央军委、中央文革小组发布《关于人民解放军坚决支持革命左派群众的决定》，要求军队积极支持左派的夺权斗争。3 月 19 日，中央军委又发出《关于集中力量执行支左、支农、支工、军管、军训任务的决定》（简称“三支两军”决定）。据此，大批解放军指战员投入“三支两军”，直接介入地方“文化大革命”的夺权斗争，维护了必要的社会稳定，在可能的范围内减轻了“文化大革命”造成的破坏，并且承担起支援地方工农业生产的任务。

形势稍稍有所好转不久，1968 年春又发生了“杨、余、傅”事件，林彪、江青等人借机开展反击“右倾翻案风”，使一些省市脆弱的“大联合”顷刻瓦解，“内战”再起。许多地区的派性争斗发展到有预谋地制造一连串大规模破坏活动。一些高等学校造反派组织之间的武斗升级，造成人员伤亡的惨案。毛泽东不得不再次采取紧急措施加以制止。除对一些问题严重的省市实行军管以外，他指示有关部门组织工人、解放军指战员参加的“毛泽东思想宣传队”进驻学校，领导运动。7 月 28 日，毛泽东在同造反派头头的谈话中，批评他们大搞武斗的错误，说：“现在的工人、农民、战士、居民都不高兴，大多数的学生都不高兴，你们脱离了工人、农民、战士、学生的大多数。”[①] 工人和解放军宣传队进驻后，学校教学秩序开始恢复。针对发生在广西和陕西等地的恶性事件，中共中央、国务院、中央军委、中央文革小组先后发布“七三”“七二四”布告，要求立即停止武斗，解散专业武斗组织，无条件地恢复铁路交通，依法严惩确有证据的杀人放火、破坏交通运输等现行反革命，等等。中央采取的一系列措施，有力地平息了武斗，在一定程度上抑制

---

①《中国共产党历史》第二卷（1949—1978）下册，中共党史出版社 2011 年版，第 799 页。

了动乱。从此时起，虽然还有反复，但就全国来看，形势开始趋于稳定，社会秩序、生产秩序开始逐渐恢复。

● 刘少奇冤案

“文化大革命”发动之初，虽然提出刘少奇有一个“资产阶级司令部”，推行一条“资产阶级反动路线”，但他的问题仍被认为是党内问题，他仍是中央政治局常委和国家主席。1966 年 12 月，中央成立了以谢富治为组长、目标指向刘少奇的王光美专案组，对刘少奇的历史进行审查。1957 年初，毛泽东在一些场合还表示在九大时要选刘少奇做九届中央委员。3 月，康生利用群众组织搜集的诬陷刘少奇的材料，建议进行专案审查并得到批准。随后，江青、康生、谢富治指示王光美专案组“狠抓刘少奇自首变节问题”，企图将历史上“一贯反动”等罪名强加给刘少奇，以便为最后打倒刘少奇制造罪证。

1967 年 3 月 30 日，戚本禹的《爱国主义还是卖国主义？——评反动影片〈清宫秘史〉》一文经毛泽东审改，在《红旗》杂志发表，《人民日报》于 4 月 1 日头版转载。全国报刊舆论按照大体相同的口径，掀起集中批判刘少奇及其“反革命修正主义路线”的浪潮。这种批判肆意歪曲刘少奇在民主革命时期及社会主义革命和建设时期的一些重要观点：认定刘少奇提出“为巩固新民主主义制度而斗争”的口号，是“猖狂地为发展城乡资本主义而奔走呼号”；认定刘少奇在对资本主义工商业改造中“坚持放任资本主义发展的反动政策”，“使资本家继续掌握企业的领导大权”；认定“三自一包”瓦解人民公社集体经济，使资本主义自由泛滥；认定刘少奇提倡“按经济办法管理经济”是“资产阶级政治挂帅，其目的就是为了复辟资本主义”；认定刘少奇鼓吹“流通决定生产”，反对计划第一、价格第二的社会主义计划经济，是从流通领域破坏社会主义建设；污蔑刘少奇的《论共产党员的修养》是“篡党篡政的总纲领”，是“搞资本主义复辟的宣言书”；等等。诸如此类的“大批判”，断章取义，不顾事实，竭力诋毁刘少奇，否定党在“文化大革命”以前的一系列重要方针政策。这些都成为召开九大的重要的政治思想准备。

1968 年 10 月召开的八届十二中全会（扩大），给刘少奇强加上“叛徒、内奸、工贼”的罪名，作出了完全错误的政治结论和“永远开除出党，撤销其党内外一切职务”的决议。而这时的刘少奇不仅不能参加全会，还完全被剥夺了申辩的权利。在这样的政治氛围中，与会的中央委员陈少敏仍在表决这项决议时没有举手同意。这是中华人民共和国历史上最大的一起冤案。1969 年 10 月，重病中的刘少奇被送往河南开封，11 月 12 日含冤病逝于开封囚禁处。因刘少奇冤案受株连被错判的案件多达 2.6 万余件，涉及 2.8 万多人。

● 珍宝岛事件和加强战备

“文化大革命”期间，军队和地方的战备工作受到严重冲击，有的陷于瘫痪和停顿状态。九大前后，美苏争霸一时出现了苏攻美守的局面；中苏两国关系急剧恶化，中国共产党和苏联共产党在对国际共产主义运动以及国际形势的看法等问题上的争论不断升级，两国间的边界冲突也逐渐加剧。从 1968 年起两国边境冲突事件显著增加，珍宝岛成为中苏双方边界斗争的焦点之一。8 月，以苏军为首的华沙条约组织部队对捷克斯洛伐克发动大规模突然袭击，苏联领导人相继提出“有限主权论”和“国际专政论”，更使中国领导人加重了对苏联大规模入侵的紧迫性、严重性的估计。为应付可能的突发事件，加强战备的问题被尖锐地提了出来。

从 1968 年初到 1969 年初，在中央军委对冲突程度的严格控制及调整下，中国边防部队在苏联挑起的一系列事端中只是作了有限的反应，一直采取忍让和克制态度。1969 年初，珍宝岛地区的形势渐趋紧张。3 月，苏联军队入侵乌苏里江主航道中国一侧的珍宝岛，造成严重流血事件。在 3 月 2 日、15 日和 17 日的战斗中，中国边防部队共击毁击伤苏联边防军坦克、装甲车 17 辆，击毁卡车、指挥车各 1 辆，打死打伤 250 余人，缴获 T-62 型坦克 1 辆、各种枪支 31 支（挺），还有部分弹药及其他军用物资。3 月 20 日，中央军委通令表扬参加珍宝岛自卫反击作战的全体指战员。珍宝岛事件后，中国在北京和全国各地组织了大规模的群众示威游行，强烈抗议苏联侵犯中国领土。

二、被个人崇拜气氛所笼罩的会议

● 会议的准备

“文化大革命”的过程，也就是九大的准备过程。

根据党的八大党章的规定，党的代表大会五年一届，党的第九次全国代表大会应在1961年召开。但是，由于种种原因，九大在“文化大革命”前一直没有举行。

早在1966年党的八届十一中全会时，毛泽东就提议在1967年的“适当时候”召开党的九大，并决定由中央政治局负责筹备此事。但是，当时党中央的实际状况以及后来的动乱局势，使九大的准备工作无法进行。1967年秋，毛泽东又就九大准备工作及召开时间等问题要张春桥、姚文元在上海作些调查。同年10月21日，中共中央、中央文革小组发出《关于征询对“九大”问题意见的通知》。11月初，毛泽东指出：“文化大革命”就是整党、整团、整政府、整军队；党要“吐故纳新”；党纲党章要修改。11月间，中央文革小组整理出一份筹备九大的通报，主要内容为：要把社会主义社会阶级斗争的理论写入九大党纲；要写一部党内两条路线斗争史；要大力宣传林彪是“毛主席的亲密战友和接班人”，并写入九大的报告和决议；要把“文化大革命”中涌现的“新生力量”选入党的中央委员会；要把“叛徒、特务、自首分子和反革命修正主义分子”“统统清除出去，以根除隐患”。通报中的这五条，实际上成为准备九大和修改党章的指导思想。12月，中共中央、中央文革小组又先后发出《关于整顿、恢复、重建党的组织的意见和问题》和《关于进行修改党纲党章工作的通知》。《通知》要求各地参照上海市革命委员会开展群众性修改党纲党章运动的经验，组织党纲党章修改小组和群众性的讨论，提出关于修改党纲党章的方案。

九大的具体准备工作，是从1969年2月开始的，具体工作由中央文革碰头会承担。2月2日，周恩来向毛泽东报送《中共中央、中央文革关于九大准备工作的通知》草案，内容包括：代表产生办法、党章修改、1969 年国民经济计划、国内外形势和政策、中央机构、九大宣传方针等。毛泽东当天批示："照发。"当时各省、市、自治区党委以至基层党组织，都还没有恢复或建立，绝大多数党员还没有恢复组织生活，召开这次代表大会的条件并不成熟。九大的代表不可能从选举中产生，而是由中央和各地革命委员会党的核心小组协商推选出来的。这使林彪、江青等人得以乘机把他们帮派体系的许多人塞进代表行列中，造成九大在组织上的严重不纯。各地代表在 3 月下旬陆续集中北京，分住在北京饭店、前门饭店和京西宾馆。大会秘书处设在京西宾馆。各宾馆警卫森严，大门紧闭，代表一律不准外出；室内电话全部撤掉，靠街的窗户不得打开，晚上须拉上窗帘。

在各项具体准备工作中，毛泽东最关心的是九大报告的起草。2 月 7 日，他召集中央文革碰头会成员开会时说："搞出第一稿就有办法了，无非是全部推翻再搞。让他们几个人搞，伯达牵头，伯达、春桥、文元，林彪同志挂帅。文章写出后才好开会。现在讲几个里程碑（指把毛泽东思想说成是马克思主义发展的第三个里程碑。——编者注），我就不赞成。"[①] 会上初步商定报告稿在 2 月 20 日交稿，九大在 3 月 15 日开幕。2 月 19 日，毛泽东催促陈伯达："你报告写得差不多了吧！二十号交卷有希望吗？你们三个人要一齐找林彪同志谈一谈。"[②] 3 月 3 日，期限已过了十多天，仍然没有消息。毛泽东很生气，在找中央文革碰头会议成员谈话时说："原定二月二十日交卷，交不了又不说明道理。会议决定的，一个人（指陈伯达——编者注）推迟时间。"[③] 3 月 7 日，毛泽东在谈话时表现出更大的不满，说："开会，一个主要的是文件，一个是党章，一个是选举。做了决议又不办，不办又不报告。还是准备两手：一个是写出报告可用，一个是不能用。"他问陈伯达：你究竟什么人在搞。陈伯达回答：我自己一个人在写。毛泽东说："你这个

① 逄先知、金冲及主编：《毛泽东传（1949—1976）》（下），中央文献出版社 2003 年版，第 1545 页。

② 逄先知、金冲及主编：《毛泽东传（1949—1976）》（下），中央文献出版社 2003 年版，第 1545 页。

③ 逄先知、金冲及主编：《毛泽东传（1949—1976）》（下），中央文献出版社 2003 年版，第 1545 页。

人每次都说知过必改，可就是不改，永世不变。”此后，尽管陈伯达把已经写出的部分稿子交给了周恩来，并由中央文革碰头会讨论，毛泽东还是于3月12日提出换人的问题，说：“是不是请你们三位：康、张、姚三位。”“两家各搞各。”并且点明报告的主题：“总之，要提出矛盾来，无产阶级、资产阶级斗争，为什么要搞文化大革命。阻碍群众运动，就是有这个东西，相当严重。”这以后，九大报告就由张春桥、姚文元来起草。三天后，毛泽东说：“报告没有写好，迟几天开会不要紧。给陈伯达是一个月，给你们半个月，索性四月一日开会。”张、姚两人从16日起陆续将报告稿分批送审，毛泽东改了多遍，在3月31日完稿。①

3月31日，周恩来给毛泽东写报告说：“今晚与主席团预选成员和军队主要负责同志协商徐海东同志为九大代表。如取得大家同意，拟同时提议徐也参加主席团，然后由各组召集人回到各组征求全体代表同意。徐海东同志既已当代表，就以参加主席团为好，我和军委办事组各同志商量都同意，请示主席批准。”毛泽东批示：“同意。明天宣布开幕式上主席台。人数不宜太少，似宜有伯达、康生、董老、伯承、朱德、陈云等数人参加。”②

● 大会进程

1969年4月1日，大会在狂热的个人崇拜气氛中正式开始。出席大会的代表共1512人，当时全国有党员2200万，绝大部分没有恢复组织生活。大会预备会期间，毛泽东提出要总结经验，落实政策，准备打仗。这三句话成为九大的指导思想。

大会主席台的排列十分有特点，毛泽东居中，左边是林彪、康生、江青等为代表的所谓“新文革”的成员，而右边则是以周恩来为首的所谓“旧政府”的成员，对照鲜明，意味深长。

毛泽东亲自主持会议并致开幕词。他在开幕词中简要地回顾了中国共产党成立以来历次代表大会的情况，提出：“我们希望这次代表大会，能够开成

---

① 逄先知、金冲及主编：《毛泽东传（1949—1976）》（下），中央文献出版社2003年版，第1545—1546页。

② 《周恩来年谱（1949—1976）》（下卷），中央文献出版社1997年版，第289页。

一个团结的大会，胜利的大会。大会以后，可以在全国取得更大的胜利。”大会先通过大会主席团名单，并推举大会主席。毛泽东向台下说：“我提议林彪同志当主席团主席，大家同意不同意？”林彪马上惊慌地站起来大声说：“伟大领袖毛主席当主席。”毛泽东又说：“林彪同志当主席，我当副主席，好不好？”林彪连连摆手说：“不好，毛主席当主席，大家同意请举手！”于是，全场举手通过。于是毛泽东又提议林彪当副主席，周恩来当秘书长，也获得通过。

接着，由林彪代表中央作政治报告。政治报告共分八个部分：一、关于无产阶级文化大革命的准备；二、关于无产阶级文化大革命的过程；三、关于认真搞好斗、批、改；四、关于无产阶级文化大革命的政策；五、关于我国革命的最后胜利；六、关于党的整顿和建设；七、关于我国和外国的关系；八、全党、全国人民团结起来，争取更大的胜利。报告用很大篇幅来回顾“文化大革命”准备和发展的过程，体现了毛泽东关于“文化大革命”理论和实践的基本观点，充分肯定作为“文化大革命”指导思想的“无产阶级专政下继续革命的理论”，使这种错误的理论和实践进一步合法化，提出了“认真搞好斗、批、改，把上层建筑领域中的社会主义革命进行到底”等任务，形成所谓九大的政治路线。

政治报告从充分肯定“文化大革命”的理论和实践出发，错误地认定中华人民共和国成立以来党的历史是毛主席的马克思列宁主义路线“同党内右的和‘左’的机会主义路线斗争的历史”，认定“党内两条路线的对立和斗争，是社会阶级矛盾和新旧事物矛盾在党内的反映”，而我们党正是在两条路线斗争中“巩固、发展、壮大起来的”。由此出发，报告对中华人民共和国成立以来特别是八大以来党的历史在许多重要方面作了歪曲的总结：一方面，把八大以后党在指导思想上和实践上的许多“左”的错误作为正确的加以肯定；另一方面，把党在八大以来探索适合中国情况的建设社会主义道路（包括纠“左”过程）中提出的许多正确的和比较正确的思想、政策和积极成果，作为“修正主义”加以批判。这样，中华人民共和国成立以来党和国家的历史就被完全颠倒了。

报告专门以一节论述了党的整顿和建设，认为“无产阶级文化大革命的胜利，为我们在无产阶级专政条件下如何进行党的建设，提供了宝贵的经验”；“离开了无产阶级专政下继续革命，就不能正确地解决党的建设问题，

建设一个什么样的党和怎样建设党的问题”；“这次无产阶级文化大革命，是我们党的历史上一次最广泛、最深刻的整党运动”。历史已经证明，在建设一个什么样的党和怎样建设党的问题上，“文化大革命”的做法是完全错误和失败的。

这个政治报告的最核心内容，是阐述指导“文化大革命”的“无产阶级专政下继续革命的理论”的基本内容及其“伟大意义”。这个理论是对 1957 年反右派斗争严重扩大化以来，在社会主义社会阶级斗争问题上“左”倾错误论点的进一步发展。“文化大革命”全面发动以后，这个理论的主要论点基本形成。1967 年 11 月 6 日，《人民日报》、《红旗》杂志、《解放军报》发表题为《沿着十月社会主义革命开辟的道路前进——纪念伟大的十月社会主义革命五十周年》的编辑部文章。这篇经过毛泽东审定的文章把这些论点正式定名为“无产阶级专政下继续革命的理论”。文章称这个理论是“马克思主义发展到一个崭新阶段，即毛泽东思想阶段的一个极其重大的标志”，“在马克思主义发展史上，树立了第三个伟大的里程碑”，“具有划时代的意义”。九大政治报告进一步称这个理论是照耀着中国社会主义革命和社会主义建设航向的“光芒万丈的灯塔”，是对“马克思列宁主义的理论和实践的一个伟大的新贡献”，根据这个理论发动的“文化大革命”，“是完全必要的，是非常及时的”。“无产阶级专政下继续革命的理论”是毛泽东关于社会主义阶段阶级斗争的“左”倾错误观点发展到“文化大革命”时期的总概括，也是“文化大革命”的总的指导思想。它的核心在于认为在无产阶级夺取政权之后，还要进行一个阶级推翻另一个阶级的“大革命”。历史已经证明，它不仅违背了马克思主义的基本原理，违背作为马克思主义在中国的运用和发展的毛泽东思想精髓——实事求是，也脱离甚至歪曲了社会主义改造完成后中国的实际，脱离了当代世界发展的潮流和时代特点，在理论上和实践上都是极端错误的。

从 4 月 2 日起，开始分组讨论政治报告和《中国共产党章程》的修改草案。各小组对政治报告进行逐章逐段的学习讨论，并结合实际“斗私批修”。所谓“斗私批修”，主要是对参加大会的一些老同志再一次进行批判，并迫使他们一次又一次地作自我批评。

毛泽东在大会秘书处和各大组部分召集人的会议上提议，把朱德、陈云、邓子恢、张鼎丞、叶剑英、徐向前、聂荣臻、李富春、李先念、陈毅等10位老同志选进中央委员会。根据毛泽东的指示精神，主席团秘书处作出规定：对朱德等10位老同志，既要保证这10人当选，又不能让他们得到高票，这样才能使这些人认识到自己错误的严重性，促使他们转化。为此，各代表团受领任务：把哪些人投或不投这10名老同志的票，落实到“人头”。

大会通过的新党章的总纲把集中体现毛泽东晚年“左”倾错误的“基本路线”写入其中，而且对“文化大革命”也明文加以肯定。尤其荒谬的是，党章明确规定“林彪同志一贯高举毛泽东思想伟大红旗，最忠诚、最坚定地执行和捍卫毛泽东同志的无产阶级革命路线。林彪同志是毛泽东同志的亲密战友和接班人”。在“党员”这一章里，只有义务，没有权利。

4月14日，由毛泽东主持召开九大的第二次全体大会。会上，先后有周恩来、陈伯达、康生、黄永胜、王洪文、陈永贵、孙玉国、尉凤英、纪登奎等九人发言。来自珍宝岛前线、同苏联入侵军队作战的基层指战员代表孙玉国上台时和发言结束后，毛泽东站起来鼓掌，同他握手，并且说：“坦克、装甲车、大炮、飞机，我们都要，但是主要要靠我们步兵的勇敢。”

大会选举产生了170名中央委员和109名候补中央委员。近70%的原八届中央委员和候补中央委员未选入中央委员会，许多功勋卓著、德才兼备的老干部被排除在外。一批帮派体系中的骨干和亲信，以及一些投机钻营之徒和“打、砸、抢”分子进入了中央委员会。在选举中，有的代表顶住压力，把并非候选人的王稼祥、胡耀邦等人的名字写在选票上。

宣布选举结果后，由林彪宣布大会闭幕。大会闭幕以后，中央组织各地九大代表到北京的一些工厂、学校和农村参观，主要是参观所谓毛泽东亲自抓的“六厂二校”，即：北京二七机车车辆工厂、北京针织总厂、北京北郊木材厂、北京南口机车车辆机械厂、新华印刷厂、北京化工三厂、北京大学、清华大学。5月1日晚，代表们在天安门观看了烟火。此后，九大代表陆续离开北京回到各地。

三、思想上政治上组织上的指导方针都是错误的

九大自始至终被强烈的个人崇拜和“左”倾狂热气氛所笼罩。大会以“无产阶级专政下继续革命的理论”为核心，全面肯定了“文化大革命”，称其是一场真正的无产阶级革命，是对马列主义理论和实践的一个伟大的新贡献；把党的全部历史说成是两条路线斗争的历史，即所谓“毛主席的马克思列宁主义路线，同党内右的和‘左’的机会主义路线斗争的历史”；虚构了以刘少奇为头子的“资产阶级司令部”，肯定了强加给刘少奇的种种罪名；对中国社会的形势以及党的政治状况作了错误的估计。报告对战争到来的可能性作了紧迫和夸大的估计，过分强调要准备打仗。九大的重大决策如下。

● 认真搞好“斗、批、改”

“斗、批、改”的任务，最先是在八届十一中全会通过的“十六条”中提出的，其含义是“斗垮走资本主义道路的当权派，批判资产阶级的反动学术‘权威’，批判资产阶级和一切剥削阶级的意识形态，改革教育，改革文艺，改革一切不适应社会主义经济基础的上层建筑”。在“文化大革命”取得所谓“全面胜利”的基础上，党的九大号召全党、全军和全国各族人民，坚决执行毛主席的无产阶级革命路线，继续巩固和加强无产阶级专政，把上层建筑包括教育、文艺、新闻、卫生等各个文化领域中的革命进行到底，完成“斗、批、改”的各项任务；强调要一个一个工厂、一个一个学校、一个一个公社、一个一个单位，有步骤地、深入细致地、踏踏实实地、合理地完成这些任务；要具体分析各地的情况，注意到运动发展的不平衡，定出必要的规划，在全国范围内完成“斗、批、改”各个阶段的任务。九大前后到 1970 年九届二中全会之前的各项政治活动，基本都包括在“斗、批、改”这个总任务之中。“斗、批、改”的内容十分广泛，影响较大的，除上述整党建党外，还有知识青年上山下乡、干部下放劳动、教育革命、清理阶级队伍、活学活用毛泽东思想等几项。毛泽东希望通过“斗、批、改”运动，在各个方面、各个行业落实党的一些政策，清除资产阶级、修正主义的影响，“斗私批修”，树立无产阶级的新风尚、新思想，巩固和发展“文化大革命”的成果，把无产阶级专政的任务落实到基层，达到“抓革命、促生产、促工作、促战备”的目的。从毛泽东提出的初衷而言，这反映了他追求建立一种新型社会主义的努力，后来提出的一些任务，旨在通过深入开展阶级斗争来恢复国家正常秩序。但是，由于各项“斗、批、改”任务都是实践“继续革命理论”的方针政策，或是缓解社会矛盾的应变举措，实际上将“左”倾错误在某些方面更加具体化，因而未能实现国家治理的愿望。1971 年 9 月林彪事件发生后，“斗、批、改”很少再被提及。

● 整党建党

九大的政治报告专门有一个部分论述了党的整顿和建设问题，指出：“无产阶级文化大革命的胜利，为我们在无产阶级专政条件下如何进行党的建设，提供了宝贵的经验。”在九届一中全会上，毛泽东提出党“事实是需要重建”，因而“每一个支部，都是要重新在群众里头进行整顿”。如何在无产阶级专政条件下加强党的自身建设，使广大党员特别是党的领导干部密切联系群众，防止官僚主义和腐败作风的侵蚀，使党永远代表人民的利益，是中华人民共和国成立后毛泽东一直高度关注的重大问题之一。“文化大革命”发动以后，开展整党被作为运动的一个重要内容。1967 年 10 月以后，毛泽东提出整党的任务。他所说的“党组织应是无产阶级先进分子所组成，应能领导无产阶级和革命群众对于阶级敌人进行战斗的朝气蓬勃的先锋队组织”，被称为整党建党的“五十字纲领”。这个“纲领”在社会主义基本制度已经建立、阶级斗争只在一定范围内存在的条件下，把“对于阶级敌人进行战斗”作为党的首要任务，而对领导国家的经济、政治和文化建设却只字不提。当时所说的“阶级敌人”，又主要是指所谓以刘少奇为代表的“资产阶级司令部”及其在各地的“代理人”。党的九大再次强调：毛主席的这个指示，“确定了我们整党建党的政治方向”。

九大以后，在 1970 年 2 月下旬至 4 月中旬分别召开全军和全国整党建

党座谈会后，整党工作进度加快。这次整党的一个主要内容是“吐故纳新”。1967 年 11 月，毛泽东在一次谈话中说：“一个无产阶级的党也要吐故纳新，才能朝气蓬勃。不清除废料，不吸收新鲜血液，党就没有朝气。”① 在这样的指导思想下，一些派性严重的单位出现了“大吐大纳”“造反入党”“吐疏纳亲”等问题。其结果是一部分符合条件的党员不能恢复组织生活或被错误地开除党籍，而接纳的新党员则有一部分不符合党员条件。至 1971 年，在基层组织恢复的基础上，各省、市、自治区先后召开党代表大会，产生新的省级党的委员会。

这次整党运动，由于指导方针的错误，问题很多。“文化大革命”中严重发展起来的个人崇拜、无政府主义、大闹派性等恶劣的思想作风对党的侵蚀和损害，根本不可能得到解决。党员之间、党员与党组织之间的关系大都处于一种很不正常的状态。但是，这次整党毕竟重新建立了从中央到地方的各级党组织，恢复了大多数党员的组织生活，对于遏制造反派势力，稳定局势，推进工农业生产，还是起了一定作用。

四、“文化大革命”的错误理论和实践合法化

●“文化大革命”的错误理论和实践合法化

《关于建国以来党的若干历史问题的决议》对党的九大作出了明确的结论：“党的九大使‘文化大革命’的错误理论和实践合法化，加强了林彪、江青、康生等人在党中央的地位。九大在思想上、政治上和组织上的指导方针都是错误的。”毛泽东曾经多次预计，“文化大革命”能在一两年、两三年内有一个好的结束。但局势的发展，使他也感到难以驾驭，多次的预计都流于落空。九大的召开，也没有像他所预计的那样，使这场“大革命”以胜利的姿态趋向结束；恰恰相反，由于思想上、政治上“左”倾错误的

① 《吸收无产阶级的新鲜血液》，《红旗》杂志 1968 年第 4 期社论。

加深和组织上的严重不纯，实际上是潜伏着更深的危机，酝酿着更加复杂尖锐的斗争。

●“要准备打仗”

1969年4月28日，毛泽东在党的九届一中全会上发出“要准备打仗”的号召。6月和8月，新疆裕民县的塔斯提地区和铁列克提地区又因苏军入侵发生了中苏武装冲突。苏联在中国北方陈兵百万，向中国发出新的战争威胁，甚至进行核恐吓。面对这种威胁，全国性的战备工作很快进入高潮。6月至9月间，中共中央、国务院、中央军委召开了一系列战备会议，研究制定作战方案。8月27日，根据毛泽东提议，成立了以周恩来为首的全国人民防空领导机构。之后，各省、市、自治区也成立了相应的机构，全国随即出现了修建防空工程的高潮。8月28日，中央发布命令，要求克服派性，加强军民、军政团结，充分作好反侵略战争的准备。随后，各省、市、自治区分别召开数十万人的动员、宣传大会，并开始整顿社会秩序、疏散人员和转移物资等。9月，毛泽东在国庆20周年口号送审稿中加写了一个口号：“全世界人民团结起来，反对任何帝国主义、社会帝国主义发动的侵略战争，特别要反对以原子弹为武器的侵略战争！”10月17日，因“紧急备战”转移至苏州的林彪，给在北京的黄永胜发出“紧急指示”，要求全军立即进入紧急战备状态。次日，黄永胜等人即以“林副主席第一个号令”的形式向全军下达这个指示。这次大规模的战备，对国内的政治生活产生了很大影响。一方面，紧张的空气和一系列加强战备的坚决措施，对于抑制武斗、平息动乱起到了一定作用。另一方面，紧张的气氛又助长了阶级斗争扩大化的错误，1969年底，原来的许多中央领导人，都被紧急地分别疏散到外地，从而被完全排除在党和国家的政治生活之外。

附录：九届中央委员会历次全会简介

九届一中全会

1969年4月28日在北京举行。毛泽东主持会议并讲话。会议选举了中央领导机构。毛泽东被选为中央委员会主席，林彪为副主席。周恩来、陈伯达、康生为中央政治局常务委员。会议选出中央政治局委员21人：毛泽东、林彪、叶群、叶剑英、刘伯承、江青、朱德、许世友、陈伯达、陈锡联、李先念、李作鹏、吴法宪、张春桥、邱会作、周恩来、姚文元、康生、黄永胜、董必武、谢富治。选出政治局候补委员4人：纪登奎、李雪峰、李德生、汪东兴。同日，新的中央政治局通过中央军事委员会的名单：毛泽东任中央军委主席，林彪、刘伯承、陈毅、徐向前、聂荣臻、叶剑英任中央军委副主席。此外，还决定了中央军委办事组的名单，以黄永胜为组长、吴法宪为副组长，实际上他们已经把持了军委的日常工作。

九届二中全会

1970年8月23日至9月6日在庐山举行。出席会议的有中央委员155人，候补中央委员100人。在全会开幕前夕，8月22日召开了中央政治局常委会议。毛泽东在会上提出：要把这次会议开成一个团结的、胜利的会，不要开成分裂的、失败的会。

8月23日下午，九届二中全会正式开幕。会上，林彪首先发言。他说："毛泽东同志是当代最伟大的马克思列宁主义者。毛泽东同志天才地、创造性地、全面地继承、捍卫和发展了马克思列宁主义。"又说宪法草案"肯定毛主席的伟大领袖、无产阶级专政元首、最高统帅的地位；肯定毛泽东思想作为全国人民的指导思想，是全国一切工作的指导方针，这一点非常重要，非常重要"。他进一步强调："毛主席是天才，我还是坚持这个观点。""这次宪法里面规定毛主席的领导地位，规定毛泽东思想是指导思想。我最感兴趣的、认为最重要的就是这一点。”

8 月 24 日，陈伯达、吴法宪、叶群、李作鹏、邱会作分别在华北组、中南组、西南组、西北组会议上，同时宣讲由陈伯达、叶群连夜选编的《恩格斯、列宁、毛泽东关于称天才的几段语录》，陈伯达还大肆鼓吹林彪在前一天会上的讲话，叫嚷要设国家主席。叶群也大讲“天才”和设国家主席的问题。

8 月 25 日上午，载有陈伯达等人发言的全会第六号简报（即华北组第二号简报）印发后，立即在各组引起强烈反响。与会者纷纷要求把“不赞成毛主席当国家主席”的人“揪出来”。几个大组的发言中，已有人直接点了张春桥的名，华东组也有人不指名地批评了江青。25 日下午，江青、张春桥、姚文元到毛泽东处反映会议的情况和第六号简报引起的反响。随即，毛泽东主持召开中央政治局常委扩大会。会前，毛泽东与林彪、周恩来分别谈话再次明确表示，不要设国家主席，他也不当国家主席。在这次中央政治局常委扩大会议上，毛泽东还对林彪说：“我劝你也别当国家主席，谁坚持，谁去当！”会议决定立即停止讨论林彪的讲话，收回第六号简报。

8 月 31 日，毛泽东写了《我的一点意见》，严厉批评陈伯达等“采取突然袭击，煽风点火，唯恐天下不乱，大有炸平庐山，停止地球转动之势”，提出“不要上号称懂得马克思，而实际上根本不懂马克思那样一些人的当”。为了争取和稳住林彪，毛泽东在《我的一点意见》中，特地写上“我同林彪同志交换过意见，我们两人一致认为”这样的话。按照毛泽东的意见，全会开始揭发批判陈伯达，吴法宪等也受到批评。他们在慌乱中加紧私下活动，商讨统一口径。

9 月 6 日下午，全会闭幕。在闭幕会上，毛泽东讲话说：“庐山是炸不平的，地球还是照样转。”他反复强调坚持九大路线，说：“不讲团结不好”，“群众也不高兴”，但团结“不是无原则的团结”。会上，中央宣布了对陈伯达进行审查的决定。全会匆匆通过国务院关于全国计划会议和 1970 年国民经济计划的报告，批准了中央军委关于加强战备工作的报告。

九届二中全会上的斗争，是林彪、江青两个集团长期以来尤其是党的九大以来不断积累起来的矛盾的一次总爆发。但是，毛泽东发表《我的一点意见》之后，会议上的斗争变为毛泽东领导的反对林彪等人的斗争。

中共十大：
难以继续的“继续革命”

一、“接班人”叛逃以后

● 九一三事件与林彪集团的覆灭

九届二中全会后，随着“批陈整风”运动的深入，很多严重问题被揭发出来。但林彪仍然不作自我批评，叶群、黄永胜等人在检讨中也一字不提林彪。1970 年 5 月间由林立果、周宇驰秘密组建并得到林彪接见的空军司令部“调研小组”，这时改名为“联合舰队”。11 月 16 日，中央下发《关于传达陈伯达反党问题的指示》和毛泽东《我的一点意见》，“批陈整风”运动在全党展开。林彪一直“称病”不出，既不批陈，又不作检讨。1971 年 3 月初，他在苏州用南唐后主李煜词中“几曾识干戈”“垂泪对宫娥”的句子来警告林立果等人不能“束手待毙”。于是，林立果在上海秘密制定出一份反革命政变计划《“五七一工程”纪要》。“五七一”是“武装起义”的谐音。他们准备使用暴力手段来夺取党和国家的最高权力。3 月底，林立果等初步确定出实施政变的指挥系统和人员分工。

经过庐山会议以来的“批陈整风”运动，毛泽东从大量揭发材料中觉察出林彪等人的所作所为十分可疑。他决定去南方一些地方，边调查、边“吹风”，为即将召开的党的九届三中全会作准备。刘丰（武汉军区政委）、顾同舟（广州军区空军参谋长）和王维国（空四军政委）违反毛泽东不许把他讲话内容外传的规定，通过各种渠道，把毛泽东谈话的主要内容密报林彪等人。9 月 5 日、6 日，林彪等人获悉了毛泽东谈话的有关内容，十分紧张。他们猜测国庆节前后将召开九届三中全会，可能要解决他们的问题，于是便孤注一掷。7 日，林立果向“联合舰队”下达“一级战备”命令。毛泽东对他们的阴谋有所察觉，遂决定改变行程，于 9 月 11 日下午 2 时突然乘专列离沪，全速北上。12 日下午，毛泽东安全抵达北京。

毛泽东安全抵京使林彪一伙暗害他的阴谋破产，他们决定南逃广州。12 日晚他们调 256 号三叉戟飞机到海军山海关机场，准备供正在北戴河的林彪、叶群南逃广州使用。当晚，驻北戴河的警卫部队将林彪之女林立衡关于林彪、叶群、林立果要乘飞机的消息转报北京。周恩来查问 256 号专机的动向和随机人员，随后周恩来又下达禁航令。林彪、叶群、林立果等感到南逃广州也不可能，临时决定北逃。9 月 13 日零点左右，他们不顾警卫部队的阻拦，乘车从北戴河逃往山海关机场。零点 32 分，林彪、叶群、林立果等登上 256 号专机，没等副驾驶员、领航员、服务员登机和加油完毕，就强令飞机起飞，仓皇北逃。周恩来接到报告后，立即向毛泽东报告，并果断发出全国禁空令。毛泽东说："林彪还是我们党中央的副主席呀！天要下雨，娘要嫁人，不要阻拦。让他飞吧。"2 点 30 分，256 号飞机在蒙古人民共和国温都尔汗东北 60 公里处坠毁，同机九人，无一生还。

九一三事件给全党全国人民尤其是广大基层干部和普通群众以强烈的震动。许多人开始从崇拜和迷信狂热中清醒，怀疑、抵制"文化大革命"的人越来越多。这一事件给毛泽东的震动和打击更大。他借用唐代诗人杜牧的一首七言绝句，抒发自己复杂的心情：折戟沉沙铁未销，自将磨洗认前朝。东风不与周郎便，铜雀春深锁二乔。

九一三事件后，还产生了一些急需解决的重大政治问题：九大党章规定的"林彪同志一贯高举毛泽东思想伟大红旗，最忠诚、最坚定地执行和捍卫毛泽东同志的无产阶级革命路线"，"林彪同志是毛泽东同志的亲密战友和接班人"的提法，成为巨大的讽刺。九届一中全会选出的 21 名政治局委员，有 7 名属于林彪集团的骨干受到审查，缺额三分之一的政治局难以正常工作。由此引发人们的疑问：九大的路线是不是正确的？林彪事件后最初的一段时间里，干部群众不明原委，议论纷纷，社会上小道消息沸沸扬扬。根据毛泽东的指示，中央陆续将揭发林彪集团反革命政变阴谋活动的一系列重要文件逐级传达至基层。随着传达范围的逐步扩大，群众对事件本身的猜测逐渐平息，但对"文化大革命"的怀疑和议论却明显增多。很显然，这些问题不解决，是无法向全党和全国人民交代的，也不利于党的领导和社会稳定。要解决这些问题，只有通过党的最高权力机关——全国代表大会才能完成。

●"批林整风"运动的内在矛盾

1971 年 10 月以后，随着林彪反革命集团的罪行材料陆续发出并传达到

基层，按照毛泽东的布置，在全国范围内开始了“批林整风”运动。林彪事件对全党全国的震撼是巨大的，它动摇了人们对“文化大革命”一系列基本理论的看法。由于林彪反革命集团是以极左的面目出现从事阴谋活动的，因此，对林彪反革命集团的揭发批判，也自然集中在批判极左思潮上。这在客观上有助于纠正“文化大革命”的错误。在毛泽东的支持下，周恩来在主持中央工作中，开始比较系统地纠正极左思潮，落实干部政策，恢复正常秩序，使各方面的工作有了转机。但是，毛泽东在承认并纠正“文化大革命”某些错误的同时，却仍然继续坚持“文化大革命”的错误指导思想，并错误地认为这样的运动以后还要多次进行。特别是继续坚持极左思潮的江青等人，仍然受到毛泽东的信任和重用。这些都决定了不仅纠正极左思潮的努力不可能进行到底，而且政治局势还有出现大的反复的可能。

广大干部群众对林彪反革命集团的政变阴谋活动非常痛恨，对他们在“文化大革命”中的所作所为也十分愤慨，但是普遍感到批深批透林彪的谬论并不容易。一些地方反映，干部群众中的主要思想障碍是不好批，不敢批，希望等待上级表态。1972 年上半年中央发出的批林文件中，强调批林与联系实际要和整风结合起来，也就是要与思想和政治路线方面的教育结合起来，与解决本地区、本部门的具体问题结合起来。但是，由于对林彪事件的实质采取回避态度，加上长期以来普遍存在的阶级斗争扩大化气氛，这次“批林整风”又导致了扩大化的后果。一些地方在联系实际批林的过程中对本地的问题出现无限上纲的情况；一些地方出现了领导班子中的派性斗争，或是群众要批领导的“瞎指挥”，而领导却要批群众的“无政府主义”；一些地方对“支左”的军队干部提出激烈的批评。

1972 年 5 月 21 日至 6 月 23 日，党中央在北京召开“批林整风”汇报会。中央各部门，各省、市、自治区和各大军区、军兵种负责人 312 人与会。在会议所发的文件中，第一次公布了毛泽东 1966 年 7 月 8 日给江青的一封信。在信中，毛泽东表示了对林彪 1966 年 5 月 18 日有关政变和个人崇拜讲话的不满和不安。江青在会上说，在这次会议上公布这封信，是为了说明毛泽东对林彪等人早有觉察。7 月上旬至 8 月上旬，各省、市、自治区也陆续召开“批林整风”会议，要求把“批林整风”当作“头等大事”来抓，重点是批林，在此基础上搞好整风，加强党的一元化领导，反对山头主义、宗派主义，等等。但是，这些会议都未能解决批林如何深入的问题。

当时，也有一些地区和部门不是根据文件所定的调子，而是根据自己的经验和判断，明确地提出要“认真批判林彪煽动极左思潮的罪行”，“当前主要是克服极左思潮的干扰”。在周恩来的领导和支持下，这种真正反映群众意愿的呼声使“批林整风”运动突破了原定的框架。

● 外交战线打开新局面

中华人民共和国成立后，美国政府一度对中国采取敌视态度。尼克松就任美国总统以后，美国开始调整对华政策，向中国方面发出一系列“信息”，表示愿意同中国对话。1970 年 3 月，尼克松通过巴基斯坦向中国传递口信：准备开辟一条白宫通向北京的直接渠道。同年 12 月 18 日，毛泽东会见美国作家斯诺时说：“尼克松早就说要派代表来，他对华沙那个会谈不感兴趣，要当面谈。他是代表垄断资本家的，解决两国关系问题就得同他谈。如果尼克松愿意来，我愿意和他谈。谈得成也行，谈不成也行；吵架也行，不吵架也行；当作旅行者来也行，当作总统来谈也行。总而言之，都行。”25 日，《人民日报》头版刊登了毛泽东在天安门城楼上和斯诺合影的照片。中国以这种方式向美国发出赞成中美实现高层对话的信息。

几个月后，中美接触的又一个机会来了。1971 年 3 月 27 日，中国乒乓球队赴日本名古屋参加第 31 届世乒赛。从中国乒乓球队“出征”那天起，毛泽东每天关注着世乒赛的“动态”。经过反复考虑，毛泽东于 4 月 7 日作出邀请美国队访华的决定。一星期后，周恩来在北京会见了来到中国的美国乒乓球代表团全体成员。周恩来用“有朋自远方来，不亦乐乎”的古话，对他们表示欢迎。1971 年 7 月 9 日至 11 日，尼克松的国家安全事务助理基辛格转道巴基斯坦秘密抵达北京。周恩来与基辛格就双方关心的问题特别是台湾问题进行了会谈，并就尼克松的访华时间进行了磋商。7 月 16 日，中美双方同时发表了关于基辛格访华的公告。这一举动引起了全世界的震动。

1972 年 2 月 21 日 11 时 30 分，美国总统尼克松的专机到达北京。周恩来等中国领导人前往机场欢迎。尼克松走下舷梯，将手伸向周恩来。当两只手握在一起时，全世界都看到了这一历史性的时刻：“一个时代结束了，另一个时代开始了。”周恩来对尼克松说：“你的手伸过世界最辽阔的海洋来和我握手——25年没有交往了啊！”同日下午2时40分，毛泽东在自己的书房会见了尼克松。当天晚上，周恩来在人民大会堂为尼克松举行欢迎宴会。经过一周的磋商，2月28日，中美双方在上海共同发表了《上海公报》。尼克松访华和《上海公报》的发表，标志着两国关系正常化的开始。正如毛泽东所说："中美关系正常化是一把钥匙。这个问题解决了，其他的问题就迎刃而解了。"[①]

以尼克松访华为标志，我国打开了外交新局面。在此之前，1971年10月18日，第26届联合国大会终于作出了恢复中华人民共和国在联合国的一切合法权利的决议。此后，日本首相田中角荣、法国总统蓬皮杜相继访华，中国和一批西方国家建立了外交关系，我国的外交事业迈上了新的台阶。

● 批判极左思潮

1972年批判极左思潮的斗争，是"文化大革命"中对"左"倾错误的一次比较全面的纠正。1971年9月林彪事件发生后，在毛泽东的支持下，周恩来主持中央日常工作，在非常困难的情况下，克服"左"倾错误在各个领域造成的严重危害，使各方面的工作有了转机。周恩来根据毛泽东的要求，加快落实干部政策，使一批遭受打击和迫害的党政军领导干部恢复了名誉，重新走上领导岗位。他加紧落实党在经济、文化、科技、统战等方面的政策，努力恢复文教科技部门的正常工作，整顿和加强企业管理，纠正农村一些"左"的政策，开展对外经济技术交流和发展对外贸易，使工农业生产有所好转。毛泽东虽然支持周恩来批判极左思潮，但他错误地认为当时的任务仍然是反对极右。江青集团趁机发动反对"右倾回潮"运动，周恩来领导的纠"左"努力被迫中断，全国形势再度恶化。

● 邓小平复出

1969年邓小平被疏散到江西南昌劳动。1971年11月5日上午，邓小平夫妇在他们"下放劳动"的新建县拖拉机修配厂内，和该厂全体工人一起听了中共中央《关于林彪叛国出逃的通知》文件传达。这时，已是林彪自取灭

---

① 林克、徐涛、吴旭君：《历史的真实》，中央文献出版社1998年版，第255页。

亡之后五十余天了。对此震惊中外的重大事件，饱经风雨的邓小平只对家人说了八个字：“林彪不死，天理不容！”

1972年1月，毛泽东参加陈毅的追悼会时，对张茜说起邓小平的性质属于人民内部矛盾。在场的周恩来听了十分高兴，暗示陈毅的子女们想办法把这个意思传出去，以制造舆论。

这年8月3日，邓小平写信给毛泽东，在承认“错误”的同时，表示自己愿意参加一些工作。14日，毛泽东阅后批给周恩来，称“邓小平同志所犯错误是严重的，但应与刘少奇加以区别”，并列举了邓小平历史上的功绩。周恩来立即把毛泽东的批示和邓小平的信印若干份分送中央政治局委员传阅。15日，周恩来又主持中央政治局会议传达了这一批示。同时，以中共中央的名义通知中共江西省委，宣布邓小平立即解除监督劳动，恢复党组织生活，作一些调查研究活动，并指示将原来的公务员、秘书调到邓小平身边帮助工作。12月18日，周恩来根据毛泽东提议，致信纪登奎、汪东兴，让他们考虑让邓小平重新出来工作的问题，还约他们面谈了这件事。之后，纪登奎、汪东兴根据谈话精神提出了邓小平仍任副总理的建议信。

1973年2月，年近七旬的邓小平突然接到中央的通知，要他近期返回北京。自2月下旬起至3月初，周恩来连续主持中央政治局会议，专题讨论邓小平的问题。最终的结果是1973年3月10日以中共中央名义发出《关于恢复邓小平同志的党的组织生活和国务院副总理的职务的决定》。决定指出：中央政治局认真讨论了毛主席的批示和邓小平同志的问题，毛主席的批示充分体现了我们党对待犯错误的同志总是严格区分两类不同性质的矛盾，全面地、历史地评价他们的功过，认真实行“惩前毖后、治病救人”的方针。遵照毛主席批示的精神，中央决定：恢复邓小平同志的党的组织生活，恢复他的国务院副总理的职务，由国务院分配他担任适当工作。各级党组织要认真学习毛主席有关正确对待犯错误干部的一系列指示，对犯错误的同志实事求是地作出结论，进一步落实党的干部政策。

1973年3月28日，周恩来、李先念等会见邓小平。次日，周恩来约邓小平到毛泽东那里开会。4月12日晚7时30分，在人民大会堂一楼宴会厅，周恩来总理正主持盛大宴会，热烈欢迎刚从柬埔寨解放区返回北京的柬埔寨国家元首诺罗敦·西哈努克亲王和夫人一行。邓小平也引人注目

地出席了晚宴，其公开的身份是“国务院副总理”。邓小平戏剧性地突然露面，使在场的众多中外来宾都惊讶不已。第二天，许多新闻媒体对邓小平重新出现在中国政治舞台都大加渲染。一时间，邓小平成了海外评论中国问题的“热点”。

二、特殊形势下提前召开的党代会

● 会议的准备工作

九一三事件后，党中央的高层领导结构已经残缺不全，九大选出的五个中央政治局常委只剩下三个，九大确定的路线、方针、政策以及通过的党章，也因为林彪夹杂其中造成了混乱和不便，亟须清理。在这种情况下，提前召开中国共产党第十次全国代表大会，已经成为迫切的任务。

1973 年 5 月 20 日至 31 日，中共中央工作会议在北京召开。参加会议的有中共中央政治局委员、候补委员和各省、市、自治区及中央各部门负责人共 246 人。5 月 20 日，由周恩来主持的第一次全体会议，宣布了三项议程：一、讨论筹备召开党的第十次全国代表大会；二、讨论各地、各单位“批林整风”运动情况；三、讨论 1973 年国民经济计划。在谈到邓小平复出一事时，周恩来兴奋地表示：中央关于恢复邓小平同志职务的文件，是一个有代表性的文件，对此，绝大多数同志都是满意的。小平同志今天出席了会议，同样情况的，还有其他一些人也出席了会议。这里讲的“其他一些人”，主要是指在“文化大革命”中受到冲击的一批老干部，而吸收这些老干部出席党的十大，是毛泽东这时正在考虑的一个重要问题。在讲到 1973 年国民经济计划时，周恩来传达了毛泽东关于项目多了，计划工作至今没有完全走上正轨的意见，并强调中央应该压项目，然后才有权力说服地方，要本着这一精神讨论、修改计划。会议还讨论了《中央关于党的十大代表的产生的决定》，确定代表名额为 1740 人。会议同意经毛泽东审定的《中央政治局关于修改党章问题的请示》中的各项规定。同意党章修改问题的重点是总纲部分；按毛泽东多次提出的现在还是帝国主义和无产阶级革命的时代进行修改，不写入“三个里程碑”的提法，不写入人名，增加毛泽东近年来若干新指示和“第十次路线斗争”的经验等内容。

5月25日，中共中央政治局召开会议，毛泽东提出要注意抓路线、抓上层建筑、抓意识形态，并要求学一点历史和批判孔子。关于“批林整风”运动，毛泽东强调，要批判从严，处理从宽，以九一三为线；犯了错误的允许改过，暂时未认识到错误的可以等待。

5月26日，周恩来主持第三次全体会议，传达了毛泽东25日在中央政治局会议上的讲话内容。在李先念讲解1973年国民经济计划时他插话说：关于基本建设问题，从“大跃进”时期到现在，都没有解决好，我们大家都犯过一些错误。关于开展对外贸易，我们主要依靠自力更生，但先进技术还是要学，要互通有无，平等贸易。

5月31日，周恩来主持第四次全体会议（结束会），在会上他着重谈了国民经济计划问题，提出：要继续认真贯彻毛主席关于发挥中央和地方两个积极性的指示，坚持企业下放，加强党的一元化领导；要在中央统一计划下，发挥地方的积极性。周恩来强调：“条条”要督促帮助地方，不能放而不管；打倒“条条专政”，是打倒“专政”，而不是打倒“条条”。关于计划体制问题，总是要搞协作区，东北、华北先搞，其他地区准备。此外中央将大力帮助西北、西南，首先把农业轻工业搞上去，为今后建立协作区打好基础。为缩短基本建设战线，计委和中央有关部门要逐省进行调查研究，逐个项目研究商定。他最后提出：“四五”计划已过去两年半时间，要抓紧有利时机，争取后两年半国民经济有一个更大的发展。会议一致同意《中央政治局关于修改党章问题的请示》和《中共中央关于党的第十次全国代表大会代表产生的决定草案（修改稿）》。

根据毛泽东的指示，这次会议宣布解放谭震林、李井泉、乌兰夫、李葆华、廖志高、江华、江渭清、王稼祥、秦基伟、李成芳、方强、陶鲁笳、曾希圣等13名老干部。会议还宣布，经毛泽东提议，中央政治局决定王洪文从上海调中央工作，与华国锋、吴德两人列席中央政治局会议并参加政治局的工作。

中央工作会议之后，各大单位“民主协商”选举出十大代表。张春桥、

姚文元负责起草了《在中国共产党第十次全国代表大会上的报告（草稿）》《关于修改党章的报告（草稿）》《中国共产党章程修改草案》，中央政治局7月初讨论修改，毛泽东作了“原则同意”的批示。

筹备十大的中央工作会议结束不久，7月4日，毛泽东约张春桥、王洪文谈话，说：“你们两位是负责搞报告和党章的。”谈话中，他强烈批评外交部一个内部刊物上对国际形势的判断，说：“外交部有一个什么《新情况》，先说大事不好，一说欺骗性更大，又说美苏主宰世界的气氛更浓。”“中央总是说国内外形势大好。一个大好，也不是中好，也不是小好。而外交部说大事不好，欺骗性更大。”美国“究竟重点东移，还是西移，你们讨论一下。我看多少西移一点吧！”“经常说什么大动荡、大分化、大改组。忽然来一个什么大欺骗、大主宰。总而言之，在思想方法上是看表面，不看实质。”毛泽东针对外交部内部刊物上那个看法，尖锐地提出：“结论是四句话：大事不讨论，小事天天送。此调不改动，势必搞修正。将来搞修正主义，莫说我事先没讲。”这次谈话中，他讲到不赞成否定秦始皇，认为林彪和国民党一样，都是“尊孔反法”的。得知毛泽东这个谈话后，主管外交工作的周恩来在外交部长姬鹏飞为此写给毛泽东的检讨报告加注：“这些错误与我的政治认识和工作方式有关。”毛泽东圈阅了这个报告。①

8月8日，中共中央发出关于召开中共十大预备会议的通知，要求将要出席中共十大的各代表组就地召开中共第十次代表大会的预备会议，讨论中共中央下发的三个文件，并学习中共中央下达的有关“批林整风”文件，为中共十大的正式召开作好准备。8月20日，中共中央通过了中央专案组《关于林彪反党集团反革命罪行的审查报告》，批准永远开除林彪、陈伯达等人的党籍。

1973年8月21日晚，周恩来主持中央政治局会议，商议十大主席团领导成员名单。根据毛泽东的意见，担任十大主席团主席、副主席的人，也就是第十届中央委员会主席和副主席的人选。主席团主席由毛泽东担任，没有任何异议。当议到副主席人选时，会上先后提出四人，即周恩来、王洪文、

---

① 逄先知、金冲及主编：《毛泽东传（1949—1976）》（下），中央文献出版社2003年版，第1656页。

康生和叶剑英。这时，政治局委员许世友提出："我看只要一个副主席就行了！"他所讲的"一个副主席"，是指周恩来。后来，他又认为有三个老同志（即周、康、叶）就够了。许世友的态度，表明他对迅速"进入"党中央核心并在十大筹备工作中身居要职的王洪文强烈不满。这种看法也代表了很多老干部的意见。为此，政治局决定再召集出席十大的中央和地方负责人开会，以便"打通思想""统一认识"。

8 月 23 日，在周恩来主持下，召开了中央党政军直属机关和各省、市、自治区负责人会议，进一步协商将在十大产生的中央领导机构成员名单。会上，周恩来着重说明毛泽东选调王洪文到中央工作的情况，表示："主席讲的我要传达，因为主席给我不知说过多少次了。我们应该按照这一精神，重视选拔青年干部，不能看不起'儿童团'。"他又说，"我年纪大了，但我还是要为党鞠躬尽瘁的，我们是立党为公，不是立党为私"。尽管这样，到会的许世友仍很不服气，多次插话陈述自己的意见。周恩来还说明："政治报告署了我的名字，但不是我写的，是张春桥按照毛主席的思想、路线起草的，经毛主席看过。报告是毛主席的思想，主席要我作报告。"①

● 会议进程

8 月 24 日至 28 日，中国共产党第十次全国代表大会在北京召开。出席大会的代表共 1249 人，当时全国有 2800 万名党员。8 月 24 日，毛泽东主持召开党的十大第一次全体会议。毛泽东宣布开会后，周恩来先问："主席讲几句不讲？"毛泽东没有讲，只是说请周恩来作报告和请王洪文讲话。

周恩来所作的政治报告由张春桥起草，经过毛泽东审阅。报告分为三部分，第一部分是"关于九大路线"，第二部分是"关于粉碎林彪反党集团的胜利"，第三部分是"关于形势和任务"，报告沿用了列宁的论述，指出："我们仍然处在帝国主义和无产阶级革命的时代。"报告继续肯定九大路线，肯定无产阶级文化大革命，肯定"无产阶级专政下继续革命"的理论。对于林彪集团，报告认为："林彪这个资产阶级野心家、阴谋家、两面派在我们党内不是经营了十几年，而是几十年，他有一个发展过程和暴露过程，我们

① 《周恩来年谱（1949—1976）》（下卷），中央文献出版社 1997 年版，第 614 页。

对他也有一个认识过程”；“粉碎林彪反党集团是我们党在九大以后取得的最大的胜利，是对国内外敌人沉重的打击。九一三事件以后，全党、全军、全国亿万各族人民进行了认真讨论，对资产阶级野心家、阴谋家、两面派、叛徒、卖国贼林彪及其死党，表示了极大的无产阶级义愤。对伟大领袖毛主席和以毛主席为首的党中央表示坚决拥护。在全国范围内，开展了批林整风运动。认真学习马克思主义、列宁主义、毛泽东思想，开展对林彪一类骗子的革命大批判，从思想上、政治上、组织上清算了他们的反革命罪行，提高了识别真假马克思主义的能力”。报告预言“林彪反党集团的垮台，并不是党内两条路线斗争的结束”，这样的斗争“还会出现十次、二十次、三十次”。政治报告关于国内任务的提法是：“坚持无产阶级专政下的继续革命，团结一切可以团结的力量，努力把我国建设成一个强大的社会主义国家。”报告认为国际形势的特点是“天下大乱”，“山雨欲来风满楼”。报告没有正确地分析林彪事件发生的原因，总结必要的教训，却把批判林彪的“极右实质”列为首要任务。这样的“左”倾错误指导方针，只能使“文化大革命”愈拖愈久，破坏性的后果愈来愈严重。

当周恩来读到报告中的“时代没有变，列宁主义的基本原则没有过时，仍然是我们今天指导思想的理论基础”时，毛泽东插话：“哎，不错。”当周恩来读到“应当强调指出：有不少党委，埋头日常的具体的小事，而不注意大事，这是非常危险的”时，毛泽东说：“对。”

王洪文向大会作《关于修改党章的报告》，说党章“修改草案和九大党章比较，主要是充实了两条路线斗争经验的内容”，强调“全党同志都要十分注意路线问题，坚持无产阶级专政下的继续革命”。《关于修改党章的报告》还把“天下大乱，达到天下大治，过七八年又来一次”认定为“客观规律”。党章修改草案增写了“文化大革命”“今后还要进行多次”的内容。报告号召全党“要有敢于反潮流的革命精神。毛主席指出：反潮流是马列主义的一个原则。许多同志在讨论修改党章时，联系党的历史和自己的经历，认为这是党内两条路线斗争中的一个十分重要的问题。我们党在民主革命前期，曾经几次出现过错误路线的统治，在民主革命后期和社会主义革命时期，在以毛主席为代表的正确路线占主导地位的情况下，也有过某种错误路线、某种错误观点一度被许多人当作正确的东西加以拥护这样的教训。以毛主席为代表的正确路线，同那些错误的东西进行了坚决的斗争，并且取得了胜利。事关路线，事关大局，一个真正的共产党员，就要出以公心，不怕撤职，不怕开除党籍，不怕坐牢，不怕杀头，不怕离婚，敢于反潮流。”这个党章修改草案的基本精神与九大通过的党章是一致的，都是“左”倾指导思想的产物。

周恩来和王洪文讲完后，毛泽东宣布：“报告完毕，今天就到此为止，散会！”散会后，毛泽东努力想站起来，但没有成功；代表们向毛泽东欢呼了很长时间，不愿散去。在这种情况下，毛泽东只得向代表们说：“你们不走，我也不好走。”于是周恩来采纳了护士长吴旭君的建议，当场宣布：毛主席目送各位代表退场。代表们才逐渐散去。

25 日至 27 日，代表们分组讨论和学习了周恩来代表中央作的政治报告、王洪文作的《关于修改党章的报告》和《中国共产党章程》。由于江青集团把持了这次大会从筹备到召开的主要权力，大会充满了压抑党内民主的气氛。在分组讨论中，有些代表对“文化大革命”中揪斗干部的做法提出批评，不同意把“大鸣、大放、大辩论、大字报”“红卫兵”“死不悔改的走资派”等提法和内容写进党章，大会秘书长张春桥即通过简报施加压力，横加指责。

8 月 28 日，大会举行第二次全体会议，通过两个报告和《中国共产党章程》。政治报告和党章没有正确地分析林彪事件发生的原因，总结必要的教训，反而肯定“九大的政治路线和组织路线都是正确的”；仍旧号召全党“坚持无产阶级专政下的继续革命”，“巩固和发展无产阶级文化大革命的成果”。这时党还不可能认识到，林彪集团是阶级斗争扩大化的指导思想和高度集中的政治体制的结果，是“文化大革命”的产物。在这样的“左”倾错误方针指导下，只能使“文化大革命”愈拖愈久，破坏性的后果愈来愈严重。

● 会议选举

在大会选举中，根据毛泽东的意见，去掉了他的亲属王海容、毛远新的候选资格。周恩来宣布：毛主席委托王洪文同志代表他投票选举十届中央委员和候补中央委员。在全场的关注和热烈的掌声中，身穿新军装的王洪文

捧着毛泽东的选票投进票箱。在选举前，由于王洪文认为上海代表没有合适的中央委员候选人，不能体现优秀工人进入中央委员会的特点，于是连夜打电话要上海从代表以外选出一批工人造反派骨干，如上钢一厂车工周宏宝、上海 5703 厂工人祝家耀、江南造船厂工人张国权等，报送十届中央委员、候补中央委员候选人。大会最后选出 195 名中央委员和 124 名候补中央委员，组成第十届中央委员会。一批久经考验的、在“文化大革命”初期遭到打击迫害的老干部，如邓小平、王稼祥、谭震林、乌兰夫、廖承志等进入了中央委员会。这在一定程度上反映了九一三事件后落实党的干部政策的积极成果。

8 月 30 日，第十届中央委员会举行第一次全体会议，选举中央领导机构。毛泽东再次当选为中央委员会主席，副主席是周恩来、王洪文、康生、叶剑英、李德生。会议选举出中央政治局委员 21 名、政治局候补委员 4 名，政治局常委除主席、副主席外，还有朱德、董必武、张春桥 3 人。通过选举新的中央领导机构，江青一伙几个重要成员都进入了中央政治局。康生在十大以后卧病不出，江青与王洪文、张春桥、姚文元从此结成“四人帮”宗派集团。

三、“巩固和发展无产阶级文化大革命的成果”

党的十大的政治报告认为，当时的关于形势是“仍然处在帝国主义和无产阶级革命的时代”，“列宁主义的基本原则没有过时，仍然是我们今天指导思想的理论基础”。“当前国际形势的特点，是天下大乱。”“国家要独立，民族要解放，人民要革命，已成为不可抗拒的历史潮流。”在坚持这样的“左”倾、激进的认识前提下，党的十大认为当时的任务是：在国际上结成最广泛的统一战线，反对帝国主义和新老殖民主义，特别是反对美苏两个超级大国的霸权主义，同全世界一切真正的马克思列宁主义政党和组织团结在一起，把反对现代修正主义的斗争进行到底。在国内“坚持无产阶级专政下的继续革命，团结一切可以团结的力量，努力把我国建设成为一个强大的社会主义国家”。“坚持毛主席关于‘备战、备荒、为人民’，‘深挖洞、广积粮、不称霸’的教导，对帝国主义可能发动的侵略战争，特别是苏修社会帝国主义对我国发动突然袭击，保持高度警惕，做好一切准备。”大会提出：我们的社会主义革命任务还很繁重；无产阶级文化大革命斗、批、改的任务，各条战线都需要继续深入；全党要抓紧当前的有利时机，巩固和发展无产阶级文化大革命的成果，把各项工作做好。《关于修改党章的报告》明确指出“文化大革命”这样的革命，今后还要进行多次。

大会由此提出今后需要全党全国做好的几项主要工作：

第一，要重视上层建筑包括各个文化领域的阶级斗争，要继续搞好“批林整风”运动，认真学习马列著作和毛主席著作，坚持辩证唯物论和历史唯物论，反对唯心论和形而上学，改造世界观。

第二，经济上贯彻执行鼓足干劲，力争上游，多快好省地建设社会主义的总路线，抓革命、促生产；要继续执行“以农业为基础、工业为主导”的方针和一系列“两条腿走路”的政策。

第三，在党的建设上进一步加强党的一元化领导，坚持老、中、青三结合，等等。

第四，号召全党“要有敢于反潮流的革命精神”，注意一个倾向掩盖着另一个倾向。大会认为：反对刘少奇的修正主义，掩盖着林彪的修正主义。这种一个倾向掩盖另一个倾向，一种潮流来了，多数人跟着跑，只有个别人顶住的事，在历史上多次发生。会议引用毛泽东关于“反潮流是马列主义的一个原则”的语录，赞扬毛泽东“就是在党内十次路线斗争中敢于反潮流，敢于坚持正确路线的代表和导师”，“我们每一个同志应当向毛主席好好学习，坚持这个原则”。大会强调当一种错误倾向像潮水般涌来的时候，要不怕孤立，敢于反潮流，敢于硬着头皮顶住。

四、党内两条路线的斗争将长期存在

十大召开时，党还不可能从林彪事件中汲取更深刻的教训，没有认识到，从根本上看，林彪反革命集团是阶级斗争扩大化的指导思想和高度集中的政治体制的结果，是“文化大革命”的产物。

在党的十届一中全会上，按照毛泽东从工人、农民中选拔一批人进入中央领导班子的部署，王洪文、陈永贵、吴桂贤等进入中央政治局. 其中靠造反起家的王洪文被选为中央副主席，地位仅居于周恩来之后。江青集团的主要成员、阴谋家康生也成为中央副主席，张春桥成为政治局常委。姚文元也进入中央政治局，大大加强了江青集团的力量。十届一中全会后，江青、张春桥、姚文元、王洪文在中央政治局结成“四人帮”。这就为他们篡夺党和国家最高权力提供了有利条件，导致全国形势继续动乱。这时，周恩来已被发现患了癌症。在周恩来病重期间，中央日常工作一度由王洪文主持。

十大以后，召开第四届全国人民代表大会的问题又重新提了出来。1973年9月12日，根据毛泽东的意见，周恩来主持政治局会议讨论四届人大的各项准备工作。会议商定，中央在近期内发出关于召开四届人大的通知，并开始进行修改宪法草案的工作。同时，在政治局内设立组织工作小组、宪法修改小组和政府工作报告起草小组。周恩来担任政府工作报告起草小组组长。周恩来考虑最多的是尽快使那些在“文化大革命”中受到批判或者“靠边站”的老干部重新出来工作。1973年12月，根据毛泽东的建议，他积极安排邓小平担任中央政治局委员、中央军委委员的任职程序，并亲笔草拟中共中央关于邓小平的任职通知。十大前后，有关部门根据周恩来的指示，着手解决在“文化大革命”中大批遭受迫害、眼下仍被“审查”的党政军高级干部的“落实政策”问题。他们的最后“定案”，要由中央政治局讨论通过。

“四人帮”集团一方面通过“批林批孔”对周恩来等老一辈无产阶级革命家进行影射攻击，另一方面百般阻挠对老干部的解放。围绕四届人大的人事安排，“四人帮”集团进行了一系列“组阁”阴谋活动。在毛泽东的支持下，以周恩来、邓小平为代表的党内健康力量对此进行了坚决的抵制和斗争。

附录：十届中央委员会历次全会简介

十届一中全会

1973年8月30日在北京举行。鉴于身体情况，毛泽东事先声明他不出席这次全会。当天，在周恩来的主持下，十届一中全会选出新的中央领导机构成员。会议选举了中央机构。选举结果如下：中央委员会主席：毛泽东；中央委员会副主席：周恩来、王洪文、康生、叶剑英、李德生。中央政治局委员（以姓氏笔画为序）：毛泽东、王洪文、韦国清、叶剑英、刘伯承、江青（女）、朱德、许世友、华国锋、纪登奎、吴德、汪东兴、陈永贵、陈锡联、李先念、李德生、张春桥、周恩来、姚文元、康生、董必武；中央政治局候补委员：吴桂贤（女）、苏振华、倪志福、赛福鼎。中央政治局常务委员会委员：毛泽东、王洪文、叶剑英、朱德、李德生、张春桥、周恩来、康生、董必武。

十届二中全会

1975年1月8日至10日在北京举行。1975年1月5日，中共中央发出一号文件，任命邓小平为中共中央军委副主席兼中国人民解放军总参谋长、国务院第一副总理。会议由周恩来主持。会议讨论了第四届全国人民代表大会的准备工作，决定将《宪法修改草案》及其报告、《政府工作报告》和全国人大常委会、国务院成员的候选人名单提请全国人大讨论。全会选举邓小平为中共中央副主席、中共中央政治局常委。同意李德生辞去中共中央副主席、中共中央政治局常委的职务。当时毛泽东在长沙，9日，周恩来请示毛泽东有什么话要讲，毛泽东指示会议闭会时由总理传达“还是安定团结为好”。周恩来在闭幕式上传达了这一指示。

十届三中全会

1977年7月16日至21日在北京举行。中共中央主席华国锋主持了会议并讲话。中央委员、中央候补委员出席会议，一些地方和军队一些单位的主要负责同志列席了会议。全会通过《关于追认华国锋任中共中央主席、中央军委主席的决议》《关于恢复邓小平同志职务的决议》，决定恢复邓小平中共中央委员、中共中央政治局委员、中共中央政治局常委、中共中央副主席、中共中央军委副主席、国务院副总理、中国人民解放军总参谋长的职务；通过《关于王洪文、张春桥、江青、姚文元反党集团的决议》，决定永远开除王洪文、张春桥、江青、姚文元的党籍，撤销他们党内外的一切职务；还通过了关于提前召开党的第十一次全国代表大会的决定。

中共十一大：
历史转折的前奏

一、“文化大革命”后的中国何去何从

●“文化大革命”结束后的政局

在毛泽东去世后，“四人帮”加紧了篡位夺权的阴谋活动。1976 年 10 月 6 日，中共中央政治局对江青反革命集团采取断然措施，决定对江青、张春桥、姚文元、王洪文隔离审查，一举粉碎了“四人帮”。

“四人帮”被粉碎后，中央政治局立即对揭批“四人帮”的斗争作了周密部署。在揭批“四人帮”运动中，广大干部群众普遍要求尽快消除“文化大革命”带来的严重后果，使遭到严重破坏的国民经济迅速得到恢复，同时纠正“文化大革命”造成的冤假错案。当时，纠正冤假错案，首先集中在两个问题上：一是要求澄清“批邓、反击右倾翻案风”的是非，尽快让邓小平出来工作；二是要求为 1976 年的天安门事件平反。

然而，要解决这些重大问题，就涉及毛泽东晚年的错误，涉及对“文化大革命”的看法。由于长期形成的严重思想禁锢，这些重大问题一时成为难以触动的禁区。

1977 年 2 月 7 日，《人民日报》《红旗》杂志和《解放军报》发表题为《学好文件抓住纲》的社论。这篇社论在强调揭批“四人帮”是“当前的纲”，要“抓纲治国”的同时，公开提出“凡是毛主席作出的决策，我们都坚决维护，凡是毛主席的指示，我们都始终不渝地遵循”的方针（后被称为“两个凡是”）。由于这一方针当时是以传达党中央声音的权威方式公布的，因而得到普遍宣传。

“两个凡是”方针的推行，尤其是对邓小平的继续批评和对天安门事件的定性，引起一批老同志的不满。1977 年 3 月 10 日至 22 日，中共中央召开工作会议。陈云在书面发言中谈了他对天安门事件的看法，并表示：“为了中国革命和中国共产党的需要，听说中央有些同志提出让邓小平同志重新参加党中央的领导工作，是完全正确、完全必要的，我完全拥护。”[①] 王震也在会上呼吁，要让邓小平出来工作，要为天安门事件平反。他们的发言得到许多同志的赞同，但由于同“两个凡是”的方针相抵触，结果未能在会议简报上刊登。

1977 年 2 月和 4 月，邓小平同前来看望他的一些中央负责同志谈话时，明确指出，“‘两个凡是’不行”，这“不是马克思主义，不是毛泽东思想”。4 月 10 日，他致信华国锋、叶剑英并转党中央，提出“我们必须世世代代地用准确的完整的毛泽东思想来指导我们全党、全军和全国人民”[②]。5 月 3 日，党中央转发这封信后，“准确的完整的毛泽东思想”的提法很快得到党内许多干部的拥护，成为委婉地抵制“两个凡是”的思想武器。

邓小平提出“准确的完整的毛泽东思想”，进一步鼓舞了许多干部和理论工作者，促使人们开始比较直接地批判某些主要的“左”倾理论观点。1977 年 9 月前后，为纪念毛泽东逝世一周年，一些老革命家纷纷发表讲话或撰写纪念文章，宣传毛泽东倡导的党的优良传统和毛泽东思想的精神实质。陈云发表《坚持实事求是的革命作风》、徐向前发表《永远坚持党指挥枪的原则》、聂荣臻发表《恢复和发扬党的优良传统》等文章，都重点论述了坚持实事求是的必要性，呼吁恢复党的优良传统。

中央党校在胡耀邦主持工作后，出现了敢于探讨一些根本性的理论问题的风气。胡耀邦明确提出，要把被林彪、“四人帮”搞颠倒了的思想是非、理论是非、路线是非再颠倒过来。1977 年 7 月，他精心指导和创办了一份供省、军级以上领导干部和理论工作部门参阅的内部刊物《理论动态》，为澄清多年来存在的理论混乱新辟了一个活跃的阵地。

思想理论界的上述努力，不同程度地抵制了“两个凡是”方针。指导思想的拨乱反正尽管遇到严重阻碍，但毕竟迈出了前进的步伐。全国人民都期待着召开新一届党的代表大会，彻底实现拨乱反正，引领中国走上新的发展道路。

① 《陈云文选》第三卷，人民出版社 1995 年版，第 230 页。

② 《邓小平文选》第二卷，人民出版社 1994 年版，第 39 页。

● 邓小平复出

粉碎“四人帮”后，根据形势发展的需要，提前召开党的第十一次全国代表大会，以便确定党的工作方针，选出新的中央委员会已经势在必行。在全国局势逐步稳定的基础上，1977 年 7 月 16 日至 21 日，十届三中全会在北京召开。

这次会议最重要的成果，是邓小平再次复出，恢复邓小平中共中央委员，中央政治局委员、常委，中央副主席，中央军委副主席，国务院副总理，中国人民解放军总参谋长的职务。21 日，邓小平在会上作了复出后的第一次正式讲话。他强调马克思列宁主义和毛泽东思想是我们党的指导思想，要完整地准确地理解毛泽东思想体系；毛泽东思想是发展了的马克思主义，它不是在个别方面而是在许多领域对马列主义有所发展；要善于学习、掌握和运用毛泽东思想的体系，来教育我们的党，来引导我们前进。毛泽东曾多次反对对他本人的一些不适当的不科学的评价，我们不能只从个别词句来理解毛泽东思想；毛泽东历来反对不信任群众、不依靠群众的思想作风，他所倡导的群众路线和实事求是，是两条最根本的东西，在当前特别重要。邓小平的讲话明确地提出了对待毛泽东和毛泽东思想的正确态度，为人们从“左”倾教条主义和个人崇拜的禁锢中解放出来、恢复党的优良传统，竖起了一面实事求是的旗帜，实际上进一步批评了“两个凡是”的错误方针。

在这次讲话中，邓小平还深情地说：“作为一名老的共产党员，还能在不多的余年里为党为国家为人民做一点力所能及的事情，在我个人来说是高兴的。出来工作，可以有两种态度，一个是做官，一个是做点工作。我想，谁叫你当共产党人呢，既然当了，就不能够做官，不能够有私心杂念，不能够有别的选择，应该老老实实地履行党员的责任，听从党的安排。”[①]

全会完全同意中共中央政治局关于提前召开党的十一大的决定，一致通过了党的十一大的主要议程，讨论并基本上通过了第十一届中央委员会的政治报告、关于修改党的章程的报告和党章修改草案。决定在 1977 年下半年的适当时候召开党的第十一次全国代表大会。

---

① 冷溶、汪作玲主编：《邓小平年谱（1975–1997）》上册，中央文献出版社 2004 年版，第 162 页。

党的十届三中全会的各项决策，特别是关于恢复邓小平职务的决定，得到了全党和全国各族人民的热烈拥护。1977 年 7 月 22 日，全会公报公布的当晚，北京市不少群众自发走上街头表达自己的欣喜之情。23 日，首都 100 多万军民怀着喜悦的心情冒雨举行庆祝游行，同时，各界群众 10 万人在工人体育场举行盛大集会，热烈欢呼党的十届三中全会的召开。人们用“英明的决策、伟大的胜利”来称颂全会，用“全党欢呼，全军振奋，人民欣慰”这样的词句表达对邓小平恢复工作的拥护。

二、正式宣布“文化大革命”结束

早在 1977 年 3 月的中央工作会议上，中央就决定提前召开党的第十一次全国代表大会，目的在于“巩固和发展同‘四人帮’斗争的伟大胜利”。华国锋还解释说：这次会议开得太晚了不好，不利于我国迅速走向大治，开展各方面的工作；再早也不可能，还要做一些准备工作。1977 年 3 月 23 日，即中共中央工作会议结束后的第二天，中央政治局向全党发布了提前召开第十一次全国代表大会的文件。文件发出后，各级党组织按照文件要求，为召开党的十一大积极做准备。

● 预备会议

1977 年 8 月 11 日，党的十一大预备会议在北京召开。会议用了一天的时间，全面检查了十一大的准备情况。会议由华国锋主持，他在会议上报告了党的十一大的准备情况，说明了大会主席团及秘书处的设立、代表的组成及大会议程等事宜。

会上，代表们对政治局提出的主席团人员组成名单、主席团主席、副主席、大会秘书长进行了表决，通过了 223 人的主席团名单，选举华国锋为主席团主席，选举叶剑英、邓小平、李先念、汪东兴为副主席，选举汪东兴为大会秘书长。

预备会议对党的十一大的议程也进行了表决，通过了党的十届三中全会提出的三项议程：中央委员会的政治报告；修改中国共产党章程和关于修改党的章程的报告；选举中央委员会。汪东兴作了关于代表资格审查的报告。党的十一大代表的协商选举工作是根据 1977 年 3 月 21 日《中共中央关于召开党的第十一次全国代表大会的决定》的精神进行的。文件规定，党的十一大代表名额为 1500 名。在协商选举过程中，根据需要，中央政治局确定增加了 10 名代表，总数为 1510 名。这些代表是经过各地区、各单位党组织严格按照党的民主集中制原则，认真贯彻群众路线，经过反复酝酿协商和广泛征求党内外群众意见后，正式选举产生的；代表中包括从建党时期到无产阶级文化大革命中经过考验的老、中、青优秀党员，多数代表是各条战线的劳动模范、先进工作者、战斗英雄、工业学大庆和农业学大寨的先进标兵。代表中，工农兵和其他劳动人民占 72.4%，知识分子占 6.7%，革命干部占 20.9%；女党员代表占 19%，少数民族代表占 9.3%，中青年代表占 73.8%。台湾省籍的党员也选出代表参加了大会。经审查，1510 名代表符合中央规定的代表条件，所有代表资格有效。

● 会议进程

1977 年 8 月 12 日，中国共产党第十一次全国代表大会在北京隆重开幕。大会主席台上悬挂着两幅画像，一幅是毛泽东的，另一幅是华国锋的。出席大会的代表共 1510 名，代表全国 3500 多万名党员。华国锋宣布大会开幕并主持了这次大会。会议分为 4 个阶段：12 日至 13 日，华国锋代表中央委员会作政治报告、叶剑英作修改党章的报告；14 日至 17 日，分组讨论两个报告；18 日，会议通过有关决议和选举中央委员会；19 日，召开党的十一届一中全会，选举党的领导机构成员。

大会开幕后，华国锋首先提议，为悼念我们党、军队和中华人民共和国的缔造者，我国无产阶级和各族人民的伟大领袖和导师毛泽东主席，为悼念去年（1976）逝世的我国人民伟大的无产阶级革命家、毛主席的久经考验的亲密战友、敬爱的周恩来总理、朱德委员长以及近几年间逝世的为我国人民革命事业建立了卓越功勋的董必武、李富春、陈毅、贺龙等，为悼念在这期间逝世的所有对党对革命作出重要贡献的中央委员和其他同志们，静默志哀。

随后，华国锋代表第十届中央委员会作政治报告。报告宣布，以粉碎“四人帮”为标志，“文化大革命”宣告结束，这次大会的历史责任，是要调动党内外、国内外一切积极因素，团结一切可以团结的力量，为在 20 世纪把我国建设成为伟大的社会主义的现代化强国而奋斗。报告的主要内容是：第一，总结了同江青反革命集团的斗争，批判了他们炮制的“老干部是民主派，民主派就是走资派”的反动公式，揭发了他们篡党夺权、策动反革命武装叛乱的阴谋。第二，继续强调“以阶级斗争为纲”，认为“第一次无产阶级文化大革命的胜利结束，决不是阶级斗争的结束，决不是无产阶级专政下继续革命的结束”。因此，今后依然要以两个阶级、两条道路斗争为纲。第三，重申在 20 世纪内把我国建设成为社会主义现代化强国是新时期党的根本任务。为此，报告提出了当前和今后一个时期党的八项主要任务，要求党中央抓纲治国的战略决策在 1977 年内初见成效，三年内大见成效。

8 月 13 日下午，大会举行第二次全体会议，叶剑英代表中央委员会作了关于修改党的章程的报告。报告从八个方面对党章修改草案作了说明：关于高举和捍卫毛主席的伟大旗帜；关于党的性质和指导思想；关于党在整个社会主义历史阶段的基本纲领和党的基本任务；关于“三要三不要”的基本原则；关于党的民主集中制；关于党的干部路线；关于保持和发扬党的优良传统和优良作风；关于对党员和党的基层组织的要求。报告强调，我们党只有以马列主义、毛泽东思想作为自己的指导思想和理论基础，才能保持无产阶级先锋队的性质；全党要保持和发扬党的优良传统和优良作风，特别要恢复党的民主集中制的组织原则，并使之不断健全。

从 8 月 14 日至 17 日，全体代表就华国锋所作的政治报告、叶剑英所作的修改党章的报告和新党章进行分组讨论。代表们畅所欲言，显示了党在粉碎“四人帮”后团结兴旺的景象。在讨论政治报告的时候，许多代表结合本单位、本部门实际情况，以大量事实揭批“四人帮”篡党夺权的阴谋活动，批判了他们炮制的“老干部是民主派，民主派就是走资派”等谬论，批判了“四人帮”策动反革命武装叛乱的罪行。代表们对党中央打倒“四人帮”的果断决策表示完全拥护，对江青反革命集团的形成、发展的原因进行了初步

探讨。代表们在发言中认为，“四人帮”长期作恶的原因：一是他们采取了欺骗手段，搞反革命的两面手法，篡改马列主义、毛泽东思想，搞乱了人们的思想；二是大开帽子工厂，动不动就扣大帽子，对人民进行镇压，大搞恐怖政策。“四人帮”从各方面破坏了党，篡改了党的理论基础，摧残了党的干部队伍，毁坏了党的作风，妄图改变党的性质，党一定要从中吸取教训。在14日的小组会上，陈云发言强调指出：“抓纲治国，首先要治党。”他说：在这个问题上，我有两点意见：一是“中央、省、市（包括军队）的主要领导同志，要对抬轿子、吹喇叭和逆风恶浪袭来时随风倒的人，保持警惕。这样的人都不是实事求是的人”。二是“要真正做到‘知无不言，言无不尽’，‘言者无罪，闻者足戒’，‘有则改之，无则加勉’。这样做，有助于防止不正之风的横行”。

在讨论党的十一大的政治报告时，一些同志对报告中某些“左”倾观点提出批评。有的同志反对提出“无产阶级在各个文化领域实行专政”；有的同志说，毛泽东讲过“文化大革命”犯有“打倒一切、全面内战”的错误，而报告对“文化大革命”全盘肯定，高度赞扬，是不合适的；还有的同志针对报告中关于“社会主义历史阶段始终存在阶级斗争”的论断指出，“始终”的提法在理论上说不通。聂荣臻在书面发言中针对“两个凡是”的方针指出，我们学习和运用马克思列宁主义、毛泽东思想，一定要掌握精神实质，把基本原理当作行动指南，坚决反对把马列主义、毛泽东思想的每一句话当作脱离时间、地点、条件的教条。然而，在政治报告定稿时，这些意见还是没有被接受，从而使“文化大革命”的一些错误理论仍然得到延续。

8月18日，代表大会举行了第三次全体会议，这天大会的执行主席是邓小平。在充分协商和酝酿的基础上，代表们以无记名投票方式选出了中国共产党第十一届中央委员会；一致通过了《中国共产党第十一次全国代表大会关于政治报告的决议》，以及新的中国共产党章程和关于修改党的章程的报告。新当选的中央委员共有201人，候补中央委员132人。最后，邓小平致闭幕词。他号召全党：一定要恢复和发扬毛主席为我们党树立的群众路线、实事求是、批评和自我批评、谦虚谨慎、戒骄戒躁、艰苦奋斗和民主集中制的优良传统和作风，在全党、全军、全国努力造成一个既有集中又有民主，既有纪律又有自由，既有统一意志，又有个人心情舒畅、生动活泼，那样一种政治局面。邓小平的讲话，抓住了实现拨乱反正任务的关键，对拨乱反正作了一次有力推动。在党的十一大前后，一个有利于解放思想、纠正“左”倾错误的氛围开始在党内外逐步形成。

8月19日，党的十一届一中全会选出新一届中央领导机构。华国锋为中央委员会主席，叶剑英、邓小平、李先念、汪东兴为中央委员会副主席，并由他们组成中央政治局常务委员会。

三、“抓纲治国，继续革命”

十一大报告指出，“文化大革命”的结束，使我国社会主义革命和社会主义建设进入新的发展时期。在进入这个新时期的关键时刻，党中央作出了抓纲治国的战略决策，这就是在两个阶级、两条道路的激烈斗争中，实现安定团结，巩固无产阶级专政，巩固和发展无产阶级文化大革命的胜利成果，达到天下大治。

当时强调抓纲治国的战略决策的一个中心点，就是高举和捍卫毛主席的伟大旗帜，放手发动群众，团结一切可能团结的力量，把揭批“四人帮”的伟大斗争进行到底，彻底肃清他们的反革命修正主义路线的流毒和影响，在我国政治、经济、军事、文化和对外工作的各个领域，全面地正确地贯彻执行毛主席的无产阶级革命路线。在9月9日举行的毛主席纪念堂落成典礼上，华国锋把党的十一大的路线概括为：高举毛主席的伟大旗帜，坚持党的基本路线，抓纲治国，继续革命，为建设社会主义的现代化强国而奋斗。

● 把揭批“四人帮”的斗争进行到底

党的十一大提出：在当前和今后一个时期内，揭批“四人帮”的斗争，仍然是两个阶级、两条道路斗争的中心。抓住这个斗争，就是抓住了纲。报

告提出要在揭批“四人帮”篡党夺权阴谋和反革命罪恶历史的基础上，进一步放手发动群众，大打一场深入揭批“四人帮”反革命修正主义路线的极右实质及其在各方面表现的人民战争。而开展揭批运动，不但要从政治路线和组织路线上加以清算，而且要从哲学、政治经济学和科学社会主义理论上进行批判，彻底肃清“四人帮”在各方面的流毒和影响。

● 搞好整党整风，加强党的建设

党的十一大提出要加强党的建设，纯洁党的队伍，把我们党的一切力量在民主集中制的组织和纪律的原则之下，坚强地团结起来，使我们党不但在思想上，而且在组织上，钢铁般地巩固起来。大会提出，要根据毛泽东的建党学说和关于“三要三不要”的基本原则，认真解决由于“四人帮”破坏而造成的思想不纯、组织不纯和作风不纯的问题。要努力学习马列著作和毛主席著作，完整地、准确地领会和掌握毛泽东思想的体系，反对唯心主义和形而上学。要认真组织力量研究党史，学习和总结党的历史经验。要切实办好中央党校和各级党校。要通过多种形式发挥工农兵理论队伍和专业理论队伍的战斗作用，努力建设一支强大的马克思主义的理论队伍。要整顿党的作风，在全党广泛、深入地进行党的优良传统的再教育，加强党同人民群众的联系，提高党的战斗力。要加强党对工会、共青团、妇联等群众组织的领导，把这些组织整顿好、建设好，充分发挥它们应有的作用。要把党的各级领导班子整顿好、建设好，按照毛泽东提出的接班人五项条件和老、中、青三结合的原则，把各级领导班子逐步建设成为全面地正确地贯彻执行毛泽东的无产阶级革命路线，坚决执行党中央的决策和指示，在群众中有威信的精干的领导班子。

● 贯彻执行统筹兼顾、全面安排的方针，把国民经济搞上去

党的十一大报告提出，要认真贯彻执行鼓足干劲，力争上游，多快好省地建设社会主义的总路线和一整套两条腿走路的方针，把整个国民经济纳入有计划、按比例、高速度发展的社会主义轨道，以农业为基础、工业为主导，实现农业、轻工业、重工业和其他经济事业的协调发展，全面跃进。到1980年，要建成我国独立的比较完整的工业体系和国民经济体系。农业要基

本实现机械化，农、林、牧、副、渔五业都要有较大增长，进一步巩固和发展人民公社集体经济。工业要搞好轻工业，同时大力加快基础工业的发展，集中力量打几个高速度发展基础工业的歼灭战，为第六个五年计划期间的更大发展创造条件。

为此，大会提出要坚持统筹兼顾、全面安排的方针。会议指出，这是一个战略方针，要贯彻执行这个方针，就必须消除“四人帮”干扰破坏在各方面所造成的恶果，全面地正确地贯彻落实毛泽东为我们党制定的无产阶级政策。无论是干部问题、知识分子问题、上山下乡知识青年问题、少数民族问题、统一战线问题，以及其他各项问题，都要从统筹兼顾这个观点出发，调动起党内外一切积极因素，为巩固无产阶级专政，建设伟大的社会主义祖国而共同奋斗。

大会提出科学研究工作，应当走到经济建设的前面。党中央认为，这个问题关系社会主义建设的全局，必须认真抓起来。在这个认识的基础上，中央决定，在适当的时候召开全国科学大会，交流经验，制定规划，表扬先进，特别要表扬有发明创造的科技工作者和工农兵群众，把科技战线上广大干部和群众的革命积极性充分调动起来，向科学技术的现代化进军。1978 年 3 月，中共中央召开了全国科学大会，强调科学技术是生产力，为社会主义服务的脑力劳动者是劳动人民的一部分。举国上下迎来了科学的春天。

● 大力发展社会主义的文化教育事业

大会提出，社会主义文化要繁荣发展，必须认真贯彻执行百花齐放、百家争鸣的方针，古为今用、洋为中用的方针，推陈出新的方针。大会号召在社会主义文化战线的一切共产党员和革命同志，应当动员起来，坚持为无产阶级政治服务、为工农兵服务的方向，努力创作具有革命政治内容和尽可能完美的艺术形式的、丰富多彩的文学艺术作品，大力开展以马列主义、毛泽东思想为指导的创造性的学术研究，兴起社会主义文化建设的高潮。

大会还提出，要在 20 世纪最后四分之一时间内把我国建设成为伟大的社会主义的现代化强国，迫切需要培养和造就大批又红又专的建设人才。这就要从教育入手，采取强有力的措施，扩大和加快各级各类教育事业发展的规模和速度，提高教育质量，以配合各项经济事业和科学技术事业的发展，

适应社会主义革命和建设的需要，强调教育战线上的一切共产党员和革命同志，要忠诚党的教育事业，为创立这样一个崭新的教育制度而努力。1977 年 10 月 12 日，国务院正式宣布决定恢复“文化大革命”中被废弃的高考制度。1977 年有 570 万青年参加高考，其中 27 万多人考上了大学，进入梦寐以求的大学校园。

● 发扬民主，健全民主集中制

在人民内部，不可以没有自由，也不可以没有纪律；不可以没有民主，也不可以没有集中。这种民主和集中的统一，自由和纪律的统一，就是我们的民主集中制。没有民主集中制，无产阶级专政不可能巩固。

在深入揭批“四人帮”中，一定要充分发扬人民民主和党内民主，健全民主集中制。一方面，要确实扩大党内的民主生活，认真做到“知无不言，言无不尽”，“言者无罪，闻者足戒”，“有则改之，无则加勉”；另一方面，又要防止走极端民主化，走破坏纪律的自由放任主义。为了健全民主集中制，还必须坚决反对一切无组织无纪律的行为，重申党的纪律：（一）个人服从组织；（二）少数服从多数；（三）下级服从上级；（四）全党服从中央。要用“三大纪律八项注意”教育战士，教育干部，教育群众，教育党员和人民。

四、在徘徊中前进

● 国家政治生活开始恢复正常秩序

党的十一大在揭批“四人帮”和动员全国人民进行现代化建设方面起到积极的促进作用。根据党的十一大通过的党章，各省、自治区、直辖市从 1977 年 10 月起相继召开新的一届党代表大会，选举产生新一届党委。与此同时，在中央直属机关和中央国家机关及人民团体中，陆续恢复建立党委或党组。新产生的党委或党组，注意清除追随“四人帮”的帮派分子，起用了大批在“文化大革命”中被打倒的久经考验的老干部，使党在各地区、各部门的领导得到充实和加强。

鉴于国家形势发生的重大变化，根据中央的部署，从1977年11月起，各省、自治区、直辖市先后召开新一届人民代表大会，选举新一届政府领导人。1978年2月26日至3月5日，第五届全国人民代表大会第一次会议在北京举行。出席大会的代表共3456人。华国锋代表国务院作政府工作报告。大会选举叶剑英为全国人大常委会委员长，宋庆龄等20人为副委员长；决定华国锋为国务院总理，邓小平、李先念等13人为副总理，并决定了国务院组成人选。同四届全国人大一次会议相比，这一届全国人大常委会和国务院领导成员中，“文化大革命”中的造反派代表人物没有了，一些难以胜任国家领导工作的劳动模范代表改任了相应的工作，一批德高望重的老一辈革命家重新回到国家领导岗位。大会再一次重申了到20世纪末实现农业、工业、国防和科学技术现代化的奋斗目标，通过了重新修订的《中华人民共和国宪法》。这部宪法基本上恢复了1954年宪法中一些好的原则和内容，并且以根本大法的形式，规定全国人民在新时期的总目标是实现农业、工业、国防和科学技术四个现代化，建设社会主义的现代化强国。这次大会在总体上还是推进了拨乱反正，对加快社会主义现代化建设作了进一步动员，对国家工作正常秩序的恢复起了推动作用。大会恢复了四届全国人大一次会议时撤销的最高人民检察院，选出了新的最高人民法院院长和最高人民检察院检察长，从而使社会主义的法制建设开始得到恢复。

1978年4月13日，中共中央发出《关于在全国普遍进行一次新宪法宣传教育的通知》，要求集中必要的力量和时间，对新宪法大张旗鼓地进行一次普遍宣传教育，以提高广大干部和人民群众的政治觉悟，加强社会主义法制观念。4月24日至5月22日，最高人民法院召开全国人民司法工作会议，讨论了加强社会主义法制的问题。李先念在会上的讲话中要求，一定要通过揭批“四人帮”，把被“四人帮”破坏了的我们党的优良传统和作风恢复、发扬起来。5月24日，中共中央发出通知，要求地方各级人民检察院应立即建立组织，以便开展工作。根据宪法的规定，各地很快恢复建立了检察机关。6月20日，中共中央发出通知，决定成立由黄火青等

六人组成的中央政法小组。这标志着党对政法工作的统一领导得到进一步加强。

1978 年 2 月 24 日至 3 月 8 日，中国人民政治协商会议第五届全国委员会第一次会议在北京举行。会议听取了第四届全国政协常委会的工作报告，选举产生了新一届政协领导成员。邓小平当选为第五届全国政协主席，乌兰夫等 22 人当选为副主席。这次大会的召开，对于加强中国共产党和各民主党派及无党派代表人士的合作，巩固人民民主统一战线，恢复和健全共产党领导的多党合作制度和政治协商制度，具有重要意义。邓小平在会上发表讲话强调，我国革命统一战线必将在实现新时期总任务的斗争中，在向四个现代化的伟大进军中，发挥它的重要作用。

随着政协会议的召开，各民主党派和工商联陆续调整或重建组织机构，逐渐恢复正常工作。违反党的统一战线政策的若干错误开始有所纠正。在民族工作中，对少数民族地区影响重大的“新内人党”冤案[①] 在 1978 年 4 月获得平反。在侨务工作中，开始纠正因所谓“海外关系”而歧视、迫害归国华侨和侨眷的现象，对广大侨眷、归侨采取一视同仁、不得歧视、根据特点、适当照顾的政策，充分调动他们社会主义建设的积极性。在宗教问题上，宗教信仰自由政策得到重申，信教群众的正当宗教活动得到必要的保护和管理。

此外，1978 年 9 月至 10 月，被拖延了十多年的共青团、工会和妇联的全国代表大会也相继召开，选举了新一届领导成员，并根据社会主义现代化建设任务的需要制定了新的工作章程。工、青、妇组织在国家建设和社会生活中重新发挥出应有的作用。鉴于共青团组织早已恢复，“文化大革命”中成立的红卫兵组织不再继续存在。同年 10 月 27 日，共青团中央十届一中全会通过恢复少先队的决议，红小兵组织即行撤销。

党的十一大和上述一系列会议的召开，使“文化大革命”中被打乱的党和国家政治生活的正常秩序逐步得到恢复，开始走上正常轨道。

---

① “内人党”指内蒙古人民革命党。该党是 1925 年建立的坚持反帝反封建革命纲领的具有统一战线性质的党，在中国共产党领导下曾发挥过积极作用，1946 年解散。“文化大革命”期间，康生、谢富治多次提出所谓的“新内人党”问题，将其作为攻击内蒙古自治区党政军领导人的依据，造成“新内人党”冤案。

● 党的指导思想仍然没有从根本上转变，党和国家的工作总体上还是处在徘徊中前进的局面

党的十一大是在毛泽东逝世后不久的特殊时刻，又是“文化大革命”结束后党召开的第一次全国代表大会，由于“文化大革命”造成的政治上、思想上的混乱难以在短时间内消除，它不可避免地带有时代的烙印。

在党的十一大上，尽管代表们手中已不再挥动“红宝书”，但听到的依然有不少“文化大革命”的语言，报告仍然肯定了“文化大革命”，认为“这种政治性质的大革命今后还要进行多次”。对“无产阶级专政下继续革命的理论”，报告给予了高度评价，认为是“当代马克思主义最重要的成果”；对党在现阶段的主要任务，报告坚持“以阶级斗争为纲”，强调要“在两个阶级、两条道路的激烈斗争中，实现安定团结，巩固无产阶级专政，巩固和发展无产阶级文化大革命的胜利成果，以最终达到天下大治的目的”。这就起了严重阻碍拨乱反正的消极作用。

大会通过的新党章虽然对十大的党章作了一些必要修改，但新党章未能从根本上纠正十大党章中一些“左”倾错误观点，继续肯定了“以阶级斗争为纲”等导致“文化大革命”的错误理论。受其影响，在五届全国人大一次会议上通过的修订后的《中华人民共和国宪法》，仍然把“坚持无产阶级专政下的继续革命”列入历史新时期的总任务中，还保留了公民有“运用大鸣、大放、大辩论、大字报的权利”和将“革命委员会”作为“地方各级人民代表大会的执行机关”“地方各级国家行政机关”等条款。

总之，由于中共中央领导层内对历史、对未来还存在着重大的分歧，大会未能完成工作重点的转移，未能完成政治路线和组织路线的拨乱反正，致使中国的前进举步维艰，出现了在徘徊中前进的局面。可以说，党的十一大没能完成从党的指导思想和方针上实现拨乱反正的历史任务，这一任务直到1978 年 12 月召开的党的十一届三中全会才得以彻底完成。

附录：十一届中央委员会历次全会简介

十一届一中全会

1977 年 8 月 19 日在北京举行。全会选举产生了中央领导机构，选举华国锋为中央委员会主席，叶剑英、邓小平、李先念、汪东兴为中央委员会副主席，并由他们组成中央政治局常务委员会；华国锋、韦国清、乌兰夫、方毅、邓小平、叶剑英、刘伯承、许世友、纪登奎、苏振华、李先念、李德生、吴德、余秋里、汪东兴、张廷发、陈永贵、陈锡联、耿飚、聂荣臻、倪志福、徐向前、彭冲为中央政治局委员，陈慕华（女）、赵紫阳、赛福鼎·艾则孜为中央政治局候补委员。

十一届二中全会

1978 年 2 月 18 日至 23 日在北京举行。全会通过了《政府工作报告》《1976 年至 1985 年发展国民经济 10 年规划纲要（草案）》《中华人民共和国宪法修改草案》和《关于修改宪法的报告》，决定提请第五届全国人民代表大会第一次会议审议。通过全国人民代表大会常务委员会组成人员、国务院总理和国务院其他组成人员、最高人民法院院长、最高人民检察院检察长、政协全国委员会常务委员会组成人员的候选人名单，决定分别提请五届全国人大和五届全国政协会议讨论。通过中华人民共和国国歌的新歌词，也决定提请五届全国人大会议讨论。

十一届三中全会

1978 年 12 月 18 日至 22 日在北京举行。全会召开前，中共中央于 11 月 10 日至 12 月 15 日召开为期 36 天的工作会议，主要议题是：讨论《关于加快农业发展速度的决定》和《农村人民公社工作条例（试行草案）》；商定 1979 年和 1980 年国民经济计划的安排；讨论李先念在国务院务虚会上的讲话。在讨论这些议题之前，中央政治局决定，先讨论结束全国范围的揭批林彪、“四人帮”的群众运动，从 1979 年起把全党工作着重点转移到社会主义现代化建设上来的问题。在分组讨论中，陈云提出了解决历史遗留问题的意见，得到与会同志的热烈响应。11 月 25 日，华国锋代表中央政治局在会上宣布，为“天安门事件”“反击右倾翻案风”以及一些已经查明的重大错案平反。接着，会议对关于真理标准问题的讨论、实事求是同“两个凡是”两种思想路线的争论、关于工作重点转移的指导思想和实行改革开放的方针、加强党的民主集中制和健全党内民主生活等重大问题进行了热烈讨论，并批评了中央在领导工作中的一些失误。邓小平作了题为《解放思想，实事求是，团结一致向前看》的重要讲话，提出了当前实现历史转变和进行现代化建设所面临的最重大、最关键的问题，明确了党在今后的主要任务和前进方向，将起到长期的指导作用，也为即将召开的党的十一届三中全会提供了指导思想。

经过中央工作会议的充分准备，十一届三中全会作出了从 1979 年起把全党工作重点转移到社会主义现代化建设上来和实行改革开放的战略决策。全会确立了解放思想、实事求是的思想路线，否定了“两个凡是”的错误方针，果断地停止使用“以阶级斗争为纲”的错误口号。全会提出了要注意解决好国民经济重大比例严重失调的要求，制定了加快农业发展的决定，同意将《中共中央关于加快农业发展若干问题的决定（草案）》和《农村人民公社工作条例（试行草案）》发到省、自治区、直辖市讨论和试行。为把农业搞上去，必须首先在农村实行改革，推行联产计酬责任制。全会提出了健全社会主义民主和加强社会主义法制的任务。全会还审查和解决了中国共产党历史上一批重大冤假错案和一些重要领导人的功过是非问题，决定在党的生活和国家政治生活中加强民主，加强党的领导机构和成立中央纪律检查委员会。全会增选陈云为政治局委员、常委、中央委员会副主席，邓颖超、胡耀邦、王震为中央政治局委员；增补黄克诚、宋任穷、胡乔木、习仲勋、王任重、黄火青、陈再道、韩光、周惠为中央委员，提请党的十二大追认。全会选举产生了 100 人组成的中央纪律检查委员会，陈云为中央纪委第一书记，邓颖超为第二书记，胡耀邦为第三书记，黄克诚为常务书记。华国锋仍担任中共中央主席，但经过这次全会，从党的指导思想的确立和实际工作的领导来说，

邓小平实际上已经成为党的中央领导集体的核心。

这次全会结束了粉碎“四人帮”之后党和国家的工作在徘徊中前进的局面，实现了中华人民共和国成立以来党的历史的伟大转折，开启了我国改革开放历史新时期。从此，党领导全国各族人民在新的历史条件下开始了新的伟大革命。

十一届四中全会

1979年9月25日至28日在北京举行。出席这次会议的中央委员189人，候补中央委员118人。另有16名中央机关和地方党委的负责同志列席了会议。华国锋主持会议，并作了重要讲话。全会一致通过了叶剑英代表党中央、人大常委会和国务院在庆祝中华人民共和国成立30周年大会上的讲话和《中共中央关于加快农业发展若干问题的决定》。全会通过协商和无记名投票，增补王鹤寿、刘澜波、刘澜涛、安子文、李昌、杨尚昆、周扬、陆定一、洪学智、彭真、蒋南翔和薄一波12位同志为中央委员，准备在党的第十二次全国代表大会时，请求对这一增补手续予以追认。全会选举中央政治局候补委员赵紫阳和中央委员彭真为中央政治局委员。

十一届五中全会

1980年2月23日至29日在北京举行。全会通过7项决定：提前召开党的十二次代表大会；通过《中国共产党章程（草案）》；通过《关于党内政治生活的若干准则》；增选胡耀邦、赵紫阳为政治局常委，重新设立中共中央书记处，选举胡耀邦为中央委员会总书记；彻底为刘少奇同志平反，恢复刘少奇同志作为伟大的马克思主义者和无产阶级革命家、党和国家的主要领导人之一的名誉，因刘少奇同志问题受株连造成的冤假错案，由有关部门予以平反；批准汪东兴、纪登奎、吴德、陈锡联的辞职请求，免除或提请免除他们所担任的党和国家的领导职务；建议全国人民代表大会修改宪法第45条，取消公民“有运用大鸣、大放、大辩论、大字报的权利”的规定。

十一届六中全会

1981年6月27日至29日在北京举行。出席会议的中央委员195人，候补中央委员 114 人，列席会议的有 53 人。中央政治局常委胡耀邦、叶剑英、邓小平、赵紫阳、李先念、陈云、华国锋主持会议。全会审议并通过《关于建国以来党的若干历史问题的决议》，对中华人民共和国成立 32 年来的历史特别是“文化大革命”作了科学的总结，对一系列重大历史问题作出正确结论，彻底否定了“文化大革命”，实事求是地评价毛泽东同志的历史地位，充分论述了毛泽东思想作为党的指导思想的伟大意义。《决议》指出，党在中华人民共和国成立以后的历史，总的来说是在马克思列宁主义、毛泽东思想指导下，领导全国各族人民进行社会主义革命和社会主义建设并取得巨大成就的历史。由于经验不足，党的领导思想在对形势的分析和对国情的认识上发生过主观主义的偏差，犯过把阶级斗争扩大化和在经济建设上急躁冒进的错误，包括“文化大革命”这样全局性的、长时间的严重错误。但是，32 年来我们取得的成就是主要的。

《决议》实事求是地评价毛泽东的历史地位，充分肯定毛泽东思想作为党的指导思想的伟大意义，指出，毛泽东是伟大的马克思主义者，是伟大的无产阶级革命家、战略家和理论家；就他的一生来看，他对中国革命的功绩远远大于他的过失，他的功绩是第一位的，错误是第二位的。《决议》恢复了毛泽东思想的本来面目，将毛泽东晚年的错误与他的正确思想加以区别，指出毛泽东思想是马克思列宁主义在中国的运用和发展，是被实践证明了的关于中国革命的正确的理论原则和经验总结，是中国共产党集体智慧的结晶。毛泽东思想独创性的理论贡献体现在关于新民主主义革命、关于社会主义革命和社会主义建设；关于革命军队的建设和军事战略；关于政策和策略；关于思想政治工作和文化工作；关于党的建设等方面。《决议》特别指出，毛泽东思想的活的灵魂，是贯穿于上述各个组成部分的立场、观点和方法，它们有三个基本方面，即实事求是，群众路线，独立自主。毛泽东把辩证唯物主义和历史唯物主义运用于无产阶级政党的全部工作，在中国革命的长期艰苦斗争中形成了具有中国共产党人特色的这些立场、观点和方法，丰富和发展了马克思列宁主义。毛泽东思想是我们党的宝贵的精神财富，将长期指导我们的行动。

《决议》总结中华人民共和国成立以来的历史经验和教训，明确我们党已经逐步确立了一条适合我国国情的社会主义现代化建设的道路。它的要点

是：社会主义改造基本完成以后，我国所要解决的主要矛盾是人民日益增长的物质文化需要同落后的社会生产之间的矛盾；社会主义经济建设必须从实际出发，量力而行，积极奋斗，有步骤分阶段地实现现代化的目标；社会主义生产关系的变革和完善必须适应生产力的状况，有利于生产的发展；在剥削阶级作为阶级消灭以后，阶级斗争已经不是主要矛盾；逐步建设高度民主的社会主义政治制度，是社会主义革命的根本任务之一；社会主义必须有高度的精神文明；改善和发展社会主义的民族关系，加强民族团结；必须坚持实行民族区域自治；必须加强现代化的国防建设；在对外关系上，必须继续坚持反对帝国主义、霸权主义、殖民主义和种族主义，维护世界和平；加强执政党的党风建设，把中国共产党建设成为具有健全的民主集中制的党。

全会一致同意华国锋辞去中央委员会主席和中央军事委员会主席职务的请求。选举胡耀邦为中央委员会主席，邓小平为中央军事委员会主席，改华国锋为中央委员会副主席，增选习仲勋为中共中央书记处书记。中央政治局常务委员会由胡耀邦、叶剑英、邓小平、赵紫阳、李先念、陈云、华国锋组成。

这次全会和全会通过的历史决议，完成了党在指导思想上拨乱反正的任务。

十一届七中全会

1982 年 8 月 6 日在北京举行。出席这次会议的，有中央委员 185 人，候补中央委员 112 人，列席的有 21 人。中央政治局常委胡耀邦、叶剑英、邓小平、赵紫阳、李先念、陈云、华国锋主持会议。全会决定，1982 年 9 月 1 日召开中国共产党第十二次全国代表大会。全会审议并通过了中央委员会向党的第十二次全国代表大会所作的报告；审议并通过了《中国共产党章程（修改草案）》，一致决定将这两个文件提交党的第十二次全国代表大会审议。全会还讨论并通过了分别给刘伯承、蔡畅的致敬信，决定在他们因年高久病、不再担任领导职务之际，以全会的名义表达全党同志对他们的亲切问候和崇高敬意。全会正式会议前开了六天的预备会议，就上述议题进行了充分的酝酿和认真的讨论。

中共十二大：“建设有中国特色的社会主义”

一、历史性的转变

● 国际局势

从外部环境而言，有以下几个因素对党的十二大的召开及其决策有重大影响。

一是国际局势趋向和缓。进入20世纪80年代，整个国际形势发生很大变化，由原来的苏攻美守态势变成互有攻守、各有得失的对峙态势。这种力量的不断转换，使得国际间各种力量交织在对抗和对话之中。由于世界各国的共同努力，战争的威胁在日趋减小，和平的力量在不断扩大。邓小平总结这一时期的国际局势，指出："对于总的国际局势，我的看法是，争取比较长期的和平是可能的，战争是可以避免的。"[①] 对战争与和平问题的正确估计，是新时期党和国家改革开放政策的一个根本出发点。而在事实上日趋和缓的国际局势，为我们国家自己的发展、为党的十二大的召开创造了一个良好的外部环境。

二是世界范围内的现代化运动。第二次世界大战以后，尤其是20世纪七八十年代以后，世界范围内的现代化运动出现新一轮高潮。它无论在广度上还是在深度上都促使像中国这样的经济文化比较落后的国家更加自觉地顺应世界现代化的潮流，以便增强国力，提高国民的生活水平。这不仅为我们国家加强国内建设，实行社会主义的改革和开放，提供了难得的机遇和挑战，而且也为党的十二大正确分析国际局势，为坚持、巩固和发展社会主义制度而采取沉着冷静、抓住机遇、发展自己的正确方针提供了可靠的客观根据。

三是资本主义世界的巨大变动。资本主义在第二次世界大战后虽然也有种种曲折，表明它的内在矛盾并没有也不可能根本解决。以美国为首的发

---

① 《邓小平文选》第三卷，人民出版社1993年版，第233页。

达资本主义国家，从汲取20世纪20年代后期至30年代资本主义大危机的教训和借鉴苏联社会主义前期计划经济的经验开始，到第二次世界大战后特别是20世纪70年代中期以后，致力于在资本主义制度基础上进行多方面的改革调整，使得资本主义社会的科技、生产力、经济社会化和世界市场得到长足发展。这既对党的十二大正确分析和认识资本主义，制定正确的对外政策，推进中国的现代化，是一个有力的外部促动；同时也间接地为党的十二大重新分析和认识社会主义，判断历史方位，制定路线，产生了重要影响。

● 国内形势

从党的十一届三中全会开始，到1982年，经过近四年的全面拨乱反正和局部改革，我国的社会主义现代化建设和各条战线出现了一系列新的变化，促进了我国由“文化大革命”的严重挫折到全面开创社会主义现代化建设的伟大转变。一个崭新的局面呈现在全党和全国人民面前，主要表现为：在思想上，重新确立了马克思列宁主义的实事求是的思想路线，逐步纠正了指导思想上和实际工作中的“左”倾错误，在新的历史条件下坚持和发展了毛泽东思想。思想解放，使各条战线获得了生气勃勃的创造力量。在经济上，在党领导下把工作重点转移到社会主义现代化建设上来，努力纠正过去经济工作中的“左”倾错误，调整了国民经济，使我国经济渡过难关；改革开放起步，农村改革初见成效，城市改革进行试点，经济建设有了新气象，逐步走上稳定发展的健康轨道。在政治上，揭批查“四人帮”，消除其帮派势力；陆续落实各项政策，处理了大批党内和人民内部的矛盾，调整了社会关系，实现了安定团结、生动活泼的政治局面。在组织上，逐步调整、整顿和加强了党和国家各级领导班子，选拔了一批优秀人才到各级领导岗位，各级领导权已基本掌握在忠于人民的干部手中；党内加强了教育，党的组织逐步健全，党的威信开始恢复；党经受了改革开放的初步考验，在斗争和建设中锻炼得更加成熟和坚强。在文化上，努力纠正了过去对教育、科学和文化方面长期存在的“左”倾错误，落实了党的知识分子政策，初步形成了尊重知识、尊重人才的气氛，调动了科教文工作者的积极性。科教文工作走上正轨并得到一定的发展，初步呈现繁荣景象，迎来了科教文战线的春天。

与此同时，中国社会主义道路的探索在理论上也取得了重大的进展。

十一届三中全会后，邓小平在提出坚持四项基本原则的同时，提出了“中国式现代化”的目标任务，并不断充实和丰富其内涵。党的十一届四中全会通过的庆祝中华人民共和国成立30周年讲话，提出在改革和完善社会主义经济制度的同时，改革和完善社会主义政治制度，发展高度的社会主义民主和完备的社会主义法制的要求，提出在建设高度物质文明的同时，建设高度的社会主义精神文明的要求，并明确提出要走出一条中国式道路。党的十一届六中全会通过的《关于建国以来党的若干历史问题的决议》，第一次指明我国正处在社会主义“初级的阶段”，并对“一条适合我国情况和特点的实现现代化的道路”是一条什么样的道路，从主要矛盾、工作重点、经济建设、政治建设、文化建设、国防建设、民族政策、外交政策和执政党党风建设等方面，作了初步概括。

在上述实践进展和理论概括的基础上，召开党的十二大，确定继续前进的战略目标、战略步骤、战略重点和与此相适应的具体方针政策，全面开创社会主义现代化新局面等问题，就提到了中国共产党的议事日程上来。

二、“走自己的道路，建设有中国特色的社会主义”

● 会议议程

1982年9月1日至11日，中国共产党第十二次全国代表大会在北京召开。出席大会的正式代表1545名，候补代表145人，代表着全国3900多万名党员。这次代表大会的使命，就是要通过对过去六年历史性胜利的总结，为进一步肃清所遗留的消极后果，全面开创社会主义现代化建设的新局面，确定继续前进的正确道路、战略步骤和方针政策。

大会的主要议程有三项：（一）审议第十一届中央委员会的报告，确定党为全面开创社会主义现代化建设新局面而奋斗的纲领；（二）审议和通过新的《中国共产党章程》；（三）按照新的党章的规定，选举党的中央委员会、中央顾问委员会和中央纪律检查委员会。

● 邓小平致开幕词

9月1日，大会执行主席邓小平致开幕词。他指出："回顾党的历史，这次代表大会将是党的第七次全国代表大会以来的一次最重要的会议……正如七大以前，民主革命二十多年的曲折发展，教育全党掌握了我国民主革命的规律一样，八大以后社会主义革命和建设二十多年的曲折发展也深刻地教育了全党。从十一届三中全会以来，我们党在经济、政治、文化等各方面的工作中恢复了正确的政策，并且研究新情况、新经验，制定了一系列新的正确政策。和八大的时候比较，现在我们党对我国社会主义建设规律的认识深刻得多了，经验丰富得多了，贯彻执行我们的正确方针的自觉性和坚定性大大加强了。我们有充分的根据相信，这次代表大会制定的正确的纲领，一定能够全面开创社会主义现代化建设的新局面，使我们党兴旺发达，使我们的社会主义事业兴旺发达，使我们的国家和各民族兴旺发达。"①

在深刻总结党的历史经验的基础上，邓小平郑重提出了"走自己的道路，建设有中国特色的社会主义"的重大命题。他指出："我们的现代化建设，必须从中国的实际出发。无论是革命还是建设，都要注意学习和借鉴外国经验。但是，照抄照搬别国经验、别国模式，从来不能得到成功。这方面我们有过不少教训。把马克思主义的普遍真理同我国具体实际结合起来，走自己的道路，建设有中国特色的社会主义，这就是我们总结长期历史经验得出的基本结论。"② 从党的十二大开始，建设中国特色社会主义成为新时期历次党的全国代表大会的主题和旗帜，成为全国各族人民凝聚在一起，进行改革开放和现代化建设的旗帜。

● 胡耀邦作政治报告

胡耀邦代表第十一届中央委员会向大会作了题为《全面开创社会主义现代化建设的新局面》的政治报告。报告分六个部分:（一）历史性的转变和新的伟大任务;（二）促进社会主义经济的全面高涨;（三）努力建设

① 《邓小平文选》第三卷，人民出版社 1993 年版，第 1—2 页。

② 《邓小平文选》第三卷，人民出版社 1993 年版，第 2—3 页。

高度的社会主义精神文明；（四）努力建设高度的社会主义民主；（五）坚持独立自主的对外政策；（六）把党建设成为领导社会主义现代化事业的坚强核心。

报告回顾了党的十一届三中全会以来的战斗历程和各条战线所取得的巨大成就，对比党领导中国民主革命期间发生过的两次历史性转变提出：这一次转变，与过去那两次相比，历史条件有了很大的不同。我们党已经是全国政权的领导核心，我们国家已经经过长时期的社会主义革命和建设。人民的力量比过去革命战争时期强大得多。在党中央领导下，经过全党上下的紧张努力，经过全党同志同全国亿万人民的团结战斗，我们终于实现了又一次历史性的伟大转变。报告提出党在新的历史时期的总任务是：团结全国各族人民，自力更生，艰苦奋斗，逐步实现工业、农业、国防和科学技术现代化，把我国建设成为高度文明、高度民主的社会主义国家。

报告围绕着建设有中国特色的社会主义这个中心，从政治、经济、文化、思想、外交和党的建设等方面，勾画出了实现这一宏伟目标的蓝图，从理论和实践的结合上，解决了社会主义革命和建设中的许多重大问题，激起了各方面的强烈反响。

● 大会通过的决议

9 月 5 日下午，大会主席团举行会议。大会副秘书长胡乔木就代表们在分组讨论中对十一届中央委员会报告和《中国共产党章程》草案所提出的建议和意见以及据此对报告和党章草案进行修改的情况作了说明。会议通过了关于十一届中央委员会报告的决议草案和《中国共产党章程》的决议草案，决定将这两个决议草案提请大会通过。会议还决定将主席团提出的中央委员会、中央顾问委员会和中央纪律检查委员会候选人酝酿名单提交全体代表讨论，并通过了关于三个委员会的选举办法，提交大会审议。

6 日下午，举行全体会议。大会通过了关于十一届中央委员会报告的决议。批准了胡耀邦代表第十一届中央委员会所作的报告。决议说：大会认为，十一届三中全会以来的路线、方针和政策是正确的，工作是卓有成效的。报告提出的全面开创社会主义现代化建设新局面的正确纲领和一系列方针政策，应当成为今后党的各项工作的基本依据。大会还通过了十一届中央委员会提出的《中国共产党章程》和关于这个章程的决议，决定这一新党章自通过之日起生效。决议要求全党认真组织对于新党章的学习，努力使全体党员真正理解党章总纲和党章的各项规定，使所有党员，特别是所有干部党员的认识都能够得到提高，以便为全面整顿党的作风和党的组织，把党建设成为领导社会主义现代化事业的坚强核心作好充分准备。

● 大会重要发言

在9月6日的大会上，叶剑英和陈云作了重要发言。叶剑英和陈云表示赞成邓小平的开幕词和胡耀邦所作的政治报告及《中国共产党章程》，并着重讲了干部新老合作交替问题。

叶剑英说，经过这次大会，将有一批年富力强的同志，走上中央的领导岗位和其他领导岗位，这是党的事业兴旺发达的重要标志。他引用唐朝诗人李商隐的“雏凤清于老凤声”的诗句，表达了对年轻同志的厚望，希望他们同老同志亲密合作，挑起重担，奋勇前进。他说，许多老同志从领导岗位上退下来，这是党的事业发展的需要。这些老同志是革命的功臣。他们的功绩，党和人民是不会忘记的。他希望退下来的老同志思想不能退，要时时处处为党和人民的利益着想，继续做一些力所能及的工作。他还说，从中央到地方，今后一定要更好地坚持民主集中制，坚持集体领导原则，以保证党的正常生活和正确领导，实现国家的长治久安。

陈云说，党的干部队伍存在程度不同的老化问题，青黄不接的问题，现在不解决，或者解决得不好，共产主义事业在中国就有可能出现曲折。要解决这个问题，首先是老干部要陆续从领导班子中退出。他说，老干部退出了第一线，要支持中青年干部的工作，担负起对中青年干部传帮带的任务，只有完成了这项任务，才算对党和革命事业尽了最后一把力。他同时指出，干部队伍青黄不接，老同志不可能一下子都从领导班子中退出。这些同志主要的精力应当用来搞好传帮带，在重大问题上出出主意，把把关。他还说，关于提拔中青年干部进入各级领导班子问题，他要讲两句话。一句话是：必须成千上万地提拔，而不能只提拔几十个、几百个。另一句话是：在“文化大革命”期间跟随林彪、江青一伙造反起家的人，帮派思想严重的人，打砸

抢分子，这“三种人”一个也不能提拔，已经提拔的，必须坚决从领导班子中清除出去。此外，还有两种人也不能提拔，这就是反对三中全会以后党中央路线的人，以及在经济领域内和其他方面严重违法乱纪的人。他指出，在“文化大革命”期间，表现好的和基本好的中青年有的是，在提拔中青年干部时，应当主要从他们中间挑选。只要把干部队伍的交接班问题解决好，我们党的事业就一定会后继有人。

● 大会选举

9月9日上午，大会主席团举行会议，根据预选结果，确立三个委员会候选人正式名单。下午，各代表团举行分组会议，审议主席团提出的候选人名单。

10日和11日上午，大会举行全体会议，进行中央委员会正式委员、中央顾问委员会委员的选举。经过充分准备，大会民主选出中央委员210人，候补委员138人，组成新的中央委员会。在大会选出的348名中央委员和候补中央委员中，新当选的有211人，占总数的65%；年龄在60岁以下的有171人，占总数的49.1%，年龄最小的只有39岁；具有大专学历的122人，占总数的35.1%，在知识化专业化方面，比上届中央委员会有较大的提高。中央委员会还保留了叶剑英、邓小平、李先念、陈云、徐向前、聂荣臻、彭真、邓颖超等8位德高望重、在国内外都享有崇高威望的老一辈革命家。同时，新成立了中央顾问委员会，选出委员172人，他们都是具有40年以上党龄，对党有较大贡献，又有丰富领导工作经验的老同志。还选出中央纪律检查委员会委员133人。这三个委员会的产生，贯彻了新老干部交替的原则，有利于加强和改善党的领导，有利于党和国家的长治久安。

9月11日，党的十二大闭幕，李先念致闭幕词。闭幕词高度评价了胡耀邦的报告和新党章，以及大会取得的成就，号召广泛深入地宣传、学习党的十二大精神，采取切实措施，扎扎实实地贯彻执行，一步一步地向我们的伟大目标迈进。

三、实现工农业的年总产值“翻两番”

● 促进社会主义经济的全面高涨

在全面开创新局面的各项任务中，首要的任务是把社会主义现代化经济建设继续推向前进。为此，党的十二大实事求是地确定了我国经济建设的战略目标、战略重点、战略步骤和一系列正确方针。

十二大报告提出，从1981年到20世纪末的20年，我国经济建设总的奋斗目标是：在不断提高经济效益的前提下，力争使全国工农业的年总产值翻两番，即由1980年的7100亿元增加到2000年的28000亿元左右。实现了这个目标，我国国民收入总额和主要工农业产品的产量将居于世界前列，整个国民经济的现代化过程将取得重大进展，城乡人民的收入将成倍增长，人民的物质文化生活可以达到小康水平。

报告分析指出，通观全局，为实现上述经济发展目标，在今后20年内，一定要牢牢抓住农业、能源和交通、教育和科学这几个根本环节，把它们作为经济发展的战略重点。在综合平衡的基础上，把这些方面的问题解决好了，就可以促进消费品生产的较快增长，带动整个工业和其他各项生产建设事业的发展，保障人民生活的改善。

为了实现20年的奋斗目标，在战略部署上要分两步走：前十年主要是打好基础，积蓄力量，创造条件；后十年要进入一个新的经济振兴时期。这是党中央全面分析了我国经济情况和发展趋势之后作出的重要决策。

为了促进社会主义经济的全面高涨，在全部经济工作中，必须继续贯彻执行五届人大四次会议批准的10条经济建设方针，特别要注意解决以下几个重要原则问题：一是集中资金进行重点建设和继续改善人民生活；二是坚持国营经济的主导地位和发展多种经济形式；三是正确贯彻计划经济为主、市场调节为辅原则；四是坚持自力更生和扩大对外经济技术交流。报告强调指出：没有亿万群众的高昂的劳动热忱，没有成千上万个生产单位的首创精

神，没有各地方、各部门的积极奋斗，社会主义建设事业的蓬勃发展是不可能的。我们的全部经济工作，我们的一切方针、政策、计划、措施，都必须立足于统筹安排，兼顾国家、集体、个人三者利益，把中央、地方、部门、企业和劳动者的积极性都充分调动起来，科学地组织起来，使之发挥出最有效的作用。这是促进社会主义经济全面高涨的最重要的途径。

● 建设高度的社会主义精神文明

在全党把工作重点转移到现代化经济建设上来以后，党中央曾多次郑重提出：我们在建设高度物质文明的同时，一定要努力建设高度的社会主义精神文明。这是建设社会主义的一个战略方针问题。社会主义的历史经验和我国当前的现实情况都告诉我们，是否坚持这样的方针，将关系到社会主义的兴衰和成败。

十二大报告指出，社会主义精神文明是社会主义的重要特征，是社会主义制度优越性的重要表现。它表现为教育、科学、文化知识的发达和人们思想、政治、道德水平的提高。如果忽视在全社会建设社会主义精神文明这个伟大的任务，人们对社会主义的理解就会陷入片面性，就会使人们的注意力仅仅限于物质文明的建设，甚至仅仅限于物质利益的追求。那样，我们的现代化建设就不能保证社会主义的方向，我们的社会主义社会就会失去理想和目标，失去精神的动力和战斗的意志，就不能抵制各种腐化因素的侵袭，甚至会走上畸形发展和变质的邪路。一句话，没有这种精神文明，就不可能建设社会主义。

社会主义精神文明的建设大体可以分为文化建设和思想建设两个方面。文化建设指的是教育、科学、文学艺术、新闻出版、广播电视、卫生体育、图书馆、博物馆等各项文化事业的发展和人民群众知识水平的提高，它既是建设物质文明的重要条件，也是提高人民群众思想觉悟和道德水平的重要条件。文化建设也应当包括健康、愉快、生动活泼、丰富多彩的群众性娱乐活动，使人们在紧张劳动后的休息中，得到有高尚趣味的精神上的享受。思想建设决定着精神文明的社会主义性质，它包括工人阶级的、马克思主义的世界观和科学理论，共产主义的思想、信念和道德，同社会主义公有制相适应的主人翁思想和集体主义思想，同社会主义政治制度相适应的权利义务观念和组织纪律观念，为人民服务的献身精神和共产主义的劳动态度，社会主义的爱国主义和国际主义，等等。概括起来说，最重要的就是革命的理想、道德和纪律。要用革命的思想和革命的精神振奋起广大群众建设社会主义的巨大热情，使越来越多的社会成员成为有理想、有道德、有文化、守纪律的劳动者。

● 建设高度的社会主义民主

社会主义的物质文明和精神文明建设，都要靠继续发展社会主义民主来保证和支持。建设高度的社会主义民主，是我们党的根本目标和根本任务之一。

报告指出，社会主义事业是全体人民的事业，只有建设高度的社会主义民主，才能使各项事业的发展符合人民的意志、利益和需要，使人民增强主人翁的责任感，充分发挥主动性和积极性。社会主义民主制度和民主生活的建设需要进行长期的、大量的工作，一定要按照民主集中制的原则，继续改革和完善国家的政治体制和领导体制，使人民能够更好地行使国家权力，使国家机关能够更有效地领导和组织社会主义建设。社会主义民主要扩展到政治生活、经济生活、文化生活和社会生活的各个方面，发展各个企业事业单位的民主管理，发展基层社会生活的群众自治。民主应当成为人民群众进行自我教育的方法。应当根据社会主义民主的原则，建立人与人之间的平等关系和个人与社会之间的正确关系。国家和社会保障公民正当的自由和权利，公民履行对国家和社会应尽的义务。公民在行使自己的自由和权利的时候，不得损害国家的、社会的、集体的利益以及他人的自由和权利。我们在努力发展社会主义民主的过程中，所采取的一切措施都必须有利于社会主义制度的巩固，有利于促进社会生产和其他建设事业的发展，而绝不给危害社会主义的敌对分子以进行破坏活动的自由。

报告还提出，社会主义民主的建设必须同社会主义法制的建设紧密地结合起来，使社会主义民主制度化、法律化。党领导人民制定宪法和法律，一经国家权力机关通过，全党必须严格遵守。必须进一步发展国内各民族之间平等、团结、互助的社会主义民族关系。坚持“长期共存，互相监督”，“肝胆相照，荣辱与共”的方针，加强同各民主党派、无党派民主人士、少

数民族人士和宗教界爱国人士的合作，进一步巩固和加强由全体社会主义劳动者、拥护社会主义的爱国者和拥护祖国统一的爱国者组成的，包括台湾同胞、港澳同胞和海外侨胞在内的最广泛的爱国统一战线。

● 反对霸权主义，维护世界和平

中国的前途同世界的前途是息息相关的。把爱国主义和国际主义结合起来，从来都是我国处理对外关系的根本出发点。

报告指出，中国的对外政策是以马克思列宁主义、毛泽东思想的科学理论为基础的，是从中国人民和世界人民的根本利益出发的。中国用以指导自己同各国发展关系的一贯原则，是“互相尊重主权和领土完整、互不侵犯、互不干涉内政、平等互利、和平共处”五项原则。中国没有在任何外国留驻一兵一卒，没有侵占任何外国一寸领土，没有侵犯过任何外国的主权，没有以不平等关系强加于任何外国。在任何情况下，中国永远不称霸。

报告指出，反对霸权主义、维护世界和平，是今天世界人民最重要的任务。中国不但反对超级大国所准备的世界战争，而且反对它们所挑起或支持的一切局部性的侵略战争。中国一贯坚决支持一切受侵略的国家和人民的反侵略斗争。社会主义中国同大多数第三世界国家具有相似的苦难经历，面临共同的问题和任务，把坚决同第三世界国家一起为反对帝国主义、霸权主义、殖民主义而斗争，看作自己神圣的国际义务。我们之间的经济合作，也就是通常所说的“南南合作”，有助于冲破现存不平等的国际经济关系和建立国际经济新秩序，具有伟大的战略意义。

报告提出，中国共产党坚持在马克思主义的基础上，按照独立自主、完全平等、互相尊重、互不干涉内部事务的原则，发展同各国共产党和其他工人阶级政党的关系。中国人民十分重视同世界各国人民的友谊，同各国人民发展了广泛的联系。我们要作出更大的努力，加强自己的建设，以便为维护世界和平、促进人类进步发挥应有的作用。

● 把党建设成为领导社会主义现代化事业的坚强核心

在社会主义现代化建设的宏伟事业中，历史把重大的责任交给了我们党。为了加强新时期党的建设，十二大对十一大党章作了许多有根本意义的修改。修改党章的总的原则是，适应新的历史时期的特点和需要，对党员提出更严格的要求，提高党组织的战斗力，坚持和改善党的领导。大会提出，一定要按照新党章的要求，努力把党建设成为领导社会主义现代化事业的坚强核心。

党的十二大通过的修改后的新党章，清除了十一大党章中“左”的错误，继承和发展了党的七大和八大党章的优点。新党章在总纲中，对党的性质和党的指导思想，对现阶段我国社会的主要矛盾和党的总任务，对党在国家生活中如何正确地发挥领导作用，都作了符合马克思主义的规定。新党章对党员和党的干部在思想上、政治上和组织上的要求，比过去历次党章的规定都更加严格。根据历史的经验和教训，新党章强调从中央到基层的各级组织都必须严格遵守民主集中制和集体领导的原则，明确规定“禁止任何形式的个人崇拜”。新党章是党的历史经验和集体智慧的宝贵结晶，是在新的历史时期把我们党建设得更加坚强的重要保证。

根据党的现状和新党章的精神，党的十二大还提出在党的建设上必须着重解决好以下几个问题。第一，健全党的民主集中制，使党内政治生活进一步正常化。第二，改革领导机构和干部制度，实现干部队伍的革命化、年轻化、知识化、专业化。第三，加强党在工人、农民、知识分子中的工作，密切党同群众的联系。第四，有计划有步骤地进行整党，使党风根本好转。

● 成立中央顾问委员会

1980 年 8 月，中央政治局扩大会议提议设置顾问委员会。8 月 18 日，邓小平发表《党和国家领导制度的改革》，指出：“中央已经设立了纪律检查委员会，正在考虑再设一个顾问委员会（名称还可以再考虑）。连同中央委员会，都由党的全国代表大会选举产生，并明确规定各自的任务和权限。国务院也要考虑设立相应的机构。这样，就可以让一批原来在中央和国务院工作的老同志，充分利用他们的经验，发挥他们的指导、监督和顾问

作用。”[①]1982年7月，党的十二大召开前夕，邓小平又在中央政治局扩大会议上提出：“设立顾问委员会，是一种过渡性质的。鉴于我们党的状况，我们干部老化，但老干部是骨干，处理不能太急，太急了也行不通。”[②]“所以，我们需要顾问委员会来过渡。顾问委员会，应该说是我们领导职务从终身制走向退休制的一种过渡。我们有意识地采取这个办法，使过渡比较顺利。也许经过三届代表大会以后，顾问委员会就可以取消了。如果两届的话，就要十年。”[③]

党的十二大正式选举产生了中央顾问委员会，大会审议和通过的新党章，规定了中央和省级顾问委员会的性质和权限。根据党章规定：中央顾问委员会“是中央委员会政治上的助手和参谋”，“中央顾问委员会在中央委员会领导下进行工作，对党的方针、政策的制定和执行提出建议，接受咨询；协助中央委员会调查处理某些重要问题；在党内外宣传党的重大方针、政策；承担中央委员会委托的其他任务”。大会根据新党章的规定，选举了中央顾问委员会委员172人。9月13日，中央顾问委员会召开第一次全体会议，选举邓小平为主任，薄一波、许世友、谭震林、李维汉为副主任，选举产生24名常务委员。邓小平在中央顾问委员会第一次全体会议上讲话指出：“中央顾问委员会是个新东西，是根据中国共产党的实际情况建立的，是解决党的中央领导机构新老交替的一种组织形式。目的是使中央委员会年轻化，同时让一些老同志在退出第一线之后，还能够继续发挥一定的作用。”[④]

同年9月22日，薄一波主持召开中央顾问委员会第二次常委会议，讨论通过《关于中央顾问委员会工作任务和工作方法的暂行规定》。9月30日，中央批准并转发了这一《规定》。此后，中央顾问委员会的日常工作步入正轨。

---

①《邓小平文选》第二卷，人民出版社1994年版，第339页。

②《邓小平文选》第二卷，人民出版社1994年版，第413页。

③《邓小平文选》第二卷，人民出版社1994年版，第414页。

④《邓小平文选》第三卷，人民出版社1993年版，第5页。

四、全面开创社会主义现代化建设的新局面

● 第一次举起了中国特色社会主义伟大旗帜

党的十二大是党的历史上一次重要的代表大会。它对党的历史经验进行了科学的总结，提出了党在新的历史时期的总目标总任务，不仅丰富和发展了党的十一届三中全会以来的正确路线，而且对于科学社会主义理论作出了新的贡献，为我国的社会主义事业指出了继续前进的正确道路，也为新时期党的建设的发展指明了方向。党的十二大作出的一系列决策，表明党在政治上、思想上更加成熟了。特别是它第一次竖起了中国特色社会主义的伟大旗帜，制定的正确纲领为党的事业和党自身的建设打开新局面奠定了基础。邓小平在大会开始的时候就预言："我们有充分的根据相信，这次代表大会制定的正确的纲领，一定能够全面开创社会主义现代化建设的新局面，使我们党兴旺发达，使我们的社会主义事业兴旺发达，使我们的国家和各民族兴旺发达。"① 这一预言已被历史充分证明。

● 丰富和发展了马克思主义理论

党的十二大对马克思主义的补充、丰富和发展，主要包括以下几个方面：（1）关于社会主义基本特征的问题。过去对社会主义基本特征的论述，往往强调剥削阶级的消灭和生产资料的公有，按劳分配，国民经济有计划按比例的发展以及工人阶级和劳动人民的政权。还强调高度发达的生产力和比资本主义更高的劳动生产率。十二大报告指出，社会主义还必须有一个特征，就是社会主义精神文明和高度的社会主义民主。这就使社会主义基本特征既包括生产关系和生产力，也包括上层建筑和意识形态，因而更加全面完整。（2）关于社会主义所有制结构问题。过去的论述往往强调社会主义全民

① 《邓小平文选》第三卷，人民出版社1993年版，第2页。

所有制和社会主义集体所有制以及后者向前者的过渡。十二大报告指出，社会主义国有经济在整个国民经济中居于主导地位，但是，在很长时间内需要多种形式的同时并存。（3）关于计划和市场问题。过去的论述往往强调计划，排斥市场，党的十二大提出计划经济为主、市场调节为辅的原则，在这一原则下，要正确划分指令性计划、指导性计划和市场调节各自的范围和界限。（4）关于阶级斗争问题。在社会主义改造基本完成以后的阶级斗争问题是马克思主义过去没有解决的问题。十二大报告提出，在剥削阶级作为阶级消灭以后，我国社会存在的矛盾大多数不具有阶级斗争的性质，阶级斗争已经不再是我国社会的主要矛盾，但是阶级斗争还将在我国社会的一定范围内长期存在，并且在某种条件下还有可能激化。另外，在精神文明建设和党的建设等问题上也都有新的表述，这些理论和任务的提出，体现了社会主义现代化建设的全面性要求，丰富和发展了科学社会主义理论，也使人们对社会主义的理解更加全面和深刻了。

● 改革开放全面展开

党的十二大以后，经济体制改革全面展开。改革的重点由农村逐步转向城市；城市经济体制改革由试点发展到全面铺开；农村改革在巩固的基础上进一步深入；其他领域也随之迈出改革步伐。

农村的家庭联产承包责任制迅速推向全国，农业生产终于摆脱长期停滞的困境。农作物大面积增产，农民收入大幅度增加，一些高档消费品开始进入普通农民家庭。随着农村经济开始朝专业化、商品化、社会化方向发展，大批剩余劳动力逐渐从土地上转移出来从事工业和加工业，使乡镇企业异军突起，一批新型中小城镇随之出现。到 1987 年，乡镇企业从业人数达到 8805 万人，产值达到 4764 亿元，第一次超过农业总产值。这是农村经济的一个历史性变化。广大农民在党的领导下，用自己的伟大创造和改革实践，为农村致富和逐步实现现代化开辟了一条新路。

在农村改革的推动下，城市的经济体制改革试点逐步扩大，要求全面改革的呼声日益强烈。1984 年 10 月 20 日召开的党的十二届三中全会，讨论并通过了《中共中央关于经济体制改革的决定》。《决定》突破了把计划经济同商品经济对立起来的传统观点，确认我国社会主义经济是“公有制基础上的有计划的商品经济”。按照发展社会主义有计划的商品经济的要求，国家对经济的计划管理权限逐步下放，缩小了指令性计划，扩大了指导性计划，到 1987 年，在生产领域中，国家指令性计划的工业产品从改革前的 120 种减少到 60 种；流通领域中国家计划管理的商品从改革前的 188 种减少到 23 种。国家宏观调控的范围和方式得到调整与改进，小商品和计划外商品都由市场调节。价格、税收、金融等经济杠杆在宏观调控中的作用日益增强，促进了商品经济的发展。按照政企分开、所有权和经营权适当分离的原则，国有企业改变统收统支的经营方式，生产经营自主权进一步扩大。到 1987 年，全国已有 80% 的国有企业实行各种形式的承包经营责任制。在企业内部，也进行以实行厂长（经理）负责制为主要内容的改革，增强了企业的自我改造和自我发展能力。

在坚持公有制经济主体地位的前提下，多种经济成分共同发展的方针进一步贯彻执行，比较单一的公有制结构有了很大改变。国有经济的主导地位继续加强；集体经济发展迅速；特别是中外合资、中外合作、外商独资企业和个体经济、私营经济等非公有制经济成分，在国家的扶持和引导下，取得引人注目的发展。到 1987 年，非公有制经济成分在全国工业总产值中的比重，由 1978 年的几乎为零上升到 5.6%。全国城镇个体工商业等各行业从业人员由 15 万增加到 569 万。所有制结构的这种变化，为发展经济、方便人民生活和安置就业起了积极作用。

随着城乡经济体制改革的逐步展开，科学技术体制和教育体制的改革也提上日程。1985 年 3 月，中共中央作出《关于科学技术体制改革的决定》，5 月又作出《关于教育体制改革的决定》，为科技体制和教育体制改革明确了任务和方向。11 月，中共中央、国务院决定实施发展高技术的“863 计划”，我国的科技事业得到极大推动。根据邓小平 1983 年 10 月提出的“教育要面向现代化，面向世界，面向未来”的指示，教育改革的任务主要是扩大学校的办学自主权，调整教育结构，改革教育的内容和方法，努力多出人才，出好人才。为此，教育事业经费逐年提高，占财政支出比重由 1978 年的 6.79% 上升到 1986 年的 12.12%。全国开始有计划地普及九年义务教育，在青壮年中基本扫除文盲，各种形式的成人教育也得到很大发展，适应现代化建设需要的各类人才不断涌现出来。

在全面推进城乡改革的同时，对外开放逐步由沿海地区向内地拓展。4个经济特区创建后，经受各种考验，取得显著成就，为进一步扩大开放积累了经验。1984年1月24日至2月17日，邓小平视察深圳、珠海、厦门等经济特区和广州、上海，提出："特区是个窗口，是技术的窗口，管理的窗口，知识的窗口，也是对外政策的窗口。"① 这就进一步明确了特区建设的指导思想。1984年5月，党中央和国务院决定，再开放大连、秦皇岛、天津、烟台、青岛、连云港、南通、上海、宁波、温州、福州、广州、湛江、北海等14个沿海港口城市，逐步兴办经济技术开发区，加快利用外资、引进先进技术的步伐。从1985年起，又相继在长江三角洲、珠江三角洲、闽东南地区和环渤海地区开辟经济开放区，批准海南建省并成为经济特区。这些地区为外商投资者提供优惠，充分利用国外资金、技术、管理经验和本地的优势，兴办中外合资、中外合作和外商独资企业，扩大对外贸易，加速经济发展。这样，沿海地区形成了包括约两亿人口的对外开放前沿地带，并进而形成了经济特区—沿海开放城市—沿海经济开放区—内地，这样一个多层次、有重点、点面结合的对外开放格局。

● 民主法制和精神文明建设逐步推进

根据党的十二大作出的决策和部署，1982年12月，第五届全国人民代表大会第五次会议通过了修改后的宪法。新宪法重新阐明了我国的政治经济制度、国家机构和内外基本政策，规定设立国家主席和副主席；国家设立中央军事委员会，领导全国武装力量；国家领导人连续任职不得超过两届。这部新宪法恢复和发展了1954年宪法中的正确内容，纠正了1975年和1978年两部宪法中"左"的错误，为新时期法制建设奠定了重要基础。1983年6月，六届全国人大一次会议选举李先念为国家主席，彭真为六届全国人大常委会委员长；决定赵紫阳为国务院总理；选举邓小平为国家中央军事委员会主席。

在改革开放政策的推动下，农村基层自治和城市基层自治加快发展。在家庭联产承包制普遍实行的基础上，1983年10月，党中央作出决定，废除

① 《邓小平文选》第三卷，人民出版社1993年版，第51—52页。

人民公社，建立乡（镇）政府作为基层政权，同时成立村民委员会作为群众性自治组织。到1985年春，各地农村的这项工作全部结束。1987年11月，六届全国人大常委会第二十三次会议通过《中华人民共和国村民委员会组织法（试行）》，对村民委员会的性质、职能和相关问题作了规定。此后，这种制度逐渐在全国普遍推行。

在城市，扩大基层民主，主要经由居民委员会和职工代表大会两个途径。居民委员会除发挥原有的民事调解、治安保卫、公共卫生、民政福利等作用之外，在协助解决居民就业、落实社会保障、开展文化教育活动等方面也开始发挥作用。与此同时，企业普遍建立职工代表大会，职工通过职代会参与企业民主管理开始走向制度化。

建设社会主义精神文明不是一件轻而易举的事。革命战争年代和中华人民共和国成立初期，物质生活虽然很艰难，但是党和人民的精神状态很好。“文化大革命”十年内乱把人们的是非善恶美丑的标准搞乱了，消除它在精神方面造成的严重后果，比消除它在物质方面造成的后果要艰难得多。为此，党的十二大提出，在今后五年内，一定要下决心实现社会风气的根本好转，主要是做到社会秩序明显改善，人们的劳动态度、工作态度和服务态度普遍改进，社会刑事犯罪事件显著减少，各种损人利己、损公肥私、好逸恶劳、“一切向钱看”、不择手段地追求享受、孤立和打击先进分子的歪风邪气受到有效的制止和普遍的鄙视，并且坚决消灭那些在新中国早已绝迹而目前又重新出现的丑恶现象。一定要用最大的努力，适应建设时期的新的条件和情况，把建设社会主义精神文明的工作认真做好，通过一切可能的途径，采取一切有效的方法，努力实现理想教育、道德教育、纪律教育在全国人民中首先是全国青少年中的普及。这是争取在五年内使社会风气根本好转的一项基本措施。

建设社会主义精神文明，是全党的任务，是各条战线的共同任务。每一个公民都应当遵守公民义务、社会公德和职业道德，每一个劳动者都应当是社会主义精神文明的建设者。根据党的十二大提出的要求，在广大人民群众中，首先是干部和青年中，开展了加强马克思列宁主义、毛泽东思想的教育，加强祖国历史特别是近代史的教育，加强党的纲领、党的历史和党的革命传统的教育，加强宪法和公民权利、公民义务、公民道德的教育，在各行各业加强职业责任、职业道德、职业纪律的教育等活动。这些教育联系当时的实际，采取生动活泼的形式，运用多种多样的手段，取得了明显的效果。

● 干部队伍新老交替步伐加快

党的十二大以后，各级领导班子按照“四化”方针继续进行调整。从 1982 年 10 月至 1983 年 3 月下旬，全国 29 个省、自治区、直辖市省级领导班子全部调整完毕。省属部、委、厅、局和地、市领导班子的调整，除个别省外，也基本完成。经过这次调整，省级领导班子人数减少 34%，平均年龄降至 55 岁；具有大专文化程度的由原来的 20%提高到 43%。新提拔党政领导干部占新班子成员的 44%，其中具有大专以上文化程度的占 71%。地、市和省属部、委、厅、局的领导班子人数减少 36%；平均年龄降为 50 岁；具有大专文化程度的由原来占 14%提高到 44%。新提拔党政领导干部占新班子总人数的近 1/2。新提拔的成员中，有 1/3 以上年龄在 45 岁以下，2/3 的人具有大专文化程度。

继省（直辖市）、地两级领导班子调整之后，1983 年 12 月全国县级机构改革全面展开。到 1984 年 9 月，全国除西藏自治区外，调整县级领导班子的工作基本结束。经过这次调整，县级领导班子人数减少 18%；平均年龄在 45 岁左右，40 岁以下的干部约占 33%。新进班子的有 1.5 万多人，占新班子总人数的 53%，年龄在 40 岁以下的近 47%。具有大学文化程度的由原来的 10.8%提高到 45%；有专业技术职称的占 15.4%。[①]

1984 年 4 月 26 日，中央书记处会议又作出决定，在 1985 年全国党代表会议召开以前，中央和省一级领导班子再进行一次较大规模的新老交替，经过这次大规模调整，各级领导班子的结构发生了很大变化。一批德才兼备，年富力强的干部走上领导岗位。中央和国务院部委新任命的正副部长、主任以及直属局局长共 127 名，其中新选拔近百名中青年干部。

1985 年 9 月 16 日至 24 日，党的十二届四中全会、党的全国代表会议和党的十二届五中全会先后在北京召开，对中央领导机构成员进行了又一次较

① 参见中央组织部等编：《中国共产党组织史资料》第七卷（上），中共党史出版社 2000 年版，第 15 页。

大调整。131位老同志分别退出中央委员会、中央顾问委员会和中央纪律检查委员会；增选中央委员56名、候补中央委员35名、中央顾问委员会委员56名、中纪委委员31名。这次调整，进一步加快了中央领导集体新老交替与合作的进程。

在这一轮大规模调整领导班子工作中，由于启用了大批符合"四化"要求的干部，顺利实现了干部队伍新老交替，初步形成了以德才兼备的中青年干部为主体的党的干部队伍，为确保党的事业后继有人、国家长治久安和开创社会主义现代化建设新局面，提供了坚强的组织保证。

附录1：十二届中央委员会历次全会简介

十二届一中全会

1982年9月12日至13日在北京举行。全会选举产生了新一届中央政治局、中央书记处成员。胡耀邦、叶剑英、邓小平、赵紫阳、李先念、陈云为中央政治局常委，胡耀邦为中央委员会总书记；决定邓小平为中央军事委员会主席；批准陈云为中央纪律检查委员会第一书记，邓小平为中央顾问委员会主任。

十二届二中全会

1983年10月11日至12日在北京举行。全会一致通过《中共中央关于整党的决定》，确定从1983年冬季开始全面整党，用三年时间分期分批地对党的作风和党的组织进行一次全面整顿。全会经过充分酝酿，选举产生了中央整党工作指导委员会。

十二届三中全会

1984年10月20日在北京举行。全会一致通过了《中共中央关于经济体制改革的决定》。这个决定，阐明了加快以城市为重点的整个经济体制改革

的必要性、紧迫性，规定了改革的方向、性质、任务和各项基本方针政策，是指导我国经济体制改革的纲领性文件。全会还一致通过了《中国共产党第十二届中央委员会第三次全体会议关于召开党的全国代表会议的决定》。

十二届四中全会

1985 年 9 月 16 日在北京举行。全会讨论并原则通过《中共中央关于制定国民经济和社会发展第七个五年计划的建议（草案）》，决定将这个文件提请党的全国代表会议审议。全会讨论确定了关于进一步实现中央领导机构成员新老交替的原则。全会收到了一批老同志分别请求不再担任第十二届中央委员会委员和候补委员、中央顾问委员会委员、中央纪律检查委员会委员的信。全会高度评价这些老同志从党和人民利益出发，积极促进中央领导机构成员新老交替的表率行动，同意他们不再担任中央三个委员会成员的请求，并向党的全国代表会议报告。全会给叶剑英同志和黄克诚同志写了致敬信，在他们由于健康原因请求不再担任中央领导职务的时候，以全会的名义表达全党同志对他们的崇高敬意和亲切问候。

十二届五中全会

1985 年 9 月 24 日于北京举行。全会增选田纪云、乔石、李鹏、吴学谦、胡启立、姚依林为中央政治局委员。全会根据习仲勋、谷牧、姚依林的请求，同意他们不再担任中央书记处书记；增选乔石、田纪云、李鹏、郝建秀、王兆国为中央书记处书记。全会还批准了中央顾问委员会第五次全体会议增选的中央顾问委员会常务委员会委员和副主任人选；批准了中央纪律检查委员会第六次全体会议增选的中央纪律检查委员会常务委员会委员和第二书记、常务书记、书记人选。

十二届六中全会

1986 年 9 月 28 日在北京举行。全会通过了《中共中央关于社会主义精神文明建设指导方针的决议》。全会认为，这个决议，根据马克思主义基本原理同中国实际相结合的原则，进一步阐明了社会主义精神文明建设的战略地位、根本任务和基本指导方针，是新的历史时期加强我国社会主义精神文明建设的纲领性文献。全会通过了《中国共产党第十二届中央委员会第六次全体会议关于召开党的第十三次全国代表大会的决议》，决定党的十三大于1987年10月在北京召开。

十二届七中全会

1987年10月20日在北京举行。全会决定，1987年10月25日在北京召开中国共产党第十三次全国代表大会。全会讨论并通过了《中央委员会向党的第十三次全国代表大会的报告》和《中国共产党章程部分条文修正案》，一致决定将这两个文件提请党的第十三次全国代表大会审议。全会讨论并原则同意《政治体制改革总体设想》，决定将这个文件的主要内容写入中央委员会向党的第十三次全国代表大会的报告。全会确认1987年1月16日中央政治局扩大会议关于接受胡耀邦辞去中央委员会总书记职务的请求的决定和推选赵紫阳代理中央委员会总书记的决定。

附录2：全国代表会议（1985年9月）

1985年9月18日至23日在北京举行。会议的议题是：审议和通过《中共中央关于制定国民经济和社会发展第七个五年计划的建议》；增选中央委员会成员等组织事项。

胡耀邦致开幕词，赵紫阳作《中共中央关于制定国民经济和社会发展第七个五年计划的建议（草案）》的说明。会议审议并通过了《中共中央关于制定国民经济和社会发展第七个五年计划的建议》，将提请六届人大四次会议审议批准，颁布实行。《建议》是我国社会主义建设，特别是十一届三中全会以来建设经验的总结，是十二届三中全会关于经济体制改革的决定的具体化，体现了建设有中国特色社会主义的要求，完全符合中国的实际。其主要内容是：提出了“七五”时期的主要任务；制定了经济和社会发展的战略方针和主要政策、措施；确定了经济体制改革的设想和实施步骤。

会议认真讨论了局部调整中央领导机构成员问题。会议认为，为使党的领导机构保持旺盛的活力和保证党的路线、方针、政策的连续性，进一步实现中央领导机构成员的新老交替，已成为关系全局的重要问题。会议一致赞同十二届四中全会《关于同意一部分老同志不再担任中央三个委员会成员的请求提请全国代表会议审议的报告》，同意 64 位同志不再担任中央委员和候补中央委员，36 位同志不再担任中央顾问委员会委员，31 位同志不再担任中央纪律检查委员会委员。会议增选了中央委员 56 人，候补中央委员 35 人，中央顾问委员会委员 56 人，中央纪律检查委员会委员 31 人。这次局部调整后，中央委员会、中央顾问委员会、中央纪律检查委员会的成员分别为 343 人、182 人、129 人。

这次全国代表会议，确定了“七五”计划的指导思想、发展战略方针、政策和实施步骤，对于保证 20 世纪 90 年代经济的振兴和繁荣，顺利实现 20 世纪末的宏伟目标具有重要意义；局部调整中央领导机构成员，大大加快了新老交替合作的进程，具有重大的战略意义。

中共十三大：
社会主义初级阶段理论和党的基本路线

一、改革开放全面展开

● 党的十二大以来各项工作成绩显著，经济建设取得突出成就

党的十二大以后，我国经济社会面貌发生了深刻的变化。其中经济建设尤为突出。党紧紧把握住经济建设这个中心，使国民经济持续稳定增长。随着生产的发展，在发展过程中出现的一些严重社会经济问题开始得到解决，或者找到了解决的途径。一是 10 亿人口的绝大多数过上了温饱生活。部分地区开始向小康生活迈进。还有部分地区，温饱问题尚未完全解决，但也有了改善。二是城乡广开就业门路，城市新就业的劳动力达到 7000 万人。农村中乡镇企业异军突起，有 8000 万农民转入或部分转入了非农产业。三是市场供应大为改观，基本扭转了过去那种消费品长期严重匮乏的局面。四是经济调整任务基本完成，国民经济重大比例严重失调的状况明显改善，逐步走上大体协调发展的轨道。

安定团结的政治局面得到巩固和发展。这是在坚持四项基本原则和推进建设与改革的基础上，妥善处理各种社会矛盾，及时排除各种“左”的和右的干扰的结果。社会治安明显好转。反对资产阶级自由化斗争的健康发展，提高了人们的觉悟，进一步积累了不搞政治运动而靠正面教育和正确批评来反对错误思想的经验。在全面改革的深刻变革中，保持安定团结是非常必要的，也是很不容易的。

社会主义民主和法制的建设逐步发展。以宪法为基础的社会主义法律体系初步形成。人民政治生活日趋活跃。爱国统一战线空前扩大。共产党领导下的多党合作和协商制度发挥了积极作用。各民族的兄弟团结得更加紧密。

社会主义精神文明建设有重要进展。理想教育、道德教育和法制教育，在全社会范围内广泛展开。教育、科学、文化、艺术、新闻、出版、卫生、体育事业欣欣向荣。九年制义务教育正在逐步实施。

国防建设从指导思想上实现了战略性转变。军队的整编和改革取得重大成就，在裁军百万的同时，革命化、现代化、正规化建设有了新的进步，防卫作战能力有了新的提高。人民解放军在保卫祖国、抢险救灾和参加社会主义建设各方面，都作出了巨大贡献。

祖国统一大业取得进展。按照“一国两制”的原则，中英、中葡就解决香港和澳门问题达成协议。要按照这个原则努力争取和平解决台湾问题。按“一国两制”实现国家统一的构想和实践，是中华民族政治智慧的伟大创造。

对外政策进一步调整。根据国际形势和我国现代化建设的需要，围绕和平与发展两大主题，调整外交格局和党的对外关系，发展了独立自主、反对霸权主义、维护世界和平的对外政策，中国在国际上的朋友更多了。

实践证明了党的十一届三中全会以来的路线是一条马克思主义的正确路线。这条路线是党和人民智慧的结晶，是党中央集体智慧的结晶。在这条路线的形成和发展中，在一系列关键问题的决策中，在建设、改革、开放新局面的开拓中，邓小平以马克思主义的理论勇气、求实精神、丰富经验和远见卓识，作出了重大的贡献。

● 整党工作结束

根据党的十二大提出的关于有计划有步骤地进行整党，使党风根本好转的要求，1983 年 10 月，党的十二届二中全会通过《中共中央关于整党的决定》，确定从 1983 年冬季开始分期分批地对党的作风和党的组织进行一次全面整顿。这次整党的基本任务是：统一思想，整顿作风，加强纪律，纯洁组织。整党的步骤是：从中央到基层组织，自上而下、分期分批地整顿。整党的基本方法是：在认真学习文件、提高思想认识的基础上，开展批评和自我批评，分清是非，纠正错误，纯洁组织。全会强调，在整党过程中，自始至终都要加强思想教育，着眼于提高广大党员的思想觉悟。为保证对整党工作的日常领导，全会还选举产生了中央整党工作指导委员会。

根据中央部署，从 1983 年 11 月起，整党工作分三期展开。

第一期从 1983 年 11 月陆续开始至 1985 年年初基本结束。参加这一期整党的主要是中央、国家机关各部委和省、自治区、直辖市一级单位以及解放军各大单位的领导机关，参加整党的党员共计 101 万人。工作重点放在统一思想上，解决党员领导干部思想上政治上同党中央保持一致的问题，克服

“左”、右倾错误思想。同时坚持边整边改的方针，纠正严重的不正之风。

第二期从 1984 年冬开始至 1985 年年底基本结束，主要在地、县两级以及相当于这两级的厂矿企业、大专院校、科研单位进行，共计有 1002 万名党员参加。这一期整党是在党的十二届三中全会通过关于经济体制改革的决定后进行的，工作重点是从增强全心全意为人民服务的观念、进一步树立共产主义的远大理想、增强全局观念、增强组织纪律性等四个方面切实增强党员的党性观念，纠正新的不正之风，保证改革的顺利进行，促进我国政治、经济的大好形势继续健康地向前发展。

第三期从 1985 年冬天开始至 1987 年 4 月基本结束，主要是在县以下的农村基层和城镇基层的党组织（包括县以下的企事业单位和城市街道的党组织）中进行，具体又分为区、乡级整党和村级整党两个批次。其中，区、乡级整党多数在 1986 年夏秋两季进行，村级整党多在 1986 年冬季农闲时间进行。参加这期整党的党员人数大约有 2800 万，是 1983 年开始的全党整党工作中规模最大、涉及范围最广的一个阶段。工作重点是解决区、乡、村党员干部中存在的严重以权谋私和严重违法乱纪问题，并切实加强农村领导班子建设。

1987 年 5 月 26 日，中共中央整党工作指导委员会在北京召开全国整党工作总结会议，宣布历时三年半的全国整党工作基本结束。经过这次整党，有效改变了“文化大革命”遗留下来的党内思想、作风、组织不纯的状况，同时也积累了正确处理党内矛盾的经验。

● 党面临的新问题和新形势

在取得重大成绩的同时，党面临的问题和困难还很多。主要是：新旧体制正在交替，许多制度尚不健全，各方面的管理和监督还跟不上形势的发展。经济工作中急于求成的倾向仍然存在，社会总需求大于总供给的矛盾尚未根本缓解。资产阶级自由化思潮和僵化思想仍然束缚着一些同志的头脑；不少环节上不同程度存在着官僚主义和腐败现象。

此外，我国经济底子薄，过去耽误的时间又太多，现在还相当落后。就党的十三大召开的世界形势和外部环境而言，虽然与党的十二大召开时相比总体变化不大，但新技术革命迅猛发展，市场竞争日益加剧，国际政治风云变幻，我国面临的挑战是紧迫和严峻的。如果对这种形势缺乏认识，我们的国家和民族就可能更加落后，世界上就将没有我们应有的地位。历史决定了我们这一代和下几代中国人，首先是共产党人，必须警醒起来，团结一致，奋起直追。

这一切都要求党总结经验，坚持和发展十一届三中全会以来的路线，加快推进和深化改革，进一步确定今后经济建设、经济体制改革和政治体制改革的基本方针，确定在改革开放中加强党的建设的基本方针。正确解决这个任务，将有力地促进全党团结和党与各族人民的团结，保证国家沿着中国特色社会主义道路继续前进。

二、以“加快和深化改革”为主题的大会

● 预备会议

根据党的十二届七中全会的决定，党的第十三次全国代表大会将于1987年10月25日在北京召开。10月24日，在人民大会堂举行了党的十三大的预备会议和主席团第一次会议。

出席预备会议的代表有1927人。会议以举手表决的方式，通过了由18人组成的代表资格审查委员会名单，通过了由187人组成的大会主席团名单和大会秘书长名单，通过了大会秘书处的组织机构，通过了中国共产党第十三次全国代表大会议程。按照通过的这个议程，党的十三大将听取和审查十二届中央委员会的报告，审查中央顾问委员会的报告（书面），审查中央纪律检查委员会的报告（书面），审议并通过《中国共产党章程部分条文修正案》，选举第十三届中央委员会，选举新一届中央顾问委员会，选举新一届中央纪律检查委员会。

主席团第一次会议以举手表决的方式，通过了主席团常务委员会名单。主席团常务委员会由30人组成。会议通过了大会副秘书长名单。会议听取了代表资格审查委员会主任乔石关于代表资格审查报告的说明，通过了代表

资格审查委员会关于代表资格的审查报告。代表资格审查委员会经审查提请主席团会议审议的全部代表资格有效。

主席团会议通过了列席和来宾事项。这次大会共邀请了各省、自治区、直辖市、中共中央直属单位、中央国家机关和人民解放军的有关负责同志318人列席大会；邀请全国人大常委会党外副委员长，全国政协党外副主席，各民主党派、全国工商联负责人和无党派爱国民主人士，少数民族、宗教界人士96位，作为来宾列席大会。

会议还通过了大会日程，根据这个日程，大会将于10月25日上午开幕，11月1日闭会。

● 大会开幕式

1987年10月25日至11月1日，中国共产党第十三次全国代表大会在北京举行。出席大会的正式代表1936人，特邀代表61人，代表全国4600多万名党员。大会还邀请全国人大常委会党外副委员长、全国政协党外副主席，各民主党派、全国工商联负责人和无党派爱国人士，少数民族，宗教界人士等96人作为来宾列席大会。一些不是十三大代表的十二届中央委员会委员、中央顾问委员会委员、中央纪律检查委员会委员，党内部分老同志，共317人列席大会。

这次大会开始允许中外记者采访大会开幕式和闭幕式，并分别安排了五次中外记者招待会、五次大会代表与中外记者见面交流会，使广大观众得以及时了解大会进展情况。

上午9时，大会主持人邓小平宣布：中国共产党第十三次全国代表大会开幕！“英特纳雄耐尔，就一定要实现”的《国际歌》声，响彻会议大厅。

党的十三大的中心任务是加快和深化改革。赵紫阳受党的十二届中央委员会的委托，向大会作了题为《沿着建设有中国特色的社会主义道路前进》的报告。报告分七个部分：一、历史性的成就和这次大会的任务；二、社会主义初级阶段和党的基本路线；三、关于经济发展战略；四、关于经济体制改革；五、关于政治体制改革；六、在改革开放中加强党的建设；七、争取马克思主义在中国的新胜利。这个报告，对中华人民共和国成立三十多年来的历史经验作了深刻的总结，对党的十一届三中全会以来改革、开放的实践作了精辟的理论概括，阐明了在社会主义初级阶段党的建设有中国特色的社会主义的基本路线：领导和团结全国各族人民，以经济建设为中心，坚持四项基本原则，坚持改革开放，自力更生，艰苦创业，为把我国建设成为富强、民主、文明的社会主义现代化国家而奋斗。

● 分组讨论

从大会开幕的当天下午开始，出席中国共产党第十三次全国代表大会的33个代表团和特邀代表对报告进行分组讨论。

代表们最热门的议题，就是“我国正处在社会主义的初级阶段”，普遍认为“提出社会主义初级阶段的理论，标志着我们党在理论认识上的深化、飞跃和政治上更加成熟。这是对科学社会主义的重大发展”。

甘肃代表李子奇说：“社会主义初级阶段的理论，是科学社会主义在中国的最新发展，是对中国国情最科学的概括，是我党实事求是思想路线最生动的体现，是建国以来历史经验教训最系统的总结，是全党智慧最高度的集中。这个理论，不仅是理论问题，而且具有重大的实践意义。”

黑龙江省委书记孙维本代表说：“我们过去有许多脱离实际的认识，如认为所有制越大越公越好，社会主义要纯而又纯，把商品经济同社会主义对立起来等等，给我们的建设工作带来许多损失。现在运用社会主义初级阶段理论，就可以廓清这些认识，进一步促进社会主义商品经济发展。”

江苏省委书记韩培信代表说：“这几年的改革中，有些同志时常在新问题、新事物面前感到困惑，甚至产生了姓‘社’还是姓‘资’的疑问。现在，我们有了比较完整的社会主义初级阶段理论，改革就有了坚实的理论基础，改革的方向也就更加明确了。”

云南省委书记普朝柱代表说：“云南是个多民族的边疆省，生产力水平比全国落后。在这样的状况下如何更快地建设社会主义，这个问题一直没有解决好。过去，很长一段时间，由于‘左’的影响，只注重变更生产关系，急于求成，结果是拔苗助长，适得其反。社会主义初级阶段理论的提出，一定会给边疆民族地区的经济发展带来新的活力。”

列席党的十三大的党外人士座谈认为，十三大报告是指导我国现代化建

设的纲领性文件，为把我国建设成为富强、民主、文明的社会主义国家展示了蓝图，意义重大。

● 大会选举和通过的决议

10 月 27 日，十三大会议主席团举行第二次会议，通过将中央政治局建议的中央委员会、中央纪律检查委员会候选人预选名单和中央顾问委员会候选人名单提交各代表团酝酿，通过采取差额选举中央委员、候补中央委员和中央纪律检查委员会委员候选人等选举事项。经过两天酝酿，10 月 29 日下午和 30 日上午，以无记名投票的办法，差额选出了中央委员、中央候补委员候选人和中央纪律检查委员会候选人，提出了中央顾问委员会候选人名单。31 日，各代表团又酝酿了主席团第三次会议通过的中央委员、中央候补委员、中央顾问委员会委员、中纪委委员候选人名单，代表们同意这些名单。

11 月 1 日上午，代表大会以无记名投票方式选出了党的十三届中央委员会、新一届中央顾问委员会和中央纪律检查委员会。其中中央委员 175 人，中央候补委员 110 人，中央顾问委员会委员 200 人，中央纪律检查委员会委员 69 人。

接着，大会以举手表决的方式，分别通过了《关于十二届中央委员会报告的决议》《关于党章部分条文修正案的决议》《关于中央顾问委员会工作报告的决议》和《中央纪律检查委员会工作报告的决议》。大会各项议程进行完毕后，赵紫阳致闭幕词。

党的十三大号召全党同志在建设有中国特色的社会主义的伟大旗帜下，在十三届中央委员会的领导下，坚持党的基本路线，牢牢掌握这条基本路线所规定的“一个中心、两个基本点”，加强党的团结，加强党与全国各族人民的密切联系，同心同德，振奋精神，埋头苦干，开拓创新，为实现社会主义现代化的宏伟目标而奋斗！

三、现代化建设“三步走”战略

● 确认我国处在社会主义初级阶段

社会主义初级阶段理论，是党对中华人民共和国成立38年来特别是十一届三中全会以来正反两方面经验的概括和总结，它的形成经历了一个发展过程。1979年9月，党的十一届四中全会通过的叶剑英即将代表党中央、人大常委会和国务院所作的《在庆祝中华人民共和国成立三十周年大会上的讲话》指出，社会主义制度是人类历史上崭新的社会制度，有发生和发展的过程，还处在幼年时期；我国现在还是发展中的社会主义国家，社会主义制度还不完善，经济和文化还不发达。1980年1月16日，邓小平在中共中央召集的干部会议上的讲话中指出，建设现代化的社会主义强国，任务很多，需要做的事情很多，“我们穷，底子薄，教育、科学、文化都落后，这就决定了我们还要有一个艰苦奋斗的过程”①。经过这些思想酝酿，1981年6月，党的十一届六中全会通过的《关于建国以来党的若干历史问题的决议》作出了“我们的社会主义制度还是处于初级的阶段”的判断。②1982年9月，党的十二大报告再次指出：“我国的社会主义社会现在还处在初级发展阶段”。③1986年9月，党的十二届六中全会通过的《关于社会主义精神文明建设指导方针的决定》继续重申，“我国还处在社会主义的初级阶段”④。之后，1987年3月21日，赵紫阳在报给邓小平的《关于草拟十三大报告大纲的设想》

① 《邓小平文选》第二卷，人民出版社1994年版，第257页。

② 中共中央文献研究室编:《三中全会以来重要文献选编》(下)，人民出版社1982年版，第838页。

③ 中共中央文献研究室编:《十二大以来重要文献选编》(上)，人民出版社1986年版，第26页。

④ 中共中央文献研究室编:《十二大以来重要文献选编》(下)，人民出版社1988年版，第1180页。

中提出，十三大报告全篇拟以社会主义初级阶段作为立论的根据，初步揭示“社会主义初级阶段”的基本内涵。1987 年 8 月 29 日，邓小平在会见意大利共产党领导人约蒂和赞盖里时指出：“我们党的十三大要阐述中国社会主义是处在一个什么阶段，就是处在初级阶段，是初级阶段的社会主义。社会主义本身是共产主义的初级阶段，而我们中国又处在社会主义的初级阶段，就是不发达的阶段。一切都要从这个实际出发，根据这个实际来制订规划。”[①] 以上这些探索和认识为社会主义初级阶段理论的形成奠定了基础。

十三大报告第一次对社会主义初级阶段理论进行了系统阐述，深刻揭示了社会主义初级阶段的内涵和本质特征。报告指出：我国正处在社会主义的初级阶段。这个论断，包括两层含义：第一，我国社会已经是社会主义社会。我们必须坚持而不能离开社会主义。第二，我国的社会主义社会还处在初级阶段。我们必须从这个实际出发，而不能超越这个阶段。报告强调，我国社会主义的初级阶段，不是泛指任何国家进入社会主义都要经历的起始阶段，而是特指我国在生产力落后、商品经济不发达条件下建设社会主义必然要经历的特定阶段。我国从 20 世纪 50 年代生产资料私有制的社会主义改造基本完成，到社会主义现代化的基本实现，至少需要上百年时间，都属于社会主义初级阶段。这个阶段，既不同于社会主义经济基础尚未奠定的过渡时期，又不同于已经实现社会主义现代化的阶段。报告还指出，社会主义初级阶段所面临的主要矛盾，是人民日益增长的物质文化需要同落后的社会生产之间的矛盾。阶级斗争在一定范围内还会长期存在，但已经不是主要矛盾。为了解决现阶段的主要矛盾，就必须大力发展商品经济，提高劳动生产率，逐步实现工业、农业、国防和科学技术的现代化，并且为此而改革生产关系和上层建筑中不适应生产力发展的部分。

十三大报告对社会主义初级阶段理论的阐述，是对马克思主义的丰富和发展，标志着科学社会主义在中国的新发展。

① 《邓小平文选》第三卷，人民出版社 1993 年版，第 252 页。

●“三步走”发展战略

在社会主义初级阶段，发展社会生产力所要解决的历史课题，是实现工业化和生产的商品化、社会化、现代化。我国的经济建设，肩负着既要着重推进传统产业革命，又要迎头赶上世界新技术革命的双重任务。完成这个任务，必须经过长期的有步骤分阶段的努力奋斗。

报告指出，党的十一届三中全会以后，我国经济建设的战略部署大体分三步走。第一步，实现国民生产总值比 1980 年翻一番，解决人民的温饱问题。这个任务已经基本实现。第二步，到 20 世纪末，使国民生产总值再增长一倍，人民生活达到小康水平。第三步，到 21 世纪中叶，人均国民生产总值达到中等发达国家水平，人民生活比较富裕，基本实现现代化。然后，在这个基础上继续前进。

报告强调，现在，最重要的是走好第二步。实现了第二步任务，我国现代化建设将取得新的巨大进展：社会经济效益、劳动生产率和产品质量明显提高，国民生产总值和主要工农业产品产量大幅度增长，人均国民生产总值在世界上所占位次明显上升。工业主要领域在技术方面大体接近经济发达国家 70 年代或 80 年代初的水平，农业和其他产业部门的技术水平也将有较大提高。城镇和绝大部分农村普及初中教育，大城市基本普及高中和相当于高中的职业技术教育。人民群众将能过上比较殷实的小康生活。在我们这样一个人口众多又基础落后的国家，人民普遍丰衣足食，安居乐业，无疑是一项十分艰巨的事业。

为顺利实现第二步奋斗目标，大会提出“必须坚定不移地贯彻执行注重效益、提高质量、协调发展、稳定增长的战略”。这个战略的基本要求是，努力提高产品质量，讲求产品适销对路，降低物质消耗和劳动消耗，实现生产要素合理配置，提高资金使用效益和资源利用效率，归根到底，就是要从以粗放经营为主逐步转到以集约经营为主的轨道上来。为此，必须着重解决好以下三个重要问题：一是把发展科学技术和教育事业放在首要位置，使经济建设转到依靠科技进步和提高劳动者素质的轨道上来。二是保持社会总需求和总供给基本平衡，合理调整和改变产业结构。三是进一步扩大对外开放的广度和深度，不断发展对外经济技术交流与合作。此外，还必须继续巩固

和发展已初步形成的“经济特区—沿海开放城市—沿海经济开发区—内地”这样一个逐步推进的开放格局。从国民经济全局出发，正确确定经济特区、开放城市和地区的开发与建设规划，着重发展外向型经济，积极开展同内地的横向经济联合，以充分发挥它们在对外开放中的基地和窗口作用。

● 进一步深化经济体制改革

我国经济体制改革已经取得重大成就，给社会主义注入了新的活力。为了加快和深化经济体制改革，大会提出当前深化改革的任务主要是：围绕转变企业经营机制这个中心环节，分阶段地进行计划、投资、物资、财政、金融、外贸等方面体制的配套改革，逐步建立起有计划的商品经济新体制的基本框架。主要内容包括：（一）按照所有权经营权分离的原则，搞活全民所有制企业。（二）促进横向经济联合的进一步发展。（三）加快建立和培育社会主义市场体系。（四）逐步健全以间接管理为主的宏观经济调节体系。（五）在公有制为主体的前提下继续发展多种所有制经济。（六）实行以按劳分配为主体的多种分配方式和正确的分配政策。

报告指出，深化改革的每一项措施，归根到底，都要有利于提高社会经济效益。当前影响经济效益的一个突出问题，是不少企业产品质量低劣。必须认识到，一个国家产品质量的好坏，从一个侧面反映了全民族的素质。各部门、各企业和全体社会成员，都要为不断提高我国产品质量而努力。

报告强调，经济体制改革的任务十分艰巨，既要革除或矫正生产关系中各种阻碍生产力发展的东西，又要培育和建立发展生产力所必需的新组织、新机制和新规范。目前正处于新旧体制交替时期，经济生活中出现种种矛盾和问题是难以完全避免的。改革的深化将引起社会各方面利益关系更为深刻的调整，不可能没有阻力。我们是在经济环境还不宽松的条件下进行改革的，这又增加了改革的困难。我们经验不足，在指导工作上也难免有失误。干部队伍的素质和人们的思想观念，也还不完全适应发展社会主义商品经济的要求。因此，一方面要进一步解放思想，以更大的决心，加快改革的步伐；另一方面，又要充分认识改革的艰巨性、复杂性，立足于现实条件，按照经济发展的客观要求和体制改革的内在逻辑，确定改革重点，分阶段配套进行，使改革不断取得实质性进展。

● 推进政治体制改革

经济体制改革的展开和深入，对政治体制改革提出了愈益紧迫的要求。不进行政治体制改革，经济体制改革不可能最终取得成功。党中央认为，把政治体制改革提上全党日程的时机已经成熟。邓小平 1980 年 8 月在中央政治局扩大会议上所作的《党和国家领导制度的改革》的讲话，是进行政治体制改革的指导性文件。

十三大报告指出，政治体制和经济体制改革的目的，都是为了在党的领导下和社会主义制度下更好地发展社会生产力，充分发挥社会主义的优越性。进行政治体制改革，就是要兴利除弊，建设有中国特色的社会主义民主政治。改革的长远目标，是建立高度民主、法制完备、富有效率、充满活力的社会主义政治体制。改革的近期目标，是建立有利于提高效率、增强活力和调动各方面积极性的领导体制。各项改革措施，都要紧紧围绕这个目标，从解决业已成熟的问题着手，主要是：实行党政分开；进一步下放权力；改革政府工作机构；改革干部人事制度；建立社会协商对话制度；完善社会主义民主政治的若干制度；加强社会主义法制建设。

● 在改革开放中加强党的建设

党的建设问题，从来是同党的政治路线密切地联系在一起的。新时期党的一切工作，都必须保证党的基本路线的贯彻执行。党的自身建设也必须进行改革，以适应改革开放的新形势。

大会特别强调了加强党的制度建设问题，提出：健全党的集体领导制度和民主集中制，要从中央做起，建立中央政治局常委向中央政治局、中央政治局向中央全会定期报告工作的制度；适当增加中央全会每年开会的次数，使中央委员会更好地发挥集体决策作用；建立中央政治局、政治局常委会、中央书记处的工作规则和生活会制度，使集体领导制度化，加强对党的领导人的监督和制约。地方各级党组织也要相应建立和完善有关的议事规则、表决制度和生活会制度。要改革和完善党内选举制度，明确规定党内选举的提名程序和差额选举办法。

大会还提出，要切实保障党章规定的党员民主权利，制定保障党员权利

的具体条例。要疏通党内民主渠道和健全民主生活，使党员对党内事务有更多的了解和直接参与的机会。要加强党的作风建设，高度重视和认真解决少数党员特别是某些领导干部以权谋私，损害群众利益的行为。要坚持从严治党，除了必须把少数腐败分子开除出党之外，还必须着眼于对绝大多数党员经常地进行教育，提高他们的素质。通过做好这些经常性工作，争取在新的历史条件下、在党的建设上走出一条不搞政治运动，而靠改革和制度建设的新路子。把我们党建设成为一个勇于改革、充满活力的党，纪律严明、公正廉洁的党，选贤任能、卓有成效地为人民服务的党。

四、争取马克思主义在中国的新胜利

● 马克思主义中国化的第二次历史性飞跃

伟大的实践需要伟大的理论。中国十亿人民正在进行现代化建设和改革的伟大事业。如此丰富生动的实践，为我们进行创造性的理论概括提供了取之不竭的源泉。

有中国特色的社会主义，是马克思主义基本原理同中国现代化建设相结合的产物，是扎根于当代中国的科学社会主义。它是全党同志和全国人民统一认识、增强团结的思想基础，是指引我们事业前进的伟大旗帜。

马克思主义需要有新的大发展，这是现时代的大趋势。世界在发生巨大变化，人类文明在突飞猛进，工人阶级和劳动人民的事业展现了新的前景。这一切都要求马克思主义者开拓新视野，发展新观念，进入新境界。

马克思主义与我国实践的结合，经历了六十多年。在这个过程中，有两次历史性飞跃。第一次飞跃，发生在新民主主义革命时期，中国共产党人经过反复探索，在总结成功和失败经验的基础上，找到了有中国特色的革命道路，把革命引向胜利。第二次飞跃，发生在十一届三中全会以后，中国共产党人在总结中华人民共和国成立三十多年来正反两方面经验的基础上，在研究国际经验和世界形势的基础上，开始找到一条建设有中国特色的社会主义的道路，开辟了社会主义建设的新阶段。

十一届三中全会以来，我们党在对社会主义再认识的过程中，在哲学、政治经济学和科学社会主义等方面，发挥和发展了一系列科学理论观点。包括：关于解放思想，实事求是，以实践作为检验真理的唯一标准的观点；关于建设社会主义必须根据本国国情，走自己的路的观点；关于在经济文化落后的条件下，建设社会主义必须有一个很长的初级阶段的观点；关于社会主义社会的根本任务是发展生产力，集中力量实现现代化的观点；关于社会主义经济是有计划商品经济的观点；关于改革是社会主义社会发展的重要动力，对外开放是实现社会主义现代化的必要条件的观点；关于社会主义民主政治和社会主义精神文明是社会主义重要特征的观点；关于坚持四项基本原则同坚持改革开放的总方针这两个基本点相互结合、缺一不可的观点；关于用“一个国家、两种制度”来实现国家统一的观点；关于执政党的党风关系到党的生死存亡的观点；关于按照独立自主、完全平等、互相尊重、互不干涉内部事务的原则，发展同外国共产党和其他政党的关系的观点；关于和平与发展是当代世界的主题的观点，等等。这些观点，构成了建设有中国特色的社会主义理论的轮廓，初步回答了我国社会主义建设的阶段、任务、动力、条件、布局和国际环境等基本问题，规划了我们前进的科学轨道。

● 大会提出了党在社会主义初级阶段的基本路线，为全党和全国人民沿着有中国特色的社会主义道路前进提供了根本遵循

在分析社会主义初级阶段的主要矛盾和社会矛盾全局的基础上，党的十三大明确提出了党在社会主义初级阶段的指导方针和基本路线。报告指出，从社会主义初级阶段的实际出发，应当确立具有长远意义的指导方针，即必须集中力量进行现代化建设；必须坚持全面改革；必须坚持对外开放；必须以公有制为主体，大力发展有计划的商品经济；必须以安定团结为前提，努力建设民主政治；必须以马克思主义为指导，努力建设社会主义精神文明。在此基础上，报告提出了党在社会主义初级阶段建设有中国特色的社会主义的基本路线，即领导和团结全国各族人民，以经济建设为中心，坚持四项基本原则，坚持改革开放，自力更生，艰苦创业，为把我国建设成为富

强、民主、文明的社会主义现代化国家而奋斗。

党在社会主义初级阶段的基本路线，是对十一届三中全会以来党的路线的坚持和发展，是建设有中国特色社会主义的正确路线，反映了全国各族人民的根本利益和意志，必将转化为推动改革开放和社会主义现代化建设的巨大物质力量。

● 大会提出了检验一切工作的根本标准，推进了党内外思想解放

在党的十三大提出的一系列论述中，处于中心地位的是生产力。正如报告所指出的，经济体制和政治体制两大改革的目的，都是为了在党的领导下和社会主义制度下更好地发展生产力。这一条应当成为我们考虑一切问题的出发点和检验一切工作的根本标准。它是“实践是检验真理的唯一标准”这一马克思主义观点的进一步贯彻和体现。明确这一点，有利于破除那种离开生产力来抽象谈论社会主义的历史唯心主义观点，从根本上同僵化的观点、自由化的观点划清界限，具有极大的理论意义和实践意义。把理论问题弄清楚了，实践起来就能够更踏实、更坚定。这样，为什么要以经济建设为中心，怎样以经济建设为中心，为什么要进行经济体制、政治体制、文化体制的改革，怎样进行这些改革，才会得到透彻的说明，才能找到正确的答案。在经过长期理论与实践的迷雾之后，重新阐明历史唯物主义和科学社会主义的基本原理，意义十分深远，必将进一步解放人们的思想，打开人们的眼界。广泛深入地宣传生产力标准的观点，使之深入人心，会变成推动改革和建设胜利前进的巨大物质力量。

● 对党的建设进行了新探索，产生了深远影响

党的十三大根据社会主义初级阶段理论和党的基本路线对党的建设提出的要求，结合经济体制和政治体制改革的目标与任务，从理论和实践上对在新的历史条件下加强党的建设进行了积极探索，进一步确定了党的建设的基本方针和任务。一是提出了党必须经得起执政和改革开放考验的重大课题。十三大根据党的地位的变化和改革开放带来的影响，集中分析了新时期党的建设必须要解决的最重大的课题，强调“我们党处于执政地位，必须经得起执政的考验；我们党正在领导改革开放，也必须经得起改革开放的考验。这

是新时期党的建设必须解决的最重大的课题”[①]。二是提出靠改革和制度建设加强党的建设。十三大明确提出了“党的自身建设也必须进行改革”“切实加强党的制度建设”的新任务，要求“在新的历史条件下，在党的建设上走出一条不搞政治运动，而靠改革和制度建设的新路子”[②]，并在多个方面进行了探索，对于加强和改进党的建设产生了深远影响。

● 推进中央领导机构的年轻化、知识化和专业化，加快了中央领导层的新老交替

十三大在组织上的贡献是第一次扩大党内民主，采用差额选举，从下而上提名的方法来形成新的中央领导班子，比较顺利地进行了新老两代领导人的交接班，这也是废除终身制迈出的决定性的一步。大会选举产生的中央委员和候补中央委员 285 名，平均年龄 55.2 岁，比十二届中央委员当选时的平均年龄降低了 3.9 岁。其中 55 岁以上的 132 人，占总数的 46.3%，比上届提高了 19.5%；61 岁以上的 57 人，占总数的 20%，比上届减少了 29.1%。有大专以上学历的达 209 人，占总数的 73.3%，比上届提高了 17.9%；有高级技术职称的专家 57 人，占总数的 20%，比上届提高了 6%。[③] 党的十二届中央委员和候补中央委员中有 150 人没有进入十三届中央委员会，邓小平、李先念、陈云、彭真、邓颖超、徐向前、聂荣臻等老一辈革命家带头退出中央委员会，为全党作出了表率。

① 中共中央文献研究室编:《十三大以来重要文献选编》(上)，人民出版社 1991 年版，第 52 页。

② 中共中央文献研究室编:《十三大以来重要文献选编》(上)，人民出版社 1991 年版，第 54 页。

③ 宋晓明主编:《中共党建史(1976—1994)》，党建读物出版社 1996 年版，第 195 页。

附录：十三届中央委员会历次全会简介

十三届一中全会

1987 年 11 月 2 日在北京举行。全会选举产生了中央政治局委员、候补委员，中央政治局常务委员会委员，中央委员会总书记；根据中央政治局常务委员会的提名，通过了中央书记处书记和候补书记；决定了中央军事委员会主席、第一副主席、常务副主席。

十三届二中全会

1988 年 3 月 15 日至 19 日在北京举行。全会审议通过了赵紫阳代表中央政治局作的工作报告《谈中央政治局四个多月来的主要工作及今后进一步贯彻十三大精神的思路与布局》。全会审议通过了中共中央政治局提出并经党内外广泛协商，拟向七届全国人大推荐的国家机构领导人员人选名单和拟向七届全国政协推荐的全国政协领导人员人选名单，决定将上述两个名单分别向七届全国人大一次会议主席团和七届全国政协一次会议主席团推荐。

十三届三中全会

1988 年 9 月 26 日至 30 日在北京举行。全会听取并审议通过了赵紫阳代表中央政治局作的报告。全会同意中央政治局对我国当前政治经济形势的分析，批准中央政治局向这次全会提出的治理经济环境、整顿经济秩序、全面深化改革的指导方针和政策、措施。全会原则通过了《关于价格、工资改革的初步方案》和《中共中央关于加强和改进企业思想政治工作的通知》。对于这个初步方案，全会建议国务院在今后五年或较长一些时间内，根据严格控制物价上涨的要求，并考虑各方面的实际可能逐步地、稳定地组织实施。

十三届四中全会

1989 年 6 月 23 日至 24 日在北京举行。全会审议并通过了李鹏代表中央政治局提出的《关于赵紫阳同志在反党反社会主义的动乱中所犯错误的报告》。全会决定，撤销赵紫阳的中央委员会总书记、中共中央政治局常务委员会委员、中共中央政治局委员、中央委员会委员和中共中央军事委员会第一副主席的职务。全会对中央领导机构部分成员进行了调整，选举江泽民为中央委员会总书记；增选江泽民、宋平、李瑞环为中共中央政治局常务委员会委员；决定增补李瑞环、丁关根为中央书记处书记；免去胡启立中共中央政治局常务委员会委员、中共中央政治局委员、中央书记处书记的职务，免去芮杏文、阎明复中央书记处书记的职务。

十三届五中全会

1989 年 11 月 6 日至 9 日在北京举行。全会审议并通过了《中共中央关于进一步治理整顿和深化改革的决定》，决定包括当年在内，用三年或者更长一点的时间，基本完成治理整顿任务。全会讨论并通过了《中国共产党十三届五中全会关于同意邓小平同志辞去中共中央军事委员会主席职务的决定》，决定江泽民为中共中央军事委员会主席。

十三届六中全会

1990 年 3 月 9 日至 12 日在北京举行。全会审议通过了《中共中央关于加强党同人民群众联系的决定》。全会提出，鉴于历史和现实的经验，今后必须从以下七个方面坚持不懈地努力加强党同人民群众的联系。（一）坚持从群众中来、到群众中去，建立健全民主的、科学的决策和决策执行程序，保证决策和决策的执行符合人民的利益。（二）坚持各级领导干部经常深入基层、深入群众的制度，扎扎实实做好工作，把党的路线、方针、政策落到实处。（三）坚持在深化政治体制改革中，加强社会主义民主和法制建设，积极疏通和拓宽党同人民群众联系的渠道。（四）继续坚定不移地加强廉政建设和党风建设，大力发扬艰苦奋斗精神，克服党内存在的消极腐败现象。（五）建立和完善党内监督与党外监督制度，切实加强对各级领导机关和领

导干部的监督。（六）充分发挥党的基层组织的战斗堡垒作用和共产党员的先锋模范作用，宣传和组织群众，带领群众一道前进。（七）在党内普遍深入地进行马克思主义群众观点的教育，增强执行党的群众路线的自觉性。

十三届七中全会

1990年12月25日至30日在北京举行。全会审议并通过了《中共中央关于制定国民经济和社会发展十年规划和“八五”计划的建议》。全会提出，今后十年和“八五”时期经济建设的重点是：加强农业；加强基础工业和基础设施，改组改造加工工业；加强教育和科技事业。要按照“统筹规划、合理分工、优势互补、协调发展”的原则，进一步改善我国的地区经济布局。在发展经济的同时，要加强国防现代化建设。会议期间，江泽民作了重要讲话。

十三届八中全会

1991年11月25日至29日在北京举行。全会审议并通过了《中共中央关于进一步加强农业和农村工作的决定》。《决定》提出，把以家庭联产承包为主的责任制、统分结合的双层经营体制作为我国乡村集体经济组织的一项基本制度长期稳定下来，并不断充实完善。到20世纪末确保粮食总产量达到5000亿公斤，农村国民生产总值再翻一番。会议还通过了《关于召开中国共产党第十四次全国代表大会的决议》。

十三届九中全会

1992年10月5日至9日在北京举行。全会决定，1992年10月12日在北京召开中国共产党第十四次全国代表大会。全会讨论并通过了中央委员会向党的第十四次全国代表大会的报告，讨论并通过了《中国共产党章程（修正案）》，一致决定将这两个文件提请党的第十四次全国代表大会审议。全会同意中央政治局关于对赵紫阳在1989年政治动乱中所犯错误继续审查情况的汇报，同意维持十三届四中全会对赵紫阳所犯错误的结论并结束审查。

中共十四大：
建立社会主义市场经济体制

一、邓小平发表“南方谈话”

● 党的第三代中央领导集体形成

1989 年政治风波暴露出党中央领导层存在的问题。国内政治风波刚一平息，党中央就在 6 月 23 日至 24 日召开了党的十三届四中全会，对中央领导层进行人事调整。全会选举江泽民为中央委员会总书记；增选江泽民、宋平、李瑞环为中央政治局常委，政治局常委会由江泽民、李鹏、乔石、姚依林、宋平、李瑞环组成。江泽民在会上发表讲话指出：“这次中央领导机构作了一些人事调整，但是，党的十一届三中全会以来的路线和基本政策没有变，必须继续贯彻执行。在这个最基本的问题上，我要十分明确地讲两句话：一句是坚定不移，毫不动摇；一句是全面执行，一以贯之。”① 这是以江泽民为核心的新一代中央领导集体鲜明的政治宣示，表明党的基本路线和十三大的决策绝不会因为发生这场政治风波而动摇，从而使党在惊涛骇浪中坚持了中国特色社会主义的正确航向。

在党的十三届四中全会召开前后，邓小平多次郑重提出：现在要真正建立一个新的第三代领导。第三代的领导集体必须有一个核心，要有意识地维护这个核心，就是江泽民同志。他强调：“中国问题的关键在于共产党要有一个好的政治局，特别是好的政治局常委会。只要这个环节不发生问题，中国就稳如泰山。”② 他一再表示，新的领导班子一经建立有秩序的工作，他就不再过问。一个国家的命运建立在一两个人的声望上面，是很不健康的，是很危险的。不出是没问题，一出事就不可收拾。新的领导要负起一切责任，放手工作。“这就算是我的政治交代。”③

---

①《江泽民文选》第一卷，人民出版社 2006 年版，第 57 页。

②《邓小平文选》第三卷，人民出版社 1993 年版，第 365 页。

③《邓小平文选》第三卷，人民出版社 1993 年版，第 301 页。

1989年9月4日，邓小平向中央政治局正式提出辞去中共中央军事委员会主席职务的请求。两个月后，党的十三届五中全会批准了邓小平的这一请求，同时决定，江泽民为中共中央军事委员会主席。全会认为，邓小平从党和国家的根本利益出发，在自己身体还健康的时候辞去现任职务，实现他多年来一再提出的从领导岗位上完全退下来的夙愿，表现了一个无产阶级革命家的广阔胸怀。全会对他身体力行地为废除干部领导职务终身制作出表率，表示崇高的敬意。

从党的十三届四中全会到五中全会，以邓小平为核心的第二代中央领导集体和以江泽民为核心的第三代中央领导集体实现了顺利交替，保证了党的政策的稳定性、连续性和国家的稳定，使社会主义改革开放和现代化建设能够继续前进。这是党在政治上高度成熟、组织上坚强有力的明证。

● 治理整顿结束与改革开放扩大

从1984年到1988年，我国经济经历了一个加速发展的飞跃时期，展现了农业和工业、农村和城市、改革和发展相互促进的生动局面，整个国民经济提高到一个新水平。国内生产总值（GDP）从1978年的3000多亿元增长到1988年的13853亿元；进出口商品总额从206亿美元增加到1000亿美元；国家外汇储备从1.7亿美元上升到50多亿美元。国民收入总额按当年价格计算，从3010亿元上升到11738亿元；人均国民收入从315元增长到1066元。

在加速发展过程中，也出现了一些问题。这主要是物价波动较大，通货膨胀加剧，重复建设严重，经济发展过热。1984年到1988年国民收入只增长70%，而全社会固定资产投资增长214%，城乡居民货币收入增长200%，投资和消费的增长与国民收入增长的比例严重失调。1988年夏季，在经济秩序特别是流通秩序的混乱状况没有得到扭转的情况下，中央宣布放开大部分商品价格，实行价格改革“闯关”。但这一决策未能充分考虑国家、企业和群众的承受能力，结果诱发全国性抢购风潮，影响了社会的安定。为扭转严峻的经济形势，1988年9月，党的十三届三中全会决定，用一段时间治理经济环境、整顿经济秩序，扭转物价上涨幅度过大的态势，创造理顺价格的条件，更好地推进改革和建设。根据这一决定，国务院相继采取一系列治理整顿的措施，压缩投资和消费需求，加强对物价的调控

和管理，整顿经济生活特别是流通领域中的各种混乱现象。经过一年左右的治理整顿，取得初步效果，一度过旺的社会需求开始得到控制，过高的工业生产速度有所回落。

党的十三届五中全会后，党中央把一度被延误的治理整顿工作重新提上日程。这一阶段治理整顿大体分两步进行。第一步是在调整结构的同时，以启动市场，争取经济适度发展为侧重点。从 1989 年 11 月起，党中央和国务院加大了对基础产业的投入；在坚持控制总量的前提下，适当调整紧缩力度；继续整顿经济秩序。到 1990 年 8 月，这些措施取得明显成效。为此，党中央和国务院决定开始实施治理整顿的第二步，将治理整顿、深化改革的重点逐步转到调整产业结构、提高经济效益上来。经过三年的努力，到 1991 年年底，投资和消费需求双膨胀的局面有所缓解，通货膨胀得到控制，流通领域混乱现象得到整顿，经济秩序有所好转。农业生产连续两年丰收，扭转了前四年的徘徊局面。工业生产从 1990 年下半年开始逐步恢复到正常年份的增长速度。1991 年外商直接投资达 119.77 亿美元，比 1989 年增长一倍多。外贸实现顺差。这样，治理整顿工作以取得显著成效而基本结束。

在治理整顿的同时，改革开放并没有停步。党中央和国务院努力推动价格管理体制、国有企业经营机制、外贸管理体制、农村双层经营体制等方面的改革，并在金融、财税、社会保险、住房制度等方面进行了改革试点。在对外开放方面，最引人注目的就是海南经济特区的建立和上海浦东的开发。1988 年 4 月，七届全国人大一次会议通过了设立海南省和建立海南经济特区的决定。海南岛成为我国最大的经济特区。1990 年 4 月，党中央和国务院决定在上海浦东实行经济技术开发区和某些经济特区的政策。浦东的开发开放迅速启动，在全国人民的支援和上海人民的努力下，浦东地区奇迹般地崛起，建成百座高楼大厦和其他现代化设施，成为国际化的经济和金融中心之一。浦东的开发开放，成为 20 世纪 90 年代我国改革开放进一步深化和取得显著成就的重要标志。

● 成功应对国际风云变幻

在 1989 年春夏之交的政治风波后，以美国为首的西方国家对中国实行“制裁”，多方施加压力。20 世纪 90 年代初，东欧各国政局相继发生剧变，苏联解体，社会主义在世界范围内处于低潮。旧的世界格局被打破，新的格局尚未形成。世界力量对比严重失衡。中国面临着极大压力和考验。对于这一复杂、严峻的国际形势，邓小平及时作出透彻分析，提出了冷静观察、稳住阵脚、沉着应付、韬光养晦、善于守拙、决不当头、有所作为的战略策略方针。他特别强调，中国自己要稳住阵脚，认真地真正地把改革开放搞下去。国际舆论压我们，要泰然处之，维护我们独立自主、不信邪、不怕鬼的形象。只要沿着自己选择的社会主义道路走到底，谁也压不垮我们。在上述方针指导下，党中央坚持原则、顶住压力，利用矛盾、多做工作，有力地维护了国家的主权和尊严，不断开拓对外工作的新局面。在和平共处五项原则的基础上，中国积极发展了与周边国家的睦邻友好关系，进一步发展了与第三世界国家的传统友好合作，实现了中苏关系向中俄关系的顺利过渡，并同原苏联各共和国和东欧国家建立或发展了正常关系。从 1990 年下半年起，一些西方国家开始逐步改善同我国的关系。这年 7 月，日本政府恢复对华贷款。随后，西欧国家恢复对华政府贷款、经济合作与科技交流等。10 月，欧洲共同体外长会议决定取消对华“制裁”。中美关系也逐步得到改善，两国外长进行了互访，并就保护知识产权和市场准入问题达成协议。到 1992 年，中国已同 154 个国家建立了外交关系，同 200 多个国家和地区发展了贸易、科技、文化交流与合作。这样，西方国家的“制裁”终于破产。它们没有达到使中国屈服和孤立的目的，反而使中国赢得了更加有利的国际环境和周边环境。

● 邓小平发表“南方谈话”

东欧剧变和苏联解体的发生，使国内一部分干部和群众的思想发生了困惑。一些人对社会主义前途缺乏信心，一些人对改革开放提出了姓“社”还是姓“资”的疑问。这样，能不能坚持党的基本路线不动摇，把改革开放和社会主义现代化建设继续推向前进，就成为进入 20 世纪 90 年代后党必须解决的重大问题。

1992 年 1 月 18 日至 2 月 21 日，邓小平先后视察武昌、深圳、珠海、上海等地。视察途中，他多次发表谈话强调，党的基本路线要管一百年，动摇不得。改革开放胆子要大一些，敢于试验。判断的标准，应该主要看是否

有利于发展社会主义社会的生产力，是否有利于增强社会主义国家的综合国力，是否有利于提高人民的生活水平。计划多一点还是市场多一点，不是社会主义与资本主义的本质区别。社会主义的本质，是解放生产力，发展生产力，消灭剥削，消除两极分化，最终达到共同富裕。社会主义要赢得与资本主义相比较的优势，就必须大胆吸收和借鉴人类社会创造的一切文明成果，包括当今资本主义发达国家的一切反映现代社会化生产规律的先进经营方式和管理方法。中国要警惕右，但主要是防止“左”。要抓住时机，发展自己，关键是发展经济。发展才是硬道理。必须依靠科技和教育，经济发展才能快一点。要坚持两手抓，一手抓改革开放，一手抓打击各种犯罪活动，两只手都要硬。在整个改革开放过程中必须始终坚持四项基本原则，必须反对腐败，廉政建设要作为大事来抓。中国的事情能不能办好，从一定意义上说，关键在人，说到底，关键是我们共产党内部要搞好。社会主义经历一个漫长过程发展后必然代替资本主义。这是社会历史发展不可逆转的总趋势。一些国家出现严重曲折，社会主义好像被削弱了，但人民经受锻炼，吸取教训，将促使社会主义向着更加健康的方向发展。我们搞社会主义才几十年，还处在初级阶段。巩固和发展社会主义，需要几代人、十几代人，甚至几十代人坚持不懈地努力奋斗。从现在起到21世纪中叶，将是很要紧的时期，我们要埋头苦干。

这些谈话科学地总结了党的十一届三中全会以来的基本实践和基本经验，从理论上深刻回答了长期困扰和束缚人们思想的许多重大认识问题，是把改革开放和现代化建设推向新阶段的又一个解放思想、实事求是的宣言书。中共中央政治局认为，这篇谈话不仅对当前的改革和发展，对开好党的十四大，具有十分重要的指导作用，而且对整个社会主义现代化建设事业，具有重大而深远的意义。

总体上看，进入20世纪90年代，党和人民锐意改革，努力奋斗，整个国家焕发出了勃勃生机，中华大地发生了历史性的伟大变化。社会生产力获得新的解放，安定团结的政治局面不断巩固。11亿人民的温饱问题基本解决，正在向小康迈进。在世界风云急剧变幻的情况下，中国的社会主义制度经受住了严峻的考验，显示了强大的生命力。党的十四大就是在这样的背景下召开的。

二、“讲得不错，我要为这个报告鼓掌”

● 报告的起草

在邓小平南方谈话精神的鼓舞下，全党和全国各族人民积极响应和贯彻落实党中央、国务院的战略部署，深化改革、扩大开放、加快发展，群情振奋，上下团结一致，到处热气腾腾，我国改革开放和现代化建设展现出勃勃生机。与此同时，党的十四大筹备工作也在紧张进行中。

起草好大会报告，是筹备工作的重中之重。1992 年 2 月 20 日下午，江泽民主持召开十四大报告起草工作座谈会。他指出：“邓小平同志视察南方的重要谈话，是他十多年来关于建设有中国特色社会主义一贯思想的高度概括和重要发展，十四大报告要以这个谈话精神作为贯穿全篇的主线。”他还说，党的十四大报告必须回答坚持党的基本路线必须注意把握的要点是什么？党在 90 年代改革开放和建设的主要任务和战略步骤是什么？要展望并规划改革和建设在今后半个多世纪的进程和目标，他提出在建党 100 周年时各方面形成一套更加成熟更加定型的制度，在建国 100 周年时基本实现社会主义现代化，号召全党和全国人民朝着这个宏伟目标奋勇前进。他强调，一个是基本路线不变，一个是社会政治稳定，有了这两条，我们就能够不断地胜利前进。

报告的起草历时 7 个多月，广泛征求了党内外意见，先后十易其稿。期间，中共中央政治局常委会讨论 4 次，政治局全体会议讨论 2 次，江泽民同起草小组座谈了 3 次。报告第四稿出来后，邓小平花了两个半天时间来仔细审阅，又用了两个半天时间对报告提出重要修改意见，从总体上对报告稿给予很高评价，认为这个报告“有分量，是一大革命”。他还特地指出，报告中讲他的功绩，一定要放在集体领导范围内，绝不是一个人的脑筋就可以钻出什么新东西来，是群众的智慧、集体的智慧。他的功劳是把这些新事物概括起来，加以提倡，报告要写得合乎实际。

根据中央政治局讨论时提出的要求和邓小平的重要意见，又对报告稿进行了两次重要的修改。中央决定将第六稿印发到全国 119 个地方、部门和单位征求意见。党的十三届中央委员会委员、候补委员，中央顾问委员会委员，中央纪律检查委员会委员，党的十四大代表，中央党政军各部门、各人民团体的党员负责干部，各省、自治区、直辖市和各大军区的党委负责人等 300 多人，参加了对报告稿的讨论，每个单位都修改出了一个稿子。

在报告稿的修改过程中，为在更广泛的范围内吸纳意见，中共中央还委托中央统战部征求各民主党派、全国工商联负责人和无党派知名人士的意见。9 月 2 日下午，江泽民、乔石又特意邀请这方面人士在中南海怀仁堂进行了 3 个多小时的座谈。这些长期与中国共产党合作共事的民主党派代表人士对报告稿提出了许多宝贵的修改建议。江泽民、乔石认真记下了他们的意见，并对他们表示感谢。

根据各方面的意见，起草小组对报告征求意见稿作了 450 多处修改。9 月，中央政治局常委会和政治局全体会议分别审议通过了修改后的报告稿，决定提请党的十三届九中全会审议。10 月 5 日，党的十三届九中全会在北京开幕。出席会议的中央委员、候补委员们拿到的报告稿已是吸收各方意见修改而成的第九稿。根据全会分组讨论中提出的意见，26000 多字的报告，又进行了第十次修改，修改了大大小小 170 多处，形成了提交大会的报告稿。

● 预备会议

1992 年 10 月 11 日下午，中国共产党第十四次全国代表大会预备会议在人民大会堂举行。中共中央总书记江泽民主持了会议。由 34 个选举单位选举产生的党的十四大代表实有 1989 人，中央特邀代表 46 人，共 2035 人。出席预备会议的代表 1962 人。

会议以举手表决方式，通过了由 16 人组成的代表资格审查委员会名单，通过了由 198 人组成的大会主席团名单，选举乔石为大会秘书长，通过了大会秘书处的工作任务和机构设置。

会议还通过了十四大的议程：听取和审查中央委员会的报告，审查中央顾问委员会的报告（书面），审查中央纪律检查委员会的报告（书面），审议并通过《中国共产党章程（修正案）》，选举中央委员会，选举中央纪律检查委员会。

中国共产党第十四次全国代表大会主席团于10月11日下午在人民大会堂举行第一次会议。江泽民在会议结束时发表了讲话。会议由大会秘书长乔石主持。主席团会议以举手表决的方式，通过了由31人组成的主席团常务委员会名单，选举胡锦涛、丁关根、温家宝为大会副秘书长。会议听取了中国共产党第十四次全国代表大会代表资格审查委员会关于代表资格审查的报告。

报告说，党的十三届八中全会确定党的十四大代表名额为2000名，中央分配到各选举单位的名额共1992名。代表选出后逝世1名（李先念），中央批复代表1991名后又逝世2名（胡乔木、王密妮），实有代表1989名。

报告说，党的十四大代表的选举工作，认真贯彻执行了民主集中制原则，具有广泛的代表性。中国共产党成立初期和北伐战争时期、土地革命战争时期、抗日战争时期、解放战争时期以及中华人民共和国成立以后各个时期入党的党员都有适当数量的代表。

报告说，代表资格审查委员会认为，全国34个选举单位选出的1989名代表，符合党章和中央关于选举党的十四大代表通知的规定，代表资格有效。报告说，这次大会参照党的十三大的做法，中央确定了46位1927年以前入党，并在党内担任过重要领导职务、德高望重的老党员为特邀代表。他们具有与正式代表同样的权利。

会议还通过了大会列席和来宾的事项。中央决定，邀请党内有关负责同志和部分党外人士列席这次大会。列席这次大会的有：不是十四大代表的十三届中央委员会及中央顾问委员会、中央纪律检查委员会的成员，不是十四大代表或特邀代表的党内部分老同志，以及其他有关负责同志，共307人。还邀请了全国人大常委会党外副委员长，全国政协党外副主席，各民主党派、全国工商联负责人和无党派人士，以及全国人大、全国政协常委中在京党外人士和部分少数民族、宗教界人士等，共139位，作为来宾列席大会开幕式和闭幕式。

主席团会议还通过了党的十四大会议日程。根据日程，党的十四大将于10月12日上午在北京开幕，10月18日下午闭幕。

● 大会进程

1992 年 10 月 12 日至 18 日，中国共产党第十四次全国代表大会在北京隆重举行。出席大会的正式代表 1989 人，代表着全国 5100 多万名党员。这次大会的使命和主要任务是：以邓小平建设有中国特色社会主义理论为指导，全面总结改革开放以来 14 年的伟大实践和基本经验，确定今后一个时期的战略部署，动员全党和全国各族人民，进一步解放思想，把握有利时机，加快改革开放和现代化建设步伐，夺取有中国特色社会主义事业的更大胜利。

李鹏主持大会开幕式。江泽民代表第十三届中央委员会作题为《加快改革开放和现代化步伐，夺取有中国特色社会主义事业的更大胜利》的报告。报告分为四个部分：一、十四年伟大实践的基本总结；二、九十年代改革和建设的主要任务；三、国际形势和我们的对外政策；四、加强党的建设和改善党的领导。报告通篇体现了邓小平南方谈话的精神，对党的十一届三中全会以来 14 年的基本实践和基本经验作了系统、深刻的总结，对邓小平建设有中国特色的社会主义理论作了精辟的概括；确定了 90 年代加快改革开放，推动经济发展和社会全面进步的主要任务，提出了建立社会主义市场经济体制的目标；在分析国际形势的基础上论述了对外政策；阐述了加强党的建设和改善党的领导的问题。它是指引全党和全国人民前进的纲领性文件。

10 月 14 日下午，中国共产党第十四次全国代表大会主席团在人民大会堂举行第二次会议。江泽民主持了会议。会议以举手表决方式，分别通过了大会关于十三届中央委员会报告的决议草案、关于中央顾问委员会工作报告的决议草案、关于中央纪律检查委员会工作报告的决议草案、关于《中国共产党章程（修正案）》的决议草案，决定将这四个草案提交各代表团审议。会议还通过了大会选举办法，并完成了其他议程。

10 月 17 日下午，中国共产党第十四次全国代表大会主席团举行第三次全体会议。江泽民主持了会议。会议以举手表决的方式，通过了差额预选后的中央委员会委员、中央委员会候补委员、中央纪律检查委员会委员候选人名单，提请大会进行选举。16 日下午和 17 日上午，党的十四大各代表团分别进行了中央委员会委员、中央纪律检查委员会委员和中央委员会候补委员的预选。预选采用差额选举办法，整个预选工作在预选监票人的监督下，完全按照大会选举办法进行。18 日下午，党的十四大将进行大会正式选举。

● 代表讨论

出席党的十四大的各代表团分组讨论江泽民所作的报告。代表们认为，要把有中国特色社会主义的伟大事业推向前进，全党全国各族人民必须紧密团结，奋发图强，紧紧抓住当前的良好机遇，进一步解放思想，加快改革开放步伐，完成 20 世纪 90 年代的十大任务，使我国经济发展跃上新的台阶。

许多代表说，在邓小平视察南方重要谈话的鼓舞下，全党同志和全国人民思想更加解放，加快改革开放和经济发展的新的格局已经形成。报告进一步阐述了建设有中国特色社会主义理论的内容，明确提出了建立和发展社会主义市场经济体制的目标。这些都为我们加快发展提供了历史机遇。

福建代表陈光毅说："我们面临大好机遇，同时也存在严峻挑战。发展本身就是平衡与不平衡、稳定与跳跃的辩证过程，是速度与效益的有机统一。只有在加快发展中才能改善结构，提高效益，逐步解决经济生活中的一系列问题。社会主义归根结底是要创造出比资本主义更高的生产力，赢得相比较的优势。不在发展中上几个台阶，就不能实现这个目标。在新的机遇面前，我们应当尽快树立起快上新台阶的雄心壮志。"

陕西代表张勃兴说："首要的是进一步解放思想，更新观念。经济发展要更快一些，需要我们的观念更新一些，胆子更大一些。我们的观念必须从传统的计划经济的思想方式中解放出来，真正认识到市场机制在优化和配置资源上的作用。"

曾荣获"全国优秀民警"称号和"全国五一劳动奖章"的宁夏银川市新华街派出所户籍民警刘保山代表说："十四大是指引我们国家进一步改革开放的导航灯。作为十四大代表，我要为这盏导航灯起一颗螺丝钉的作用。而作为一个民警，在为改革开放保驾护航中，我将把自己这个小小螺丝钉拧得紧紧的。"他还说，民警工作虽然平凡，但它和千家万户紧紧相连，和国家安危、党和政府的形象息息相关。因此，我们在平凡的岗位上，事事都要想到国家，想到人民群众。

湖南邵东县山河村党支部书记尹志秋代表说："党的十四大将根据邓小平同志的建设有中国特色社会主义的理论，坚持党的'一个中心、两个基本点'的基本路线不动摇，这是深得党心和民心的。但党的基本路线要在基层得到贯彻，还要有坚强的、有战斗力的基层党组织。只有把党的基层组织建设成为坚强的战斗堡垒，才能保障党的基本路线的贯彻、执行。"

● 会议选举和通过的决议

10 月 18 日下午，大会举行全体会议。会议首先通过了由 34 人组成的总监票人和监票人名单。在大会监票人的监督下，到会的 2007 位代表以无记名投票方式，选举出 189 位第十四届中央委员会委员，130 位中央委员会候补委员，共 319 人；选举出中央纪律检查委员会委员 108 人。在新一届中央委员会的组成人员中，既有经过长期革命斗争考验的老同志，又有一批年富力强、担负重要领导职务的中年同志，还有一批有培养前途的年轻干部，平均年龄 56.3 岁。一大批新人进入中央委员会，新进的占 46.7%，他们多数是中青年干部，55 岁以下的占 61%，具有大专以上文化程度的占 83.7%，具有中、高级以上技术职称的占 44.5%。

大会依次通过了关于十三届中央委员会报告的决议、关于中央顾问委员会工作报告的决议、关于中央纪律检查委员会工作报告的决议。大会对十三届中央委员会的工作表示满意，赞成报告对 14 年伟大实践的基本总结，同意报告提出的加快改革开放和现代化建设步伐的决策和部署，同意报告对国际形势的分析和阐述的对外政策，强调要进一步加强党的建设和改善党的领导。大会同意关于不再设立中央顾问委员会的建议，并向中央顾问委员会的老同志表示衷心的感谢和崇高的敬意，对中央纪律检查委员会的工作表示满意。

会议还通过了关于《中国共产党章程（修正案）》的决议。大会认为，把建设有中国特色社会主义理论和党的基本路线写进党章，对于统一全党的思想和行动，夺取有中国特色社会主义的更大胜利，具有十分重要的意义。

● 特邀代表邓小平

作为党的十四大的 46 位"特邀代表"之一，邓小平虽然没有出席十四大会议，但他对这次大会始终高度关注。在十四大召开的 7 天时间里，邓小平每天翻阅十几份报纸，仔细了解大会进程。十四大开幕那天，他在家中收看电视，仔细听了江泽民在大会上作的政治报告。报告结束时，邓小平满意地说："讲得不错，我要为这个报告鼓掌。"[①] 说完，他就在电视机前鼓起掌来。19日上午，当他看到十四大胜利闭幕、选出中央新的领导班子的消息时，无限欣慰地说："真是群情振奋！"[②] 当天下午3时，他特意赶到人民大会堂，同新当选的中央领导人一起，和出席十四大的代表见面。代表们的掌声经久不息，表达了对这位改革开放总设计师的敬意和热爱之情。邓小平高兴地说："这次大会开得很好，希望大家继续努力。"[③]

江泽民握着邓小平的手，激动地说："您今天同大家见面，使代表们深受鼓舞，大家的情绪达到了高潮。"江泽民代表新当选的中央领导集体向邓小平表示：现在大政方针已定，我们要真抓实干，把大会的精神落到实处。听了江泽民的话，邓小平满意地点了点头，然后挥手向大家道别。

三、确立社会主义市场经济体制改革目标

● 抓住机遇，加快发展

抓住有利时机，加快改革开放和现代化建设步伐，是历史的重托、时代的召唤、人民的要求。对于中国人民来说，"落后就要挨打"是永远不会忘记的历史教训。进入20世纪90年代，国际间的竞争日益表现为以经济和科技实力为基础的综合国力较量。如果我国经济发展慢了，就会非常被动，就会受制于人，社会主义制度的巩固和国家的长治久安都会遇到极大困难。所以，我国经济能不能加快发展，不仅是重大的经济问题，而且是重大的政治问题。

① 余玮：《世纪小平》，人民出版社2004年版，第556页。

② 余玮：《世纪小平》，人民出版社2004年版，第556页。

③ 中共中央文献研究室编：《邓小平年谱（1975—1997）》（下），中央文献出版社2004年版，第1355页。

对我们这个发展中的社会主义国家来说，加快经济发展、隔几年上一个台阶，不仅是必要的，而且是可能的。从 1984 年到 1988 年的五年间，我国经济经历了一个加速发展的飞跃时期，经济建设上了一个大台阶，人民生活上了一个大台阶，综合国力上了一个大台阶。从国际经验看，也有不少这方面的实例。比如日本、韩国以及东南亚一些国家和地区，它们在发展过程中都曾经有过高速发展时期或若干高速发展阶段。党的十四大在全面分析国际国内形势和深刻总结相关历史经验的基础上，对我国在 20 世纪 90 年代的经济发展速度作出调整，从原定的国民生产总值平均每年增长 6% 调整为 8%~9%，并且强调：加快我国经济发展，必须进一步解放思想，加快改革开放的步伐，不要被一些姓“社”姓“资”的抽象争论束缚自己的思想和手脚。社会主义要赢得同资本主义相比较的优势，必须大胆吸收和借鉴世界各国包括资本主义发达国家的一切反映现代社会化生产和商品经济一般规律的先进经营方式和管理方法。国外的资金、资源、技术、人才以及作为有益补充的私营经济，都应当而且能够为社会主义所利用。政权在人民手中，又有强大的公有制经济，这样做不会损害社会主义，只会有利于社会主义的发展。

着眼于加速改革开放，推动经济发展和社会全面进步，大会提出了十个方面关系全局的主要任务：一是围绕社会主义市场经济体制的建立，加快经济改革步伐。二是进一步扩大对外开放，更多更好地利用国外资金、资源、技术和管理经验。三是调整和优化产业结构，高度重视农业，加快发展基础工业、基础设施和第三产业。四是加速科技进步，大力发展教育，充分发挥知识分子的作用。五是充分发挥各地优势，加快地区经济发展，促进全国经济布局合理化。六是积极推进政治体制改革，使社会主义民主和法制建设有一个较大的发展。七是下决心进行行政管理体制和机构改革，切实做到转变职能、理顺关系、精兵简政、提高效率。八是坚持两手抓，两手都要硬，把社会主义精神文明建设提高到新水平。九是不断改善人民生活，严格控制人口增长，加强环境保护。十是加强军队建设，增强国防实力，保障改革开放和经济建设顺利进行。

● 明确我国经济体制改革的目标是建立社会主义市场经济体制

我国经济体制改革确定什么样的目标模式，是关系整个社会主义现代化建设全局的一个重大问题。这个问题的核心，是正确认识和处理计划与市场的关系。传统观念认为，市场经济是资本主义特有的东西，计划经济才是社会主义经济的基本特征。十一届三中全会以后，随着改革的深入，党逐步摆脱这种观念，形成新的认识，对推动改革和发展起了重要作用。邓小平南方谈话从根本上解除了把计划经济和市场经济看作属于社会基本制度范畴的思想束缚，使党在计划与市场关系问题上的认识有了新的重大突破。从实践上看，改革开放十多年来，市场范围逐步扩大，大多数商品的价格已经放开，计划直接管理的领域显著缩小，市场对经济活动调节的作用大大增强。我国经济要优化结构，提高效益，加快发展，参与国际竞争，就必须继续强化市场机制的作用。实践的发展和认识的深化，要求党明确提出我国经济体制改革的目标，以利于进一步解放和发展生产力。

1992 年 6 月 9 日，江泽民在中央党校省部级干部进修班上讲话时，针对关于建立新经济体制讨论中提出的“建立计划与市场相结合的社会主义商品经济体制”“建立社会主义有计划的市场经济体制”和“社会主义市场经济体制”等意见，明确表示：“我个人的看法，比较倾向于使用‘社会主义市场经济体制’这个提法。”[①]6 月 12 日，邓小平在住地同江泽民谈话时也表示，赞成使用“社会主义市场经济体制”这个提法。他还说，在党校的讲话可以先发内部文件，反映好的话，就可以讲。这样党的十四大也就有了一个主题了。后来，经过广泛征求意见，各省、自治区、直辖市都同意这个提法。党的十四大正式确定了我国经济体制改革的目标是建立社会主义市场经济体制。

社会主义市场经济体制是同社会主义基本制度结合在一起的。在“市场经济”前面加上社会主义这个限制词，不是“画蛇添足”，而是“画龙点睛”。它表明，中国要建立的社会主义市场经济体制，就是要使市场在社会主义国家宏观调控下对资源配置起基础性作用，使经济活动遵循价值规律的要求，适应供求关系的变化。在所有制结构上，以公有制经济为主体，个体经济、私营经济、外资经济为补充，多种经济成分长期共同发展；在分配制度上，以按劳分配为主体，其他分配方式为补充，兼顾效率与公平；在宏观调控上，把人民的当前利益与长远利益、局部利益与整体利益结合起来，更

① 《江泽民文选》第一卷，人民出版社 2006 年版，第 202 页。

好地发挥计划和市场两种手段的长处。

把社会主义基本制度同市场经济体制结合在一起，作为经济体制改革的目标，这是中国共产党人对发展马克思主义作出的重大理论贡献，也是一项前无古人的开创性事业，为实现改革开放新的历史性突破，打开我国经济、政治和文化发展的崭新局面，提供了理论依据，开辟了现实道路。

● 确立邓小平建设有中国特色社会主义理论在全党的指导地位

党的十一届三中全会以来，中国共产党带领人民锐意改革，努力奋斗，整个国家焕发出勃勃生机，中华大地发生了历史性变化。社会生产力获得新的解放。安定团结的政治局面不断巩固。11 亿人民的温饱问题基本解决，正在向小康迈进。在世界风云急剧变幻的情况下，中国的社会主义制度经受住严峻考验，显示了强大的生命力。党之所以能够取得这样的胜利，根本原因是因为在 14 年改革开放的伟大实践中，坚持把马克思主义基本原理同中国具体实际相结合，逐步形成和发展了建设有中国特色社会主义的理论。报告从社会主义的发展道路、发展阶段、根本任务、发展动力、外部条件、政治保证、战略步骤、领导力量和依靠力量、祖国统一等九个方面，对建设有中国特色社会主义的理论作出新的概括，并强调指出："这个理论，第一次比较系统地初步回答了中国这样的经济文化比较落后的国家如何建设社会主义、如何巩固和发展社会主义的一系列基本问题，用新的思想、观点，继承和发展了马克思主义。"

报告指出，建设有中国特色社会主义的理论，是在和平与发展成为时代主题的历史条件下，在我国改革开放和社会主义现代化建设的实践过程中，在总结我国社会主义胜利和挫折的历史经验并借鉴其他国家社会主义兴衰成败历史经验的基础上，逐步形成和发展起来的。它是马克思列宁主义基本原理与当代中国实际和时代特征相结合的产物，是毛泽东思想的继承和发展，是全党全国人民集体智慧的结晶，是中国共产党和中国人民最可贵的精神财富。

大会把建设有中国特色社会主义的理论和在这个理论指导下制定的党的"一个中心、两个基本点"的基本路线正式载入党章，正式确立了这个理论在全党的指导地位。党的十四大通过的《中国共产党章程（修正案）》总纲明确指出："建设有中国特色社会主义的理论，阐明了在中国建设社会主义、巩固和发展社会主义的基本问题，继承和发展了马克思主义，是引导我国社会主义事业不断前进的指针。"

● 批准中央顾问委员会的工作报告，同意关于不再设立中央顾问委员会的建议

设立顾问委员会是中国共产党的一项创举，充分体现了党中央对老干部、老同志的深切关怀。鉴于党的干部离休、退休制度已全面建立并正在顺利执行，实现新老干部的合作与交替已取得预期的进展；鉴于中央顾问委员会已历时两届，委员们的年事都很高了，已基本上完成了作为一种过渡性组织的任务，为此中央顾问委员会建议，党的第十四次全国代表大会后可以不再设立中央顾问委员会。

党的十四大批准了中央顾问委员会的工作报告，大会同意关于不再设立中央顾问委员会的建议。大会认为，中央顾问委员会成立 10 年来，协助党中央为维护党的团结和社会稳定，推进改革开放和现代化建设，作了大量卓有成效的工作，在新的历史时期为党、国家和人民建立了历史性功绩。大会高度赞扬老同志为废除实际存在的领导职务终身制，实现新老干部的交替与合作，保证党的事业继往开来、后继有人所作出的重大贡献。大会向中央顾问委员会和老同志们表示衷心的感谢和崇高的敬意！大会号召，全党要继续尊重和关心老同志，学习老同志坚定的政治立场、实事求是的精神、治党治国治军的丰富经验和优良传统，在建设有中国特色社会主义的道路上奋勇前进，把老一辈开创的无产阶级革命事业进行到底。

● 适应改革开放新形势和党的任务的新变化，对党章总纲和部分条文进行调整、充实和修改

这次修改党章的指导思想是：总结十二大以来社会主义现代化建设和党的建设的新经验，把邓小平建设有中国特色社会主义的理论和党的基本路线及一系列方针、政策写入党章，对党的工作和党的建设提出切合实际的新的要求，把党建设成为领导全国人民沿着有中国特色社会主义道路不断前进的坚强核心。根据这一指导思想，修改中突出了建设有中国特色社会主义的理

论和党的基本路线，并将其贯穿于党章全文；按照基本路线的要求，对部分条文的内容作了修改、调整和充实，使其更加符合现阶段党的工作实际。

这次修改对党章总纲部分作了较大的调整和充实，扼要地阐述了建设有中国特色社会主义的理论，明确把邓小平建设有中国特色社会主义理论作为党的指导思想，增写了党在社会主义初级阶段的基本路线，并对党的建设和党的领导的基本要求作了补充。主要是：（1）指出社会主义必然代替资本主义是社会历史发展不可逆转的总趋势。（2）增加了关于党的十一届三中全会以来历史进程的表述，鲜明地肯定了建设有中国特色社会主义理论的历史地位和重要作用，强调它"阐明了在中国建设社会主义、巩固和发展社会主义的基本问题，继承和发展了马克思主义，是引导我国社会主义事业不断前进的指针"。（3）增写了我国社会主义初级阶段的基本问题。（4）增写了党的基本路线的内容。（5）充实了社会主义精神文明建设的内容。（6）对民主法制建设的内容作了补充。（7）部分改写了党对国际事务基本立场的表述。（8）对党的建设和党的领导提出了新的要求。主要有：根据党的任务和党的工作面临的新情况、新问题，明确提出党的建设必须紧密围绕党的基本路线，坚持从严治党，把党建设成为领导全国人民沿着有中国特色的社会主义道路不断前进的坚强核心；对党的建设的基本要求，由原来3项改写为4项，增加了"坚持党的基本路线"，作为第一项，要求全党要用建设有中国特色社会主义的理论和党的基本路线统一思想，统一行动，毫不动摇地长期坚持下去。还强调党要适应改革开放和社会主义现代化建设的要求，加强和改善党的领导，要求党必须集中精力领导经济建设，组织、协调各方面的力量，同心协力，围绕经济建设开展工作；必须实行民主的科学的决策，适应形势的发展和情况的变化，不断改进领导方式和方法，提高领导水平。

对党章条文部分的修改主要有：（1）按照贯彻执行党的基本路线的需要，对党员、干部提出了新的更高的要求。要求党员带头参加改革开放和社会主义现代化建设，带动群众为经济发展和社会进步艰苦奋斗；要求干部立志改革开放，献身现代化事业，在社会主义建设中艰苦创业，开拓创新，做出实绩。规定党员领导干部必须参加党委、党组的民主生活会。（2）删去了有关顾问委员会设置和工作任务的条文。（3）根据多年的实践和许多地方、基层党组织的要求，适当调整了党的地方组织和基层组织的任期，将县一级党的委员会的任期由 3 年改为 5 年，基层委员会的任期由 3 年改为 3 年或 4 年，总支部委员会、支部委员会的任期由 2 年改为 2 年或 3 年。（4）根据实际工作需要，进一步明确了党的基层组织的职责。（5）根据多年的实践，从有利于纪检工作的开展出发，对党的纪律和纪律检查机关的工作程序作了个别改动。（6）恢复了十二大党章关于在政府机关、经济组织和文化组织中成立党组的规定，对党组的任务，增写了讨论和决定本部门的重大问题和指导直属单位党组织的工作的内容。

● 积极推动建立和平稳定公正合理的国际新秩序

报告全面分析了国际形势，阐述党和国家的对外政策，指出：当今世界正处在大变动的历史时期。两极格局已经终结，各种力量重新分化组合，世界正朝着多极化方向发展。新格局的形成将是长期的、复杂的过程。在今后一个较长时期内，争取和平的国际环境，避免新的世界大战，是有可能的。同时也要看到，目前国际形势仍然动荡不安。世界各种矛盾在深入发展，不少国家和地区的民族矛盾、领土争端和宗教纷争突出起来，甚至酿成流血冲突和局部战争。国际经济竞争日趋激烈，许多发展中国家经济环境更加恶化，南北差距进一步扩大。

报告强调，和平与发展仍然是当今世界两大主题。发展需要和平，和平离不开发展。霸权主义、强权政治的存在，始终是解决和平与发展问题的主要障碍。世界的发展也决不能长期建立在广大发展中国家贫穷落后的基础之上。国际形势的剧变和动荡促使世界人民进一步觉醒，具有共同历史遭遇的发展中国家维护独立主权、团结合作的趋势正在加强。世界要和平，国家要发展，社会要进步，经济要繁荣，生活要提高，已成为各国人民的普遍要求。

报告指出，维护我国的独立和主权，促进世界的和平与发展，是中国外交政策的基本目标。在涉及民族利益和国家主权的问题上，我们决不屈服于任何外来压力。中国是维护世界和平的坚定力量。中国不同任何国家或国家集团结盟，不参加任何军事集团。中国永远不称霸，永远不搞扩张，同时反对任何形式的霸权主义、强权政治和侵略扩张行为。中国反对军备竞赛，主张根据公正、合理、全面、均衡的原则，实行有效的裁军和军控。在处理国

际事务中，我国严格遵守联合国宪章和公认的国际关系准则，坚持实事求是和伸张正义的原则立场。

报告首次提出，建立什么样的国际新秩序，是当前国际社会普遍关心的重大问题。根据历史经验和现实状况，我们主张在互相尊重主权和领土完整、互不侵犯、互不干涉内政、平等互利、和平共处等原则的基础上，建立和平、稳定、公正、合理的国际新秩序。这一新秩序包括建立平等互利的国际经济新秩序。世界是多样性的，各个国家之间存在着种种差异。各国人民都有权根据本国的具体情况，选择符合本国国情的社会制度和发展道路。国家无论大小、强弱、贫富，都应当作为国际社会的平等成员参与国际事务。国与国之间理应互相尊重，求同存异，平等相待，友好相处。国与国之间的分歧和争端，应当遵照联合国宪章和国际法准则，通过协商和平解决，不得诉诸武力和武力威胁。建立国际新秩序是长期的任务，中国人民将同各国人民一道，为此作出不懈的努力。

● 对发展社会主义市场经济新形势下加强党的建设和改善党的领导作了整体部署

党的十四大不仅是中国社会主义改革开放和现代化建设进入新阶段的重要标志，而且是党的自身建设发展史上的一个里程碑。报告指出：新的历史时期，党所处的环境和肩负的任务有了很大变化，党的思想、政治、组织、作风建设都面临许多新情况和新问题，“一定要结合新的实际，遵循党的基本路线，坚持党要管党和从严治党，加强和改进党的建设，努力提高党的执政水平和领导水平，使我们这个久经考验的马克思主义的党，在建设有中国特色社会主义的伟大事业中更好地发挥领导核心作用”[①]。为此，大会对加强党的建设和改善党的领导作出新的总体部署，提出了五个方面的任务和要求：一是认真学习建设有中国特色社会主义的理论，增强贯彻执行党的基本路线的自觉性和坚定性。二是加强领导班子建设，培养社会主义事业接班人。三是密切党同群众的联系，坚决克服消极腐败现象。四是加强基层党组

① 中共中央文献研究室编：《十四大以来重要文献选编》（上），人民出版社 1996 年版，第 38—39 页。

织建设，充分发挥党员的先锋模范作用。五是坚持和健全民主集中制，维护党的团结和统一。党的十四大后，全党上下卓有成效地贯彻党的基本路线，结合改革开放和现代化建设的实践，有条不紊地推进党的建设。党对改革开放和现代化建设的领导不断加强，党的自身建设也取得了新的进步。

四、改革开放和现代化建设进入新阶段

● 新一轮发展大潮迅速兴起

在邓小平南方谈话和党的十四大精神的鼓舞下，全党和全国各族人民建设中国特色社会主义的热情高涨，掀起又一轮改革发展大潮，使我国改革开放和现代化建设呈现出崭新面貌。

在加快发展的方针指导下，1993 年我国经济继续较快地向前发展，国内生产总值达到 35334 亿元，首次突破 3 万亿元大关，比 1992 年增长 14%。其中，第一产业增长 4.7%，第二产业增长 19.9%，第三产业增长 12.1%。一些重要产品的产量大幅度增加，企业技术改造和产品结构调整加快。农业继续获得丰收，粮食总产量为 4564 亿公斤，达到历史最高水平。重点建设加速，京九、南昆等重要铁路干线建设进展顺利，高等级公路和重点港口建设加快。邮电通讯状况迅速改善。扣除物价上涨因素，全国城镇居民人均生活费收入比 1992 年增加 10.2%，农村居民人均收入增长 3.2%，城乡居民存款总额在 1993 年年末达到 14764 亿元，比 1992 年增长 28%。这种增长速度，不仅大大超过了世界各国经济的平均增速，而且连续位居第一。中国经济的繁荣，已经成为拉动世界经济增长的引擎，充分展示了通过改革实现自我完善的社会主义制度的巨大优越性。

● 深化改革的步伐大大加快

党的十四大确立社会主义市场经济体制改革的目标，集中体现了十一届三中全会以来中国共产党对计划经济与市场经济探索的历史进程和理论成

果，对进一步深化经济体制改革产生了直接的推动作用。

1993年3月，党的八届全国人大一次会议审议通过李鹏代表国务院所作的《政府工作报告》，报告提出按照建立社会主义市场经济体制的要求，我国从1993年起要力争在转换国有企业经营机制、发展各类市场、价格改革、劳动工资制度改革、推进社会保障和城镇住房制度改革、改善和加强宏观经济管理等方面取得突破性进展。

1993年11月，党中央召开十四届三中全会，审议并通过《中共中央关于建立社会主义市场经济体制若干问题的决定》。《决定》把党的十四大提出的经济体制改革的目标和基本原则加以具体化，勾画了社会主义市场经济体制的基本框架，规定了国有企业改革的基本方向，是党在20世纪90年代推进经济体制改革的行动纲领。

党的十四届三中全会以后，按照建立社会主义市场经济体制的要求，我国经济体制改革开始向纵深拓展，分别在财税、金融、外汇外贸、投资、价格改革以及国有企业改革等方面，取得了突破性进展。通过这些改革，我国向社会主义市场经济体制转轨的步伐大大加快，市场在资源配置中的基础性作用得到明显增强，经济的市场化、社会化程度大大提高。同时也为在推进改革和发展的同时进行有效的宏观调控，抑制通货膨胀，保持经济的适度增长，创造了有利条件。

● 进一步推动了党的理论创新

改革开放14年来，党在理论上取得的最大创新和收获，就是在推进马克思主义中国化的进程中实现了第二次历史性飞跃，创立了建设有中国特色社会主义的理论。党的十四大的突出特点和最大贡献，在于对建设有中国特色社会主义的理论作了新的概括，充分肯定了这个理论在马克思列宁主义与中国实际相结合的思想理论发展史上的重要地位。在当代中国，建设有中国特色社会主义的理论，最合乎国情、顺乎民意，最能够调动亿万人民群众的积极性、创造性，促进社会生产力的解放和发展。大会在建设有中国特色社会主义理论的指导下，对党在社会主义初级阶段的基本路线进行了科学概括，这就是：领导和团结全国各族人民，以经济建设为中心，坚持四项基本原则，坚持改革开放，自力更生，艰苦创业，为把我国建设成为富强、民主、文明的社会主义现代化国家而奋斗。“一个中心、两个基本点”，是这条路线的简明概括。同这条路线相适应，我们党还形成了包括经济、政治、科技、教育、文化、军事、外交等各方面的一整套方针政策。

在建立社会主义市场经济体制的改革实践中，党进一步加深了对社会主义现代化建设规律的认识。在部署 1994 年工作时，党中央明确提出“抓住机遇、深化改革、扩大开放、促进发展、保持稳定”的基本方针。1995 年 9 月 28 日，江泽民在党的十四届五中全会闭幕时发表重要讲话，系统阐述了社会主义现代化建设中必须处理好的十二个带有全局性的重大关系[①]，并强调指出：改革、发展、稳定的关系是总揽全局的，要把改革的力度、发展的速度和社会可承受的程度协调统一起来。这是对我国改革开放和现代化建设历史经验的深刻总结，标志着党对社会主义建设规律的认识进一步深化。

附录：十四届中央委员会历次全会简介

十四届一中全会

1992 年 10 月 19 日在北京举行。会议选举了中央政治局委员、候补委员、中央政治局常务委员会委员、中央委员会总书记，根据中央政治局常务委员会的提名，通过了中央书记处成员；决定了中央军事委员会组成人员；批准了中央纪律检查委员会第一次全体会议选举产生的书记、副书记和常务委员会委员人选。选举江泽民、李鹏、乔石、李瑞环、朱镕基、刘华清、胡锦涛为中央政治局常委；江泽民为中央委员会总书记；通过胡锦涛、丁关根、尉

① 这十二大关系是：改革、发展、稳定的关系；速度和效益的关系；经济建设和人口、资源、环境的关系；第一、第二、第三产业的关系；东部地区和中西部地区的关系；市场机制和宏观调控的关系；公有制经济和其他经济成分的关系；收入分配中国家、企业和个人的关系；扩大对外开放和坚持自力更生的关系；中央和地方的关系；国防建设和经济建设的关系；物质文明建设和精神文明建设的关系。

健行、温家宝、任建新为中央书记处书记；决定江泽民为中央军事委员会主席，刘华清、张震为副主席；批准尉健行为中央纪律检查委员会书记。

十四届二中全会

1993年3月5日至7日在北京举行。全会审议通过了《关于调整“八五”计划若干指标的建议》，将国民经济增长速度由原定平均每年6%调整到8%—9%。全会审议通过了《关于党政机构改革的方案》，并审议通过了由中共中央政治局提出，经过与党内外协商形成的，拟向八届全国人大一次会议推荐的国家机构领导人员人选名单和拟向全国政协八届一次会议推荐的全国政协领导人员人选名单。全会决定，将上述两个名单分别向八届全国人大一次会议主席团和全国政协八届一次会议主席团推荐。

十四届三中全会

1993年11月11日至14日在北京举行。全会通过了《中共中央关于建立社会主义市场经济体制若干问题的决定》。全会指出，社会主义市场经济体制是同社会主义基本制度结合在一起的。建立社会主义市场经济体制，就是要使市场在国家宏观调控下对资源配置起基础性作用。要进一步转换国有企业经营机制，建立适应市场经济要求，产权清晰、权责明确、政企分开、管理科学的现代企业制度。

十四届四中全会

1994年9月25日至28日在北京举行。全会集中讨论了党的建设问题，并作出了《中共中央关于加强党的建设几个重大问题的决定》。《决定》指出，把党建设成为用建设有中国特色社会主义理论武装起来、全心全意为人民服务、思想上政治上组织上完全巩固、能够经受住各种风险、始终走在时代前列的马克思主义政党，这是以邓小平为核心的第二代中央领导集体开创的、以江泽民为核心的第三代中央领导集体正在领导全党继续进行的新的伟大的工程。会议增补黄菊为中共中央政治局委员；吴邦国、姜春云为中共中央书记处书记。

十四届五中全会

1995 年 9 月 25 日至 28 日在北京举行。会议通过了《中共中央关于制定国民经济和社会发展“九五”计划和 2010 年远景目标的建议》。建议提出，实现“九五”计划和 2010 年远景目标的关键是实行两个具有全局意义的根本性转变：一是经济体制从传统的计划经济体制向社会主义市场经济体制转变；二是经济增长方式从粗放型向集约型转变。全会审议并通过了中央纪律检查委员会《关于陈希同同志问题的审查报告》，决定撤销其中共中央政治局委员、中央委员会委员的职务，并建议依照法律程序，罢免其全国人大代表职务，并继续进行审查。增补张万年、迟浩田为中央军事委员会副主席；王克、王瑞林为中央军事委员会委员；耿全礼、马启智（回族）为中央委员。

十四届六中全会

1996 年 10 月 7 日至 10 日在北京举行。会议通过了《中共中央关于加强社会主义精神文明建设若干重要问题的决议》。会议根据全面实现我国国民经济和社会发展“九五”计划和 2010 年远景目标的要求，分析了社会主义精神文明建设面临的形势，总结了经验和教训。本次会议把主要讨论方向放在思想道德和文化建设方面。

十四届七中全会

1997 年 9 月 6 日至 9 日在北京举行。会议决定，中国共产党第十五次全国代表大会于 9 月 12 日在北京召开。全会讨论并通过了中央委员会向党的第十五次全国代表大会的报告，讨论并通过了《中国共产党章程（修正案）》，一致决定将这两个文件提请党的第十五次全国代表大会审议。全会按照党章规定，决定递补中央候补委员克尤木·巴吾东同志为中央委员。全会审议通过了中央纪律检查委员会关于陈希同问题的审查报告。

中共十五大：

把中国特色社会主义事业推向21世纪

一、面向21世纪的中国共产党

● 五年巨变

党的十四大以后，全党和全国各族人民在以江泽民同志为核心的党中央领导下，坚持邓小平建设有中国特色社会主义理论和党在社会主义初级阶段的基本路线，贯彻“抓住机遇、深化改革、扩大开放、促进发展、保持稳定”的基本方针，各条战线都取得了巨大的成就。社会主义市场经济体制的框架加速构建，国民经济持续、快速、健康发展，社会生产力、综合国力、人民生活水平都上了一个大的台阶。

按照社会主义市场经济体制的要求，大步推进了财政、税收、金融、外贸、外汇、计划、投资、价格、流通、住房和社会保障等体制改革，市场在资源配置中的基础性作用明显增强，宏观调控体系的框架初步建立。国有企业改革在试点基础上积极推进。以公有制为主体、多种经济成分共同发展的格局进一步展开。对外经济、技术合作与交流继续扩大，对外贸易和利用外资大幅度增长，国家外汇储备显著增加。经济发展成就显著，国内生产总值年均增长12.1%，既实现了经济快速增长，又有效抑制了通货膨胀，避免了大起大落。农业和农村经济发展实现“一跨越、三增长”。粮食产量实现历史性的跨越，1996年，人均占有粮食产量首次突破400公斤。“菜篮子”产品、乡镇企业和农民收入成倍增长。铁路、交通、通信对国民经济发展的“瓶颈”制约基本缓解，公路、水运交通建设进入了历史上最好的发展时期。1996年，全国实现了县县通公路，已有95%的乡镇和74%的村庄开通了客车。国家公用通信网容量、技术层次和服务水平跃上了一个台阶，截至1997年7月底，我国电话交换机总容量已由1991年年底的1445万门发展到1亿多门。电力工业跃上了一个新台阶，1996年年底，装机容量达到23654千瓦，发电量达到10794千瓦时，均达到世界第二位；石油天然气的勘探、开发也取得显著进展，我国原油年产量增至1.41亿吨，继续保持世界第五产油大国地位。轻工业和纺织业主要产品产量大幅度增长，电冰箱、洗衣机、电风扇、电熨斗、电饭锅、自行车、农地膜、陶瓷、皮鞋的产量已跃居世界第一。纱、布、毛、丝织品和服装的产量均居世界首位，化纤产量居世界第二，1993 年起，纺织品出口位居世界第一。

人民生活水平显著提高，市场商品丰富，人民衣食住行条件明显改善。统计数据资料显示，从 1991 年到 1996 年间，扣除物价因素，城镇居民人均生活费收入年均增长 7.2%，农民人均纯收入年平均增长 5.7%，是增长最快的时期之一。1996 年城镇居民人均生活费收入达到 4300 多元，农村居民人均年收入达到 1900 多元。衣食住行方面，首先是反映食品消费比重的“恩格尔系数”下降，城市住宅建设持续快速发展，乡村住宅也以每年 6 亿平方米左右的速度持续稳定增长。全国农村贫困人口减少了 3200 万。

社会主义民主和法制建设取得重大进展，制定了一系列适应社会主义市场经济发展的法律和法规，加强了执法和司法工作。精神文明建设迈出新的步伐，科技、教育、文化、卫生、体育等各项社会事业取得可喜成绩；宣传舆论工作和思想道德建设进一步加强。爱国统一战线发展壮大，各民族的大团结进一步巩固和发展，国内团结稳定的社会政治局面为改革和发展提供了重要保证。

总的看，这五年是改革和发展都比较好的时期。党的领导集体顺利实现了新老交替，保持了路线、方针、政策的连续性和全国社会政治稳定的局面。党中央妥善处理了国内和对外关系中的一系列重大问题，巩固和发展了十一届三中全会以来的大好形势，这为今后继续前进打下了更为坚实的基础，积累了十分宝贵的新鲜经验。

● 在世界格局的剧烈变动中，我国国际地位显著提高

世纪之交，国际形势总体上趋向缓和。多极化趋势在全球或地区范围内，在政治、经济等领域都有新的发展，世界上各种力量出现新的分化和组合。大国之间的关系经历着重大而深刻的调整，各种区域性、洲际性的合作组织空前活跃，广大发展中国家的总体实力在增强。各国人民要求平等相待、友好相处的呼声日益高涨，维护世界和平的因素在不断增长。在一个相当长的时期内，避免新的世界大战是可能的，争取一个良好的国际和平环境

和周边环境是可以实现的。

另一方面，我国按照和平共处五项原则与世界各国和平共处，同时又根据自己的价值观念自觉遵循通行的国际准则，在捍卫国家和民族利益的同时，本着超越社会制度和意识形态差异的务实精神处理国与国之间的关系，强调相互尊重，友好相处，坚持对话，不搞对抗。但是，在世界范围内，冷战思维依然存在，霸权主义和强权政治仍然是威胁世界和平与稳定的主要根源，某些西方国家依仗其经济军事实力把他们的社会制度和意识形态强加于别国的图谋并未消减，西方一些势力仍然在搞文化和价值观的渗透。

● 香港回归祖国

1993 年 7 月，全国人大常委会通过决定，设立香港特别行政区筹备委员会预备工作委员会。1996 年 1 月 26 日，香港特别行政区筹备委员会成立。11 月初，筹委会在广泛征求香港各界意见的基础上，推选出 400 位香港特别行政区第一届政府推选委员会委员。12 月 11 日，全体推委会委员以无记名投票方式，选举董建华为香港特别行政区第一任行政长官人选。16 日，李鹏签署国务院第 207 号令，任命董建华为香港特别行政区第一任行政长官。21 日，推委会在深圳举行第四次全体会议，选举产生特别行政区临时立法会 60 名议员。从此，香港进入一个港人自己拥有立法权的新时代，香港回归的各项准备工作基本就绪。

1997 年 6 月 30 日午夜至 7 月 1 日凌晨，举世瞩目的中英两国政府香港政权交接仪式在香港会议展览中心的新翼五楼大会堂举行。江泽民庄严宣告："中国政府对香港恢复行使主权。中华人民共和国香港特别行政区正式成立。这是中华民族的盛事，也是世界和平与正义事业的胜利。""经历了百年沧桑的香港回归祖国，标志着香港同胞从此成为祖国这块土地上的真正主人，香港的发展从此进入一个崭新的时代。"①

● 问题与前景

在前进道路上还有不少矛盾和困难。主要是：国民经济整体素质和效

① 《江泽民文选》第一卷，人民出版社 2006 年版，第 651 页。

益不高，经济结构不合理的矛盾仍然比较突出，特别是部分国有企业活力不强，企业效益下降，三角债十分严重，有些企业经营十分困难，下岗职工大幅度增加。党风、政风、社会风气和社会治安的状况人民群众还不满意，贪污腐化、奢侈浪费等现象仍在蔓延滋长，官僚主义、形式主义、弄虚作假的问题较为严重。收入分配关系尚未理顺，地区发展差距还明显存在，城乡部分群众生活比较困难；人口增长、经济发展给资源和环境带来巨大的压力等等。在理论界，关于所有制改革、国有企业改革、计划还是市场、经济特区前途何在等问题，还有争论，面对工人失业问题，有人还就工人阶级的地位问题提出了疑问。

未来五年，对于中国的改革、发展与稳定至关重要。围绕经济建设这个中心，推进经济体制改革、政治体制改革和精神文明建设，实现经济发展和社会全面进步，任务十分艰巨。能不能实现20世纪末的奋斗目标、进而实现2010年远景目标，要看这五年；能不能为实现21世纪中叶的宏伟目标开好头、起好步、奏响雄壮的序曲，也要看这五年。面对复杂的国内外局势，如何继承邓小平同志遗志，总结改革开放的经验，继续坚持中国特色社会主义建设的伟大事业，成为十五大必须解决的问题。

二、高举邓小平理论伟大旗帜

● 邓小平逝世

1997年2月19日，中国改革开放的总设计师邓小平逝世。联合国降半旗致哀，各国政要以不同形式表达对邓小平的崇敬和悼念。邓小平逝世后，中国将举什么旗、走什么路、实行什么样的政策？国人关心，世人关注，期待着党作出回答。2月25日，邓小平追悼大会在人民大会堂举行。江泽民在悼词中郑重宣告：“邓小平同志创立的建设有中国特色社会主义理论和在

这个理论指导下制定的党的基本路线，是我们必须遵循的行动指南。”①5月29日，江泽民在中央党校省部级干部进修班毕业典礼上发表讲话，进一步指出，在社会主义改革开放和现代化建设的新时期，在跨越世纪的新征途上，一定要高举邓小平建设有中国特色社会主义理论的伟大旗帜，用这个理论来指导我们的整个事业和各项工作。这些论述，为党的十五大正式回答举什么旗、走什么路的问题，奠定了思想基础，作了舆论上的准备。

● 代表产生

1996年10月10日，党的十四届六中全会通过了《关于召开党的第十五次全国代表大会的决议》，确定党的十五大于1997年下半年举行。11月初，中共中央发出《关于党的十五大代表选举工作的通知》。《通知》就选举单位的划分，代表应具备的条件和代表的构成，代表的产生程序，代表名额的分配等问题作出了明确的规定。

据不完全统计，全国第一轮共推荐提名人选达50多万人次，全国340多万个基层党组织中有320多万个支部参加推荐，占95%以上；全国5800多万名党员中有近5000万名党员参与提名，占85%以上。

经过酝酿提名、考察、遴选、审查，一个个严格的程序，一次次优中择优的推选。从最初提名的50多万人次，到1997年6月以前，36个选举单位共提出2277名代表候选人，这些人选分别提交由党代表会议或党代表大会进行差额选举，产生正式代表。到6月底，2048名出席党的十五大的代表全部选举产生。参照党的十四大的做法，中央还邀请了60名特邀代表出席党的十五大，特邀代表具有与正式代表同样的权利。

● 预备会议

1997年9月10日，出席中国共产党第十五次全国代表大会的代表，已分别从祖国四面八方来到北京。到10日晚为止，31个省、自治区、直辖市的代表团以及中直机关代表团、中央国家机关代表团、人民解放军代表团、

① 中共中央文献研究室编:《十四大以来重要文献选编》(下)，人民出版社1999年版，第2326页。

武警代表团和台湾省籍党员代表团等36个代表团已全部报到。

9月11日下午，36个代表团的代表在人民大会堂举行了预备会议。出席预备会议的代表共有2041名。会议以举手表决方式，通过了由19人组成的代表资格审查委员会名单，通过了由217人组成的大会主席团名单，通过胡锦涛为大会秘书长，还通过了大会秘书处的工作任务和机构设置。

会议还通过了十五大的议程。大会的议程为：听取和审查十四届中央委员会报告；审查中央纪律检查委员会的工作报告（书面）；审议通过《中国共产党章程（修正案）》；选举新的中央委员会、中央纪律检查委员会。

当天下午，中国共产党第十五次全国代表大会主席团举行第一次会议。中共中央总书记江泽民出席会议并作了重要讲话。

胡锦涛主持了主席团第一次会议，会议以举手表决方式通过了由江泽民等33人组成的主席团常务委员会名单。

随后，会议在江泽民的主持下，进行了各项议程，会议以举手表决方式，通过丁关根、温家宝、曾庆红为大会副秘书长。

主席团第一次会议通过了中国共产党第十五次全国代表大会选举的办法（草案），提交各代表团酝酿；还通过了大会列席和来宾的事项。中央决定，邀请党内有关负责同志和党外人士列席这次大会。列席十五大的有关人士有：不是十五大代表的十四届中央委员会委员、候补委员和中央纪律检查委员会委员；不是十五大代表、特邀代表的原中央顾问委员会委员；不是十五大代表或特邀代表的党内部分老同志以及其他有关的同志，共296人，还邀请了国家副主席、全国人大常委会党外副委员长、全国政协党外副主席，各民主党派、全国工商联负责人和无党派人士，以及全国人大、全国政协常委中在京党外人士和部分少数民族、宗教界人士等，共140位，作为来宾列席大会开幕式和闭幕式。

● 大会开幕

1997年9月12日上午9时，大会主持人李鹏正式宣布党的第十五次全国代表大会开幕。在军乐团雄壮的乐曲声中，全场代表起立，高唱《中华人民共和国国歌》。随后，全体成员为毛泽东、周恩来、刘少奇、朱德等已故的老一辈无产阶级革命家和革命先烈，为不久前逝世的邓小平、陈云、彭真

等老一辈无产阶级革命家默哀。

江泽民代表第十四届中央委员会向大会作题为《高举邓小平理论伟大旗帜，把建设有中国特色社会主义事业全面推向二十一世纪》的报告。江泽民在报告中阐述了十个方面的内容：（一）世纪之交的回顾和展望；（二）过去五年的工作；（三）邓小平理论的历史地位和指导意义；（四）社会主义初级阶段的基本路线和纲领；（五）经济体制改革和经济发展战略；（六）政治体制改革和民主法制建设；（七）有中国特色社会主义的文化建设；（八）推进祖国和平统一；（九）国际形势和对外政策；（十）面向新世纪的中国共产党。

● 代表讨论

作为十五大代表是光荣的，但责任也是重大的。代表们怀着一种严肃的使命感，对十五大报告进行了认真而热烈的讨论。

上海市计委主任韩正代表说，上海这几年和全国一样，是历史上发展最好的时期，这集中表现在经济始终有质量有效益地发展、经济结构实现战略性调整、市政府每年为市民办实事、城市面貌发生很大变化。

代表们还就有中国特色社会主义文化建设的其他方面谈了自己的看法和感受。于友先代表说，新闻出版业是社会主义文化事业的一个重要组成部分，是精神文明的重要载体，必须紧紧围绕全党全国工作大局来设计、规划、推进，要一手抓繁荣，一手抓管理，促进更大的繁荣。索风兰代表说，十五大报告把“建设有中国特色社会主义的文化”作为一个大问题来论述，充分说明了我们党在抓物质文明建设的同时毫不放松精神文明建设，表明我们党注重人的思想道德建设，注重人才培养。

北京代表团的代表们围绕国有企业改革、所有制实现形式、精神文明建设、科教兴国、民主与法制建设等问题发了言。浙江代表团的代表们认为，十五大报告，总结了我国改革开放以来的实践经验，集中了全党全国人民的智慧，是鼓舞全国人民迈向新世纪的纲领性文件。陕西代表团的代表们在发言时认为，十五大报告既全面又重点突出，有理论深度，针对性、指导性都很强，给全党全国人民以极大的鼓舞和信心。

在大会分组讨论中，一些从战斗岁月走过来的老代表，对旗帜的作用体会尤深。参加过党的七大和十二大、十三大、十四大的福建代表程序激动地对记者表示：江泽民同志说这次大会的灵魂就是高举邓小平理论的伟大旗帜，这大得党心，大得民心。

● 选举工作

党中央对十五大的人事安排工作十分重视，强调中央委员会和中央纪律检查委员会组成人员的提名，一定要充分发扬党内民主，广泛走群众路线，把那些政治信念坚定、工作实绩明显、群众公认程度高、全心全意为人民服务的优秀同志选进中央委员会和中央纪律检查委员会，并确定了中央委员会和中央纪律检查委员会组成人员推荐、考察、提名的民主程序。按照中央的要求，全国共有16000多人参加了民主推荐，考察组先后同12000多人个别谈话。在民主推荐的基础上，经过认真考察，反复酝酿，十四届中央政治局常委会多次研究，十四届中央政治局全体会议讨论确定，提出了十五届中央委员会委员、候补委员候选人预备人选建议名单和中央纪律检查委员会委员候选人预备人选建议名单。

党的十五大期间，2000多名代表认真讨论、酝酿了十四届中央政治局提出的预备人选建议名单。大家踊跃发言，充分表达自己的意见，气氛民主、热烈。代表们普遍认为，这次人选推荐、考察、提名工作，最突出的是认真坚持了民主集中制的原则，发扬民主比较充分，工作做得比较细，各方面都考虑得比较周到。整个十五大的人事准备工作，表明了以江泽民同志为核心的党中央是团结坚强的领导集体。

9月18日这一天，党的十五大在闭幕之前选举产生了新一届中央委员会和新一届中央纪律检查委员会。会议首先通过了由36人组成的总监票人和监票人名单。在总监票人和监票人的监督下，到会的2074名代表以无记名投票的方式，选举出由193名委员、151名候补委员组成的十五届中央委员会和由115名委员组成的中央纪律检查委员会。

● 会外反响

为了把十五大召开的消息送到千家万户，1997年9月12日上午，中央人民广播电台第一套节目、对台湾广播和华夏之声从8时57分起直播大会

开幕式实况；中央电视台第一套、第四套节目从 8 时 55 分起现场直播大会开幕式实况；中国国际广播电台于 8 时 50 分用汉语普通话、英语直播十五大开幕式实况。

党的第十五次全国代表大会在北京召开的消息通过电波传到全国各地后，广大干部群众欢欣鼓舞，纷纷聚集到电视机前和广播前，聚精会神地收看收听现场直播。他们表示，江泽民的报告振奋人心，只要我们高举邓小平理论的旗帜，认真学习贯彻十五大精神，就一定能够把我国的社会主义现代化事业全面推向 21 世纪。

人们对党的十五大的关注，还表现在人们通过网络来了解十五大。自 1997 年 9 月中旬以来，国内外不少人便在网络上密切关注着十五大的进程和相关消息。在十五大开幕之前，《人民日报 · 网络版》推出了“迎接十五大”和“历次党代表大会数据库”两个专栏；十五大开幕以后，为方便读者，《人民日报 · 网络版》又推出了“十五大专辑”，包括今日消息、大会报告、领导人发言、代表发言、代表专访、会外评价、图片新闻等内容。上述栏目推出后，《人民日报 · 网络版》的读者激增，从以前平均每天 5 万人次增加到 8 万人，最多一天高达 10.9 万人次，每小时访问最高达 1.2 万人次。从党的十五大开幕到 9 月 25 日，浏览《人民日报 · 网络版》的读者总数超过 100 万人次。

党的十五大的召开是香港回归后的第一件大事。香港舆论界对十五大的召开极为关注。港人普遍认为，这对国家对香港的发展都具有重要意义。香港《大公报》《天天日报》《文汇报》《快报》等各大报纸纷纷发表评论，高度评价党的十五大的召开。

党的十五大的召开，也成为澳门舆论界的一个重要话题。《澳门日报》《华澳日报》等澳门报纸纷纷发表社论，盛赞十五大的意义。

对于中国共产党第十五次全国代表大会的召开，世界各国共产党和其他政党也都纷纷发来贺电。朝鲜劳动党中央，越南共产党中央委员会，古巴共产党中央委员会第一书记菲德尔 · 卡斯特罗，老挝人民革命党中央委员会，日本社民党党首土井多贺子，塞尔维亚社会党总书记戈利察 · 加耶维奇、毛里塔尼亚民主社会共和党总书记西迪 · 穆罕默德 · 乌尔德 · 布巴卡尔，尼泊尔共产党（联合马列）总书记马 · 库 · 内帕尔，罗马尼亚社会民主主义党主席伊利埃斯库，斯里兰卡自由党总书记森纳那亚克等政党领导人也分别发来了贺电，祝贺十五大取得圆满成功。

三、社会主义初级阶段的基本纲领

● 确立邓小平理论为党的指导思想

在党的十一届三中全会和十二大、十三大，特别是十四大的基础上，党的十五大在党章中把邓小平理论确立为党的指导思想，明确规定：中国共产党以马克思列宁主义、毛泽东思想、邓小平理论作为自己的行动指南。这是中国共产党经过近 20 年改革开放和社会主义现代化建设的成功实践作出的历史性决策。作出这个决策，表明中央领导集体和全党把邓小平开创的建设有中国特色社会主义事业全面推向新世纪的决心和信念，也反映了全国人民的共识和心愿。

邓小平理论形成了新的建设有中国特色社会主义理论的科学体系。它是在和平与发展成为时代主题的历史条件下，在我国改革开放和现代化建设的实践中，在总结我国社会主义胜利和挫折的历史经验并借鉴其他社会主义国家兴衰成败历史经验的基础上，逐步形成和发展起来的。它第一次比较系统地初步回答了中国社会主义的发展道路、发展阶段、根本任务、发展动力、外部条件、政治保证、战略步骤、党的领导和依靠力量以及祖国统一等一系列基本问题，指导全党制定了在社会主义初级阶段的基本路线。它是贯通哲学、政治经济学、科学社会主义等领域，涵盖经济、政治、科技、教育、文化、民族、军事、外交、统一战线、党的建设等方面比较完备的科学体系。

邓小平理论坚持解放思想、实事求是，在新的实践基础上继承前人又突破陈规，开拓了马克思主义的新境界。邓小平理论坚持科学社会主义理论和实践的基本成果，抓住“什么是社会主义、怎样建设社会主义”这个根本问题，深刻地揭示社会主义的本质，把对社会主义的认识提高到新的科学水

平。邓小平理论坚持用马克思主义的宽广眼界观察世界，对当今时代特征和总体国际形势，对世界上其他社会主义国家的成败，发展中国家谋求发展的得失，发达国家发展的态势和矛盾，进行正确分析，作出了新的科学判断。实践证明，作为毛泽东思想的继承和发展的邓小平理论，是指导中国人民在改革开放中胜利实现社会主义现代化的正确理论。在当代中国，只有把马克思主义同当代中国实践和时代特征结合起来的邓小平理论，而没有别的理论能够解决社会主义的前途和命运问题。邓小平理论是当代中国的马克思主义，是马克思主义在中国发展的新阶段。坚持邓小平理论，就是真正坚持马克思列宁主义、毛泽东思想；高举邓小平理论的旗帜，就是真正高举马克思列宁主义、毛泽东思想的旗帜。

● 制定社会主义初级阶段的基本纲领

根据社会主义初级阶段理论和党的“一个中心、两个基本点”的基本路线，围绕建设富强、民主、文明的社会主义现代化国家的目标，进一步明确了什么是社会主义初级阶段有中国特色社会主义的经济、政治和文化，怎样建设这样的经济、政治和文化，制定了党在社会主义初级阶段的基本纲领。

建设有中国特色社会主义的经济，就是在社会主义条件下发展市场经济，不断解放和发展生产力。这就要坚持和完善社会主义公有制为主体、多种所有制经济共同发展的基本经济制度；坚持和完善社会主义市场经济体制，使市场在国家宏观调控下对资源配置起基础性作用；坚持和完善按劳分配为主体的多种分配方式，允许一部分地区一部分人先富起来，带动和帮助后富，逐步走向共同富裕；坚持和完善对外开放，积极参与国际经济合作和竞争。保证国民经济持续快速健康发展，人民共享经济繁荣成果。

建设有中国特色社会主义的政治，就是在中国共产党领导下，在人民当家作主的基础上，依法治国，发展社会主义民主政治。这就要坚持和完善工人阶级领导的、以工农联盟为基础的人民民主专政；坚持和完善人民代表大会制度和共产党领导的多党合作、政治协商制度以及民族区域自治制度；发展民主，健全法制，建设社会主义法治国家。实现社会安定，政府廉洁高效，全国各族人民团结和睦，生动活泼的政治局面。

建设有中国特色社会主义的文化，就是以马克思主义为指导，以培育有理想、有道德、有文化、有纪律的公民为目标，发展面向现代化、面向世界、面向未来的，民族的科学的大众的社会主义文化。这就要坚持用邓小平理论武装全党，教育人民；努力提高全民族的思想道德素质和教育科学文化水平；坚持为人民服务、为社会主义服务的方向和百花齐放、百家争鸣的方针，重在建设，繁荣学术和文艺。建设立足中国现实、继承历史文化优秀传统、吸取外国文化有益成果的社会主义精神文明。

上述建设有中国特色社会主义的经济、政治、文化的基本目标和基本政策，有机统一，不可分割，构成党在社会主义初级阶段的基本纲领。这个纲领，是邓小平理论的重要内容，是党的基本路线在经济、政治、文化等方面的展开，是这些年来最主要经验的总结。

● 确定经济体制改革和经济发展的战略

从 1997 年起到 21 世纪的前十年，是我国实现第二步战略目标、向第三步战略目标迈进的关键时期。要实现“九五”计划和 2010 年远景目标，并为 21 世纪中叶基本实现现代化打下坚实基础，必须积极推进经济体制和经济增长方式的根本转变，建立比较完善的社会主义市场经济体制，保持国民经济持续快速健康发展。

为此，大会提出要坚持社会主义市场经济的改革方向，使改革在一些重大方面取得新的突破，并在优化经济结构、发展科学技术和提高对外开放水平等方面取得重大进展，真正走出一条速度较快、效益较好、整体素质不断提高的经济协调发展的路子。重点是做好以下八个方面的工作：（1）调整和完善所有制结构，坚持公有制为主体、多种所有制经济共同发展。努力寻找能够极大促进生产力发展的公有制实现形式，增强公有制的主体作用。支持、鼓励和帮助城乡多种形式集体经济的发展。对个体、私营等非公有制经济要继续鼓励、引导，使之健康发展。（2）加快推进国有企业改革，建立现代企业制度。按照“产权清晰、权责明确、政企分开、管理科学”的要求，对国有大中型企业实行规范的公司制改革，使企业成为适应市场的法人实体和竞争主体。培育和发展多元化投资主体，推动政企分开和企业转换经营机制。（3）完善分配结构和分配方式，坚持按劳分配为主体、多种分配方

式并存的制度。（4）充分发挥市场机制作用，健全宏观调控体系。改革流通体制，健全市场规则，尽快建成统一开放、竞争有序的市场体系。实施适度从紧的财政政策和货币政策，规范和维护金融秩序，有效防范和化解金融风险。（5）加强农业基础地位，调整和优化经济结构。稳定党在农村的基本政策，深化农村改革，确保农业和农村经济发展、农民收入增加。改造和提高传统产业，发展新兴产业和高技术产业，推进国民经济信息化。（6）实施科教兴国战略和可持续发展战略。（7）努力提高对外开放水平，完善全方位、多层次、宽领域的对外开放格局。发展开放型经济，以更加积极的姿态走向世界，积极参与区域经济合作和全球多边贸易体系，更好地利用国内国外两个市场、两种资源。（8）在经济发展的基础上，使全国人民过上小康生活，并逐步向更高的水平前进。在改善物质生活的同时，充实精神生活，美化生活环境，提高生活质量。

● 确定依法治国基本方略，进一步推动政治体制改革和民主法制建设

我国经济体制改革的深入和社会主义现代化建设跨越世纪的发展，要求中国共产党在坚持四项基本原则的前提下，继续推进政治体制改革，进一步扩大社会主义民主，健全社会主义法制，依法治国，建设社会主义法治国家。大会提出，推进政治体制改革，必须有利于增强党和国家的活力，保持和发挥社会主义制度的特点和优势，维护国家统一、民族团结和社会稳定，充分发挥人民群众的积极性，促进生产力发展和社会进步。当前和今后一段时间，政治体制改革的主要任务是：发展民主，加强法制，实行政企分开、精简机构，完善民主监督制度，维护安定团结。大会还指出，建设社会主义民主政治，是逐步发展的历史过程，需要从我国的国情出发，在党的领导下有步骤、有秩序地推进。

● 建设有中国特色社会主义的文化

社会主义现代化应该有繁荣的经济，也应该有繁荣的文化。我国现代化建设的进程，在很大程度上取决于国民素质的提高和人才资源的开发。面对科学技术迅猛发展和综合国力激烈竞争，面对世界范围各种思想文化相互激荡，面对小康社会人民群众日益增长的文化需求，大会号召全党必

须从社会主义事业兴旺发达和民族振兴的高度，充分认识文化建设的重要性和紧迫性。

大会认为，有中国特色社会主义的文化，是凝聚和激励全国各族人民的重要力量，是综合国力的重要标志。在全社会形成共同理想和精神支柱，是有中国特色社会主义文化建设的根本。发展教育和科学，是文化建设的基础工程。发展文学艺术、新闻出版、广播影视等事业，是文化建设的重要内容。营造良好的文化环境，是提高社会文明程度、推进改革开放和现代化建设的重要条件。

大会提出，我国文化的发展，不能离开人类文明的共同成果。要坚持以我为主、为我所用的原则，开展多种形式的对外文化交流，博采各国文化之长，向世界展示中国文化建设的成就。坚决抵制各种腐朽思想文化的侵蚀。大会重申，知识分子是工人阶级的一部分，在现代化建设中起着重要作用。要认真贯彻党的知识分子政策，充分发挥他们的积极性和创造性。大会号召，知识分子要加强学习，提高自己，努力成为先进思想的传播者、科学技术的开拓者、“四有”公民的培育者和优秀精神产品的生产者，同广大工人、农民一起，为中华民族的振兴建功立业。

● 加强国防和军队建设

大会提出，在新的历史条件下，军队必须始终不渝地坚持党的绝对领导，在思想上、政治上同党中央保持一致，一切行动听从党中央指挥，坚持人民军队的性质和宗旨。贯彻积极防御的军事战略方针，加强质量建设，走有中国特色的精兵之路。从严治军，大力加强思想政治建设，发扬我军优良传统，在精神文明建设方面走在全社会前列。适应世界军事领域的深刻变化，加强教育训练，提高现代技术特别是高技术条件下的防卫作战能力。在20世纪80年代裁减军队员额一百万的基础上，我国将在今后三年内再裁减军队员额五十万。要重视科技强军，加强国防科技研究，建立和完善与社会主义市场经济体制相适应的国防工业运行机制，逐步更新武器装备。军队要服从和服务于国家经济建设大局，勤俭建军，积极支持和参加国家经济建设。各级党组织、政府和人民群众要关心、支持国防和军队建设。加强国防教育，增强全民国防观念。要深入持久地开展拥政爱民、

拥军优属工作，进一步巩固军政、军民团结。加强民兵、预备役部队建设，完善国防动员体制。继续加强中国人民武装警察部队和公安、国家安全等部门的建设。

● 推进祖国和平统一

大会指出，“一国两制”构想是邓小平理论的重要组成部分。其基本内容是在祖国统一的前提下，国家的主体坚持社会主义制度，同时在台湾、香港、澳门保持原有的资本主义制度和生活方式长期不变。这一构想，既体现了实现祖国统一、维护国家主权的原则性，又充分考虑台湾、香港、澳门的历史和现实，体现了高度的灵活性，是推进祖国和平统一大业的基本方针。实行“一国两制”，有利于祖国统一和民族振兴，有利于世界的和平与发展。

香港回归祖国，标志着“一国两制”构想的巨大成功，标志着中国人民在完成祖国统一大业的道路上迈出了重要一步。香港回归后，“一国两制”、“港人治港”、高度自治的方针得到切实贯彻执行，保持了繁荣稳定的局面。澳门将于1999年回到祖国怀抱，这是中华民族的又一盛事。澳门回归的各项准备工作正在积极有序地进行。澳门完全可以实现平稳过渡、顺利交接，并保持长期发展和稳定。

大会提出，要坚持“和平统一、一国两制”的基本方针和发展两岸关系、推进祖国和平统一进程的八项主张。要坚持一个中国的原则，反对分裂，反对“台独”，反对制造“两个中国”“一中一台”，反对外国势力干涉，绝不允许任何势力以任何方式改变台湾是中国一部分的地位。要努力用和平方式实现统一，但不能承诺放弃使用武力。大会提出，作为第一步，海峡两岸可先就“在一个中国的原则下，正式结束两岸敌对状态”进行谈判，并达成协议；在此基础上，共同承担义务，维护中国的主权和领土完整，并对今后两岸关系的发展进行规划。希望台湾当局认真回应我们的建议和主张，及早同我们进行政治谈判。在一个中国的前提下，什么问题都可以谈。只要是有利于祖国统一的意见和建议，都可以提出来。祖国统一的问题，应当由两岸中国人自己解决。

● 反对霸权主义，维护世界和平

大会认为，当前国际形势总体上继续趋向缓和。和平与发展是当今时代的主题。但是，冷战思维依然存在，霸权主义和强权政治仍然是威胁世界和平与稳定的主要根源，因民族、宗教、领土等因素而引发的局部冲突时起时伏，世界仍不安宁。大会指出，中国是维护世界和平和地区稳定的坚定力量。中国的发展不会对任何国家构成威胁。今后中国发展起来了，也永远不称霸。中国人民曾经长期遭受列强侵略、压迫和欺凌，永远不会把这种痛苦加之于人。

大会提出，中国的对外政策，要坚持邓小平的外交思想，始终不渝地奉行独立自主的和平外交政策。反对霸权主义，维护世界和平。致力于推动建立公正合理的国际政治经济新秩序，尊重世界的多样性，坚持睦邻友好，进一步加强同第三世界国家的团结与合作。在和平共处五项原则的基础上，继续改善和发展同发达国家的关系。坚持平等互利的原则，同世界各国和地区广泛开展贸易往来、经济技术合作和科学文化交流，促进共同发展。

在积极参与多边外交活动中，充分发挥我国在联合国以及其他国际组织中的作用。在独立自主、完全平等、互相尊重、互不干涉内部事务原则的基础上，同一切愿与我党交往的各国政党发展新型的党际交流和合作关系，促进国家关系的发展。

● 进一步把党建设好

高举邓小平理论伟大旗帜，把改革开放和社会主义现代化建设事业全面推向 21 世纪，关键在于坚持、加强和改善党的领导，进一步把党建设好。为此，大会进一步完善了新时期党的建设总目标，对面向新世纪加强党的建设和改善党的领导提出了新要求，作出了新部署。

十五大报告提出，面向新世纪，党中央领导全党继续推进党的建设新的伟大工程，就是要“把党建设成为用邓小平理论武装起来、全心全意为人民服务、思想上政治上组织上完全巩固、能够经受住各种风险、始终走在时代

前列、领导全国人民建设有中国特色社会主义的马克思主义政党”[①]。报告要求全党“要按照新的伟大工程的总目标，从思想上、组织上、作风上全面加强党的建设，不断提高领导水平和执政水平，不断增强拒腐防变的能力，以新的面貌和更强大的战斗力，带领人民完成新的历史任务”[②]。

根据上述目标和要求，报告对进一步作好新形势下党的建设工作作出了新的战略部署：(1)在全党兴起一个学习马列主义、毛泽东思想特别是邓小平理论的新高潮，造成认真学习、民主讨论、积极探索、求真务实的风气；几百名中央委员、几千名省部级干部首先要带头学好邓小平理论；继续在县级以上领导干部中深入进行以讲学习、讲政治、讲正气为主要内容的党性党风教育。(2)进一步发展民主，维护中央权威；完善党的代表大会制度，健全各级党委集体领导和分工负责相结合的制度；以思想政治建设为重点，加强各级领导班子建设；加快干部制度改革步伐，尤其是在干部能上能下方面取得明显进展；培养和选拔大批能够跨世纪担当重任的优秀年轻干部，重视培养和选拔妇女干部、少数民族干部和非党干部，完善干部离退休制度；用改革的精神加强和改进基层党组织建设，改进工作方法、工作作风和活动方式；做好对党员的教育、管理和监督，增强解决自身矛盾的能力。(3)结合新的实践，继续发扬党的理论联系实际、密切联系群众、批评和自我批评的优良作风；坚持一切为了群众，一切相信群众，一切依靠群众；各级领导干部必须认真执行党的路线方针政策，正确行使人民赋予的权力，把对上级负责和对群众负责统一起来，在工作中坚持群众路线，深入实际调查研究；在整个改革开放过程中都要反对腐败，既要树立持久作战的思想，又要一个一个地打好阶段性战役。(4)坚持从严治党，坚决改变党内存在的纪律松弛和软弱涣散的现象，保持党的先进性和纯洁性，增强党的凝聚力和战斗力。[③]

① 《江泽民文选》第二卷，人民出版社2006年版，第43页。

② 江泽民：《高举邓小平理论伟大旗帜，把建设有中国特色社会主义事业全面推向二十一世纪》，《人民日报》1997年9月22日。

③ 《江泽民文选》第二卷，人民出版社2006年版，第43—47页。

四、党内新一轮的思想解放

● 大会提出新的“三步走”战略目标，极大地鼓舞了全党和全国人民的斗志

报告指出：在新世纪将要到来的时刻，我们面对着严峻的挑战，更面对着前所未有的有利条件和大好机遇。能否抓住机遇，历来是关系革命和建设兴衰成败的大问题。过去我们抓住了重要历史机遇，也丧失过某些机遇。现在全党一定要高度自觉，牢牢抓住世纪之交的历史机遇，迈出新的步伐。

展望21世纪，我们的目标是：第一个十年实现国民生产总值比2000年翻一番，使人民的小康生活更加宽裕，形成比较完善的社会主义市场经济体制；再经过十年的努力，到建党一百年时，使国民经济更加发展，各项制度更加完善；到世纪中叶建国一百年时，基本实现现代化，建成富强民主文明的社会主义国家。正如邓小平所说：“现在，我们国内条件具备，国际环境有利，再加上发挥社会主义制度能够集中力量办大事的优势，在今后的现代化建设过程中，出现若干个发展速度比较快、效益比较好的阶段，是必要的，也是能够办到的。我们就是要有这个雄心壮志！”①

● 大会总结历史经验，进一步阐述了社会主义初级阶段理论，强调要坚持党的基本路线不动摇，对统一全党思想，坚定不移地推进改革开放和社会主义现代化建设事业产生了重大而深远的积极影响

党的十一届三中全会以来，党正确地分析国情，作出我国还处于社会主义初级阶段的科学论断。党的十五大进一步强调这个问题，是因为面对改革攻坚和开创新局面的艰巨任务，要解决种种矛盾，澄清种种疑惑，认识为什么必须实行现在这样的路线和政策而不能实行别样的路线和政策，关键还在

①《邓小平文选》第三卷，人民出版社1993年版，第377页。

于对所处社会主义初级阶段的基本国情要有统一认识和准确把握。

报告指出，在我们这样的东方大国，经过新民主主义走上社会主义道路，这是伟大的胜利。但是，我国进入社会主义的时候，就生产力发展水平来说，还远远落后于发达国家。这就决定了必须在社会主义条件下经历一个相当长的初级阶段，去实现工业化和经济的社会化、市场化、现代化。这是不可逾越的历史阶段。

报告进一步解释了社会主义初级阶段的理论内涵，深刻揭示了它的九个具体特征，强调：这个阶段是逐步摆脱不发达状态，基本实现社会主义现代化的历史阶段；是由农业人口占很大比重、主要依靠手工劳动的农业国，逐步转变为非农业人口占多数、包含现代农业和现代服务业的工业化国家的历史阶段；是由自然经济半自然经济占很大比重，逐步转变为经济市场化程度较高的历史阶段；是由文盲半文盲人口占很大比重、科技教育文化落后，逐步转变为科技教育文化比较发达的历史阶段；是由贫困人口占很大比重、人民生活水平比较低，逐步转变为全体人民比较富裕的历史阶段；是由地区经济文化很不平衡，通过有先有后的发展，逐步缩小差距的历史阶段；是通过改革和探索，建立和完善比较成熟的充满活力的社会主义市场经济体制、社会主义民主政治体制和其他方面体制的历史阶段；是广大人民牢固树立建设有中国特色社会主义共同理想，自强不息，锐意进取，艰苦奋斗，勤俭建国，在建设物质文明的同时努力建设精神文明的历史阶段；是逐步缩小同世界先进水平的差距，在社会主义基础上实现中华民族伟大复兴的历史阶段。这样的历史进程，至少需要一百年时间。

在社会主义初级阶段，社会的主要矛盾是人民日益增长的物质文化需要同落后的社会生产之间的矛盾，这个主要矛盾贯穿我国社会主义初级阶段的整个过程和社会生活的各个方面。这就决定了我们必须把经济建设作为全党全国工作的中心，各项工作都要服从和服务于这个中心。把社会主义同市场经济结合起来，是一个伟大创举。这就需要深化改革，解决体制转变中的深层次矛盾和关键问题；需要扩大开放，吸收和借鉴世界各国包括资本主义发达国家的先进技术和管理经验。正确处理改革、发展同稳定的关系，保持稳定的政治环境和社会秩序，具有极端重要的意义。没有稳定，什么事也干不成。必须把改革的力度、发展的速度和社会可以承受的程度统一起来，在社会政治稳定中推进改革、发展，在改革、发展中实现社会政治稳定。

在把中国特色社会主义事业全面推向21世纪的历史时刻，全党要毫不动摇地坚持党在社会主义初级阶段的基本路线，把以经济建设为中心同四项基本原则、改革开放这两个基本点统一于建设有中国特色社会主义的伟大实践。这是近二十年来我们党最可贵的经验，是我们事业胜利前进最可靠的保证。

● 大会对社会主义初级阶段的所有制结构、公有制实现形式及发展社会主义民主政治等重大理论和实践问题作出了新的论断，进一步推进了党的理论创新和实践创新，促进了党内新一轮的思想解放

党的十一届三中全会以来，我们党认真总结以往在所有制问题上的经验教训，制定以公有制为主体、多种经济成分共同发展的方针，逐步消除所有制结构不合理对生产力的羁绊，出现了公有制实现形式多样化和多种经济成分共同发展的局面。十五大报告就此分析指出：公有制为主体、多种所有制经济共同发展，是我国社会主义初级阶段的一项基本经济制度。这一制度的确立，是由社会主义性质和初级阶段国情决定的。

报告提出，要全面认识公有制经济的含义。公有制经济不仅包括国有经济和集体经济，还包括混合所有制经济中的国有成分和集体成分。公有制的主体地位主要体现在：公有资产在社会总资产中占优势；国有经济控制国民经济命脉，对经济发展起主导作用。公有资产占优势，要有量的优势，更要注重质的提高。国有经济起主导作用，主要体现在控制力上。集体所有制经济是公有制经济的重要组成部分，可以体现共同致富原则，广泛吸收社会分散资金，缓解就业压力，增加公共积累和国家税收。要支持、鼓励和帮助城乡多种形式集体经济的发展。这对发挥公有制经济的主体作用意义重大。

报告强调，公有制实现形式可以而且应当多样化。一切反映社会化生产规律的经营方式和组织形式都可以大胆利用。股份制是现代企业的一种资本组织形式，有利于所有权和经营权的分离，有利于提高企业和资本的运作效率，资本主义可以用，社会主义也可以用。目前城乡大量出现的多种多样的

股份合作制经济，是改革中的新事物，要支持和引导，不断总结经验，使之逐步完善。

报告还明确指出，非公有制经济是我国社会主义市场经济的重要组成部分。对个体、私营等非公有制经济要继续鼓励、引导，使之健康发展。这对满足人们多样化的需要，增加就业，促进国民经济的发展有重要作用。

报告指出，发展社会主义民主政治，是我们党始终不渝的奋斗目标。社会主义民主的本质是人民当家作主。我国实行的人民民主专政的国体和人民代表大会制度的政体是人民奋斗的成果和历史的选择，必须坚持和完善这个根本政治制度，不照搬西方政治制度的模式，这对于坚持党的领导和社会主义制度、实现人民民主具有决定意义。

报告提出，发展民主必须同健全法制紧密结合，实行依法治国。依法治国，就是广大人民群众在党的领导下，依照宪法和法律规定，通过各种途径和形式管理国家事务，管理经济文化事业，管理社会事务，保证国家各项工作都依法进行，逐步实现社会主义民主的制度化、法律化，使这种制度和法律不因领导人的改变而改变，不因领导人看法和注意力的改变而改变。依法治国，是党领导人民治理国家的基本方略，是发展社会主义市场经济的客观需要，是社会文明进步的重要标志，是国家长治久安的重要保障。依法治国把坚持党的领导、发扬人民民主和严格依法办事统一起来，从制度和法律上保证党的基本路线和基本方针的贯彻实施，保证党始终发挥总揽全局、协调各方的领导核心作用。

● 十五大选举产生的新一届中央委员会在革命化、年轻化、知识化、专业化方面又向前迈进了一步，为推动中国特色社会主义事业成功跨入 21 世纪提供了强有力的政治和组织保证

新一届中央委员会充实了一批中青年干部，年龄构成有老、有中、有青，平均年龄为 55.9 岁。其中，61 岁以上的 68 名，占总数的 19.8%；56 岁至 60 岁的 118 名，占总数的 34.3%；51 岁至 55 岁的 107 名，占总数的 31.1%；50 岁以下的 51 名，占总数的 14.8%，其中 45 岁以下的年轻干部 21 名，比党的十四大增加了 7 名。新一届中央委员会组成人员的文化素质明显提高。大专以上文化程度的 318 名，占总数的 92.4%，比党的十四大提高近 9%。

新一届中央委员会组成人员，主体是省部级以上领导干部，同时又有其他领导干部和各方面优秀人选。副省部级和大军区副职以上领导干部303名，占88.1%。其他领导干部和各方面优秀人选41名，他们中有大型企业、高等院校和科研单位的领导干部，有著名专家学者，还有工作在基层的英模人物。少数民族干部和妇女干部都占有一定比例，其中少数民族干部38名，妇女干部25名，比党的十四大时都有所增加。中央委员会由各方面的人员组成，有利于反映各方面的意见，集中各方面的智慧，实行民主科学决策。

十五届中央委员会有一批经历过革命斗争考验、有丰富领导经验、保持党的优良传统和作风的老同志，也有一批中华人民共和国成立后成长起来的、经过长期党内生活锻炼、忠诚党的事业的中年干部，还有一批德才兼备、年富力强的年轻干部，充分显示了我们党新老交替与合作正在有序进行，我们党的事业兴旺发达，后继有人。新一届中央委员会是一个值得全党和全国各族人民信赖的坚强领导集体，是我们党保持生机和活力，国家保持团结稳定，各项事业蓬勃发展的强有力的组织保证。

新一届中央纪律检查委员会委员的年龄结构比较合理，55岁以下的占了近50%；文化程度有了较大提高，大专以上文化程度的，占89.6%；少数民族干部和妇女干部都有一定比例。代表们普遍认为，新一届中央纪律检查委员会是一个可以担负起新形势下纪律检查工作任务的领导集体，将会在维护党的团结统一、严肃党的纪律、保持党组织的纯洁、加强反腐败斗争和党风廉政建设方面发挥重要作用。

附录：十五届中央委员会历次全会简介

十五届一中全会

1997年9月19日在北京举行。会议选举江泽民、李鹏、朱镕基、李瑞环、胡锦涛、尉健行、李岚清为中央政治局常委；选举江泽民为中央委员会

总书记。决定江泽民为中央军事委员会主席，张万年、迟浩田为中央军事委员会副主席。批准尉健行为中央纪律检查委员会书记。

十五届二中全会

1998 年 2 月 25 日至 26 日在北京举行。全会审议通过了《国务院机构改革方案》，建议将这个方案提交九届全国人大一次会议审议。江泽民在会上着重讲了在亚洲一些国家发生金融危机的情况下如何保证我国经济继续发展的问题。他指出，国际上不可预测的因素很多，发生可以预料和难以预料的种种风险不足为怪，关键的问题还在于我们自身是否具有足够的承受和抵御风险的能力。只要我们坚持改革开放，继续开拓前进，不断增强承受和抵御风险的能力，我们就一定能够立于不败之地。

十五届三中全会

1998 年 10 月 12 日至 14 日在北京举行。会议审议通过了《中共中央关于农业和农村工作若干重大问题的决定》。《决定》高度评价农村改革 20 年所取得的巨大成就和创造的丰富经验，指出实行家庭联产承包责任制，废除人民公社，突破计划经济模式，初步构筑了适应发展社会主义市场经济要求的农村新经济体制框架。这个根本性改革，解放和发展了农村生产力，带来农村经济和社会发展的历史性巨变。决定按照十五大确定的部署，从经济、政治、文化三个方面，提出了从 20 世纪末起到 2010 年建设有中国特色社会主义新农村的奋斗目标，确定了实现这些目标必须坚持的十条方针。决定强调，以公有制为主体、多种所有制经济共同发展的基本经济制度，以家庭承包经营为基础、统分结合的经营制度以劳动所得为主和按生产要素分配相结合的分配制度必须长期坚持。要在这个基础上，按照建立社会主义市场经济体制的要求，深化农村改革。

十五届四中全会

1999 年 9 月 19 日至 22 日在北京举行。全会审议并通过了《中共中央关于国有企业改革和发展若干重大问题的决定》。全会认为，国有企业是国民经济的支柱，必须大力促进国有企业的体制改革、机制转换、结构调整和技术进步。全会确定了从现在起到 2010 年国有企业改革和发展的主要目标和指导方针，并强调首先要尽最大努力实现国有企业改革和脱困的三年目标，把解决当前问题与长远发展结合起来；从战略上调整国有经济布局，把产业结构的优化升级与所有制结构的调整完善结合起来；提高国有经济的控制力和整体素质。

十五届五中全会

2000 年 10 月 9 日至 11 日在北京举行。全会审议并通过了《中共中央关于制定国民经济和社会发展第十个五年计划的建议》。全会高度评价了改革开放二十多年特别是“九五”计划以来中国经济建设和社会发展所取得的巨大成就；深入分析了世纪之交中国改革开放和现代化建设面临的国际和国内形势，认为从新世纪开始，中国将进入全面建设小康社会，加快推进现代化的新的发展阶段。全会按照党的十五大对新世纪中国现代化建设的总体展望和部署，提出了“十五”期间中国现代化建设的总体部署。

十五届六中全会

2001 年 9 月 24 日至 26 日在北京举行。全会高度评价江泽民“七一”讲话并一致认为，讲话全面回顾和系统总结了党 80 年的光辉历程和基本经验，围绕在新的历史条件下建设什么样的党和怎样建设党这个基本问题，深刻阐述了“三个代表”重要思想的科学内涵，进一步阐明了党在新世纪的历史任务和奋斗目标，是一篇马克思主义的纲领性文献，对进一步做好党和国家的各项工作，具有重大而深远的意义。全会全面分析了进入新世纪党面临的新形势新任务，认为这次会议着重研究党的作风建设是适时和必要的。全会审议和通过了《中共中央关于加强和改进党的作风建设的决定》，提出要坚持解放思想、实事求是，反对因循守旧、不思进取；坚持理论联系实际，反对照抄照搬、本本主义；坚持密切联系群众，反对形式主义、官僚主义；坚持民主集中制原则，反对独断专行、软弱涣散；坚持党的纪律，反对自由主义；坚持清正廉洁，反对以权谋私；坚持艰苦奋斗，反对享乐主义；坚持任人唯贤，反对用人上的不正之风。全会通过了《关于召开党的第十六次全国代表大会的决议》，确定党的十六大于 2002 年下半年在北京召开。

十五届七中全会

2002年11月3日至5日在北京举行。会议决定，中国共产党第十六次全国代表大会于2002年11月8日在北京召开。全会讨论并通过十五届中央委员会向党的第十六次全国代表大会的报告，讨论并通过《中国共产党章程（修正案）》，决定将这两个文件提请党的第十六次全国代表大会审议。

中共十六大：全面建设小康社会

一、总体小康的实现

● 国际形势复杂多变

当人类步入21世纪时，人们明显地感觉到，世界处在剧烈的大变动中，且这种变化节奏明显加快。许多过去从未有过的新问题、新情况层出不穷，新事件接连不断地发生。这种变化在广度和深度上，远远超过了以往任何一个世纪，世界格局正在发生冷战结束以后最为深刻的变化。

和平与发展仍是当今世界的两大主题，维护和平、谋求发展是全世界人民普遍强烈的愿望，也是不可阻挡的历史潮流。但世界并不安宁，不公正、不合理的国际政治经济旧秩序没有根本改变，传统安全威胁和非传统安全威胁的因素相互交织，霸权主义和强权政治有新的表现，以美国为首的北约发动科索沃战争之后，霸权主义和强权政治进一步抬头，世界单极化和多极化的斗争将会进入更加复杂的阶段。

随着世界局势发生重大变化，世界上有影响的一大批大党、老党纷纷丧失政权，美国等发达国家利用其先进强大的传播手段继续向全世界推行他们的价值观念和政治理念，各种思潮相互冲突，世界上意识形态领域的较量仍然十分尖锐和复杂。中国面临着西方发达国家政治军事等方面占优势的巨大压力。中国与周边国家在许多方面的利益冲突进一步凸显，不稳定因素会不断增加，周边国家和地区热点冲突不断。

党中央对国际形势的基本判断是：总体和平、局部战争，总体缓和、局部紧张，总体稳定、局部动荡，是今后一个时期国际局势的基本态势；新的世界大战在可预见的时期内打不起来，争取较长时期的和平国际环境和良好周边环境是可以实现的。

● 社会主义市场经济体制初步建立

资本、劳动力、技术等生产要素市场加速发展，国民经济市场化程度进一步提高，市场在资源配置中的基础性作用明显增强，商品市场中的市场调节比重越来越大，到2000年年底，在社会商品零售环节、农产品收购环节以及生产资料出厂环节，市场调节比重分别高达95.8%、92.5%和87.4%。[①]所有制结构不断完善，公有制为主体、多种所有制经济共同发展的基本经济制度进一步巩固，公有制经济进一步壮大，国有企业改革稳步推进。个体、私营等非公有制经济较快发展。宏观调控体系不断完善，政府职能转变步伐加快。

● 我国加入世贸组织，对外开放进入新阶段

开放型经济迅速发展，商品和服务贸易、资本流动规模显著扩大，全方位对外开放格局基本形成。随着对外开放领域的拓展，我国的对外贸易不断扩大，利用外资的数量和质量也不断提高。2000年，进出口贸易总额达4743亿美元，在世界贸易中的排名由1995年的第11位提升到第8位。[②]在对外贸易中，出口商品的结构得到进一步优化，继实现了由初级产品为主向加工产品为主的转变之后，又实现了从一般加工产品为主向机电产品为主的转变。在利用外资方面，"九五"期间累计实际利用外资2898亿美元，比"八五"时期增长80%。其中，外商直接投资2135亿美元，比"八五"时期增长87%。[③]外商投资领域不断拓宽，金融、保险、商业、外贸、旅游等服务领域利用外资的试点进一步扩大。外商直接投资的科技含量增加，跨国公司来华投资增多。中国加入WTO，标志着对外开放进入一个新阶段：由有限范围和有限领域内的开放进一步转变为全方位的开放；由以试点为特征的政策性开放转变为法律框架下的可预见的开放即按承诺的时间表开放；由单方面为主的自我开放转变为中国与世贸组织成员之间双向的相互开放。

---

① 参见《伟大创举——在社会主义条件下发展市场经济》，《人民日报》2002年11月9日。

② 参见中华人民共和国统计局编：《中国统计年鉴（2006）》附录2-6：中国主要指标居世界位次，中国统计出版社2006年版，第1028页。

③ 参见中华人民共和国统计局编：《中国统计年鉴（2006）》表18-14：利用外资概况，中国统计出版社2006年版，第752页。

● 国民经济持续快速健康发展，综合国力进一步增强

我国国内生产总值年均增长 8.6%[①]，2000 年达到 99214.6 亿元[②]，人均达到 7858 元。[③] 经济总量由世界第 9 位跃居到第 6 位。[④] 党的十四届五中全会提出的到 2000 年在我国人口将比 1980 年增长 3 亿左右的情况下，实现人均国内生产总值比 1980 年翻两番的任务超额完成。在经济持续增长和效益改善的基础上，国家财政收入年均增幅达 16.5%，2000 年达到 13395 亿元[⑤]；主要工农业产品产量位居世界前列，商品短缺状况基本结束；国家外汇储备超过 1600 亿美元[⑥]，位居世界第二。科技、教育、文化事业加快发展。"神威"可缩放大规模并行计算机系统研制成功，"神舟"飞船试验飞行成功，航空航天、信息、新材料和生物工程等高科技领域取得一批重要成果。全国普及九年义务教育的人口覆盖率从 1995 年的 36.2% 增加到 2000 年的 85%，普及九年义务教育和基本扫除青壮年文盲的目标初步实现。文化、广播影视、新闻出版、卫生和体育等各项社会事业全面发展。生态环境建设投入力度明显加大，大河大湖的水污染防治、大气污染防治等工作全面展开，天然林资源保护和林草植被建设、生态环境综合治理工程等方面初见成效。

---

① 参见中华人民共和国统计局编：《中国统计年鉴（2006）》，中国统计出版社 2006 年版，第 59 页。1996—2000 年（"九五"时期）每年 GDP 增长率分别是 10.0%、9.3%、7.8%、7.6%、8.4%，"九五"期间年均增长率是 8.6%。

② 参见中华人民共和国统计局编：《中国统计年鉴（2006）》表 3-1：国内生产总值，中国统计出版社 2006 年版，第 57 页。

③ 参见中华人民共和国统计局编：《中国统计年鉴（2006）》表 3-1：国内生产总值，中国统计出版社 2006 年版，第 57 页。

④ 参见中华人民共和国统计局编：《中国统计年鉴（2006）》附录 2-6：中国主要指标居世界位次，中国统计出版社 2006 年版，第 1028 页。

⑤ 参见中华人民共和国统计局编：《中国统计年鉴（2006）》表 8-1：国家财政收支总额及增长速度，中国统计出版社 2006 年版，第 281 页。1996 年—2000 年（"九五"时期）财政收入每年增长率分别是 18.7%、16.8%、14.2%、15.9% 和 17.0%，"九五"期间年均增长率是 16.5%。

⑥ 参见中华人民共和国统计局编：《中国统计年鉴（2006）》表 20-12：黄金和外汇储备，中国统计出版社 2006 年版，第 787 页。

● 人民生活总体上达到小康水平

“九五”以来，社会商品零售总额年均增长10.6%，市场商品丰富，有效供给水平明显提高，长期困扰中国人民的商品短缺状况基本结束。市场供求关系实现了由卖方市场向买方市场的历史性转变。城乡居民收入水平都有较大幅度的提高，储蓄存款余额和股票、债券等其他金融资产也有较大增加。贫困人口数量迅速减少，全国未解决温饱的贫困人口从1995年的6500万减少到2000年的2500万。“八七”扶贫攻坚目标基本实现，农村贫困人口大幅度减少。初步建立了国有企业下岗职工基本生活保障、失业保险和城市居民最低生活保障等“三条保障线”制度，以城镇职工基本养老保险、失业保险、城镇职工基本医疗保险为主要内容的社会保险制度初步确立。

● 问题和挑战

改革和发展的道路也不平坦，随着改革开放的深入和社会主义市场经济的发展，社会环境发生了重大变化，经济成分、组织形式、就业方式、利益关系和分配方式日益多样化，新事物新问题新矛盾不断出现。经济结构战略性调整中有些深层次问题还没有完全解决，收入分配关系尚未理顺，就业压力加大。我国生产力和科技、教育还比较落后，实现工业化和现代化还有很长的路要走。城乡二元经济结构还没有改变，地区差距扩大的趋势尚未扭转，贫困人口还为数不少；人口总量继续增加，老龄化人口比重上升，就业和社会保障压力增大。生态环境、自然资源和经济社会发展的矛盾日益突出。我国仍然面临发达国家在经济科技等方面占优势的压力。经济体制和其他方面的管理体制还不完善。民主法制建设和思想道德建设等方面还存在一些不容忽视的问题。在人民根本利益一致的前提下，如何妥善处理不同阶层、不同群体间的具体利益关系，成为党必须面对的重大课题。巩固和提高目前达到的小康水平，还需要党和人民进行长时期的艰苦奋斗。

二、全面贯彻“三个代表”重要思想

● 预备会议

2002年11月7日下午，中国共产党第十六次全国代表大会在人民大会堂举行预备会议。江泽民主持会议。党的十六大代表实有2114名，特邀代表40名，共2154名。出席预备会议的代表有2118名。会议以举手表决方式，通过了由24人组成的代表资格审查委员会成员名单，通过了由236人组成的大会主席团成员名单，通过胡锦涛为大会秘书长。会议通过了大会秘书处机构设置和工作任务。会议还通过了党的十六大的议程。

随后，中国共产党第十六次全国代表大会主席团第一次会议，推举了由江泽民等32人组成的主席团常务委员会成员；通过了丁关根、罗干、曾庆红、王刚为大会副秘书长；通过了中国共产党第十六次全国代表大会代表资格审查委员会关于代表资格的审查报告，2114名正式代表资格有效，同时中央邀请了40名特邀代表。会议通过了中国共产党第十六次全国代表大会选举办法（草案），提交各代表团酝酿。会议还通过了列席和来宾事项、通过了大会日程。

● 会议议程

2002年11月8日至14日，中国共产党第十六次全国代表大会在北京召开。这次大会的主题是：高举邓小平理论伟大旗帜，全面贯彻“三个代表”重要思想，继往开来，与时俱进，全面建设小康社会，加快推进社会主义现代化，为开创中国特色社会主义事业新局面而奋斗。大会的议程为：（1）听取和审查十五届中央委员会的报告；（2）审查中央纪律检查委员会的工作报告；（3）审议通过《中国共产党章程（修正案）》；（4）选举十六届中央委员会；（5）选举新一届中央纪律检查委员会。

出席大会的正式代表2114人，特邀代表40人，代表全党6600多万党员。与十五大代表相比，党的十六大代表有以下几个特点：（1）平均年龄有所降低。十六大代表的平均年龄是52.2岁，比十五大代表的平均年龄降低了0.7岁。（2）中华人民共和国成立后入党人数的比例有所增加。十六大代表中，中华人民共和国成立后入党的有2062名，占97.5%。需要补充的是，比十五大提高了3.1%。（3）文化程度有了明显提高。文化程度在大专以上的有1943名，占到了91.9%，其中研究生学历占一定比例。大专以上学历的代表比十五大提高了8.1%。（4）女代表和少数民族代表有所增加。其中女代表有382名，占18.1%，比十五大提高了1.3%。少数民族代表有230名，占10.9%，比十五大提高了0.2%。

此外，还邀请了党内有关负责同志和部分党外人士共284人参加大会，包括：不是十六大代表的十五届中央委员会委员、候补委员和中央纪律检查委员会委员；不是十六大代表、特邀代表的原中央顾问委员会委员；不是十六大代表、特邀代表的党内部分老同志，以及其他有关同志。作为来宾列席大会开幕式和闭幕式的有：担任全国人大常委会副委员长、全国政协副主席的党外人士，担任过国家副主席、全国人大常委会副委员长、全国政协副主席的党外人士，各民主党派中央、全国工商联负责人和无党派人士，以及全国人大、全国政协常委中在京的党外人士和部分少数民族、宗教界人士等，共152人。

大会由李鹏主持。11月8日上午9时，会议开始时，在军乐团雄壮的乐曲声中，全场起立，高唱《中华人民共和国国歌》。随后，全体同志为毛泽东、周恩来、刘少奇、朱德、邓小平、陈云等已故的老一辈无产阶级革命家和革命先烈默哀。李鹏宣布，十六大应到代表和特邀代表共2154人，实到代表和特邀代表共2134人。他对列席大会的党外朋友和有关方面负责同志表示热烈的欢迎。

江泽民代表第十五届中央委员会向大会作报告。报告共分十个部分：（一）过去五年的工作和十三年的基本经验；（二）全面贯彻“三个代表”重要思想；（三）全面建设小康社会的奋斗目标；（四）经济建设和经济体制改革；（五）政治建设和政治体制改革；（六）文化建设和文化体制改革；（七）国防和军队建设；（八）“一国两制”和实现祖国的完全统一；（九）国际形势和对外工作；（十）加强和改进党的建设。

大会通过了《关于十五届中央委员会报告的决议》《关于〈中国共产党章程（修正案）〉的决议》《关于中央纪律检查委员会工作报告的决议》。

● 代表讨论

从 11 月 8 日下午起，出席党的十六大的 38 个代表团开始讨论江泽民代表十五届中央委员会所作的报告。代表们普遍认为，江泽民的报告高屋建瓴，内涵丰富，思想深刻，论述精辟，催人奋进，是指导我们党在新世纪开创中国特色社会主义的纲领性文件，是我们党在新世纪、新阶段的政治宣言。

湖北省委书记俞正声代表说，江泽民的报告全面总结了十五大以来 5 年的工作和十三届四中全会以来 13 年的基本经验，详细阐述了“三个代表”的重要思想，提出了全面建设小康社会的奋斗目标。尽管湖北当前还面临许多困难，但湖北人民有信心在十六大精神指引下不断克服困难，取得新的更大的胜利。罗清泉代表说，我们要以报告精神和“三个代表”重要思想为指导，进一步解放思想，与时俱进，开拓创新，拓宽发展思路，用思想的解放促进生产力的解放和发展。

北京市委副书记龙新民代表说，党的十三届四中全会以来的 13 年，放在我们党的 81 年历史进程中来观察，这是我们党的路线方针政策最正确、党心民心最舒畅的 13 年；放在中华人民共和国成立 53 年的历史进程中来比较，这是我国政治稳定、经济发展、各项事业成就最辉煌的 13 年；放在改革开放 24 年的历史进程中来体会，这是我国改革开放成就最显著、人民生活水平大提高、广大群众得实惠最多的 13 年；再放到中国几千年的发展历史中来观察，以江泽民同志为核心的第三代中央领导集体带领全党和全国各族人民，创造了中华民族历史上少有的辉煌盛世。

张瑞敏代表动情地说，在江泽民同志的十六大报告中有许多新的创造性提法，其中对“建设者”的重新定义全面而深刻。十六大报告说“民营科技企业的创业人员和技术人员、受聘于外资企业的管理技术人员、个体户、私营企业主、中介组织的从业人员、自由职业人员等社会阶层，都是中国特色社会主义事业的建设者”，如同给各种性质的企业吃了“定心丸”，实在是一种非同寻常的创新。

● 选举工作

党中央明确提出，新一届中央委员会应当是用马列主义、毛泽东思想、邓小平理论武装起来，忠诚实践“三个代表”重要思想，坚持走中国特色社会主义道路，全心全意为人民服务，始终走在时代前列，能够驾驭复杂局面，应对各种挑战，政治上、思想上、组织上高度团结和统一，善于治党、治国、治军，朝气蓬勃、奋发有为的政治家集团。新一届中央纪律检查委员会，在改革开放特别是发展社会主义市场经济的条件下，对于落实党要管党、从严治党的方针，严明党的纪律，保证中央政令畅通，维护党的团结统一，加强党风廉政建设，铲除党内腐败现象，增强党组织拒腐防变的能力，保持党的先进性和纯洁性等方面，负有重要责任，必须是党性坚强，坚持原则，敢于同党内各种违法违纪行为和不正之风作坚决斗争的领导集体。

根据这一总的原则，从 11 月 11 日开始，各代表团对大会主席团通过的中央委员会委员、中央委员会候补委员、中央纪律检查委员会委员候选人预备人选名单进行了充分的酝酿。11 月 12 日下午和 13 日上午，十六大各代表团分别对中央委员会委员、中央纪律检查委员会委员和中央委员会候补委员进行了预选。预选采用差额选举办法。整个预选工作在预选监票人的监督下，严格按照大会选举办法进行。

11 月 13 日上午，中国共产党第十六次全国代表大会主席团在人民大会堂举行第三次会议。江泽民主持会议。会议以举手表决的方式，通过了经各代表团差额预选产生的中央委员会委员、中央委员会候补委员、中央纪律检查委员会委员候选人名单，提请各代表团酝酿。

11 月 14 日，经过写票、投票、计票，大会选举产生了十六届中央委员会委员 198 人、候补委员 158 人，中央纪律检查委员会委员 121 人。工作人员宣读了新一届中央委员会委员、候补委员，中央纪律检查委员会委员名单。监票人宣布选举结果有效。全场响起热烈的掌声。

● 会外反响

中国共产党第十六次全国代表大会的胜利召开，引起了海内外媒体和舆论界的广泛关注。大会开幕的当天，香港《大公报》、香港《文汇报》、《香

港商报》《澳门日报》《新华澳报》等各报纷纷发表社论、社评或评论，高度评价江泽民在十六大上所作的报告。

11 月 8 日，美国《侨报》发表题为《与时俱进再创辉煌》的社论，称：美国华裔热烈欢迎中共十六大召开，中国不断取得的成就为华裔带来骄傲、尊严和地位的提升。社论说，在中国共产党的领导下，中国经济不断发展，人民精神和物质生活水平大幅度提高，综合国力不断增强，其成就之大、影响之巨，不仅在中国历史上是空前的，而且在世界历史上也是罕见的。

法国《世界报》11 月 8 日刊登题为《中国与世界》的署名文章，法国《费加罗报》也在头版和二版详细报道了中共十六大召开的情况。11 月 8 日西班牙《国家报》《阿贝塞报》《世界报》和《缘由报》等四大全国性报纸都用一个或几个整版篇幅报道了中共十六大召开的盛况。瑞典首都斯德哥尔摩两大日报《瑞典日报》和《每日新闻》在 11 月 8 日也以很大的篇幅刊登了中共十六大召开的消息。罗马尼亚发行量最大的报纸《真理报》在 11 月 8 日就中共十六大召开发表评论说，中国人民本着实事求是、力求创新的态度使自己的国家大踏步向前发展，十六大将推动中国继续飞速前进。

此外，保加利亚、拉脱维亚、智利等一些国家的媒体也发表文章或评论指出，中共十六大是一次极其重要和引人注目的大会，对中国在新世纪的政治、经济发展具有重大意义。同时，世界上一些友好政党及其领导人相继发来贺信，对中国共产党第十六次全国代表大会隆重召开表示热烈祝贺。

● 特点和亮点

1. 采用了面相识别技术用于代表身份识别。党的十六大首次采用了面相检测与识别技术，用于代表身份的识别，这是国家“863”计划的一项成果。参加党的十六大的 2000 多位代表的照片都被提前储存在电脑里，当代表入场时，机器的摄像头会自动采集代表的照片，并与电脑里的资料进行自动对比确认。这种方法比人工识别更准确，而且速度也更快，每位代表入场的时间只需 100 毫秒至 150 毫秒。

2. 十六大报告将现盲文书，浙江盲人着手刻写。11 月 8 日，浙江省盲人协会主席夏征林在自己家书房，听着录音机录下的报告，用“布来尔文字”刻着党的十六大报告中的每一个字、每一个标点。为了不刻错一个字、一个标点符号，他的老伴把报告中的每一句话重复给他放6次录音，然后再进行校对。这次用盲文记录十六大报告，他打算用35张盲文纸、6天时间完成。书刻好后，他打算在盲人中传阅。

3. 首次开始通过网络媒体对开、闭幕式进行实时报道。据统计，截至11月6日晚6时，1375名中外记者报名参加采访十六大，创下中国共产党党代会海外记者人数新纪录。中央人民广播电台、中央电视台、中国国际广播电台对大会开、闭幕式进行现场直播。新华网、人民网、中国网等对大会开、闭幕式进行了实时报道。新华网以阵容庞大的新华社十六大报道组的强大实力为依托，用中文以及英、法、西、阿、俄等五种外语，对大会进行了全程报道。

三、全面建设小康社会的目标要求

● 把“三个代表”重要思想确立为党的指导思想

大会提出，开创中国特色社会主义事业新局面，必须高举邓小平理论伟大旗帜，坚持贯彻“三个代表”重要思想。“三个代表”重要思想是对马克思列宁主义、毛泽东思想和邓小平理论的继承和发展，反映了当代世界和中国的发展变化对党和国家工作的新要求，是加强和改进党的建设、推进我国社会主义自我完善和发展的强大理论武器，是全党集体智慧的结晶，是党必须长期坚持的指导思想。始终做到“三个代表”，是我们党的立党之本、执政之基、力量之源。全党必须在思想上不断有新解放，理论上不断有新发展，实践上不断有新创造，把“三个代表”重要思想贯彻到社会主义现代化建设的各个领域，体现在党的建设的各个方面，使我们党始终与时代发展同步伐，与人民群众共命运。

“三个代表”重要思想，是在科学判断党的历史方位的基础上提出来的。中国共产党历经革命、建设和改革，已经从领导人民为夺取全国政权而奋斗的党，成为领导人民掌握全国政权并长期执政的党；已经从受到外部封

锁和实行计划经济条件下领导国家建设的党，成为对外开放和发展社会主义市场经济条件下领导国家建设的党。我们必须从中国和世界的历史、现状和未来着眼，准确把握时代特点和党的任务，科学制定并正确执行党的路线方针政策，认真研究和解决推动中国社会进步和加强党的建设的问题，做到既不割断历史又不迷失方向，既不落后于时代又不超越阶段，使我们的事业不断从胜利走向胜利。

大会把“三个代表”重要思想写入党章，与马克思列宁主义、毛泽东思想、邓小平理论一道被确立为我们党的指导思想，这是党的十六大的历史性贡献，具有划时代的意义。

● 提出全面建设小康社会新目标

大会指出，21世纪头二十年，对我国来说，是一个必须紧紧抓住并且可以大有作为的重要战略机遇期。根据党的十五大提出的到2010年、建党100年和新中国成立100年的发展目标，我们要在21世纪头二十年，集中力量，全面建设惠及十几亿人口的更高水平的小康社会，使经济更加发展、民主更加健全、科教更加进步、文化更加繁荣、社会更加和谐、人民生活更加殷实。这是实现现代化建设第三步战略目标必经的承上启下的发展阶段，也是完善社会主义市场经济体制和扩大对外开放的关键阶段。经过这个阶段的建设，再继续奋斗几十年，到21世纪中叶基本实现现代化，把我国建成富强民主文明的社会主义国家。

全面建设小康社会的目标是：

（1）在优化结构和提高效益的基础上，国内生产总值到2020年力争比2000年翻两番，综合国力和国际竞争力明显增强。基本实现工业化，建成完善的社会主义市场经济体制和更具活力、更加开放的经济体系。城镇人口的比重较大幅度提高，工农差别、城乡差别和地区差别扩大的趋势逐步扭转。社会保障体系比较健全，社会就业比较充分，家庭财产普遍增加，人民过上更加富足的生活。

（2）社会主义民主更加完善，社会主义法制更加完备，依法治国基本方略得到全面落实，人民的政治、经济和文化权益得到切实尊重和保障。基层民主更加健全，社会秩序良好，人民安居乐业。

（3）全民族的思想道德素质、科学文化素质和健康素质明显提高，形成比较完善的现代国民教育体系、科技和文化创新体系、全民健身和医疗卫生体系。人民享有接受良好教育的机会，基本普及高中阶段教育，消除文盲。形成全民学习、终身学习的学习型社会，促进人的全面发展。

（4）可持续发展能力不断增强，生态环境得到改善，资源利用效率显著提高，促进人与自然的和谐，推动整个社会走上生产发展、生活富裕、生态良好的文明发展道路。

大会确立的全面建设小康社会的目标，是中国特色社会主义经济、政治、文化全面发展的目标，是与加快推进现代化相统一的目标，符合我国国情和现代化建设的实际，符合人民的愿望，对于凝聚全党和全国各族人民的力量，加快推进社会主义现代化，具有十分重要的意义。

● 对我国经济、政治、文化建设和改革作出部署

关于经济建设和经济体制改革。大会认为，全面建设小康社会，最根本的是坚持以经济建设为中心，不断解放和发展社会生产力。必须立足全局，做好在八个方面的重点工作：（1）走新型工业化道路，大力实施科教兴国战略和可持续发展战略。（2）全面繁荣农村经济，加快城镇化进程。（3）积极推进西部大开发，促进区域经济协调发展。（4）坚持和完善基本经济制度，深化国有资产管理体制改革。（5）健全现代市场体系，加强和完善宏观调控。（6）深化分配制度改革，健全社会保障体系。（7）坚持“引进来”和“走出去”相结合，全面提高对外开放水平。（8）千方百计扩大就业，不断改善人民生活。

关于政治建设和政治体制改革。大会认为，发展社会主义民主政治，建设社会主义政治文明，是全面建设小康社会的重要目标。必须在坚持四项基本原则的前提下，继续积极稳妥地推进政治体制改革，扩大社会主义民主，健全社会主义法制，建设社会主义法治国家，巩固和发展民主团结、生动活泼、安定和谐的政治局面。其主要任务是：（1）坚持和完善社会主义民主制度。（2）加强社会主义法制建设。（3）改革和完善党的领导方式和执政方式。（4）改革和完善决策机制。（5）深化行政管理体制改革。（6）推进司法体制改革。（7）深化干部人事制度改革。（8）加强对权力的制约和监督。

（9）维护社会稳定。

关于文化建设和文化体制改革。大会认为，全面建设小康社会，必须大力发展社会主义文化，建设社会主义精神文明。当今世界，文化与经济和政治相互交融，在综合国力竞争中的地位和作用越来越突出。文化的力量，深深熔铸在民族的生命力、创造力和凝聚力之中。全党同志要深刻认识文化建设的战略意义，推动社会主义文化的发展繁荣。大会提出了以下六个方面的工作：（1）牢牢把握先进文化的前进方向。（2）坚持弘扬和培育民族精神。（3）切实加强思想道德建设。（4）大力发展教育和科学事业。（5）积极发展文化事业和文化产业。（6）继续深化文化体制改革。

● 推进国防和军队现代化

建立巩固的国防是我国现代化建设的战略任务，是维护国家安全统一和全面建设小康社会的重要保障。坚持国防建设与经济建设协调发展的方针，在经济发展的基础上推进国防和军队现代化。坚持以毛泽东军事思想、邓小平新时期军队建设思想为指导，全面贯彻"三个代表"重要思想，按照政治合格、军事过硬、作风优良、纪律严明、保障有力的总要求，紧紧围绕打得赢、不变质两个历史性课题，坚定不移地走中国特色的精兵之路，加强军队的革命化现代化正规化建设。始终把思想政治建设摆在军队各项建设的首位，永葆人民军队的性质、本色和作风。要毫不动摇地坚持党领导人民军队的根本原则和制度。贯彻积极防御的军事战略方针，提高高技术条件下的防卫作战能力。探索新的历史条件下治军的特点和规律，推进国防和军队建设的各项改革。各级党组织和政府、广大人民群众要关心、支持国防和军队建设。军队要积极支持和参加国家建设。加强国防教育，增强全民国防观念。拥军优属，拥政爱民，巩固军政军民团结。

● 推进"一国两制"和祖国和平统一

大会指出，实现祖国的完全统一，是海内外中华儿女的共同心愿。大会认为，坚持一个中国原则，是发展两岸关系和实现和平统一的基础。世界上只有一个中国，大陆和台湾同属一个中国，中国的主权和领土完整不容分割。两岸关系的基本格局和发展趋势没有改变。台湾同胞求和平、求安定、求发展的意愿日益增强。台湾分裂势力的分裂活动不得人心。大会提出，香港和澳门回归祖国，丰富了“一国两制”的理论和实践。要严格按照香港基本法和澳门基本法办事，全力支持香港和澳门两个特别行政区行政长官和政府的工作，广泛团结港澳各界人士，共同维护和促进香港和澳门的繁荣、稳定和发展。要继续坚持“和平统一、一国两制”的基本方针，贯彻八项主张，以最大的诚意、尽最大的努力争取和平统一的前景。

● 维护世界和平，促进共同发展

始终不渝地奉行独立自主的和平外交政策。中国外交政策的宗旨，是维护世界和平，促进共同发展。中国人民愿同各国人民一道，共同推进世界和平与发展的崇高事业。主张顺应历史潮流，维护全人类的共同利益。主张建立公正合理的国际政治经济新秩序。主张维护世界多样性，提倡国际关系民主化和发展模式多样化。主张反对一切形式的恐怖主义。将继续改善和发展同发达国家的关系，以各国人民的根本利益为重，不计较社会制度和意识形态的差别，在和平共处五项原则的基础上，扩大共同利益的汇合点，妥善解决分歧。将继续加强睦邻友好，坚持与邻为善、以邻为伴，加强区域合作，把同周边国家的交流和合作推向新水平。将继续增强同第三世界的团结和合作，增进相互理解和信任，加强相互帮助和支持，拓宽合作领域，提高合作效果。将继续积极参与多边外交活动，在联合国和其他国际及区域性组织中发挥作用，支持发展中国家维护自身的正当权益。将继续坚持独立自主、完全平等、互相尊重、互不干涉内部事务的原则，同各国各地区政党和政治组织发展交流和合作。将继续广泛开展民间外交，扩大对外文化交流，增进人民之间的友谊，推动国家关系的发展。

● 全面推进党的建设新的伟大工程

大会在科学分析和判断党所处历史方位的基础上，围绕全面贯彻“三个代表”重要思想，进一步阐明了党的建设基本经验，提出了加强和改进党的建设的新要求。

十六大报告分析指出：我们党历经革命、建设和改革，已经从领导人民为夺取全国政权而奋斗的党，成为领导人民掌握全国政权并长期执政的党；

已经从受到外部封锁和实行计划经济条件下领导国家建设的党，成为对外开放和发展社会主义市场经济条件下领导国家建设的党。总结党八十多年来的历史经验，最根本的一条，就是党的建设必须按照党的政治路线来进行，围绕党的中心任务来展开，朝着党的建设总目标来加强，不断提高党的创造力、凝聚力和战斗力。为此，党必须坚持用时代发展的要求审视自己，以改革的精神加强和完善自己，既善于总结成功的经验，又善于汲取失误的教训；既善于通过提出和贯彻正确的理论路线带领群众前进，又善于从群众的实践创造和发展要求中获得前进动力；既善于认识和改造客观世界，又善于组织引导干部和党员在实践中加强主观世界的改造。要按照这样的要求，实现坚持马克思主义基本原理和推进理论创新相统一，坚持党的优良传统和弘扬时代精神相统一，坚持增强党的阶级基础和扩大党的群众基础相统一，使党成为思想上政治上组织上完全巩固、始终站在时代前列带领人民团结奋进的坚强领导核心。

按照上述总体要求，党的十六大提出了加强和改进党的建设的主要任务，并从六个方面作出了具体部署。

主要任务是：高举邓小平理论伟大旗帜，全面贯彻“三个代表”重要思想，保证党的路线方针政策全面反映人民的根本利益和时代发展的要求；坚持党要管党、从严治党的方针，进一步解决提高党的领导水平和执政水平、提高拒腐防变和抵御风险能力这两大历史性课题；准确把握当代中国社会前进的脉搏，改革和完善党的领导方式和执政方式、领导体制和工作制度，使党的工作充满活力；把思想建设、组织建设和作风建设有机结合起来，把制度建设贯穿其中，既立足于做好经常性工作，又抓紧解决存在的突出问题。

工作部署：（1）深入学习贯彻“三个代表”重要思想，提高全党的马克思主义理论水平。（2）加强党的执政能力建设，提高党的领导水平和执政水平。（3）是坚持和健全民主集中制，增强党的活力和团结统一。（4）建设高素质的领导干部队伍，形成朝气蓬勃、奋发有为的领导层。（5）切实做好基层党建工作，增强党的阶级基础和扩大党的群众基础。（6）加强和改进党的作风建设，深入开展反腐败斗争。

总之，要通过锲而不舍的努力，保证中国共产党始终是中国工人阶级的先锋队，同时是中国人民和中华民族的先锋队，始终是中国特色社会主义事业的领导核心，始终代表中国先进生产力的发展要求，代表中国先进文化的前进方向，代表中国最广大人民的根本利益。

四、开启全面建设小康社会新征程

● 回答了在新世纪新阶段党举什么旗、走什么路、实现什么样的发展目标等重大问题

党的十六大是中国共产党在新世纪召开的第一次代表大会，也是党在开始实施社会主义现代化建设第三步战略部署的新形势下召开的一次十分重要的代表大会。大会主题是：高举邓小平理论伟大旗帜，全面贯彻“三个代表”重要思想，继往开来，与时俱进，全面建设小康社会，加快推进社会主义现代化，为开创中国特色社会主义事业新局面而奋斗。这个主题向世人昭示：在新世纪新阶段，中国共产党要举的就是马克思列宁主义、毛泽东思想和邓小平理论的旗帜，就是“三个代表”重要思想的旗帜；中国共产党人要走的道路，就是邓小平同志开辟的、以江泽民同志为核心的党中央坚持并发展了的中国特色社会主义的道路；要实现的目标，就是全面建设小康社会的奋斗目标。这不仅表明了党中央的决心，也反映了人民群众的意愿，体现了党和国家事业不断发展的客观要求，对于统一全党和全国人民的思想，凝聚力量，同心同德，艰苦奋斗，全面开创中国特色社会主义事业新局面具有十分重大的意义。

● 大会选举产生了新一届中央委员会和中央纪律检查委员会，党的中央领导集体顺利实现了新老交替

经过认真酝酿，大会选出新一届中央委员会委员 198 名，候补中央委员 158 名，中央纪律检查委员会委员 121 名。新进入中央委员会的委员和候补委员达 180 名，占一半以上。这些成员全部是中华人民共和国成立后参加工作的，其中有一些是改革开放以来参加工作的年轻干部，平均年龄 55.4 岁，

具有大专以上文化程度的占98.6%。新一届中央委员会的组成，再次显示了党和国家的事业后继有人，充满希望。这一切都是具有重大历史意义的，必将极大地鼓舞全党和全国各族人民，与时俱进、开拓创新，信心百倍地把中国特色社会主义伟大事业继续推向前进。

● 党的十六大以团结的大会、胜利的大会、奋进的大会和继往开来的大会而载入史册

大会完成各项议程后，江泽民在热烈的掌声中发表了讲话。他说，中国共产党第十六次全国代表大会的各项议程已经胜利完成。在全体代表的共同努力下，这次大会开得很成功，是一次团结的大会、胜利的大会、奋进的大会。大会号召，全党同志和全国各族人民，紧密团结在党中央周围，万众一心，奋发图强，把中国特色社会主义事业不断推向前进，共同创造我们的幸福生活和美好未来！

附录：十六届中央委员会历次全会简介

十六届一中全会

2002年11月15日在北京举行。全会选举中央政治局委员、候补委员，中央政治局常务委员，中央委员会总书记；根据政治局常委提名，通过了中央书记处成员；决定中央军事委员会组成人员；批准中央纪律检查委员会第一次全体会议选举产生的书记、副书记和常务委员会人员。选举胡锦涛为中央委员会总书记，决定江泽民为中央军事委员会主席，批准吴官正为中央纪律检查委员会书记。

十六届二中全会

2003年2月24日至26日在北京举行。全会审议通过了中央政治局在广泛征求党内外意见、反复酝酿协商的基础上提出的拟向十届全国人大一次会议推荐的国家机构领导人员人选建议名单和拟向全国政协十届一次会议推荐的全国政协领导人员人选建议名单，决定将这两个建议名单分别向十届全国人大一次会议主席团和全国政协十届一次会议主席团推荐。全会审议通过了《关于深化行政管理体制和机构改革的意见》，建议国务院根据这个意见形成《国务院机构改革方案》提交十届全国人大一次会议审议。全会认为，全面贯彻落实十六大精神是全党全国当前和今后一个时期的首要政治任务。

十六届三中全会

2003 年 10 月 11 日至 14 日在北京举行。全会听取和讨论了胡锦涛受中央政治局委托作的工作报告，审议通过了《中共中央关于完善社会主义市场经济体制若干问题的决定》，审议通过了《中共中央关于修改宪法部分内容的建议》并决定提交第十届全国人民代表大会常务委员会审议。吴邦国、温家宝分别就《建议（讨论稿）》和《决定（讨论稿）》向全会作了说明。全会充分肯定十六届一中全会以来中央政治局的工作。全会高度评价十一届三中全会特别是十四大确定社会主义市场经济体制改革目标以来我国经济体制改革在理论和实践上取得的重大进展。全会强调，完善社会主义市场经济体制的主要任务是：完善公有制为主体、多种所有制经济共同发展的基本经济制度，建立有利于逐步改变城乡二元经济结构的体制，形成促进区域经济协调发展的机制，建设统一开放竞争有序的现代市场体系，完善宏观调控体系、行政管理体制和经济法律制度，健全就业、收入分配和社会保障制度，建立促进经济社会可持续发展的机制。

十六届四中全会

2004 年 9 月 16 日至 19 日在北京举行。全会听取和讨论了胡锦涛受中央政治局委托作的工作报告，审议通过了《中共中央关于加强党的执政能力建设的决定》。曾庆红就《决定（讨论稿）》向全会作了说明。全会充分肯定党的十六届三中全会以来中央政治局的工作。全会全面分析了当前的形势和任务，着重研究了加强党的执政能力建设的若干重大问题。全会审议通过了《中国共产党第十六届中央委员会第四次全体会议关于同意江泽民同志辞去中共中央军事委员会主席职务的决定》和《中国共产党第十六届中央委员会

第四次全体会议关于调整充实中共中央军事委员会组成人员的决定》。全会高度评价江泽民同志为党、为国家、为人民作出的杰出贡献。全会决定，胡锦涛任中共中央军事委员会主席。

十六届五中全会

2005 年 10 月 8 日至 11 日在北京举行。全会听取和讨论了胡锦涛受中央政治局委托作的工作报告，审议通过了《中共中央关于制定国民经济和社会发展第十一个五年规划的建议》，明确了今后五年我国经济社会发展的奋斗目标和行动纲领，提出了建设社会主义新农村的重大历史任务，为作好当前和今后一个时期的“三农”工作指明了方向。温家宝就《建议（讨论稿）》向全会作了说明。全会充分肯定十六届四中全会以来中央政治局的工作。全会高度评价“十五”时期我国经济社会发展取得的巨大成就。全会指出，制定“十一五”规划，要以邓小平理论和“三个代表”重要思想为指导，全面贯彻落实科学发展观。

十六届六中全会

2006 年 10 月 8 日至 11 日在北京举行。全会听取和讨论了胡锦涛受中央政治局委托作的工作报告，审议通过了《中共中央关于构建社会主义和谐社会若干重大问题的决定》。吴邦国就《决定（讨论稿）》向全会作了说明。全会充分肯定党的十六届五中全会以来中央政治局的工作。全会全面分析了当前的形势和任务，研究了构建社会主义和谐社会的若干重大问题。一致认为，社会和谐是中国特色社会主义的本质属性，社会和谐是我们党不懈奋斗的目标。新世纪新阶段，我们党要带领人民抓住机遇、应对挑战，把中国特色社会主义伟大事业推向前进，必须坚持以经济建设为中心，把构建社会主义和谐社会摆在更加突出的地位。全会审议并通过了《关于召开党的第十七次全国代表大会的决议》，决定党的十七大于 2007 年下半年在北京召开。

十六届七中全会

2007 年 10 月 9 日至 12 日在北京举行。会议决定，中国共产党第十七次全国代表大会于 2007 年 10 月 15 日在北京召开。会议听取和讨论了胡锦涛受中央政治局委托作的工作报告。全会讨论并通过了党的十六届中央委员会向党的第十七次全国代表大会的报告，讨论并通过了《中国共产党章程（修正案）》，决定将这两份文件提请党的第十七次全国代表大会审议。胡锦涛就党的十六届中央委员会向党的第十七次全国代表大会的报告讨论稿向全会作了说明。吴邦国就《中国共产党章程（修正案）》讨论稿向全会作了说明。全会充分肯定了党的十六届六中全会以来中央政治局的工作，总结了党的十六大以来五年的工作。全会审议并通过了《中共中央纪律检查委员会关于陈良宇问题的审查报告》，确认中央政治局2007年7月26日作出的给予陈良宇开除党籍的处分。

中共十七大：
高举中国特色社会主义伟大旗帜

一、新世纪新阶段我国发展的新特征

● 世界仍处在大变革大调整之中

政治上，世界多极化不可逆转，求和平、谋发展、促合作已经成为不可阻挡的时代潮流，但巴以冲突、印巴冲突、阿富汗战争、伊拉克战争等局部冲突和战争此起彼伏，北约东扩、国际恐怖主义、朝核危机、伊朗核问题等热点问题依然不少，各种政治力量深刻调整组合，国际战略竞争更趋激烈。中国、俄罗斯、欧盟、日本、印度等大国或大国集团的实力增强、地位提高和影响扩大，加之亚洲、非洲、拉丁美洲广大发展中国家联合自强的势头日益明显，一个对霸权主义和强权政治形成有力遏制的多极制衡的玫治格局正在形成。

经济上，经济全球化深入发展，科技进步日新月异，国际产业转移加快，信息技术、生物技术、航空航天以及新能源、新材料、信息产业的迅猛发展与现代信息技术的日趋普及，已经并正在推动人类的生产、生活发生一系列意义深刻、影响深远的革命性变革。以发展中国家为主体的一批新兴市场经济国家迅速发展，为整个国际环境注入了很多活力和生机。但世界经济发展很不平衡，南北差距继续拉大，各国围绕国际市场、科学技术、能源资源等方面的争夺更趋激烈。

文化上，综合国力较量中的文化因素日益突出，世界范围内各种思想文化交流、交融、交锋更加频繁，国际思想文化领域斗争依然深刻复杂，国家软实力竞争更趋激烈。

● 党和国家工作取得新的重大成就

党的十六大以后的五年很不平凡。面对复杂多变的国际环境和艰巨繁重的改革发展任务，以胡锦涛为总书记的党中央团结带领全党全国各族人民，高举邓小平理论和“三个代表”重要思想伟大旗帜，提出并贯彻科学发展观等重大战略思想，战胜各种困难和风险，在全面建设小康社会的征程上迈出了坚实步伐，开创了中国特色社会主义事业新局面，开拓了马克思主义中国化新境界。这主要表现在：

经济保持平稳快速发展，经济效益明显提高，经济实力大幅度提升。国内生产总值年均增长 10% 以上，经济总量由 2002 年的 120332.7 亿元，增加到 2006 年的 210871 亿元，跃居世界第四位。

改革开放取得重大突破。农村综合改革逐步深化，到 2005 年年底，全部取消了屠宰税、农业税、牧业税和特产税，平均每年减轻农民负担 1250 亿元。国有资产管理体制、国有企业和金融、财税、投资、价格、科技等领域改革取得重大进展。非公有制经济进一步发展。市场体系不断健全，宏观调控继续改善，政府职能加快转变。开放型经济进入新阶段，外汇储备世界第一，进出口贸易总额世界第三，进出口商品结构进一步优化，利用外资质量水平渐进提高，我国企业“走出去”步伐逐渐加快，国际地位和影响力不断加强。

城乡居民收入较大增加，家庭财产普遍增多，人民生活显著改善。2002 年至 2006 年农村居民家庭人均纯收入由 2476 元增加到 3587 元，城镇居民家庭人均可支配收入由 7703 元增加到 11759 元。城乡居民最低生活保障制度初步建立，贫困人口基本生活得到保障。居民消费结构优化，衣食住行用水平不断提高，享有的公共服务明显增强。

民主法制建设取得新进步。政治体制改革稳步推进，人民代表大会制度、中国共产党领导的多党合作和政治协商制度、民族区域自治制度不断完善，基层民主活力增强。人权事业健康发展。爱国统一战线发展壮大。中国特色社会主义法律体系基本形成，依法治国基本方略切实贯彻。行政管理体制、司法体制改革不断深化。

文化建设开创新局面。文化体制改革取得重要进展，文化事业和文化产业快速发展，国家对文化事业的投入达到历史最高水平。全国文化事业经费累计达到 580.82 亿元，年均增长 22.5%。人民精神文化生活更加丰富，各地文化馆、图书馆等公益性文化单位不断完善设施与服务，为群众准备丰盛的日常活动项目；自办文化大院等群众自发文化活动，为基层文化生活增添不少亮色；文化共享工程为农民群众拓宽致富路，数字化放映让更多农民看上

好电影，城乡群众共享优质文化资源。

社会建设全面展开。各级各类教育迅速发展，2002年至2006年间，我国高等教育学生规模从1600万人迅速增加到2500万人，居世界第一位，总入学率从15%提高到22%，稳步进入大众化阶段。从2007年起，对全国农村义务教育阶段学生全部免除学杂费，对家庭困难学生免费提供教科书并补助寄宿生生活费。2006年，全国城乡就业人员76400万。社会保障体系建设进一步加强，城镇职工基本养老、基本医疗、失业、工伤、生育保险参保人数呈逐年递增趋势。抗击非典取得重大胜利，公共卫生体系和基本医疗服务不断健全，人民健康水平不断提高。社会管理逐步完善，社会大局稳定，人民安居乐业。

中国特色军事建设加速推进，裁减军队员额20万任务顺利完成，军队的现代化水平大幅度跃升，信息化条件下的防卫作战能力明显增强，履行新世纪新阶段历史使命能力显著提高。

香港、澳门保持繁荣稳定，与内地经贸关系更加紧密。两岸政党交流成功开启，人员往来和经济文化交流达到新水平。制定《反分裂国家法》，坚决维护国家主权和领土完整。

全方位外交取得重大进展，同各国的交流合作广泛加强。中美确立了既是利益攸关方又是建设性合作者的新的关系定位。中俄两国的政治互信明显提升。同欧盟及其主要成员国建立并发展各方面战略伙伴关系。创造性地推进同非洲、拉美、中东等各地区发展中国家的友好合作关系。在国际事务中发挥重要建设性作用，为全面建设小康社会争取了良好国际环境。

党的建设新的伟大工程扎实推进。党的执政能力建设和先进性建设深入进行，理论创新和理论武装卓有成效。中央先后对学习贯彻党的十六大精神、在全党兴起学习贯彻“三个代表”重要思想新高潮、开展保持共产党员先进性教育活动、学习《江泽民文选》作出安排部署。干部人事制度改革和组织制度创新不断深入，干部考核机制在创新中不断完善。党风廉政建设和反腐败斗争成效明显，提出标本兼治、综合治理、惩防并举、注重预防的反腐倡廉战略方针，作出建立健全教育、制度、监督并重的惩治和预防腐败体系的战略决策。

● 前进中的困难和问题

在我国全面参与经济全球化的条件下，在工业化、信息化、城镇化、市场化、国际化深入发展的新形势下，我国改革发展进入了关键阶段，呈现出一系列阶段性特征：经济体制深刻变革，社会结构深刻变动，利益格局深刻调整，思想观念深刻变化。与此同时，党和国家在前进中还面临不少困难和问题。突出的是：经济增长的资源环境代价过大；城乡、区域、经济社会发展仍然不平衡；农业稳定发展和农民持续增收难度加大；劳动就业、社会保障、收入分配、教育卫生、居民住房、安全生产、司法和社会治安等方面关系群众切身利益的问题仍然较多，部分低收入群众生活比较困难；思想道德建设有待加强；党的执政能力同新形势新任务不完全适应，对改革发展稳定一些重大实际问题的调查研究不够深入；一些基层党组织软弱涣散；少数党员干部作风不正，形式主义、官僚主义问题比较突出，奢侈浪费、消极腐败现象仍然比较严重。党要胜利实现全面建设小康社会的奋斗目标，继续发展中国特色社会主义，必须继续付出艰苦努力，切实应对好、抓紧解决好这些矛盾和问题。

面临机遇与风险并存的国际国内形势，党和国家如何顺利实现全面建设小康社会的奋斗目标，解决改革发展稳定中存在的一系列矛盾和问题，继续发展中国特色社会主义，这些都需要在党的第十七次全国代表大会上进行决策和部署。

二、深入贯彻落实科学发展观

● 大会的筹备

2007 年 6 月 25 日，胡锦涛在中央党校省部级干部进修班发表重要讲话，科学分析了当前我国面临的新形势新任务，全面阐述了以邓小平理论和“三个代表”重要思想为指导、深入贯彻科学发展观的基本要求，深刻回答了

党和国家未来发展的一系列理论和实践问题，从政治、思想和理论上为党的十七大的召开作了准备。8 月 28 日，中共中央政治局召开会议，对中国共产党第十七次全国代表大会筹备工作进行了研究。会议决定，中国共产党第十七次全国代表大会于 2007 年 10 月 15 日在北京召开。

2007 年 10 月 9 日至 12 日，中国共产党第十六届中央委员会第七次全体会议在北京举行。全会讨论并通过党的十六届中央委员会向党的第十七次全国代表大会的报告和《中国共产党章程（修正案）》，决定将这两份文件提请党的第十七次全国代表大会审议。胡锦涛就党的十六届中央委员会向党的第十七次全国代表大会的报告讨论稿向全会作说明。吴邦国就《中国共产党章程（修正案）》讨论稿向全会作说明。全会深入讨论了从新的历史起点出发继续推进中国特色社会主义伟大事业和党的建设新的伟大工程的若干重大问题，为召开党的第十七次全国代表大会作了充分准备。

10 月 14 日下午，中国共产党第十七次全国代表大会主席团在人民大会堂举行预备会议。会议以举手表决方式，通过由 22 人组成的代表资格审查委员会成员名单，通过由 237 人组成的大会主席团成员名单，通过曾庆红为大会秘书长。会议并通过了大会秘书处机构设置和工作任务。会议还通过了十七大的议程。大会的议程为：（1）听取和审查十六届中央委员会的报告；（2）审查中央纪律检查委员会的工作报告；（3）审议通过《中国共产党章程（修正案）》；（4）选举十七届中央委员会；（5）选举中央纪律检查委员会。

接着，中国共产党第十七次全国代表大会主席团在人民大会堂举行第一次会议。胡锦涛出席会议并作了重要讲话。会议首先在大会秘书长曾庆红主持下，以举手表决方式通过了由胡锦涛等 36 人组成的主席团常务委员会成员名单。随后，会议在胡锦涛主持下进行了各项议程。

会议通过了中国共产党第十七次全国代表大会代表资格审查委员会关于代表资格的审查报告。报告说，党的十七大代表选举工作，中央要求明确，各选举单位党组织高度重视，精心组织实施，认真贯彻党的民主集中制原则，充分发扬党内民主，广大党员积极参与，整个工作健康有序，进展顺利。十七大代表总体上符合中央规定的十七大代表应具备的条件，是共产党员中的优秀分子，思想政治素质好，群众公认程度高，有良好的思想作风、工作作风和生活作风，在生产和工作中作出了显著成绩，并具有较强的议事能力。十七大代表既具有先进性，又具有广泛代表性，结构比较合理，各项构成比例均符合中央的要求。代表文化程度较高，有不同时期入党的党员。

会议还通过了列席和来宾事项。中央决定，邀请党内有关负责同志和部分党外人士列席大会。列席大会的有：不是十七大代表的十六届中央委员会委员、候补委员和中央纪律检查委员会委员；不是十七大代表、特邀代表的原中央顾问委员会委员；曾经列席十六大的党内部分老同志，以及其他有关同志，共314人。作为来宾列席大会开幕会和闭幕会的有：现任和曾任全国人大常委会副委员长、全国政协副主席的党外人士，各民主党派中央、全国工商联主席、在京副主席、名誉主席、在京名誉副主席和无党派人士，以及全国人大、全国政协在京常委中的民主党派、无党派人士和民族、宗教界人士，共155人。

主席团会议还通过了党的十七大大会日程。根据这个日程，党的十七大将于10月15日上午开幕，10月21日上午闭幕。

● 大会进程

2007年10月15日上午9时，中国共产党第十七次全国代表大会在北京开幕。大会的主题是：高举中国特色社会主义伟大旗帜，以邓小平理论和“三个代表”重要思想为指导，深入贯彻落实科学发展观，继续解放思想，坚持改革开放，推动科学发展，促进社会和谐，为夺取全面建设小康社会新胜利而奋斗。

雄伟的人民大会堂大礼堂，气氛隆重热烈。主席台上方悬挂着“中国共产党第十七次全国代表大会”的会标，后幕正中是镰刀和锤头组成的党徽，10面鲜艳的红旗分列两侧。二楼和三楼的眺台上分别悬挂着“高举中国特色社会主义伟大旗帜，以邓小平理论和‘三个代表’重要思想为指导，深入贯彻落实科学发展观，为夺取全面建设小康社会新胜利而奋斗！”“伟大、光荣、正确的中国共产党万岁！”的横幅。

大会由吴邦国主持。上午9时，会议开始时，在雄壮的乐曲声中，全场起立，高唱《中华人民共和国国歌》。随后，全体同志为毛泽东、周恩来、刘少奇、朱德、邓小平、陈云等已故老一辈无产阶级革命家和革命先烈默哀。

吴邦国宣布，党的十七大应出席代表2213人，特邀代表57人，共2270人，实到2237人。他对列席大会的党外朋友和有关方面负责同志表示热烈的欢迎。

胡锦涛代表第十六届中央委员会向大会作了题为《高举中国特色社会主义伟大旗帜，为夺取全面建设小康社会新胜利而奋斗》的报告。报告共分12个部分：（一）过去五年的工作；（二）改革开放的伟大历史进程；（三）深入贯彻落实科学发展观；（四）实现全面建设小康社会奋斗目标的新要求；（五）促进国民经济又好又快发展；（六）坚定不移发展社会主义民主政治；（七）推动社会主义文化大发展大繁荣；（八）加快推进以改善民生为重点的社会建设；（九）开创国防和军队现代化建设新局面；（十）推进"一国两制"实践和祖国和平统一大业；（十一）始终不渝走和平发展道路；（十二）以改革创新精神全面推进党的建设新的伟大工程。报告高举中国特色社会主义伟大旗帜，认真总结党的十六大以来五年的工作，回顾总结改革开放的伟大历史进程和宝贵经验，对继续推进改革开放和社会主义现代化建设、实现全面建设小康社会的宏伟目标作出了全面部署，对以改革创新精神全面推进党的建设新的伟大工程提出了明确要求。这篇报告是中国共产党人面向现代化、面向世界、面向未来的政治宣言，是马克思主义的纲领性文献，是指引全国各族人民夺取全面建设小康社会新胜利、开创中国特色社会主义新局面的行动纲领。

10月17日下午，中国共产党第十七次全国代表大会主席团在人民大会堂举行第二次会议。胡锦涛主持会议。大会秘书长曾庆红就十七届中央委员会委员、候补委员和中央纪律检查委员会委员候选人预备人选建议名单作了说明。会议通过了关于十六届中央委员会报告的决议（草案）、关于中央纪律检查委员会工作报告的决议（草案）、关于《中国共产党章程（修正案）》的决议（草案），决定将这三个决议草案提交各代表团讨论。会议通过了十七届中央委员会委员、候补委员和中央纪律检查委员会委员候选人预备人选建议名单，决定将建议名单提交各代表团酝酿。会议通过了经各代表团酝酿的大会选举办法。会议还通过了监票人、总监票人名单，待正式选举时提请大会通过。

10月18日，党的十七大各代表团举行分组会议，酝酿大会主席团第二次会议通过的十七届中央委员会委员、候补委员和中央纪律检查委员会委员候选人预备人选名单，讨论关于十六届中央委员会报告的决议（草案）、关于中央纪律检查委员会工作报告的决议（草案）、关于《中国共产党章程（修正案）》的决议（草案）。代表们认为，这个名单是在充分发扬党内民主的基础上产生的，整体结构比较合理，人选的思想政治素质比较好，工作实绩比较突出，群众公认程度比较高，是一个考虑比较周全的方案。

10月19日下午和20日上午，大会举行代表团全体会议，先后对中央委员、中央纪委委员和候补中央委员进行了预选。按照大会选举办法的规定，预选采用差额选举办法，差额比例在8%以上。整个预选工作在监票人的监督下，严格按照大会选举办法进行，预选结果合法、有效。

10月20日上午，十七大主席团在人民大会堂举行第三次会议，胡锦涛主持会议。会议通过十七届中央委员会委员、候补委员和中央纪律检查委员会委员候选人名单（草案），提交各代表团酝酿。会议通过了经各代表团差额预选产生的十七届中央委员会委员、候补委员和中央纪律检查委员会委员候选人名单（草案），决定将名单提交各代表团酝酿。

20日下午，大会举行代表团分组会议，酝酿主席团会议通过的中央委员、候补中央委员、中央纪委委员候选人名单。

21日上午上午9时，闭幕会开始。胡锦涛主持大会。会议首先通过了2名总监票人和36名监票人名单。在总监票人和监票人监督下，到会的2235名代表和特邀代表以无记名投票方式，选举出由204名委员、167名候补委员组成的十七届中央委员会，选举出中央纪律检查委员会委员127名。11时36分，胡锦涛宣布，第十七届中央委员会和中央纪律检查委员会，已经中国共产党第十七次全国代表大会选举产生。全场响起经久不息的热烈掌声。随后，大会通过了关于十六届中央委员会报告的决议。大会批准胡锦涛代表十六届中央委员会所作的报告，通过了关于中央纪律检查委员会工作报告的决议，充分肯定了中央纪律检查委员会的工作。大会还通过了关于《中国共产党章程（修正案）》的决议，决定这一修正案自通过之日起生效。

大会完成各项议程后，胡锦涛在热烈的掌声中发表了重要讲话。他说，在全体代表共同努力下，这次大会高举旗帜、继往开来、求真务实，开成了一次团结的大会、胜利的大会、奋进的大会。历史将会证明，这次大会作出

的重大决策和部署、取得的重要成果，必将对全面推进中国特色社会主义伟大事业和党的建设新的伟大工程发挥十分重要的指导作用，具有十分重大的战略意义。

最后，大会在雄壮的《国际歌》声中圆满结束。

● 代表讨论

会议期间，党的十七大各个代表团的代表积极参加分组讨论和审议活动，行使党员群众交付的神圣使命。

刘云山在参加河南代表团讨论时说："胡锦涛同志的报告从新的高度、以新的视角深刻阐明了兴起社会主义文化建设新高潮、提高国家文化软实力的重要性，紧迫性，充分体现了我们党的新的文化自觉。"

回良玉在参加广西代表团讨论时说："胡锦涛同志的报告对'三农'工作作出了进一步部署，强调走中国特色农业现代化道路，形成城乡经济社会发展一体化新格局，这为新阶段农业农村发展指明了方向。"

吴仪在参加福建代表团讨论时说："深入贯彻落实科学发展观，构建社会主义和谐社会，要紧紧抓住关系千家万户幸福，事关广大群众利益的突出问题；全面推进城镇职工、城镇居民基本医疗保险和新型农村合作医疗制度建设；坚持为群众提供安全有效、方便价廉的医疗卫生服务；狠抓产品质量和食品药品安全；扎扎实实地把科学发展观落到各项工作的实处。"

网球运动员郑洁说："作为年轻的十七大代表，刚满 24 岁的我心情是十分激动的。在我看来，树立崇高的理想信念是当代青年所面临的重要课题，没有理想信念，就等于没有灵魂。我们青年人应当把永远坚信党，永远跟党走作为一种历史使命和人生目标，自觉地把自己的岗位与党的事业联系起来，把个人的努力融入党所领导的民族振兴的洪流中去，为党和人民的利益扎实工作，顽强拼搏，努力奉献，让生活变得更充实，更有意义。"

● 大会亮点

党的十七大亮点纷呈，给人们留下了深刻的印象。这些亮点有形式上的，也有内容上的，主要表现在以下两个方面。

第一，向海内外媒体充分开放。大会开、闭幕式不仅通过电台和电视台向全球直播，而且通过网络进行全程视频直播。大会期间，共召开 4 次记者招待会，组织 3 次集体采访，共有 34 个代表团向中外记者开放，比十六大增加了 19 个，累计安排外国记者采访 100 多场（次）。代表讨论结束后，专门为记者设置了半小时提问环节，供记者提问，这在党的代表大会上也是第一次。

第二，充分发挥网络的互动作用，多媒体、多手段、多方式开展网上报道。十七大新闻中心网站、人民网、新华网、中国网、央视国际等国家重点新闻网站对党的十七大进行了全景式的报道，同时也给了网友们网上当“代表”的机会。通过网络留言板、论坛、博客、手机短信等方式，网友充满热情地表达自己对党的建设和国家发展等方面的看法和论述。“人民网·中国共产党新闻”在各大网站中首家推出“中国共产党第十七次全国代表大会”大型专题。在保留了论坛、调查、征文、寄语等深受网友欢迎的栏目的基础上，增加了对党说句心里话、党史党建知识竞赛、网络拼图游戏、网上成就展览馆、动漫故事会等多个新颖的互动方式。专题中还开设了十七大手机无线门户网站，突破了现有手机媒体单纯复制传统互联网内容的模式，将传统互联网与手机互联网充分结合，采用手机报、手机杂志、手机电视等形式报道党代会新闻，受众可以方便快捷地自主选择、自主定制自己需要的十七大新闻，充分享受个性化服务，充分发挥手机媒体的自主性和互动性优势。网络媒体成为十七大报道的生力军，起到了非常大的作用，真正地实现了零距离报道。

● 会外反响

中国共产党第十七次全国代表大会的召开受到世界广泛关注。十七大新闻中心从 2007 年 10 月 8 日正式启用，当日报名的我国港、澳、台和外国记者超过千人。从 10 月 4 日至 7 日，9 个欧洲国家的 23 个城市同时举办了第二届“中欧论坛”。美国的《华尔街日报》《纽约时报》，巴西全国性报纸《圣保罗州报》，瑞士法语媒体《日内瓦论坛报》，匈牙利最大的日报《人民自由报》，日本的《读卖新闻》《朝日新闻》，英国《泰晤士报》《卫报》《金融时报》等主流媒体均报道了中共十七大开幕的消息，并重点报道了十七大报告内容。十七大期间，共有 55 个国家和地区的 1100 多名境外记者报名采访，比十六大时增加 500 多人，人数多，分布广，覆盖了五大洲的所有主要媒体；先后有 142 个国家的 306 个政党或组织，发来贺信、贺电 587 封，发

给胡锦涛的贺电、贺信220多封。

党的十七大之所以在世界上影响如此之大，主要有以下四个原因。

一是中国经济的快速发展和社会的巨大进步是一个举世公认的事实。不少国外的政治家和学者用“奇迹”“令人惊叹”“目不暇接”来形容中国的经济社会发展。

二是中国的综合国力不断上升和国际影响日益扩大，已成为当今世界政治和经济领域中的重要力量。比利时外交大臣德古赫特说：“中国的发展使亿万人民脱贫，中国的发展给世界带来前所未有的机遇而不是威胁。中国在历史上就曾是世界上最富裕、最文明的国家之一，未来人们会欣喜地看到，中国将重新回到她这一最初的位置。”2007年9月24日，德国之声播发的一篇文章称：“没有中国的参与，任何世界重大议题均无法获得解决，从环境保护、伊朗核问题、朝核问题到联合国的改革等。”

三是中国的发展正站在一个新的历史起点上，善于学习的中国共产党人将勇敢而明智地把握新机遇、迎接新挑战、解决新矛盾。如美国乔治敦大学苏特教授所说：“中国共产党是中国的执政党，党的政策将决定国家经济与社会发展的方向，中共十七大所制定的政策将决定中国今后至少5年内的发展趋势。”

四是中国共产党提出的可持续发展模式、和谐社会等理念受到世界普遍的认可。欧盟首任驻华大使杜侠都先生说：“实践‘科学发展观’‘和谐社会’理念，将有助于中国的社会稳定与可持续发展。‘和谐’不仅是中国人民的追求与梦想，也是欧洲各国人民的共同心声。”

三、全面建设小康社会的新要求

● 大会把中国特色社会主义理论体系和科学发展观写入党章，确立了其在全党的指导地位

中国特色社会主义理论体系是马克思主义中国化最新成果，是党最可

宝贵的政治和精神财富，把这一重大理论成果写入党章，充分反映了全党和全国人民的愿望和要求。把科学发展观放在突出位置，进行全面系统深入阐发，并将其写入党章，这是党的十七大的重大贡献，有利于全党同志增强贯彻落实科学发展观的自觉性和坚定性，进一步把思想统一到科学发展上来，把全社会建设社会主义的积极性引导到科学发展上来，把科学发展观贯彻落实到经济社会发展的各个方面。报告指出：科学发展观，第一要义是发展，核心是以人为本，基本要求是全面协调可持续，根本方法是统筹兼顾。它是对党的三代中央领导集体关于发展的重要思想的继承和发展，是马克思主义关于发展的世界观和方法论的集中体现，是同马克思列宁主义、毛泽东思想、邓小平理论和“三个代表”重要思想既一脉相承又与时俱进的科学理论，是我国经济社会发展的重要指导方针，是发展中国特色社会主义必须坚持和贯彻的重大战略思想。

● 提出实现全面建设小康社会奋斗目标新要求

中国共产党第十七次全国代表大会提出了实现全面建设小康社会奋斗目标的新要求，按照中国特色社会主义事业总体布局，对社会主义经济建设、政治建设、文化建设、社会建设作出全面部署。

大会在党的十六大确立的全面建设小康社会目标的基础上，对我国发展提出新的更高要求。这就是：增强发展协调性，努力实现经济又好又快发展；扩大社会主义民主，更好保障人民权益和社会公平正义；加强文化建设，明显提高全民族文明素质；加快发展社会事业，全面改善人民生活；建设生态文明，基本形成节约能源资源和保护生态环境的产业结构、增长方式、消费模式。

大会对社会主义经济建设、政治建设、文化建设、社会建设和生态建设作出重大部署。经济建设方面，强调要在加快转变经济发展方式、完善社会主义市场经济体制方面取得重大进展，大力推进经济结构战略性调整，更加注重提高自主创新能力、提高节能环保水平、提高经济整体素质和国际竞争力，从制度上更好地发挥市场在配置资源中的基础性作用，形成有利于科学发展的宏观调控体系，并从提高自主创新能力、加快转变经济发展方式、统筹城乡发展、加强能源资源节约和生态环境保护、推动区域协调发展、完善

基本经济制度、深化财税金融等体制改革、拓展对外开放广度和深度等八个方面进行了具体部署。政治建设方面，强调我国政治体制改革必须坚持正确的政治方向，必须坚持党的领导、人民当家作主、依法治国有机统一，并从扩大人民民主、发展基层民主、全面落实依法治国基本方略、壮大爱国统一战线、加快行政体制改革、完善制约和监督机制等六个方面进行了具体部署。文化建设方面，强调要坚持社会主义先进文化前进方向，兴起社会主义文化建设新高潮，提高国家文化软实力，使人民基本文化权益得到更好保障、使社会文化生活更加丰富多彩、使人民精神风貌更加昂扬向上，并从建设社会主义核心价值体系、建设和谐文化、弘扬中华文化、推进文化创新等四个方面进行了具体部署。社会建设方面，强调必须在经济发展基础上，更加重视社会建设，着力保障和改善民生，推进社会体制改革，扩大公共服务，完善社会管理，促进社会公平正义，推动建设和谐社会，并从优先发展教育、实施扩大就业的发展战略、深化收入分配制度改革、加快建立覆盖城乡居民的社会保障体系、建立基本医疗卫生制度、完善社会管理等六个方面进行了具体部署。

大会强调，必须按照中国特色社会主义事业总体布局，全面推进经济建设、政治建设、文化建设、社会建设，促进现代化建设各个环节、各个方面相协调，促进生产关系与生产力、上层建筑与经济基础相协调。

大会第一次提出了加快推进以改善民生为重点的社会建设，努力使全体人民学有所教、劳有所得、病有所医、老有所养、住有所居，推动建设和谐社会。

大会强调要建设生态文明，这是我们党第一次把它作为一项战略任务明确提出来。

● 通过关于《中国共产党章程（修正案）》的决议

中国共产党第十七次全国代表大会审议并一致通过十六届中央委员会提出的《中国共产党章程（修正案）》，决定这一修正案自通过之日起生效。

这次党的全国代表大会对党章的修改主要集中在八个方面：一是将科学发展观写入党章。在总纲部分明确指出，科学发展观是我国经济社会发展的重要指导方针，是发展中国特色社会主义必须坚持和贯彻的重大战略思想；

二是把中国特色社会主义道路和中国特色社会主义理论体系重大论断写入党章；三是把和谐的目标写入党章。提出把我国建设成为富强、民主、文明、和谐的社会主义现代化国家；四是把经济建设、政治建设、文化建设、社会建设四位一体的中国特色社会主义事业总体布局写入党章；五是把发展社会主义市场经济、发展社会主义民主政治、发展社会主义先进文化、构建社会主义和谐社会的内容写入党章；六是把党在领导军队建设、民族工作、宗教工作、统战工作、外交工作等方面形成的方针政策写入党章；七是把十六大以来我们党在党的建设方面取得的重大认识和成果写入党章；八是把党的一些具体制度写入党章；九是新增了对党员、党的干部和党的各级组织的要求的内容。把以上这些内容写入党章，是适应新形势新任务的要求，有利于进一步加强和改进党的建设，使党始终成为中国特色社会主义事业的坚强领导核心。

大会要求，党的各级组织和全党同志高举中国特色社会主义伟大旗帜，坚持以邓小平理论和“三个代表”重要思想为指导，深入贯彻落实科学发展观，切实学习党章、遵守党章、贯彻党章、维护党章，进一步加强党的执政能力建设和先进性建设，不断提高党的创造力、凝聚力、战斗力，为夺取全面建设小康社会新胜利、开创中国特色社会主义事业新局面而不懈奋斗！

● 对全面加强和改进党的建设作出战略部署

大会提出以改革创新精神全面推进党的建设新的伟大工程，进一步完善了党的建设总体布局，对在新的历史条件下全面加强和改进党的建设作出战略部署。这就是：把党的执政能力建设和先进性建设作为主线，坚持党要管党、从严治党，贯彻为民、务实、清廉的要求，以坚定理想信念为重点加强思想建设，以造就高素质党员、干部队伍为重点加强组织建设，以保持党同人民群众的血肉联系为重点加强作风建设，以健全民主集中制为重点加强制度建设，以完善惩治和预防腐败体系为重点加强反腐倡廉建设，使党始终成为立党为公、执政为民，求真务实、改革创新，艰苦奋斗、清正廉洁，富有活力、团结和谐的马克思主义执政党。

党的十七大强调，全党同志必须清醒认识到，实现全面建设小康社会的目标还需要继续奋斗十几年，基本实现现代化还需要继续奋斗几十年，巩固

和发展社会主义制度则需要几代人、十几代人甚至几十代人坚持不懈地努力奋斗。我们必须继续承担好带领中国人民创造幸福生活、实现中华民族伟大复兴的历史使命。我们一定要居安思危、增强忧患意识，一定要戒骄戒躁、艰苦奋斗，一定要刻苦学习、埋头苦干，一定要加强团结、顾全大局，战胜一切艰难险阻，推动党和人民事业取得新的更大胜利。

实践已经并将会继续证明，这次大会作出的重大决策和部署、取得的重要成果，必将对全面推进中国特色社会主义伟大事业和党的建设新的伟大工程发挥十分重要的指导作用，具有十分重大的战略意义。

四、坚定不移走中国特色社会主义道路

● 大会回顾和总结了改革开放的历程和经验，有利于统一全党思想和认识

党的十三大、十四大、十五大、十六大都对改革开放作了重要阐述，对指导改革开放发挥了重大作用。党的十七大报告对29年来我国改革开放的历史进程和宝贵经验作了大跨度的回顾总结，指出：改革开放是党在新的时代条件下带领人民进行的新的伟大革命，目的就是要解放和发展社会生产力，实现国家现代化，让中国人民富裕起来，振兴伟大的中华民族；就是要推动我国社会主义制度自我完善和发展，赋予社会主义新的生机活力，建设和发展中国特色社会主义；就是要在引领当代中国发展进步中加强和改进党的建设，保持和发展党的先进性，确保党始终走在时代前列。

报告强调，改革开放是决定当代中国命运的关键抉择，是发展中国特色社会主义、实现中华民族伟大复兴的必由之路；只有社会主义才能救中国，只有改革开放才能发展中国、发展社会主义、发展马克思主义。改革开放作为一场新的伟大革命，不可能一帆风顺，也不可能一蹴而就。最根本的是，改革开放符合党心民心、顺应时代潮流，方向和道路是完全正确的，成效和功绩不容否定，停顿和倒退没有出路。报告用“十个结合”总结和概括了

改革开放的历史经验，指出：在改革开放的历史进程中，我们党把坚持马克思主义基本原理同推进马克思主义中国化结合起来，把坚持四项基本原则同坚持改革开放结合起来，把尊重人民首创精神同加强和改善党的领导结合起来，把坚持社会主义基本制度同发展市场经济结合起来，把推动经济基础变革同推动上层建筑改革结合起来，把发展社会生产力同提高全民族文明素质结合起来，把提高效率同促进社会公平结合起来，把坚持独立自主同参与经济全球化结合起来，把促进改革发展同保持社会稳定结合起来，把推进中国特色社会主义伟大事业同推进党的建设新的伟大工程结合起来，取得了我们这样一个十几亿人口的发展中大国摆脱贫困、加快实现现代化、巩固和发展社会主义的宝贵经验。这一回顾总结，对于我们着重领会和把握改革开放这场新的伟大革命的目的和性质，进一步坚定在新的历史条件下继续推进改革开放、走中国特色社会主义道路的决心和信心，具有重大现实意义和深远历史意义。

● 大会对中国特色社会主义道路和中国特色社会主义理论体系进行了系统阐述，推进了党的理论创新

党的十七大的一个重大理论贡献，就是在总结历史经验和新鲜经验的基础上，进一步阐明了中国特色社会主义这一党在新时期的理论主题和实践主题，强调高举中国特色社会主义伟大旗帜，最根本的就是要坚持中国特色社会主义道路和中国特色社会主义理论体系。所谓中国特色社会主义道路，就是在中国共产党领导下，立足基本国情，以经济建设为中心，坚持四项基本原则，坚持改革开放，解放和发展社会生产力，巩固和完善社会主义制度，建设社会主义市场经济、社会主义民主政治、社会主义先进文化、社会主义和谐社会，建设富强民主文明和谐的社会主义现代化国家。它是由诸多具体道路构成的我国发展的总道路。党的十七大在论述各项工作时，提出了中国特色自主创新道路、中国特色新型工业化道路、中国特色农业现代化道路、中国特色城镇化道路、中国特色社会主义政治发展道路、中国特色反腐倡廉道路等要求。这些具体道路，从各自方面不断丰富和发展着中国特色社会主义道路这条我国发展的总道路。在总结改革开放历史进程和宝贵经验的基础上，党的十七大创造性地提出并深刻阐述了中国特色社会主义理论体系，这

就是包括邓小平理论、“三个代表”重要思想以及科学发展观等重大战略思想在内的科学理论体系。这个理论体系，坚持和发展了马克思列宁主义、毛泽东思想，凝结了几代中国共产党人带领人民不懈探索实践的智慧和心血，是马克思主义中国化最新成果，是党最可宝贵的政治和精神财富，是全国各族人民团结奋斗的共同思想基础。这是中国共产党对马克思主义理论的重大贡献。

● 大会为继续推动党和国家事业发展指明了前进方向

党的十七大高举旗帜、继往开来、求真务实，是一次团结的大会、胜利的大会、奋进的大会。大会认为，胡锦涛代表第十六届中央委员会作的工作报告，科学回答了党在改革发展关键阶段举什么旗、走什么路、以什么样的精神状态、朝着什么样的发展目标继续前进等重大问题，对继续推进改革开放和社会主义现代化建设、实现全面建设小康社会的宏伟目标作出了全面部署，对以改革创新精神全面推进党的建设新的伟大工程提出了明确要求。报告描绘了在新的时代条件下继续全面建设小康社会、加快推进社会主义现代化的宏伟蓝图，为我们继续推动党和国家事业发展指明了前进方向，是全党全国各族人民智慧的结晶，是我们党团结带领全国各族人民坚定不移走中国特色社会主义道路、在新的历史起点上继续发展中国特色社会主义的政治宣言和行动纲领，是马克思主义的纲领性文献，对我们党带领人民继往开来、开拓奋进，夺取全面建设小康社会新胜利，完成时代赋予的崇高使命具有十分重大的意义。

附录：十七届中央委员会历次全会简介

十七届一中全会

2007年10月22日在北京举行。全会选举了中央政治局委员、中央政治局常务委员会委员、中央委员会总书记；根据中央政治局常务委员会的提名，通过了中央书记处成员；决定了中央军事委员会组成人员；批准了中央纪律检查委员会第一次全体会议选举产生的书记、副书记和常务委员会委员人选。胡锦涛任中央委员会总书记、中央军事委员会主席。

十七届二中全会

2008 年 2 月 25 日至 27 日在北京举行。全会审议通过了中央政治局在广泛征求党内外意见、反复酝酿协商的基础上提出的拟向十一届全国人大一次会议推荐的国家机构领导人员人选建议名单和拟向全国政协十一届一次会议推荐的全国政协领导人员人选建议名单，决定将这两个建议名单分别向十一届全国人大一次会议主席团和全国政协十一届一次会议主席团推荐。全会审议通过了在广泛征求意见的基础上提出的《关于深化行政管理体制改革的意见》和《国务院机构改革方案》，同意把《国务院机构改革方案》提请十一届全国人大一次会议审议。

十七届三中全会

2008 年 10 月 9 日至 12 日在北京举行。全会听取和讨论了胡锦涛受中央政治局委托作的工作报告，审议通过了《中共中央关于推进农村改革发展若干重大问题的决定》。回良玉就《决定（讨论稿）》向全会作了说明。全会充分肯定党的十七届一中全会以来中央政治局的工作。全会全面分析了形势和任务特别是经济形势，研究了新形势下推进农村改革发展的若干重大问题，认为在改革开放 30 周年之际，系统回顾总结我国农村改革发展的光辉历程和宝贵经验，进一步统一全党全社会认识，加快推进社会主义新农村建设，大力推动城乡统筹发展，对于全面贯彻党的十七大精神，深入贯彻落实科学发展观，夺取全面建设小康社会新胜利、开创中国特色社会主义事业新局面，具有重大而深远的意义。

十七届四中全会

2009 年 9 月 15 日至 18 日在北京举行。全会听取和讨论了胡锦涛受中央政治局委托作的工作报告，审议通过了《中共中央关于加强和改进新形势下党的建设若干重大问题的决定》。习近平就《决定（讨论稿）》向全会作了

说明。全会充分肯定党的十七届三中全会以来中央政治局的工作。全会研究了加强和改进新形势下党的建设若干重大问题，认为在新中国成立60周年之际，进一步研究和部署以改革创新精神推进党的建设新的伟大工程，对于全面贯彻党的十七大精神，深入贯彻落实科学发展观，有效应对国际金融危机冲击、保持经济平稳较快发展，夺取全面建设小康社会新胜利、开创中国特色社会主义事业新局面，具有重大而深远的意义。

十七届五中全会

2010年10月15日至18日在北京举行。全会听取和讨论了胡锦涛受中央政治局委托作的工作报告，审议通过了《中共中央关于制定国民经济和社会发展第十二个五年规划的建议》。温家宝就《建议（讨论稿）》向全会作了说明。全会充分肯定党的十七届四中全会以来中央政治局的工作。全会认为，“十二五”时期是全面建设小康社会的关键时期，是深化改革开放、加快转变经济发展方式的攻坚时期。深刻认识并准确把握国内外形势新变化新特点，科学制定“十二五”规划，对于继续抓住和用好我国发展的重要战略机遇期、促进经济长期平稳较快发展，对于夺取全面建设小康社会新胜利、推进中国特色社会主义伟大事业，具有十分重要的意义。全会高度评价“十一五”时期我国经济社会发展取得的巨大成就。全会决定，增补习近平为中央军事委员会副主席。

十七届六中全会

2011年10月15日至18日在北京举行。全会听取和讨论了胡锦涛受中央政治局委托作的工作报告，审议通过了《中共中央关于深化文化体制改革、推动社会主义文化大发展大繁荣若干重大问题的决定》。李长春就《决定（讨论稿）》向全会作了说明。全会充分肯定党的十七届五中全会以来中央政治局的工作。全会研究了深化文化体制改革、推动社会主义文化大发展大繁荣若干重大问题，认为总结我国文化改革发展的丰富实践和宝贵经验，研究部署深化文化体制改革、推动社会主义文化大发展大繁荣，进一步兴起社会主义文化建设新高潮，对夺取全面建设小康社会新胜利、开创中国特色社会主义事业新局面、实现中华民族伟大复兴具有重大而深远的意义。全会审议并通过了《关于召开党的第十八次全国代表大会的决议》，决定党的十八大于2012年下半年在北京召开。

十七届七中全会

2012年11月1日至4日在北京举行。会议决定，中国共产党第十八次全国代表大会于2012年11月8日在北京召开。出席会议的有中央委员200人，候补中央委员165人。中央纪律检查委员会委员和有关负责同志列席会议。会议听取和讨论了胡锦涛受中央政治局委托作的工作报告。全会讨论并通过了党的十七届中央委员会向党的第十八次全国代表大会的报告，讨论并通过了《中国共产党章程（修正案）》，决定将这两份文件提请党的第十八次全国代表大会审议。习近平就党的十七届中央委员会向党的第十八次全国代表大会的报告讨论稿和《中国共产党章程（修正案）》讨论稿向全会作了说明。全会充分肯定了党的十七届六中全会以来中央政治局的工作。全会总结了党的十七大以来五年的工作。全会决定，增补范长龙、许其亮为中共中央军事委员会副主席。全会按照党章规定，决定递补中央委员会候补委员王学军、王建平为中央委员会委员。全会审议并通过了《中共中央纪律检查委员会关于薄熙来严重违纪问题的审查报告》《中共中央纪律检查委员会关于刘志军严重违纪问题的审查报告》，确认中央政治局2012年9月28日作出的给予薄熙来开除党籍、2012年5月28日作出的给予刘志军开除党籍的处分。全会全面分析了当前形势和任务，深入讨论了新形势下发展中国特色社会主义伟大事业、推进党的建设新的伟大工程的若干重大问题，为召开党的第十八次全国代表大会作了充分准备。

中共十八大：
坚持和发展中国特色社会主义

一、全面建成小康社会进入决定性阶段

● 在中国特色社会主义道路上奋勇前进的五年

十七大对推进改革开放和社会主义现代化建设、实现全面建设小康社会宏伟目标作出全面部署。为贯彻十七大精神，中央先后召开七次全会，分别就深化行政管理体制改革、推进农村改革发展、加强和改进新形势下党的建设、制定“十二五”规划、推进文化改革发展等关系全局的重大问题作出决定和部署，胜利完成“十一五”规划，顺利实施“十二五”规划，各方面工作都取得新的重大成就。

经济平稳较快发展，综合国力大幅度提升，2011 年国内生产总值达到 47.3 万亿元。创新型国家建设成效显著，载人航天、探月工程、载人深潜、超级计算机、高速铁路等实现重大突破。农村综合改革、集体林权制度改革、国有企业改革不断深化，非公有制经济健康发展。现代市场体系和宏观调控体系不断健全。开放型经济达到新水平，进出口总额跃居世界第二位。

改善民生力度不断加大，城乡就业持续扩大，居民收入较快增长，城乡最低生活保障标准和农村扶贫标准大幅度提升，企业退休人员基本养老金持续提高。

政治体制改革继续推进。实行城乡按相同人口比例选举人大代表。基层民主不断发展。中国特色社会主义法律体系形成，社会主义法治国家建设成绩显著。爱国统一战线巩固壮大。行政体制改革深化，司法体制和工作机制改革取得新进展。

社会主义核心价值体系建设深入开展，文化体制改革全面推进，公共文化服务体系建设取得重大进展，人民精神文化生活更加丰富多彩。基本公共服务水平和均等化程度明显提高。教育事业迅速发展，城乡免费义务教育全面实现。

城乡基本养老保险制度全面建立，新型社会救助体系基本形成。全民医保基本实现，城乡基本医疗卫生制度初步建立。保障性住房建设加快推进。加强和创新社会管理，社会保持和谐稳定。

中国特色军事变革取得重大成就，军队革命化、现代化、正规化建设协调推进、全面加强，出色完成一系列急难险重任务。香港、澳门保持繁荣稳定，同内地交流合作提高到新水平。推动两岸关系实现重大转折，实现两岸全面直接双向“三通”，签署实施两岸经济合作框架协议，形成两岸全方位交往格局，开创两岸关系和平发展新局面。

加强同世界各国交流合作，推动全球治理机制变革，积极促进世界和平与发展，在国际事务中的代表性和话语权进一步增强，为改革发展争取了有利国际环境。

党的执政能力建设和先进性建设继续推进，思想理论建设成效明显，学习实践科学发展观活动取得重要成果，党的建设改革创新迈出重要步伐。

这五年的工作是十六大以来全面建设小康社会十年实践的重要组成部分。十年中，我国经济总量从世界第六位跃升到第二位，社会生产力、经济实力、科技实力迈上一个大台阶，人民生活水平、居民收入水平、社会保障水平迈上一个大台阶，综合国力、国际竞争力、国际影响力迈上一个大台阶，国家面貌发生新的历史性变化。人们公认，这是我国经济持续发展、民主不断健全、文化日益繁荣、社会保持稳定的时期，是着力保障和改善民生、人民得到实惠更多的时期。

这期间，国际局势风云变幻，综合国力竞争空前激烈，党中央坚持深化改革开放，加快发展步伐，以加入世界贸易组织为契机，变压力为动力，化挑战为机遇，坚定不移推进全面建设小康社会进程。前进过程中，战胜了突如其来的非典疫情，认真总结我国发展实践，准确把握我国发展的阶段性特征，及时提出和全面贯彻科学发展观等重大战略思想，开拓了经济社会发展的广阔空间。2008 年以后，国际金融危机使我国发展遭遇严重困难，党中央科学判断、果断决策，采取一系列重大举措，在全球率先实现经济企稳回升，积累了有效应对外部经济风险冲击、保持经济平稳较快发展的重要经验。我国成功举办北京奥运会、残奥会和上海世博会，夺取抗击汶川特大地震等严重自然灾害和灾后恢复重建重大胜利，妥善处置一系列重大突发事件。在十分复杂的国内外形势下，党和人民经受住严峻考验，巩固和发展了

改革开放和社会主义现代化建设大局，提高了我国国际地位，彰显了中国特色社会主义的巨大优越性和强大生命力，增强了中国人民和中华民族的自豪感和凝聚力。

● 世情、国情、党情继续发生深刻变化

我国进入全面建成小康社会决定性阶段，世情、国情、党情继续发生深刻变化，我们面临的发展机遇和风险挑战前所未有。综观国际国内大势，我国发展仍处于可以大有作为的重要战略机遇期。这是对我国发展环境和阶段作出的重大判断。

从世情看，世界多极化、经济全球化深入发展，国际大环境总体上对我国发展有利，我国发展长期向好趋势没有改变。同时，国际竞争空前激烈，全球性矛盾和问题更加突出。

一方面，经济发展日益成为各国利益交汇点。和平发展合作仍然是时代主题和趋势，但世界经济政治格局发生深刻变化，全球合作向多层次全方位拓展，新兴市场国家和发展中国家整体实力增强，国际力量对比已朝着有利于维护世界和平方向发展。国家之间可能有竞争、有摩擦，但更需要合作，互利共赢是彼此利益的交汇处，这有利于我们在和平稳定的国际环境下发展自己。同时，国际金融危机影响仍然笼罩全球，发达经济体面临主权债务危机等问题。在应对金融危机中，各国都把发展经济作为优先课题。我国长期坚持开放合作的发展，自身的经济实力和国际影响力日益提升，已成为世界经济的重要力量。我们与各方利益汇合点会进一步集聚和扩大。

另一方面，国际环境不稳定不确定因素增多。全球经济和贸易持续低迷，各种形式的保护主义抬头，金融市场和大宗商品价格剧烈波动，世界经济复苏将是一个缓慢而复杂的过程。与此同时，全球发展不平衡加剧，国际金融危机对原有的经济发展模式带来很大冲击，引发全球增长方式、供需关系、治理结构大的调整变化。发达国家在经济科技上占优势的压力将长期存在，全球产业和技术革命在给我们带来机遇的同时也带来挑战。此外，全球面临贫困、粮食安全、能源资源安全以及网络安全等非传统安全方面的挑战。世界仍然很不安宁，我国发展面临的外部环境严峻复杂。

从国情看，我国已进入深化改革开放、加快转变经济发展方式的攻坚时

期，前进道路上的困难、问题和风险增多。

一是我们已站在可以发挥综合优势的发展新起点。改革开放以来，我国现代化建设取得举世瞩目的伟大成就，经济发展不断跨上新台阶，人民生活持续改善，为继续前进奠定了雄厚的物质基础。工业化、信息化、城镇化、农业现代化深入发展，国内市场和区域开发空间广阔，经济结构转型加快，科技教育整体水平提高，劳动力素质改善，资金供给充裕，基础设施日益完善，生产要素综合优势将长期存在。我们有信心也有能力保持经济持续健康发展与社会全面进步。

二是发展中不平衡不协调不可持续问题依然突出。我国已成为经济大国，但还不是经济强国。主要问题是，产业结构不合理，科技创新能力不强，经济增长过多依靠投资拉动，消费特别是居民消费不足，内需外需还不协调，城乡区域发展差距仍然较大。更为突出的是，能源资源消耗多，环境污染重，增长的质量和效益不高。这都表明，长期以来高投入、高消耗、高污染、低效益的增长方式已不可为继。不加快转变经济发展方式和调整经济结构，发展就难以持续。

三是进一步发展面临新的重大结构性问题。在我们这样一个有十几亿人口的发展中大国实现现代化，是一项前无古人的伟大事业，同时也面临着从未遇到的严峻挑战。世界上不少国家进入中等收入阶段后，出现了经济增长徘徊不前、贫富差距扩大、社会矛盾增多等重大结构性问题，这往往被称为“中等收入陷阱”。我国人均国内生产总值已达到中等收入国家水平，同样也面临这类挑战。在发展进程中，经济增长的制约条件增加，利益格局正在发生深刻变化，居民收入分配差距较大，影响群众切身利益的问题较多。同时，人民群众对提高生活质量、加强和改善公共服务提出了新期待。

从党情看，党的建设全面加强，但党内一些干部领导科学发展能力不强，一些基层党组织软弱涣散，少数党员干部理想信念动摇、宗旨意识淡薄，形式主义、官僚主义问题突出，奢侈浪费现象严重。一些领域消极腐败现象易发多发，反腐败斗争形势依然严峻。对这些困难和问题，必须高度重视、认真解决。

总之，我国仍处于并将长期处于社会主义初级阶段的基本国情没有变，人民日益增长的物质文化需要同落后的社会生产之间的矛盾这一社会主要矛

盾没有变，我国是世界最大发展中国家的国际地位没有变。我们要从全局和战略的高度，准确把握国内外发展大势，统筹国内国际两个大局，牢牢抓住并充分用好可以大有作为的重要战略机遇期，沉着应对并妥善处理好各种风险和挑战，促进经济持续健康发展和社会全面进步，把我国改革开放和社会主义现代化事业不断推向前进。

二、高举旗帜、继往开来、团结奋进的大会

● 预备会议

2012 年 11 月 7 日下午，中国共产党第十八次全国代表大会在人民大会堂举行预备会议。中共中央总书记胡锦涛主持会议。2280 名代表、特邀代表出席预备会议。会议以举手表决方式，通过由 22 人组成的代表资格审查委员会名单，通过由 247 人组成的大会主席团名单，通过习近平为大会秘书长。会议并通过了大会秘书处机构设置和工作任务。会议还通过了十八大的议程。大会的议程为：听取和审查十七届中央委员会的报告；审查十七届中央纪律检查委员会的工作报告；审议通过《中国共产党章程（修正案）》；选举十八届中央委员会；选举十八届中央纪律检查委员会。

接着，中国共产党第十八次全国代表大会主席团在人民大会堂举行第一次会议。胡锦涛出席会议并作重要讲话。会议首先在大会秘书长习近平主持下，以举手表决方式通过了由胡锦涛等 41 人组成的主席团常务委员会名单。随后，会议在胡锦涛主持下进行了各项议程。会议以举手表决方式通过了刘云山、李源潮、栗战书为大会副秘书长。

会议通过了中国共产党第十八次全国代表大会代表资格审查委员会关于代表资格的审查报告。代表选举工作从 2011 年 10 月开始，到 2012 年 7 月圆满完成。全国基层党组织的参与基本实现了全覆盖，党员参与率达到 98%。除西藏、新疆外，其他选举单位均按照多于 15% 的差额比例，选举产生了出席党的十八大代表。十八大代表总体上符合中央规定的代表应具备的

条件，是共产党员中的优秀分子，在生产和工作中作出了显著成绩，具有较高的思想政治素质和较强的议事能力。十八大代表结构与分布比较合理。生产和工作第一线党员代表比十七大时明显增加，工人党员代表比例较大幅度提高。十八大代表学历层次较高，有不同历史时期入党的党员。出席党的十八大代表各项结构比例均符合中央要求，具有广泛的代表性。

会议通过了中国共产党第十八次全国代表大会选举办法（草案），提交各代表团酝酿。会议还通过了列席和来宾事项。中央决定，邀请党内有关负责同志和部分党外人士列席大会。列席大会的有：不是十八大代表的十七届中央委员会委员、候补委员和中央纪律检查委员会委员；不是十八大代表、特邀代表的原中央顾问委员会委员；曾经列席十七大的党内部分老同志，以及其他有关同志，共 314 人。作为来宾列席大会开幕会和闭幕会的有：现任和曾任全国人大常委会副委员长、全国政协副主席的党外人士，各民主党派中央、全国工商联主席及在京副主席和无党派人士代表，全国人大、全国政协在京常委中的民主党派、无党派和民族宗教界人士，共 147 人。

主席团会议还通过了十八大的日程。根据这个日程，十八大将于 11 月 8 日上午开幕，11 月 14 日上午闭幕。

● 大会进程

2012 年 11 月 8 日上午 9 时，中国共产党第十八次全国代表大会在北京人民大会堂开幕。大会的主题是：高举中国特色社会主义伟大旗帜，以邓小平理论、“三个代表”重要思想、科学发展观为指导，解放思想，改革开放，凝聚力量，攻坚克难，坚定不移沿着中国特色社会主义道路前进，为全面建成小康社会而奋斗。

胡锦涛代表第十七届中央委员会向大会作了题为《坚定不移沿着中国特色社会主义道路前进，为全面建成小康社会而奋斗》的报告。报告分 12 个部分：（一）过去五年的工作和十年的基本总结；（二）夺取中国特色社会主义新胜利；（三）全面建成小康社会和全面深化改革开放的目标；（四）加快完善社会主义市场经济体制和加快转变经济发展方式；（五）坚持走中国特色社会主义政治发展道路和推进政治体制改革；（六）扎实推进社会主义文化强国建设；（七）在改善民生和创新管理中加强社会建设；（八）大力推进

生态文明建设；（九）加快推进国防和军队现代化；（十）丰富“一国两制”实践和推进祖国统一；（十一）继续促进人类和平与发展的崇高事业；（十二）全面提高党的建设科学化水平。

11月10日下午，中国共产党第十八次全国代表大会主席团在人民大会堂举行第二次会议。胡锦涛主持会议。大会秘书长习近平就十八届中央委员会委员、候补委员和中央纪律检查委员会委员候选人预备人选建议名单作了说明。会议通过了将关于十七届中央委员会报告的决议（草案）、关于十七届中央纪律检查委员会工作报告的决议（草案）、关于《中国共产党章程（修正案）》的决议（草案）提交各代表团讨论。会议表决通过，将十八届中央委员会委员、候补委员和中央纪律检查委员会委员候选人预备人选建议名单提交各代表团酝酿。会议通过了经各代表团酝酿的大会选举办法。会议还通过了监票人、总监票人名单，待正式选举时提请大会通过。

11月13日上午，中国共产党第十八次全国代表大会主席团在人民大会堂举行第三次会议，通过十八届中央委员会委员、候补委员和中央纪律检查委员会委员候选人名单（草案），提交各代表团酝酿。胡锦涛主持会议。会议通过了经各代表团差额预选产生的十八届中央委员会委员、候补委员和中央纪律检查委员会委员候选人名单（草案），决定将名单提交各代表团酝酿。下午，大会举行各代表团分组会议，酝酿主席团第三次会议通过的中央委员、候补中央委员、中央纪委委员候选人名单。

11月14日上午9时，中国共产党第十八次全国代表大会闭幕会开始。胡锦涛主持大会。大会应到代表和特邀代表2325人，实到2307人。实到代表超过应到代表的半数，符合大会选举办法的规定。会议首先通过了2名总监票人和36名监票人名单。在总监票人和监票人监督下，到会的代表和特邀代表以无记名投票方式，选举出由205名委员、171名候补委员组成的十八届中央委员会，选举出十八届中央纪律检查委员会委员130名。11时27分，胡锦涛宣布，第十八届中央委员会和中央纪律检查委员会，已经党的第十八次全国代表大会选举产生。全场响起长时间的热烈掌声。随后，大会通过了关于十七届中央委员会报告的决议。大会批准胡锦涛代表十七届中央委员会所作的报告。大会高度评价十七届中央委员会的工作。大会通过了关于中央纪律检查委员会工作报告的决议。大会充分肯定了十七届中央纪律检查委员会的工作。大会通过了关于《中国共产党章程（修正案）》的决议，决定这一修正案自通过之日起生效。

大会完成各项议程后，胡锦涛在热烈的掌声中发表了重要讲话。他表示，在全体代表共同努力下，这次大会开成了一次高举旗帜、继往开来、团结奋进的大会。大会通过的十七届中央委员会的报告，高举中国特色社会主义伟大旗帜，以马克思列宁主义、毛泽东思想、邓小平理论、“三个代表”重要思想、科学发展观为指导，分析了国际国内形势的发展变化，回顾总结了过去五年的工作和党的十六大以来的奋斗历程及取得的历史性成就，确立了科学发展观的历史地位，提出了夺取中国特色社会主义新胜利必须牢牢把握的基本要求，确定了全面建成小康社会和全面深化改革开放的目标，对新的时代条件下推进中国特色社会主义事业作出了全面部署，对全面提高党的建设科学化水平提出了明确要求。大会通过的党章修正案，体现了党的理论创新和实践发展的成果，体现了党的十八大报告确立的重大理论观点、重大方针政策、重大工作部署，反映了近年来党的建设取得的新成果，对加强和改进党的工作和党的建设提出了新要求。我们坚信，大会作出的各项决策部署、取得的各项成果，必将对全面推进中国特色社会主义伟大事业和党的建设新的伟大工程发挥十分重要的指导作用，具有重大现实意义和深远历史意义。

11 月 15 日上午，中共十八届一中全会举行。出席会议的有中央委员 205 人，候补中央委员 171 人。中央纪律检查委员会委员列席会议。习近平同志主持会议并作了重要讲话。全会选举习近平为中央委员会总书记，决定习近平为中央军事委员会主席，批准王岐山为中央纪律检查委员会书记。全会结束后，中共中央委员会总书记习近平和新当选的中央政治局常委李克强、张德江、俞正声、刘云山、王岐山、张高丽，在北京人民大会堂东大厅同采访十八大的 500 多名中外记者见面。习近平总书记发表重要讲话，代表十八大大会秘书处向记者们表示衷心的感谢，代表新一届中央领导机构成员衷心感谢全党同志的信任。他表示：我们一定不负重托，不辱使命。全党同志的重托，全国各族人民的期望，是对我们作好工作的巨大鼓舞，也是我们肩上沉沉的担子。这个重大责任，就是对民族的责任、对人民的责任、对党的责任。我们的责任，就是要团结带领全党全国各族人民，接过历史的接力

棒，继续为实现中华民族伟大复兴而努力奋斗，使中华民族更加坚强有力地自立于世界民族之林，为人类作出新的更大的贡献。人民对美好生活的向往，就是我们的奋斗目标。我们的责任，就是要团结带领全党全国各族人民，继续解放思想，坚持改革开放，不断解放和发展社会生产力，努力解决群众的生产生活困难，坚定不移走共同富裕的道路。打铁还需自身硬。我们的责任，就是同全党同志一道，坚持党要管党、从严治党，切实解决自身存在的突出问题，切实改进工作作风，密切联系群众，使我们党始终成为中国特色社会主义事业的坚强领导核心。责任重于泰山，事业任重道远。我们一定要始终与人民心心相印、与人民同甘共苦、与人民团结奋斗，夙夜在公，勤勉工作，努力向历史、向人民交一份合格的答卷。

● 代表讨论

在分组讨论中，代表们踊跃发言。

陕西省榆林市定边县海子梁乡石光银代表说：“十八大报告的主题回应了时代的要求、人民的期盼。走路，先要看方向，沿着中国特色社会主义道路前进，就会越走越宽。对我们村来讲，大地变绿了，农民变富了，这条道路把我们带上了致富路，带进了安乐窝。”河南省濮阳县庆祖镇西辛庄村党委书记李连成代表表示：农民这十年得到了真正的实惠，很多农民都说“免了农业税，种粮直补多，实行了新农合，贫困农民享低保，孩子学费全免了，村村都通水泥路，条条致富阳光道”。江苏华西村党委书记吴协恩代表说：“十八大报告明确提出确保到2020年实现全面建成小康社会宏伟目标，华西村在感受鼓舞的同时，更多是一种紧迫感！”华西村虽然很早就实现了全面小康，但是对于现在拥有20个新村的“大华西”来讲，如何早日实现全面小康是当前首要的发展课题。

中国建材集团董事长宋志平代表说：“十八大报告提出要深化国企改革，意义重大。国企是中国经济的稳定器，国企改革是经济体制改革的中心环节，要坚定国有企业改革发展信心，大力提高国有企业市场竞争力。”海尔集团首席执行官张瑞敏表示：“十八大报告提出，科技创新是提高社会生产力和综合国力的战略支撑，必须摆在国家发展全局的核心位置。这为我们企业发展指明了前进方向。”

浙江省绍兴市委书记张金如代表说："十八大报告指出，文化是民族的血脉，是人民的精神家园。报告对文化价值的深刻论述，进一步增强了我们加强文化建设的历史责任感。"商务印书馆总经理于殿利代表说："党的十八大把文化强国列入党的行动纲领，为进一步推进社会主义文化大发展大繁荣吹响了号角。"中国国家京剧院副院长于魁智代表说："文化创造活力的迸发离不开传承与创新。我们在坚持创排新剧目的同时，还不断挖掘整理一批又一批优秀传统剧目，京剧艺术同其他戏曲一样呈现出可持续发展的态势。"湖北省歌剧舞剧院演员刘丹丽代表说："我和我的同行们将努力践行十八大报告精神，创作、编排更多的优秀文艺作品，为老百姓奉献更多公益演出，为文化惠民工程和农村文化建设出力。"

科技部党组书记、副部长王志刚代表说："实施好创新驱动发展战略，是在科技工作中贯彻落实科学发展观这一指导思想，坚持走中国特色自主创新道路的必然要求。我们必须坚持把改革创新精神进一步贯彻到科技领域，不断深化科技体制改革，加快建设更富效率和活力的国家创新体系。"南京大学党委书记洪银兴代表说："创新驱动是多方面的，科技创新是核心。"青海一机数控机床公司工人乔明明代表说："创新是时代发展的主旋律，立足岗位、处处都有创新的火花，都能体现创新的价值。"

山东大学党委书记李守信代表说："十八大报告强调，要坚持教育优先发展，全面贯彻党的教育方针，把立德树人作为教育的根本任务。面对新的形势和任务，高等学校要走内涵发展、质量发展、特色发展的新路子。"四川省什邡市七一中学校长余永武代表说："十八大报告提出要'加快发展现代职业教育'，要实现这一目标，就必须增强学生就读中等职业教育的吸引力，为学生解决最直接最现实的困难。"重庆建工第一市政工程公司路面处农工班班长康厚明代表说："十八大报告中提出要推动实现更高质量的就业，这让我们农民工心里暖暖的。现在随着经济发展方式的转变，农民工也不能像以前一样只靠力气吃饭，更要学技术、懂技术、用技术。"

新疆库尔勒市梨花社区党委书记迪力努尔·艾则孜代表说："基层社区作为城市的细胞，是社会构成的重要组成部分，在构建和谐社会中起着重要的基础性作用。'群众的微笑，永远是我们工作中的一盏明灯。'"招商银行青岛分行营业部储蓄主管刘娟代表说："这些年，百姓'钱袋子'变化很大：

存折里钱多了、信用卡消费量涨了、养老金水平提了……群众还有几盼：个税起征点大小城市不搞一刀切；丰富理财渠道，增加百姓财产性收入；调控房地产不松劲儿，增加保障房不懈怠。总之，让老百姓兜里的钱更多，更‘值’。”

安徽省黄山市黟县洪星乡红光村支部书记金玉琴代表说：“十八大报告提出要大力推进生态文明建设。希望国家大力促进林业专业合作社发展，加大涉农惠农资金整合力度，尽快建立公益林分级补偿和按质论价机制，整体适当提高补偿标准。”北京环境卫生工程集团有限公司垃圾粪便清运中心驾驶员任晓云代表说：“我是一名来自一线的环卫工人代表，十八大报告中关于生态文明建设的内容，让我既感到十分振奋，又深感责任重大。建设美丽中国，给子孙后代留下天蓝、地绿、水净的美好家园，就要从我做起！”

甘肃省天水市麦积区伯阳镇曹石村书记刘田家代表说：“十八大报告中提出，要解决人民最关心最直接最现实的利益问题。我的理解就是要以民生为抓手，让人民群众尽快富起来，共同奔向全面小康。”福建省福州市鼓楼区军门社区主任林丹代表说：“十八大报告中提出，要健全农村三级医疗卫生服务网络和城市社区卫生服务体系，我对此有非常高的期待。建议动员多种社会力量参与到社区卫生服务体系的建设中，国家制定相关政策鼓励更多大学生进社区工作，形成一套高效的、覆盖更多人群的，尤其是适合社区老人看病养老的卫生服务体系。”广东省佛山市南海区里水镇北沙村党总支书记沈小琴代表说：“十八大报告提出，要在改善民生中加强社会建设，增强城乡社区服务功能。这让我这位长期在珠三角农村摸爬滚打的基层党代表更加坚定了方向。去年起，南海启动了‘村改居’，并实施了让基层自治组织与集体经济组织相互分离的改革，逐步形成了‘社长抓经济，村长管服务’的新局面。今后要在改善村容村貌、生态环保、医疗教育上加大投入，让村民奔向全面小康！”

● 国际舆论高度关注十八大

国际舆论高度关注中国共产党第十八次全国代表大会，在大会召开前后，世界各国主要媒体先后予以报道大会情况，各国政要、有关学者等也纷纷通过撰文、接受采访等形式，对大会予以关注。

德国《世界报》载文称，中共十八大的召开，是指明国际政治走向的一件大事。中国未来的成功与否，对德国有着极为重要的影响。中国是德国产品重要的销售市场，德国企业还将大量的生产线转移到了中国。

美国有线电视新闻网引用著名投资人吉姆·罗杰斯的话称，中国共产党的新一届领导集体将带来一个更加开放的市场，支持越来越多的国际贸易合作，鼓励更多外国投资进入中国。他认为，中国有很多值得学习的地方。

哥伦比亚《时代报》发表评论称，中国将继续沿着邓小平设计的改革开放的伟大道路前进。在世界经济面临危机的大背景下，改革开放保证中国经济持续发展。

南非《商业日报》发表题为《非洲应该懂得他的朋友》的社论。社论说，十八大之后中国对非政策不会改变。中国共产党具有审慎的判断力，其开放的政治体系将会继续引领中国的经济改革。

美国《侨报》在《周刊时评》栏目中刊载题为《中共十八大：坚持和平发展赢取国际环境》的评论。评论说，过去十年，可以说是中国的外部环境最为稳定的十年，也可以说是美中关系的“黄金十年”。过去十年，美中之间的最大成果，是建立和稳定了相互合作的伙伴关系，这已经成为跨越民主党与共和党政府的共识，美中高层之间的密切来往，已经成为机制。我们相信，这种关系必然能在两国的政府换届中，如同火炬一样传递给下一代领导人。

巴西《圣保罗州报》对习近平在记者见面会上的讲话作了解读。文章称，习近平指出中国共产党一直担负着实现中华民族伟大复兴的重任，他将团结党和各族人民继续共同奋斗。文章还表示，习近平关注反腐和民生问题，并将其列为党面临的两大挑战。

葡萄牙《公众报》称，习近平表示世界需要更好地了解中国，并承诺将实行一系列改革。他还表示，新一届领导人将共同努力，使人民“生活得更好”。该报最后呼吁，“中国需要更多地了解世界，世界也需要更多地了解中国”。

西班牙外交与合作大臣马加略在巴塞罗那接受中国驻西班牙媒体联合采访时表示，中国正在当前的多极化世界中扮演着十分重要的角色。中国经济发展迅速，已经成为世界第二大经济体，而且仍然拥有很大的发展潜力。

俄罗斯国家杜马（议会下院）国际事务委员会第一副主席卡拉什尼科夫在接受俄媒体采访时表示，十八大将确定中国未来的发展方向，除了打击腐败外，现在中国也在着力扩大内需。

美国智库战略与国际问题研究中心中国问题专家克里斯托弗·约翰逊在接受采访时表示，他注意到十八大报告中明确提出，要实现城乡居民人均收入比 2010 年翻一番，这是很具雄心的目标，也表现出中共致力于在继续实现经济增长的同时，注重公平和调节收入差距。

西非经济共同体执行秘书处副主任萨尼指出，中国经济成就举世瞩目，充分证明中国共产党执政能力强，选择了一条适合中国发展的道路，这对国家和人民来说是值得庆幸的事情。西共体赞赏中国的伟大成就，相信中国共产党新一届中央领导集体必将实现十八大提出的目标，希望西共体与中国的合作关系迈上一个新台阶。

乌克兰共产党网站发表题为《中国共产党第十八次代表大会：中国取得巨大成就》的长篇署名文章，对中国共产党执政能力建设及理论创新成果进行了介绍和阐述。文章指出，中国共产党将马克思主义基本原理同中国实际相结合，致力于改革开放和创新发展，树立了建设社会主义的榜样；中国共产党正在独立自主地寻找将五千年文明古国建设成为世界强国的道路，祝愿中国共产党和中国人民取得更大成就。

三、全面建成小康社会和全面深化改革开放的目标要求

● 将科学发展观确立为党的指导思想

大会系统总结党的十六大以来十年奋斗历程和取得的一系列历史性新成就，认为最重要的就是我们坚持以马克思列宁主义、毛泽东思想、邓小平理论、“三个代表”重要思想为指导，勇于推进实践基础上的理论创新，围绕坚持和发展中国特色社会主义提出一系列紧密相连、相互贯通的新思想、新观点、新论断，形成和贯彻了科学发展观。

大会提出，科学发展观是马克思主义同当代中国实际和时代特征相结合的产物，是马克思主义关于发展的世界观和方法论的集中体现，对新形势下实现什么样的发展、怎样发展等重大问题作出了新的科学回答，把我们对中国特色社会主义规律的认识提高到新的水平，开辟了当代中国马克思主义发展新境界。科学发展观是中国特色社会主义理论体系最新成果，是中国共产党集体智慧的结晶，是指导党和国家全部工作的强大思想武器。科学发展观同马克思列宁主义、毛泽东思想、邓小平理论、“三个代表”重要思想一道，是党必须长期坚持的指导思想。

大会强调，科学发展观是以马克思列宁主义、毛泽东思想、邓小平理论、“三个代表”重要思想为指导，立足社会主义初级阶段基本国情，总结我国发展实践，借鉴国外发展经验，适应新的发展要求提出来的，既坚持了马克思主义基本原理，又根据新的实践和时代发展推进了马克思主义中国化。科学发展观和邓小平理论、“三个代表”重要思想，是中国特色社会主义理论体系三个紧密联系的有机组成部分，是既一脉相承又与时俱进的统一的科学体系。

党的十八大站在历史和时代的高度，着眼中国特色社会主义事业长远发展，顺应全党全国人民的共同意愿，把科学发展观同马克思列宁主义、毛泽东思想、邓小平理论、“三个代表”重要思想一道，确立为党必须长期坚持的指导思想并写入党章，实现了党的指导思想的又一次与时俱进。

● 对中国特色社会主义作出新的理论概括

大会提出，全面建成小康社会，加快推进社会主义现代化，实现中华民族伟大复兴，必须坚定不移走中国特色社会主义道路。中国特色社会主义道路，中国特色社会主义理论体系，中国特色社会主义制度，是党和人民九十多年奋斗、创造、积累的根本成就，必须倍加珍惜、始终坚持、不断发展。

中国特色社会主义道路，就是在中国共产党领导下，立足基本国情，以经济建设为中心，坚持四项基本原则，坚持改革开放，解放和发展社会生产力，建设社会主义市场经济、社会主义民主政治、社会主义先进文化、社会主义和谐社会、社会主义生态文明，促进人的全面发展，逐步实现全体人民共同富裕，建设富强民主文明和谐的社会主义现代化国家。中国特色社会主

义理论体系，就是包括邓小平理论、“三个代表”重要思想、科学发展观在内的科学理论体系，是对马克思列宁主义、毛泽东思想的坚持和发展。中国特色社会主义制度，就是人民代表大会制度的根本政治制度，中国共产党领导的多党合作和政治协商制度、民族区域自治制度以及基层群众自治制度等基本政治制度，中国特色社会主义法律体系，公有制为主体、多种所有制经济共同发展的基本经济制度，以及建立在这些制度基础上的经济体制、政治体制、文化体制、社会体制等各项具体制度。中国特色社会主义道路是实现途径，中国特色社会主义理论体系是行动指南，中国特色社会主义制度是根本保障，三者统一于中国特色社会主义伟大实践，这是党领导人民在建设社会主义长期实践中形成的最鲜明特色。

大会强调，在新的历史条件下，夺取中国特色社会主义新胜利，必须牢牢把握八个基本要求，分别是：必须坚持人民主体地位，必须坚持解放和发展社会生产力，必须坚持推进改革开放，必须坚持维护社会公平正义，必须坚持走共同富裕道路，必须坚持促进社会和谐，必须坚持和平发展，必须坚持党的领导。这八条，不仅条条都有强烈的现实针对性、长远指导性，而且作为全党全国人民的共同信念，必将极大地推进解放思想、改革开放、凝聚力量、攻坚克难，扎扎实实夺取中国特色社会主义新胜利，奋力开拓中国特色社会主义更为广阔的发展前景。

● 提出全面建成小康社会和全面深化改革开放的目标

大会在科学分析国际国内发展大势的基础上，作出“我国发展仍处于可以大有作为的重要战略机遇期”的判断。同时提出，要准确判断重要战略机遇期内涵和条件的变化，全面把握机遇，沉着应对挑战，赢得主动，赢得优势，赢得未来，确保到 2020 年实现全面建成小康社会宏伟目标。

大会根据我国经济社会发展实际，提出要在十六大、十七大确立的全面建设小康社会目标的基础上努力实现新的要求。全会强调指出，全面建成小康社会，必须以更大的政治勇气和智慧，不失时机深化重要领域改革，坚决破除一切妨碍科学发展的思想观念和体制机制弊端，构建系统完备、科学规范、运行有效的制度体系，使各方面制度更加成熟、更加定型。要加快完善社会主义市场经济体制，完善公有制为主体、多种所有制经济共同发展的基本经济制度，完善按劳分配为主体、多种分配方式并存的分配制度，更大程度更广范围发挥市场在资源配置中的基础性作用，完善宏观调控体系，完善开放型经济体系，推动经济更有效率、更加公平、更可持续发展。加快推进社会主义民主政治制度化、规范化、程序化，从各层次各领域扩大公民有序政治参与，实现国家各项工作法治化。加快完善文化管理体制和文化生产经营机制，基本建立现代文化市场体系，健全国有文化资产管理体制，形成有利于创新创造的文化发展环境。加快形成科学有效的社会管理体制，完善社会保障体系，健全基层公共服务和社会管理网络，建立确保社会既充满活力又和谐有序的体制机制。加快建立生态文明制度，健全国土空间开发、资源节约、生态环境保护的体制机制，推动形成人与自然和谐发展现代化建设新格局。

● 大会对新的时代条件下推进中国特色社会主义事业作出全面部署

大会提出关于我国社会主义经济建设、政治建设、文化建设、社会建设、生态文明建设的部署，将中国特色社会主义事业总体布局从“四位一体”扩展为“五位一体”。

大会强调，要加快完善社会主义市场经济体制和加快转变经济发展方式，把推动发展的立足点转到提高质量和效益上来，着力激发各类市场主体发展新活力，着力增强创新驱动发展新动力，着力构建现代产业发展新体系，着力培育开放型经济发展新优势，使经济发展更多依靠内需特别是消费需求拉动，更多依靠现代服务业和战略性新兴产业带动，更多依靠科技进步、劳动者素质提高、管理创新驱动，更多依靠节约资源和循环经济推动，更多依靠城乡区域发展协调互动，不断增强长期发展后劲，促进工业化、信息化、城镇化、农业现代化同步发展。

要坚持走中国特色社会主义政治发展道路和推进政治体制改革，发展更加广泛、更加充分、更加健全的人民民主，坚持党的领导、人民当家作主、依法治国有机统一，以保证人民当家作主为根本，以增强党和国家活力、调动人民积极性为目标，扩大社会主义民主，健全社会主义协商民主制度，完善基层民主制度，加快建设社会主义法治国家，健全权力运行制约和监督体系，发展社会主义政治文明。

要扎实推进社会主义文化强国建设，坚持社会主义先进文化前进方向，推动社会主义文化大发展大繁荣，兴起社会主义文化建设新高潮，提高国家文化软实力，发挥文化引领风尚、教育人民、服务社会、推动发展的作用。

要在改善民生和创新管理中加强社会建设，从维护最广大人民根本利益的高度，以保障和改善民生为重点，提高人民物质文化生活水平，多谋民生之利，多解民生之忧，加快健全基本公共服务体系，加强和创新社会管理，推动社会主义和谐社会建设。

要大力推进生态文明建设，树立尊重自然、顺应自然、保护自然的生态文明理念，把生态文明建设融入经济建设、政治建设、文化建设、社会建设各方面和全过程，加大自然生态系统和环境保护力度，努力建设美丽中国，实现中华民族永续发展。

大会强调，必须坚持以国家核心安全需求为导向，按照国防和军队现代化建设“三步走”战略构想，加紧完成机械化和信息化建设双重历史任务，建设与我国国际地位相称、与国家安全和发展利益相适应的巩固国防和强大军队。

大会强调，全面准确贯彻“一国两制”、“港人治港”、“澳人治澳”、高度自治的方针，必须把坚持一国原则和尊重两制差异、维护中央权力和保障特别行政区高度自治权、发挥祖国内地坚强后盾作用和提高港澳自身竞争力有机结合起来。必须坚持“和平统一、一国两制”方针，巩固和深化两岸关系和平发展的政治、经济、文化、社会基础，开创两岸关系和平发展新前景，团结台湾同胞维护好、建设好中华民族共同家园，为和平统一创造更充分的条件。

大会强调，中国将继续高举和平、发展、合作、共赢的旗帜，坚定奉行独立自主的和平外交政策，始终不渝走和平发展道路，始终不渝奉行互利共赢的开放战略，坚决维护国家主权、安全、发展利益，坚持在和平共处五项原则基础上全面发展同各国的友好合作，推动建设持久和平、共同繁荣的和谐世界，同各国人民一道为人类和平与发展的崇高事业而不懈努力。

● 大会对全面提高党的建设科学化水平提出了明确要求

大会强调，形势的发展、事业的开拓、人民的期待，都要求我们以改革创新精神全面推进党的建设新的伟大工程，全面提高党的建设科学化水平。全党要增强紧迫感和责任感，牢牢把握加强党的执政能力建设、先进性和纯洁性建设这条主线，坚持以人为本、执政为民，坚持解放思想、改革创新，坚持党要管党、从严治党，全面加强党的思想建设、组织建设、作风建设、反腐倡廉建设、制度建设，增强自我净化、自我完善、自我革新、自我提高能力，建设学习型、服务型、创新型的马克思主义执政党，确保党始终成为中国特色社会主义事业的坚强领导核心。

大会强调，反对腐败、建设廉洁政治，是党一贯坚持的鲜明政治立场，是人民关注的重大政治问题。反腐倡廉必须常抓不懈，拒腐防变必须警钟长鸣。要坚持中国特色反腐倡廉道路，坚持标本兼治、综合治理、惩防并举、注重预防方针，全面推进惩治和预防腐败体系建设，做到干部清正、政府清廉、政治清明。

大会强调，党的集中统一是党的力量所在，是实现经济社会发展、民族团结进步、国家长治久安的根本保证。党面临的形势越复杂，肩负的任务越艰巨，就越要加强党的纪律建设，越要维护党的集中统一，形成全党上下步调一致、奋发进取的强大力量。

大会强调，面对人民的信任和重托，面对新的历史条件和考验，全党必须增强忧患意识，谦虚谨慎，戒骄戒躁，始终保持清醒头脑；必须增强创新意识，坚持真理，修正错误，始终保持奋发有为的精神状态；必须增强宗旨意识，相信群众，依靠群众，始终把人民放在心中的最高位置；必须增强使命意识，求真务实，艰苦奋斗，始终保持共产党人的政治本色。

四、夺取中国特色社会主义新胜利

● 鲜明回答了我们党举什么旗、走什么路、以什么样的精神状态、朝着什么样的目标继续前进等关系党和国家工作全局的重大问题

党的十八大的主题是：高举中国特色社会主义伟大旗帜，以邓小平理

论、“三个代表”重要思想、科学发展观为指导，解放思想，改革开放，凝聚力量，攻坚克难，坚定不移沿着中国特色社会主义道路前进，为全面建成小康社会而奋斗。确定这样的主题，对我们党团结带领全国各族人民在新的历史征程上继往开来、与时俱进十分紧要。这一鲜明主题，宣示了我们党高举的旗帜，就是中国特色社会主义伟大旗帜。旗帜是指引方向的灯塔，旗帜是成就伟业的基石。一个党、一个国家要兴旺发达、长治久安，就必须树起一面能够引领全党和全国人民团结奋斗，从胜利走向更大胜利的旗帜。中国特色社会主义伟大旗帜，是当代中国发展进步的旗帜，是全党全国各族人民团结奋斗的旗帜。我们坚定不移高举中国特色社会主义这面旗帜，既不走封闭僵化的老路，也不走改旗易帜的邪路。

● 全面阐述了过去十年的辉煌成就和实践经验，提出了今后一个时期的大政方针和工作部署，为党和国家事业发展指明了前进方向

党的十八大审议批准了中央委员会和中央纪律检查委员会的报告，充分肯定了十七大以来中央的战略决策，在认真总结十年来党和国家发展的宝贵经验基础上，科学制定了适应时代要求和人民意愿的行动纲领和大政方针。党的十六大以来的十年，是很不寻常的十年，党和国家在成功应对各种风险和挑战中取得了历史性成就。无论是继续解放思想还是深化改革开放，无论是推动科学发展还是促进社会和谐，无论是推进伟大工程还是领导伟大事业，都显示出党中央运筹帷幄、驾驭全局的高超本领，求真务实、励精图治的进取精神，高瞻远瞩、深谋远虑的战略眼光。十年的辉煌成就为全面建成小康社会打下了坚实基础，十年的伟大实践描绘了中国特色社会主义事业的壮丽画卷。报告着眼中国特色社会主义事业总体布局，对全面推进经济建设、政治建设、文化建设、社会建设、生态文明建设和党的建设作出重大部署。这些重大部署有原则要求，有政策安排，有举措办法，体现了战略设计、宏观谋划与实施步骤、具体措施的统一，为促进经济社会又好又快发展提供了重要遵循。报告强调，实践发展永无止境，认识真理永无止境，理论创新永无止境。全党一定要勇于实践、勇于变革、勇于创新，把握时代发展要求，顺应人民共同愿望，不懈探索和把握中国特色社会主义规律，永葆党的生机活力，永葆国家发展动力，在党和人民创造性实践中奋力开拓中国特色社会主义更为广阔的发展前景。这充分表达了我们党准确把握世情、国情和党情，毫不动摇地坚持和发展中国特色社会主义的坚定信念，对于激励全党全国各族人民满怀信心地开创中国特色社会主义新局面，必将产生重大而深远的影响。

● 大会选出了年富力强、奋发有为的新一届中央领导集体，为保证党和国家事业的长远发展提供了坚强的组织保证

党的十八大和十八届一中全会选举产生了新一届中央委员会和中央领导机构，党的中央领导集体顺利实现了新老交替。经过认真酝酿，大会选举出由 376 名中央委员、候补中央委员组成的中国共产党第十八届中央委员会（中央委员 205 人，候补中央委员 171 人）和 130 名中央纪委委员组成的第十八届中央纪律检查委员会。十七届中央委员会组成人员中继续提名 192 名，占 51.1%；新提名 184 名，占 48.9%。十七届中央纪律检查委员会组成人员中继续提名 30 名，占 23.1%；新提名 100 名，占 76.9%。新一届中央委员会组成人员年龄结构比较合理，平均年龄 56.1 岁；女干部 33 名；少数民族干部 39 名；具有大学以上学历的占 95.7%，有高级专业技术职务的占 37.2%，中国科学院院士、中国工程院院士 15 名。新一届中央委员会和中央纪律检查委员会，是一个朝气蓬勃、奋发有为、值得信赖、充满活力的中央领导集体，是我们党始终走在时代前列，团结带领全国各族人民把中国特色社会主义事业不断推向前进的中坚力量。

马克思主义政党成熟的重要标志，就是形成一个坚强的中央领导集体。90 多年来，正是以毛泽东、邓小平、江泽民同志为核心的党的三代中央领导集体和以胡锦涛同志为总书记的党中央带领全党全国各族人民不懈奋斗，历经千辛万苦，付出各种代价，才取得了革命建设改革的伟大胜利，开创和发展了中国特色社会主义，从根本上改变了中国人民和中华民族的前途命运。党的十八届中央委员会主要由治党、治国、治军的优秀领导干部组成，充分显示了我们党新老交替的制度化和有序性。一批为党和人民事业作出重大贡献的同志，为了党和人民事业的长远发展，从中央领导岗位上退下来，体现了对党、对人民高度负责的精神，表现出共产党人的宽阔胸怀和高风亮节。一批德才兼备、年富力强、奋发有为的领导干部进入中央

领导机构，充分反映了我们党兴旺发达、后继有人。大会选举产生的新一届中央领导集体，一定能够团结带领全党全国各族人民，夺取全面建成小康社会新胜利。

党的十八大是在我国进入全面建成小康社会决定性阶段召开的一次统一思想、凝聚力量，承前启后、继往开来的盛会，是高举中国特色社会主义伟大旗帜，从思想上政治上组织上为实现全面建成小康社会宏伟目标、奋力开拓中国特色社会主义更为广阔的发展前景作出战略部署的盛会，是展示我们党团结、胜利、奋进的盛会。

附录　十八届中央委员会历次全会简介

十八届一中全会

2012年11月15日在北京举行。全会选举了中央政治局委员、中央政治局常务委员会委员、中央委员会总书记；根据中央政治局常务委员会的提名，通过了中央书记处成员，决定了中央军事委员会组成人员；批准了十八届中央纪律检查委员会第一次全体会议选举产生的书记、副书记和常务委员会委员人选。选举习近平、李克强、张德江、俞正声、刘云山、王岐山、张高丽为中央政治局常委，习近平为中央委员会总书记；决定习近平为中央军事委员会主席；批准王岐山为中央纪律检查委员会书记。

十八届二中全会

2013年2月26日至28日在北京举行。全会听取和讨论了习近平受中央政治局委托作的工作报告，审议通过了中央政治局在广泛征求党内外意见、反复酝酿协商的基础上提出的拟向十二届全国人大一次会议推荐的国家机构领导人员人选建议名单和拟向全国政协十二届一次会议推荐的全国政协领导人员人选建议名单，决定将这两个建议名单分别向十二届全国人大一次会议主席团和全国政协十二届一次会议主席团推荐。审议通过了在广泛征求意见的基础上提出的《国务院机构改革和职能转变方案》，建议国务院将这个方案提交十二届全国人大一次会议审议。

十八届三中全会

2013 年 11 月 9 日至 12 日在北京举行。全会听取和讨论了习近平受中央政治局委托作的工作报告，审议通过了《中共中央关于全面深化改革若干重大问题的决定》。习近平就《决定（讨论稿）》向全会作了说明。全会充分肯定党的十八大以来中央政治局的工作。全会高度评价党的十一届三中全会召开 35 年来改革开放的成功实践和伟大成就，研究了全面深化改革若干重大问题，认为改革开放是党在新的时代条件下带领全国各族人民进行的新的伟大革命，是当代中国最鲜明的特色，是决定当代中国命运的关键抉择，是党和人民事业大踏步赶上时代的重要法宝。面对新形势新任务，全面建成小康社会，进而建成富强民主文明和谐的社会主义现代化国家、实现中华民族伟大复兴的中国梦，必须在新的历史起点上全面深化改革。全会对全面深化改革作出系统部署。全会分析了形势和任务，强调全党同志要把思想和行动统一到中央关于全面深化改革重大决策部署上来，谱写改革开放伟大事业历史新篇章，为全面建成小康社会、不断夺取中国特色社会主义新胜利、实现中华民族伟大复兴的中国梦而奋斗！

十八届四中全会

2014 年 10 月 20 日至 23 日在北京举行。全会听取和讨论了习近平受中央政治局委托作的工作报告，审议通过了《中共中央关于全面推进依法治国若干重大问题的决定》。习近平就《决定（讨论稿）》向全会作了说明。全会充分肯定党的十八届三中全会以来中央政治局的工作。全会高度评价长期以来特别是党的十一届三中全会以来我国社会主义法治建设取得的历史性成就，研究了全面推进依法治国若干重大问题，认为全面建成小康社会、实现中华民族伟大复兴的中国梦，全面深化改革、完善和发展中国特色社会主义制度，提高党的执政能力和执政水平，必须全面推进依法治国。全会明确了全面推进依法治国的重大任务。全会分析了形势和任务，强调全党同志要把思想和行动统一到中央关于全面深化改革、全面推进依法治国重大决策部署

上来，高举中国特色社会主义伟大旗帜，积极投身全面推进依法治国伟大实践，开拓进取，扎实工作，为建设法治中国而奋斗！

十八届五中全会

2015 年 10 月 26 日至 29 日在北京举行。全会听取和讨论了习近平受中央政治局委托作的工作报告，审议通过了《中共中央关于制定国民经济和社会发展第十三个五年规划的建议》。习近平就《建议（讨论稿）》向全会作了说明。全会充分肯定党的十八届四中全会以来中央政治局的工作。全会深入分析了“十三五”时期我国发展环境的基本特征，认为我国发展仍处于可以大有作为的重要战略机遇期，也面临诸多矛盾叠加、风险隐患增多的严峻挑战。要准确把握战略机遇期内涵的深刻变化，更加有效地应对各种风险和挑战，继续集中力量把自己的事情办好，不断开拓发展新境界。全会认为，到2020 年全面建成小康社会，是我们党确定的“两个一百年”奋斗目标的第一个百年奋斗目标。“十三五”时期是全面建成小康社会决胜阶段，“十三五”规划必须紧紧围绕实现这个奋斗目标来制定。全会强调，实现“十三五”时期发展目标，破解发展难题，厚植发展优势，必须牢固树立并切实贯彻创新、协调、绿色、开放、共享的发展理念。这是关系我国发展全局的一场深刻变革。全会高度评价“十二五”时期我国发展取得的重大成就，认为面对错综复杂的国际环境和艰巨繁重的国内改革发展稳定任务，我们党团结带领全国各族人民顽强拼搏、开拓创新，奋力开创了党和国家事业发展新局面，我国经济实力、科技实力、国防实力、国际影响力又上了一个大台阶。尤为重要的是，党的十八大以来，以习近平同志为核心的党中央毫不动摇坚持和发展中国特色社会主义，勇于实践、善于创新，深化对共产党执政规律、社会主义建设规律、人类社会发展规律的认识，形成一系列治国理政新理念新思想新战略，为在新的历史条件下深化改革开放、加快推进社会主义现代化提供了科学理论指导和行动指南。

十八届六中全会

2016 年 10 月 24 日至 27 日在北京举行。全会听取和讨论了习近平受中央政治局委托作的工作报告，审议通过了《关于新形势下党内政治生活的若干准则》和《中国共产党党内监督条例》。习近平就《准则（讨论稿）》和《条例（讨论稿）》向全会作了说明。全会充分肯定党的十八届五中全会以来中央政治局的工作，一致认为，面对复杂的国际国内形势，中央政治局高举中国特色社会主义伟大旗帜，坚持以马克思列宁主义、毛泽东思想、邓小平理论、“三个代表”重要思想、科学发展观为指导，全面贯彻党的十八大和十八届三中、四中、五中全会精神，深入贯彻习近平总书记系列重要讲话精神和治国理政新理念新思想新战略，把握时代大势，回应实践要求，团结带领全党全国各族人民同心协力、苦干实干，统筹推进“五位一体”总体布局和协调推进“四个全面”战略布局，开展“两学一做”学习教育，推动全面深化改革、供给侧结构性改革、国防和军队改革迈出重大步伐，党和国家各项工作取得新的重大进展。全会高度评价全面从严治党取得的成就，认为党的十八大以来，以习近平同志为核心的党中央身体力行、率先垂范，坚定推进全面从严治党，坚持思想建党和制度治党紧密结合，集中整饬党风，严厉惩治腐败，净化党内政治生态，党内政治生活展现新气象，赢得了党心民心，为开创党和国家事业新局面提供了重要保证。全会总结了我们党开展党内政治生活的历史经验，分析了全面从严治党面临的形势和任务，认为办好中国的事情，关键在党，关键在党要管党、从严治党。党要管党必须从党内政治生活管起，从严治党必须从党内政治生活严起。为更好进行具有许多新的历史特点的伟大斗争、推进党的建设新的伟大工程、推进中国特色社会主义伟大事业，经受“四大考验”、克服“四种危险”，有必要制定一部新形势下党内政治生活的准则。全会强调，加强和规范党内政治生活、加强党内监督是全党的共同任务，必须全党一起动手。各级党委（党组）要全面履行领导责任，着力解决突出问题，把加强和规范党内政治生活、加强党内监督各项任务落到实处。全会审议通过了《关于召开党的第十九次全国代表大会的决议》，决定中国共产党第十九次全国代表大会于 2017 年下半年在北京召开。

十八届七中全会

2017 年 10 月 11 日至 14 日在北京举行。会议讨论并通过了党的十八届中央委员会向中国共产党第十九次全国代表大会的报告，讨论并通过了党的

十八届中央纪律检查委员会向中国共产党第十九次全国代表大会的工作报告，讨论并通过了《中国共产党章程（修正案）》，决定将这3份文件提请中国共产党第十九次全国代表大会审查和审议。习近平就党的十八届中央委员会向中国共产党第十九次全国代表大会的报告讨论稿向全会作了说明，刘云山就《中国共产党章程（修正案）》讨论稿向全会作了说明。全会按照党章规定，决定递补中央委员会候补委员崔波、舒晓琴、马顺清、王建军、李强、陈武、陈鸣明、赵立雄、赵树丛、段春华、洛桑江村为中央委员会委员。全会审议并通过了中共中央纪律检查委员会关于孙政才、黄兴国、李立国、孙怀山、吴爱英、苏树林、杨焕宁、王三运、项俊波、李云峰、杨崇勇、张喜武、莫建成严重违纪问题的审查报告，审议并通过了中共中央军事委员会关于王建平、田修思严重违纪问题的审查报告，确认中央政治局之前作出的给予孙政才、黄兴国、孙怀山、吴爱英、苏树林、王三运、项俊波、王建平、田修思、李云峰、杨崇勇、莫建成开除党籍处分，给予李立国、杨焕宁留党察看二年处分，给予张喜武撤销党内职务处分。全会全面分析了当前形势和任务，深入讨论了新形势下进行具有许多新的历史特点的伟大斗争、建设党的建设新的伟大工程、推进中国特色社会主义伟大事业、实现民族复兴伟大梦想的若干重大问题，为召开党的第十九次全国代表大会作了充分准备。全会决定，中国共产党第十九次全国代表大会于2017年10月18日在北京召开。

中共十九大：夺取新时代中国特色社会主义伟大胜利

一、中国特色社会主义进入新时代

● 五年来的历史性成就和历史性变革

党的十八大以来的五年，是党和国家发展进程中极不平凡的五年。五年来，以习近平同志为核心的党中央科学把握当今世界和当代中国发展大势，顺应实践要求和人民愿望，以巨大的政治勇气和强烈的责任担当，举旗定向、谋篇布局、迎难而上、开拓进取，统揽伟大斗争、伟大工程、伟大事业、伟大梦想，统筹推进“五位一体”总体布局、协调推进“四个全面”战略布局，推出一系列重大战略举措，出台一系列重大方针政策，推进一系列重大工作，取得了改革开放和社会主义现代化建设新的重大成就。

经济建设取得重大成就。坚定不移贯彻新发展理念，坚决端正发展观念、转变发展方式，发展质量和效益不断提升。经济保持中高速增长，在世界主要国家中名列前茅，国内生产总值从54万亿元增长到80万亿元，稳居世界第二，对世界经济增长贡献率超过30%。供给侧结构性改革深入推进，经济结构不断优化，数字经济等新兴产业蓬勃发展，高铁、公路、桥梁、港口、机场等基础设施建设快速推进。农业现代化稳步推进，粮食生产能力达到12000亿斤。城镇化率年均提高1.2个百分点，8000多万农业转移人口成为城镇居民。区域发展协调性增强，“一带一路”建设、京津冀协同发展、长江经济带发展成效显著。创新驱动发展战略大力实施，创新型国家建设成果丰硕，天宫、蛟龙、天眼、悟空、墨子、大飞机、神威·太湖之光等重大科技成果相继问世。南海岛礁建设积极推进。开放型经济新体制逐步健全，对外贸易、对外投资、外汇储备稳居世界前列。

全面深化改革取得重大突破。蹄疾步稳推进全面深化改革，坚决破除各方面体制机制弊端。改革全面发力、多点突破、纵深推进，着力增强改革系统性、整体性、协同性，压茬拓展改革广度和深度，推出1500多项改革举措，重要领域和关键环节改革取得突破性进展，主要领域改革主体框架基本确立。中国特色社会主义制度更加完善，国家治理体系和治理能力现代化水平明显提高，全社会发展活力和创新活力明显增强。

民主法治建设迈出重大步伐。积极发展社会主义民主政治，推进全面依法治国，党的领导、人民当家作主、依法治国有机统一的制度建设全面加强，党的领导体制机制不断完善，社会主义民主不断发展，党内民主更加广泛，社会主义协商民主全面展开，爱国统一战线巩固发展，民族宗教工作创新推进。科学立法、严格执法、公正司法、全民守法深入推进，法治国家、法治政府、法治社会建设相互促进，中国特色社会主义法治体系日益完善，全社会法治观念明显增强。国家监察体制改革试点取得实效，行政体制改革、司法体制改革、权力运行制约和监督体系建设有效实施。

思想文化建设取得重大进展。加强党对意识形态工作的领导，党的理论创新全面推进，马克思主义在意识形态领域的指导地位更加鲜明，中国特色社会主义和中国梦深入人心，社会主义核心价值观和中华优秀传统文化广泛弘扬，群众性精神文明创建活动扎实开展。公共文化服务水平不断提高，文艺创作持续繁荣，文化事业和文化产业蓬勃发展，互联网建设管理运用不断完善，全民健身和竞技体育全面发展。主旋律更加响亮，正能量更加强劲，文化自信得到彰显，国家文化软实力和中华文化影响力大幅提升，全党全社会思想上的团结统一更加巩固。

人民生活不断改善。深入贯彻以人民为中心的发展思想，一大批惠民举措落地实施，人民获得感显著增强。脱贫攻坚战取得决定性进展，6000 多万贫困人口稳定脱贫，贫困发生率从 10.2% 下降到 4% 以下。教育事业全面发展，中西部和农村教育明显加强。就业状况持续改善，城镇新增就业年均 1300 万人以上。城乡居民收入增速超过经济增速，中等收入群体持续扩大。覆盖城乡居民的社会保障体系基本建立，人民健康和医疗卫生水平大幅提高，保障性住房建设稳步推进。社会治理体系更加完善，社会大局保持稳定，国家安全全面加强。

生态文明建设成效显著。大力度推进生态文明建设，全党全国贯彻绿色发展理念的自觉性和主动性显著增强，忽视生态环境保护的状况明显改变。生态文明制度体系加快形成，主体功能区制度逐步健全，国家公园体制试点积极推进。全面节约资源有效推进，能源资源消耗强度大幅下降。重大生态

保护和修复工程进展顺利，森林覆盖率持续提高。生态环境治理明显加强，环境状况得到改善。引导应对气候变化国际合作，成为全球生态文明建设的重要参与者、贡献者、引领者。

强军兴军开创新局面。着眼于实现中国梦强军梦，制定新形势下军事战略方针，全力推进国防和军队现代化。召开古田全军政治工作会议，恢复和发扬我党我军光荣传统和优良作风，人民军队政治生态得到有效治理。国防和军队改革取得历史性突破，形成军委管总、战区主战、军种主建新格局，人民军队组织架构和力量体系实现革命性重塑。加强练兵备战，有效遂行海上维权、反恐维稳、抢险救灾、国际维和、亚丁湾护航、人道主义救援等重大任务，武器装备加快发展，军事斗争准备取得重大进展。人民军队在中国特色强军之路上迈出坚定步伐。

港澳台工作取得新进展。全面准确贯彻“一国两制”方针，牢牢掌握宪法和基本法赋予的中央对香港、澳门全面管治权，深化内地和港澳地区交流合作，保持香港、澳门繁荣稳定。坚持一个中国原则和“九二共识”，推动两岸关系和平发展，加强两岸经济文化交流合作，实现两岸领导人历史性会晤。妥善应对台湾局势变化，坚决反对和遏制“台独”分裂势力，有力维护台海和平稳定。

全方位外交布局深入展开。全面推进中国特色大国外交，形成全方位、多层次、立体化的外交布局，为我国发展营造了良好外部条件。实施共建“一带一路”倡议，发起创办亚洲基础设施投资银行，设立丝路基金，举办首届“一带一路”国际合作高峰论坛、亚太经合组织领导人非正式会议、二十国集团领导人杭州峰会、金砖国家领导人厦门会晤、亚信峰会。倡导构建人类命运共同体，促进全球治理体系变革。我国国际影响力、感召力、塑造力进一步提高，为世界和平与发展作出新的重大贡献。

全面从严治党成效卓著。全面加强党的领导和党的建设，坚决改变管党治党宽松软状况。推动全党尊崇党章，增强政治意识、大局意识、核心意识、看齐意识，坚决维护党中央权威和集中统一领导，严明党的政治纪律和政治规矩，层层落实管党治党政治责任。坚持照镜子、正衣冠、洗洗澡、治治病的要求，开展党的群众路线教育实践活动和“三严三实”专题教育，推进“两学一做”学习教育常态化制度化，全党理想信念更加坚定、党性更加坚强。贯彻新时期好干部标准，选人用人状况和风气明显好转。党的建设制度改革深入推进，党内法规制度体系不断完善。完善问责制度，强化责任担当。坚决查处山西系统性、塌方式腐败问题，对省委领导班子作出重大调整。对湖南衡阳破坏选举案严肃问责，467 人受到责任追究。对四川南充拉票贿选案涉及的 477 人严肃处理。严肃查处辽宁省系统性拉票贿选问题，共查处 955 人，其中中管干部 34 人。对民政部原党组、原派驻纪检组管党治党不力严肃问责，原党组书记、分管副部长、派驻纪检组组长受到责任追究。对司法部原党组书记在干部工作中严重失察和违纪行为进行问责。严肃查处甘肃祁连山国家级自然保护区生态环境遭到破坏典型案件中的失职失责问题，18 人受到问责。2014 年以来，全国共有 7020 个单位党委（党组）、党总支、党支部，430 个纪委（纪检组）和 6.5 万余名党员领导干部被问责。把纪律挺在前面，着力解决人民群众反映最强烈、对党的执政基础威胁最大的突出问题。五年来，共立案审查违反政治纪律案件 1.5 万件，处分 1.5 万人，其中中管干部 112 人。出台中央八项规定，严厉整治形式主义、官僚主义、享乐主义和奢靡之风，坚决反对特权。五年来，各级纪检监察机关共查处违反中央八项规定精神问题 18.9 万起，处理党员干部 25.6 万人。中央巡视工作领导小组召开 115 次会议，组织开展 12 轮巡视，共巡视 277 个党组织，完成对省区市、中央和国家机关、中管企事业单位和金融机构、中管高校等的巡视，在党的历史上首次实现一届任期内巡视全覆盖；对 16 个省区市开展“回头看”，对 4 个中央单位进行“机动式”巡视。中央纪委审查的案件中，超过 60% 的线索来自巡视。巡视的力度和效果不断增强，利剑作用彰显。坚持反腐败无禁区、全覆盖、零容忍，坚定不移“打虎”、“拍蝇”、“猎狐”。十八大以来，经党中央批准立案审查的省军级以上党员干部及其他中管干部 440 人。其中，十八届中央委员、中央候补委员 43 人，中央纪委委员 9 人。全国纪检监察机关共接受信访举报 1218.6 万件（次），处置问题线索 267.4 万件，立案 154.5 万件，处分 153.7 万人，其中厅局级干部 8900 余人，县处级干部 6.3 万人，涉嫌犯罪被移送司法机关处理 5.8 万人。2014 年以来，共从 90 多个国家和地区追回外逃人员 3453 名、追赃 95.1 亿元，“百名红通人员”中已有 48 人落网。不敢腐的目标初步实现，不能腐的笼子越扎越牢，不想腐的

堤坝正在构筑，反腐败斗争压倒性态势已经形成并巩固发展。

五年来，我们党以巨大的政治勇气和强烈的责任担当，提出一系列新理念新思想新战略，出台一系列重大方针政策，推出一系列重大举措，推进一系列重大工作，解决了许多长期想解决而没有解决的难题，办成了许多过去想办而没有办成的大事，推动党和国家事业发生历史性变革。一是党的领导得到全面加强，党的领导被忽视、淡化、削弱的状况得到明显改变；二是坚定不移贯彻新发展理念，发展观不正确、发展方式粗放的状况得到明显改变；三是坚定不移全面深化改革，各方面体制机制弊端阻碍发展活力和社会活力的状况得到明显改变；四是坚定不移全面推进依法治国，有法不依、执法不严、司法不公问题严重的状况得到明显改变；五是加强党对意识形态工作的领导，社会思想舆论环境中的混乱状况得到明显改变；六是坚定不移推进生态文明建设，忽视生态环境保护、生态环境恶化的状况得到明显改变；七是坚定不移推进国防和军队现代化，人民军队中一度存在的不良政治状况得到明显改变；八是坚定不移推进中国特色大国外交，我国在国际力量对比中面临的不利状况得到明显改变；九是坚定不移推进全面从严治党，管党治党宽松软状况得到明显改变。这些历史性变革，对党和国家事业发展具有重大而深远的影响。特别是五年来，我们勇于面对党面临的重大风险考验和党内存在的突出问题，以顽强意志品质正风肃纪、反腐惩恶，消除了党和国家内部存在的严重隐患，党内政治生活气象更新，党内政治生态明显好转，党的创造力、凝聚力、战斗力显著增强，党的团结统一更加巩固，党群关系明显改善，党在革命性锻造中更加坚强，焕发出新的强大生机活力，为党和国家事业发展提供了坚强政治保证。

五年来的成就是全方位的、开创性的，五年来的变革是深层次的、根本性的，涵盖改革发展稳定、内政外交国防、治党治国治军各个方面。这些成就和变革力度之大、范围之广、效果之显著、影响之深远，在我们党和国家发展史上、中华民族发展史上，都具有开创性意义，标志着在新中国成立特别是改革开放以来我国发展取得的重大成就基础上，经过长期努力，中国特色社会主义进入了新时代。

● 国际环境发生新变化

和平、发展、合作、共赢成为时代潮流，但不稳定、不确定因素也随之增多。一大批新兴市场国家和发展中国家走上发展的快车道，几十亿人口正在加速走向现代化，多个发展中心在世界各地区逐渐形成，国际力量对比继续朝着有利于世界和平与发展的方向发展。同时，随着金融危机的影响持续深入，世界格局发生深刻变化，全球性挑战有增无减。地缘政治冲突更加频繁，国际反恐形势持续严峻，网络空间治理规则之争更加激烈。世界经济长期低迷，已进入深度转型调整期，不稳定、不确定因素增多，复苏面临更多的不确定性。

经济全球化“双刃剑”作用凸显，全球治理体系亟待变革。经济全球化在本质上是资本的跨国流动，它在推动全球生产力大发展、加速世界经济增长的同时，也带来了各国和全球共同面临的社会经济问题，加剧了国际竞争。全球发展不平衡加剧，贸易保护主义抬头，美国热衷于搞“小圈子”，企图以新规则体系排挤孤立新兴大国。推进全球治理体制变革，不仅事关应对各种全球性挑战，而且事关给国际秩序和国际体系定规则、定方向。推动变革全球治理体制中不公正、不合理的安排，需要增加新兴市场国家和发展中国家的代表性和发言权，使全球治理体制更加平衡地反映大多数国家意愿和利益。

世界文化多样化有利于保持国际形势总体稳定，也给我国带来诸多挑战。当今世界，有 200 多个国家和地区、2500 多个民族、6000 多种语言。这些不同民族、不同历史文化背景的人民，共同创造了丰富多彩的世界。不同文化之间的交流、交锋、交融丰富了世界多样文化的形式和内涵，促进了人类文明历史的进步与发展，增进了国家间、民族间关系和友谊。同时，各种思想文化交流、交融、交锋更加频繁，意识形态领域斗争尖锐。

新一轮科技革命和产业变革正在孕育兴起，机遇和挑战并存。从全球范围看，科学技术越来越成为推动经济社会发展的主要力量，创新驱动是大势所趋。一些重要的科学问题和关键核心技术已经呈现出革命性突破的先兆，带动了关键技术交叉融合、群体跃进，变革突破的能量正在不断积累。谁牵住了科技创新这个“牛鼻子”，谁走好了科技创新这步先手棋，谁就能占领

先机、赢得优势。新一轮科技革命和产业变革与我国加快转变经济发展方式形成历史性交汇，为我们实施创新驱动发展战略提供了难得的重大机遇。机会稍纵即逝，抓住了就是机遇，抓不住就是挑战。

我国前所未有地靠近世界舞台中心，面临的风险和安全问题更加突出。经过 30 多年的改革开放，中国的命运与世界的命运从未像今天这样紧密地联结在一起。推动经济治理改革，中国方案行稳致远。应对全球性挑战和热点问题，中国同样没有缺席，有主张、有行动、有正义担当。G20 进入中国时间，2016 年杭州 G20 峰会为世界经济走出低迷开出一剂标本兼治、综合施策的良方。但是，个别西方大国对我国实行战略围堵，周边一些国家在领土领海等问题上对我国无端挑衅，恶化区域安全局势。我国面临的经济安全、政治安全、文化安全、军事安全、网络安全问题更加突出。

● 党肩负着更加艰巨的历史任务

习近平指出：中国特色社会主义最本质的特征就是坚持中国共产党的领导，中国特色社会主义制度的最大优势是中国共产党的领导。坚持和完善党的领导，是党和国家的根本所在、命脉所在，是全国各族人民的利益所在、幸福所在。经过 96 年的奋斗和发展，如今我们党已经成为世界性党。但是，党面临的执政考验、改革开放考验、市场经济考验、外部环境考验是长期的、复杂的，党面临的精神懈怠危险、能力不足危险、脱离群众危险、消极腐败危险是尖锐的、严峻的，党增强自我净化、自我完善、自我革新、自我提高能力变得更加重要和紧迫，党面临的“赶考”还远未结束。必须清醒看到，党的工作还存在许多不足，也面临不少困难和挑战。主要是：发展不平衡不充分的一些突出问题尚未解决，发展质量和效益还不高，创新能力不够强，实体经济水平有待提高，生态环境保护任重道远；民生领域还有不少短板，脱贫攻坚任务艰巨，城乡区域发展和收入分配差距依然较大，群众在就业、教育、医疗、居住、养老等方面面临不少难题；社会文明水平尚需提高；社会矛盾和问题交织叠加，全面依法治国任务依然繁重，国家治理体系和治理能力有待加强；意识形态领域斗争依然复杂，国家安全面临新情况；一些改革部署和重大政策措施需要进一步落实；党的建设方面还存在不少薄弱环节。这些问题，必须着力加以解决。党的十八大以来，以习近平同志为核心的党中央，根据我们党进行具有许多新的历史特点的伟大斗争的需要，针对党的建设面临的新情况新问题，更加重视党的建设，把党要管党、从严治党摆上更加突出的位置，把全面从严治党纳入“四个全面”战略布局，作为推进各项事业、实现各项目标的根本保证，彰显了全面从严治党的战略地位和关键作用。全面从严治党，对党的建设理论创新提出了许多新课题和新要求，比如，在经济社会环境发生深刻变化，各种社会思潮和价值观念大量涌现、广泛传播的新情况下，如何教育引导广大党员坚定理想信念，增强中国特色社会主义道路自信、理论自信、制度自信、文化自信，坚守共产党人的精神家园；在发展社会主义市场经济、物质利益原则起着重要作用、利益最大化成为一些人的价值取向和主要追求的情况下，如何教育引导党员干部正确处理个人利益与党和人民利益的关系，做到先公后私、大公无私；在大力反对“四风”、严厉惩治腐败的形势下，如何保持高压态势，做到有腐必惩，解决治标问题，同时注重制度、体制、机制的健全和完善，做到有效预防，逐步解决治本问题；等等。

我们党正在团结带领全国各族人民推进中国特色社会主义伟大事业，实现“两个一百年”奋斗目标、实现中华民族伟大复兴的中国梦，进行具有许多新的历史特点的伟大斗争，这就需要坚持以改革创新精神全面推进党的建设新的伟大工程。要聚精会神抓好党的建设，把思想建设、组织建设、作风建设、反腐倡廉建设、制度建设作为凝心聚魂、强身健体、安身立命、除旧布新、强基固本工程，按照树立科学理念、积极改革创新、遵循客观规律、注重实际成效的思路，切实把从严治党的要求落到实处，使我们党越来越成熟、越来越强大、越来越有战斗力。这是全党的政治责任。

在这样的时代背景下，如何统筹好国内国际两个大局，在世界格局大变动中掌握主动、赢得优势，迫切需要以大智慧、大战略来运筹；如何把握发展机遇、破解发展难题，实现更高质量、更有效率、更加公平、更可持续的发展，迫切需要有新的理念、新的布局来引领；如何管好党治好党，始终保持党的先进性和纯洁性，确保党在中国特色社会主义事业中的领导核心地位，对我们党提出了更高要求。

二、不忘初心、牢记使命、高举旗帜、团结奋进的大会

● 大会的筹备

2016 年 10 月，中共十八届六中全会审议通过《关于召开党的第十九次全国代表大会的决议》决定，中国共产党第十九次全国代表大会于 2017 年下半年在北京召开。

2017 年 8 月 31 日，中共中央政治局召开会议，研究中国共产党第十八届中央委员会第七次全体会议和中国共产党第十九次全国代表大会筹备工作。会议决定，中国共产党第十八届中央委员会第七次全体会议于 2017 年 10 月 11 日在北京召开。中共中央政治局将向党的十八届七中全会建议，中国共产党第十九次全国代表大会于 2017 年 10 月 18 日在北京召开。会议指出，目前大会各项筹备工作进展顺利，要继续扎实做好大会筹备工作，确保大会胜利召开。

10 月 11 日至 14 日，中共十八届七中全会在北京举行。会议讨论并通过了党的十八届中央委员会向中国共产党第十九次全国代表大会的报告，讨论并通过了党的十八届中央纪律检查委员会向中国共产党第十九次全国代表大会的工作报告，讨论并通过了《中国共产党章程（修正案）》，决定将这 3 份文件提请中国共产党第十九次全国代表大会审查和审议。习近平就党的十八届中央委员会向中国共产党第十九次全国代表大会的报告讨论稿向全会作了说明，刘云山就《中国共产党章程（修正案）》讨论稿向全会作了说明。

10 月 17 日下午，中国共产党第十九次全国代表大会在人民大会堂举行预备会议。习近平主持会议。会议以举手表决方式，通过由 22 人组成的代表资格审查委员会名单，通过由 243 人组成的大会主席团名单，通过刘云山为大会秘书长。会议通过了大会秘书处机构设置和工作任务。会议还通过了十九大的议程。大会的议程为：听取和审查十八届中央委员会的报告；审查十八届中央纪律检查委员会的工作报告；审议通过《中国共产党章程（修正案）》；选举十九届中央委员会；选举十九届中央纪律检查委员会。

17日下午，中国共产党第十九次全国代表大会主席团在人民大会堂举行第一次会议。习近平出席会议并作了重要讲话。会议首先在大会秘书长刘云山主持下，以举手表决方式通过了由习近平等42人组成的主席团常务委员会名单。随后，会议在习近平主持下进行了各项议程。会议以举手表决方式通过了刘奇葆、孟建柱、赵乐际、栗战书为大会副秘书长。会议通过了十九大选举办法（草案），提交各代表团酝酿。会议还通过了列席和来宾事项。中央决定，邀请党内有关负责同志和部分党外人士共405人列席大会。作为来宾列席大会开幕会和闭幕会的有：现任和曾任全国人大常委会副委员长、全国政协副主席的党外人士，在京各民主党派中央、全国工商联副主席，无党派代表人士，宗教界代表人士，在京全国人大、全国政协常委中的民主党派、无党派和民族宗教界人士，共149人。

主席团会议还通过了十九大的日程。根据这个日程，十九大将于10月18日上午开幕，10月24日上午闭幕。

● 代表的选举

党的十八届六中全会决定，党的十九大于2017年下半年在北京召开。2016年10月27日，中共中央印发了《关于党的十九大代表选举工作的通知》，对十九大代表选举工作作出全面部署。

中央要求，十九大代表的选举产生，要坚持党的领导与发扬民主有机统一，采取自下而上、上下结合、反复酝酿、逐级遴选的办法进行。要深入开展宣传教育，广泛发动基层党组织和党员积极参与代表人选的推荐提名，根据多数党组织或多数党员的意见，逐级遴选择优。要严格组织考察，实行差额考察和考察预告，广泛听取基层党组织、党代表、党员和群众的意见。要认真搞好会议选举，代表实行差额选举，差额选举的比例应多于15%。

在代表选举产生过程中，全国基层党组织参与基本实现了全覆盖，党员参与率达到99.2%。各选举单位召开党委全体会议或党委（党组）扩大会议，以投票方式确定代表候选人预备人选。除西藏、新疆经中央批准实行等额选举外，各选举单位召开党代表大会或党代表会议差额选举出席党的十九大代表，差额比例均多于15%，符合中央要求。代表选举产生后，通过中央主要

新闻媒体，采取多种形式报道了代表选举工作情况。

经过450多万个党组织和8900多万名党员共同努力，十九大代表选举工作进展顺利，共选出2287名代表。其间，孙政才等27人因存在违纪违法等问题，经中央批准，不再作为十九大代表。重庆市因代表出缺较多，按照中央要求和规定程序，及时召开党代表会议补选了14名代表。9月29日，经中央批准公布代表名单共2287名。十九大代表名单公布后，又发现7人存在不宜作为代表的问题，经中央批准不再作为代表。经十九大代表资格审查委员会审议，确认2280名代表资格有效。十九大代表总体上符合中央规定的条件，具有较高的思想政治素质、良好的作风品行和较强的议事能力，在各自岗位上作出了显著成绩，是共产党员中的优秀分子。代表结构与分布比较合理，具有广泛的代表性。

● 报告的起草

党的十九大报告起草工作是党的十九大筹备工作的重要组成部分，党中央对党的十九大报告起草工作高度重视，成立了报告起草组，由习近平担任组长，中央有关部门和地方负责同志、专家学者参加，在中央政治局、中央政治局常委会直接领导下开展工作。中央政治局常委会、中央政治局会议多次审议报告稿。

报告起草工作始终是同调查研究工作紧密结合在一起的。中共中央组织了59家单位就21个重点课题进行专题调研，形成80份调研报告。报告起草组组成9个调研组，分赴16个省区市进行实地调研，还就一些问题请有关部门、25家国家高端智库试点单位提交了专题研究报告。这些调研成果为报告起草工作打下了坚实基础。

7月26日，习近平总书记在省部级主要领导干部专题研讨班上发表重要讲话，就党的十九大报告涉及的若干重大问题作了深刻阐述，强调能否提出具有全局性、战略性、前瞻性的行动纲领，事关党和国家事业继往开来，事关中国特色社会主义前途命运，事关最广大人民根本利益。

报告起草工作始终贯穿着民主精神，充分听取了党内外各方面意见和建议。为起草好党的十九大报告，中共中央专门下发通知，征求各地区各部门对党的十九大议题的意见。报告稿形成后，广泛征求了各方面的意见，征求意见人数共4700余人。习近平主持召开了六次座谈会，直接听取各方面的意见和建议。起草组还听取了部分老同志的意见。中共中央还专门听取了各民主党派中央、全国工商联领导人和无党派人士的意见，许多意见都得到了采纳。10月9日，十八届中央纪律检查委员会第八次全体会议召开，全会审议并通过了十八届中央纪律检查委员会向中国共产党第十九次全国代表大会的工作报告，同意将报告提请中国共产党第十八届中央委员会第七次全体会议审议。10月11日至14日召开的党的十八届七中全会，审议通过了党的十九大报告稿、十八届中央纪律检查委员会工作报告稿，决定正式提交党的十九大审查。

● 党章的修改

党的十八届六中全会作出《关于召开党的第十九次全国代表大会的决议》之后，在党中央领导下，开始了党的十九大筹备工作，其中一项重要任务就是对党章进行修改。2017年1月，在中共中央就党的十九大议题征求意见的过程中，各地区各部门普遍建议党的十九大根据党的理论创新和实践发展，以及形势任务发展变化对党章作适当修改。6月，党中央发出通知，就党章修改工作向各地区各部门征求意见。在综合各方面意见的基础上，中央政治局会议研究决定对党章进行适当修改，强调这次修改党章工作，要把党的十九大报告确立的重大理论观点和重大战略思想写入党章，使党章充分体现马克思主义中国化最新成果，充分体现党的十八大以来以习近平同志为核心的党中央提出的治国理政新理念新思想新战略，充分体现坚持和加强党的领导、全面从严治党的新鲜经验，以适应新形势新任务对党的事业和党的建设提出的新要求，把我们党建设得更加朝气蓬勃、坚强有力，始终保持党同人民群众的血肉联系。在集中全党智慧的基础上，经过党的十八届七中全会讨论并通过，形成了提交党的十九大审议的党章修正案。

● 大会开幕

2017年10月18日，中国共产党第十九次全国代表大会在北京人民大会堂隆重开幕。这次大会，是在全面建成小康社会决胜阶段、中国特色社会主义进入新时代的关键时期召开的一次十分重要的大会。大会的主题是：不

忘初心，牢记使命，高举中国特色社会主义伟大旗帜，决胜全面建成小康社会，夺取新时代中国特色社会主义伟大胜利，为实现中华民族伟大复兴的中国梦不懈奋斗。

大会由李克强主持。上午 9 时，大会开幕，全体起立唱国歌。随后，全场起立，为毛泽东、周恩来、刘少奇、朱德、邓小平、陈云等已故老一辈无产阶级革命家和革命先烈默哀。李克强宣布，中国共产党第十九次全国代表大会应出席代表 2280 人，特邀代表 74 人，共 2354 人。因事因病请假 16 人，实到 2338 人。大会还邀请许多党外朋友和有关方面负责同志列席，对他们的到来表示热烈的欢迎。

习近平代表第十八届中央委员会向大会作了题为《决胜全面建成小康社会　夺取新时代中国特色社会主义伟大胜利》的报告。报告共分 13 个部分：（一）过去五年的工作和历史性变革；（二）新时代中国共产党的历史使命；（三）新时代中国特色社会主义思想和基本方略；（四）决胜全面建成小康社会，开启全面建设社会主义现代化国家新征程；（五）贯彻新发展理念，建设现代化经济体系；（六）健全人民当家作主制度体系，发展社会主义民主政治；（七）坚定文化自信，推动社会主义文化繁荣兴盛；（八）提高保障和改善民生水平，加强和创新社会治理；（九）加快生态文明体制改革，建设美丽中国；（十）坚持走中国特色强军之路，全面推进国防和军队现代化；（十一）坚持“一国两制”，推进祖国统一；（十二）坚持和平发展道路，推动构建人类命运共同体；（十三）坚定不移全面从严治党，不断提高党的执政能力和领导水平。

报告总结了十八大以来党和国家事业的历史性成就和历史性变革，深刻阐述了新时代中国特色社会主义思想和基本方略，系统回答了在新时代坚持和发展什么样的中国特色社会主义，怎样坚持和发展中国特色社会主义的重大时代课题，通篇闪耀着马克思主义真理的光辉。报告描绘了全面建成社会主义现代化强国的“两步走”宏伟蓝图，展示了当代中国共产党人为人民谋福祉、为民族谋复兴的本色初衷和使命担当，是立足新起点、开启新时代的政治宣言，是举旗定向、谋篇布局的奋斗纲领，为实现中华民族伟大复兴的中国梦提供了科学的行动指南和强大的精神力量。

● 代表讨论

习近平代表十八届中央委员会向大会作的报告，在党内外引起热烈反响和广泛讨论。会场内代表们的讨论十分热烈充分。

代表们一致认为，习近平同志所作的十九大报告，主题鲜明、思想深邃，内涵丰富、博大精深，气势恢宏、催人奋进，通篇闪耀着马克思主义真理的光芒，通篇展示了以习近平同志为核心的党中央引领新时代中国特色社会主义的理论成果、实践成果、创新成果，通篇激励着全党全国各族人民决胜全面建成小康社会、夺取新时代中国特色社会主义的伟大胜利、实现中华民族伟大复兴中国梦的坚定信心，是我们党迈向新时代、开启新征程、续写新篇章的政治宣言和行动纲领。党的十八大以来，党和国家事业发生的历史性变革、取得的历史性成就，在我们党的历史、中华人民共和国历史、中华民族历史上具有里程碑意义。这些成就的取得，根本在于有习近平总书记这个坚强核心的引领，有党中央集中统一领导，进一步彰显了中国共产党领导和中国特色社会主义的独特优势。以习近平同志为核心的党中央紧紧围绕新时代坚持和发展什么样的中国特色社会主义、怎样坚持和发展中国特色社会主义这个重大时代课题，进行艰辛理论探索，创立了习近平新时代中国特色社会主义思想，开辟了马克思主义新境界、中国特色社会主义新境界、党治国理政新境界、管党治党新境界。党的十九大把习近平新时代中国特色社会主义思想确立为党必须长期坚持的指导思想，实现了党的指导思想又一次与时俱进，具有重大的政治意义、理论意义、实践意义。

——“我们走进新时代”形成广泛共识。

河北省滦平县周台子村党委书记范振喜代表说：“听了习近平总书记作的报告，我备受鼓舞，深深感到我们的党是伟大的党，我们的时代是伟大的时代！走进新时代，人们对美好生活的向往更加强烈，除了吃饱穿暖，对民主法治、公平正义的期待也日益增长。”

中国石油四川泸州销售分公司龙马连片加油站党支部书记陈小玲代表说，中国特色社会主义进入新时代，一个新变化就是人们对美好生活的愿望和追求更强烈了。人民群众希望有更满意的收入、更丰富的精神文化生活等。“我在加油站工作，加油站就是一面镜子：买车的人多了，交通更方便

了，自驾出游也成为潮流，人们的脸上透出满满幸福感。”

天津市河北区环境卫生管理一所工人徐文华代表说，新时代不仅是党和国家事业的新阶段，也让老百姓切身感受到丰硕的发展成果。“我工作过的地方，如今有了‘天津之眼’摩天轮、意式风情区，城市面貌日新月异的变化令人振奋。”

山西省大同市第五中学教研室副主任续烨代表说，我国进入新的历史方位，教育事业同样进入了美好新时代。作为一名教育工作者，深感责任重大，使命光荣。“我一定牢记总书记嘱托，在实际工作中落实立德树人根本任务，培养德智体美全面发展的社会主义建设者和接班人。”

北京国电智深控制技术有限公司工程中心副总经理陈峰代表说，十九大报告描绘了富强民主文明和谐美丽的社会主义现代化强国的美好蓝图。美好蓝图实现离不开科技创新的战略支撑。“我们要不断加大创新力度，脚踏实地，埋头苦干，奋力走好新时代的长征路。”

中国能建广东火电工程有限公司焊接教练刘仔才代表说，习近平总书记的报告令人振奋，“总书记强调工匠精神，让我感到党和国家对我们一线工人的重视。我一定将十九大精神带回基层，团结带领基层员工尽职尽责、精益求精，让中国的核电技术成为国家亮丽的名片”。

——突出关注民生问题。代表们普遍反映，在十九大报告中，“人民”二字一共出现了 203 次，直抵人心，激发共鸣。

山东省女子强制隔离戒毒所医疗康复科科长李芙蓉代表说：“习近平总书记在报告当中无数次提到‘人民’这个词，充满了家国情怀，我觉着特别感动，也特别有信心。”

格特拉克赣州分公司车间领班彭发福代表说：“报告中说要完善失业、工伤保险制度，这对产业工人来说就更有保障了。社保保的是民生，更是民心。报告说要全面建成多层次的社会保障体系，这体现了党中央对百姓的关爱。大家觉得日子更有盼头了！”

兵团第五师八十四团七连职工王平代表说：“报告里提到把人民利益摆在至高无上的地位，并围绕民生事业讲了好多我们想听的话、爱听的话，让人心里感到温暖。我相信，只要围绕报告中提到的目标加油干，群众的日子一定会越过越好。”

扬州市广陵区曲江街道党工委副书记郑翔代表说，不断听到“人民”二字，让人感觉很亲切。十九大报告既有重大的时代课题，也有这么多细致入微的、和老百姓息息相关的幸福指南，将激励她去摸索更多新方法，为让社区老百姓对新时代美好生活的期盼成为现实尽一份力。

黑龙江省铁力市工农乡中心学校教师仲威平代表说，这五年来农村教育发生了翻天覆地的变化。“过去是‘一名老师，一块黑板，一支粉笔’，现在随着国家对农村教育的投入，孩子们搬进了宽敞明亮、冬天供暖的教室，一人一台电脑，有音乐室、图书室，各类器材应有尽有，我跟孩子们现在很幸福。”希望在硬件设施具备的前提下，加强农村教育人才交流，将特岗教师辐射到农村地区，让每个孩子达到均衡发展。

●会外反响

十九大的召开，不仅在国内广大党员和干部群众中产生了热烈反响，他们纷纷点赞、好评如潮，同时也引起国际舆论的高度关注和积极评价。许多外国领导人、政党和组织纷纷致电或致函表示热烈祝贺。大会期间，有 165 个国家 452 个主要政党发来 855 份贺电贺信。其中，有 814 份是国家元首、政府首脑、政党和重要组织机构领导人发来的。越南共产党中央委员会、老挝人民革命党中央委员会、古巴共产党中央委员会和朝鲜劳动党中央委员会分别致函或致电，对中国共产党第十九次全国代表大会召开表示热烈的祝贺。

塔吉克斯坦人民民主党主席、总统拉赫蒙在贺函中向习近平总书记和中国共产党全体党员致以衷心祝贺。贺函表示，中国在各领域取得的令人瞩目成就以及国际威望的提升，首先归功于中国共产党的政治领导。塔方把中国视为共同发展道路上的最重要伙伴，真诚为中国和中国人民取得的成就感到高兴。

塞尔维亚社会民主党主席、政府副总理利亚伊奇在贺函中表示，相信十九大确定的目标任务会一如既往地得到全面贯彻落实。塞方愿学习借鉴中共的社会发展理念和核心价值观，同中国共产党发展友好关系。

日本自由党党首小泽一郎在贺函中表示，在以习近平同志为核心的中共中央领导下，中国在各领域取得了举世瞩目的发展成就。习近平总书记倡导

打造人类命运共同体的重要理念意义深远。

委内瑞拉统一社会主义党副主席查韦斯在贺函中高度评价以习近平同志为核心的中共中央在尊重各国人民自决权和国家主权、和平解决冲突等方面的立场。委方表示高度关注中共十九大，钦佩中国共产党人找到一条具有中国特色的社会主义成功之路。

蒙古国蒙古民族民主党主席巴·朝格特格日勒在贺函中表示，中国共产党是国际上享有盛誉的重要政党。在习近平总书记的英明领导下，中国共产党将带领国家和人民实现更快发展，开创光明美好的未来。

菲律宾民主人民力量党总裁、参议长皮门特尔在贺函中表示，中国共产党在领导国家发展方面作出了有目共睹的巨大贡献，是包括菲律宾民主人民力量党在内的世界各国执政党学习的榜样。

欧洲社会党主席斯塔尼舍夫在贺函中表示，中共十九大作出的决策将对世界格局和全球经济产生重要影响。欧洲社会党高度赞赏欧中两党之间真诚的交流，愿共同推动世界繁荣与和谐。

阿尔巴尼亚民主党主席巴沙在贺函中表示，阿方相信在习近平总书记的领导下，中华人民共和国将更加繁荣强盛。中共十九大将为中国实现中国梦和“一带一路”倡议等宏伟目标奠定更加坚实基础，“一带一路”建设将把世界各国更加紧密地联系在一起。

澳大利亚前总理、美国亚洲协会政策研究院院长陆克文在贺函中表示，中国奋发有为的外交举措为全球治理体系改革作出了重要贡献，也将有助于构建人类命运共同体。

新西兰工党主席霍沃思在贺函中表示，中国共产党第十九次全国代表大会意义深远，不仅将为中国未来经济增长和繁荣确定发展路径，而且将有利于中国在世界经济中发挥更大作用。

坦桑尼亚革命党总书记基纳纳在贺函中表示，坦方深信，中共十九大将成为中国人民建设中国特色社会主义事业的一个伟大里程碑，开创中国特色社会主义事业新篇章。

南非共第一副总书记马派拉在贺函中表示，在习近平总书记的卓越领导下，中国推动国际治理体系向着更加负责任、更加公正合理的方向变革，在世界上树立了中共的威望，扩大了社会主义的影响力。十九大不仅为中国未来发展指明方向，也深远影响世界未来发展。

非盟委员会主席法基在贺函中表示，中国共产党在过去数十年成功领导了中国经济社会转型，并为促进世界和平安全与共同繁荣作出重大积极贡献。十九大将再次有力证明中共卓越的领导力，期待进一步加强与中国的紧密伙伴关系。

俄罗斯金砖国家研究国家委员会执行主席托洛拉亚在贺函中表示，中共十九大的召开无疑具有里程碑式的意义，它将进一步巩固中国共产党的领导地位，提出适合中国乃至影响世界发展的科学理念。

美国美中合作委员会会长范波在贺函中表示，中共十八大以来，中国在以习近平同志为核心的党中央领导下走出了一条具有中国特色的发展道路。

众多国际主流媒体不仅使用头版头条、图文并茂及滚动播出形式进行报道，而且以更加理性、正面的态度点赞五年来中国共产党领导中国创造的辉煌成就，关注中国共产党为中国未来擘画美好蓝图，期待中国在中国共产党领导下继续为推动世界和平安全、繁荣发展作出更大贡献。

俄罗斯《独立报》发表评论文章称："如果没有中国共产党领导，无法想象中国能够取得如此成就。"

越共中央机关报《人民报》电视频道为十九大制作了14分钟视频，并邀请越南战略研究和国际发展中心主任阮玉长点评，说"十九大是在中国五年来取得辉煌成就的背景下召开的：一是领导人提出了适应中国发展需求的战略方针；二是反腐巩固了中国人民对中国共产党的信心；三是经济实现软着陆；四是在中国和邻国之间营造出合理的发展空间"。

巴基斯坦《巴基斯坦观察家报》报道说："中国经济、科技实力迅速增强，一个现代社会治理体系已经形成。这些辉煌成就的取得，离不开中国共产党的坚强领导，离不开中国人民为追求和平、发展和繁荣而作出的团结奋斗。"

巴西《圣保罗报》称："十九大报告向世界传达出重要信息——在中国共产党的坚强领导下，中国特色社会主义建设事业又向前迈进了一步。"

英国《卫报》19日用两个整版报道十九大报告，并配发评论说："十九大报告传递出中国共产党对中国和中国未来前景的乐观判断，展示对中国在2020年决胜全面建成小康社会的高度自信。"

马来西亚《星洲日报》报道说：“十九大报告勾勒出中国共产党领导中国在本世纪中叶把国家建成富强民主文明和谐美丽的社会主义现代化强国的蓝图，实现中华民族伟大复兴的中国梦，将在中国与世界的联系与互动中实现。”

路透社报道说：“如果说五年前习近平提出的‘中国梦’只有一个初步轮廓，那么五年后的今天，十九大报告中对‘中国梦’给出了更详细的实现路径。”

德国之声电台网站刊文称：“五年来，中国的国际影响力大幅提升，一方面是因为美国和欧洲遇到很多问题，另一方面是因为中国经济发展速度比较快。十九大不只是一个普通的党内会议，更是一个具有全球影响的会议。”

英国广播公司报道说：“十九大是一次‘站在世界地图前’召开的大会——中国正在成为全球市场之网中‘新的服务器’，‘站在世界地图前’谋划维护世界和平与促进共同发展的中国共产党，将为世界经济的未来提供新的智慧与方案。”

伊朗伊斯兰共和国通讯社评论说：“十九大举世关注，世界不仅看到中国业已取得的辉煌成就，更期待中国共产党领导的中国在新时代取得更多新进展、新成果。中国特色的发展模式将成为经济全球化进程中的典范。”

十九届一中全会闭幕后，又有许多政党和国家领导人、友好人士致电或致函，热烈祝贺习近平当选中共中央总书记。

越南共产党中央委员会总书记阮富仲，老挝人民革命党中央委员会总书记、国家主席本扬，古巴共产党中央委员会第一书记劳尔·卡斯特罗，朝鲜劳动党委员长金正恩发来贺电或贺函，热烈祝贺习近平同志当选中国共产党第十九届中央委员会总书记。

阮富仲在贺函中说：“值此您再次当选中国共产党中央委员会总书记之际，我谨代表越南共产党中央委员会并以我个人名义向您致以最热烈的祝贺。我衷心祝贺中国共产党第十九次全国代表大会取得圆满成功，高度评价新时代中国特色社会主义思想的理论发展与创新。我相信，在以您为核心的中共中央领导下，中国共产党和中国人民一定能完成大会提出的各项任务，早日胜利达成基本实现社会主义现代化的目标，进而把中国建成富强民主文明和谐美丽的社会主义现代化强国。”

本扬在贺函中说："在您当选新一届中国共产党中央委员会总书记之际，我谨代表老挝人民革命党中央委员会并以我个人名义，向您并通过您向中国共产党第十九届中央委员会致以同志和兄弟般的热烈祝贺和良好祝愿。"

劳尔·卡斯特罗在贺电中说："我谨代表古巴共产党热烈祝贺您再次当选中共中央总书记。借此机会，我祝您在这一重要岗位上取得新的成就。我谨重申，我们愿进一步加强古中两国人民、两党和两国政府之间兄弟般的关系。顺致兄弟般的问候。"

金正恩在贺电中说："我谨就中国共产党第十九次全国代表大会取得圆满成功，您当选中国共产党中央委员会总书记、就任党中央军事委员会主席致以衷心祝贺。"

俄罗斯总统普京在贺电中表示："选举的结果充分表明您拥有很高政治威望，所推行的加快中国社会经济发展、提升国际地位的政策得到中国人民的广泛拥护。我愿同您继续共同努力，推动俄中全方位合作，为解决地区和国际热点问题开展建设性协作。"

德国总理默克尔在贺电中说："我谨对您再次当选中国共产党中央委员会总书记表示衷心祝贺。面对严峻的全球性挑战，我们必须继续开展建设性的合作，共同维护世界和平与稳定。我希望同您一道，继续发展两国紧密友好的合作关系。"

白俄罗斯总统卢卡申科在贺函中说："衷心祝贺您再次当选中共中央总书记。祝您在领导全世界最大政党的事业中取得更大成就，祝全体中共党员团结一心，祝中国祥和昌盛。"

韩国总统文在寅在贺电中表示，祝愿中国在习近平总书记领导下早日实现中国梦，并为东北亚地区和世界的和平与共同繁荣作出更大贡献。

埃及总统塞西在贺电中说："中国共产党将您关于新时代中国特色社会主义的宏伟思想写入党章，这充分体现了全体中国人民对您的高度钦佩和高度信任，这源自您所取得的成就，以及您为造福中国人民、实现友好的中华人民共和国的富强稳定所付出的不懈努力。"

委内瑞拉统一社会主义党主席、总统马杜罗在贺函中说："我们见证了您为中国经济、政治、社会、外交、军事发展所作的巨大贡献。未来五年您将继续领导中国共产党，这预示着中共将赢得新的辉煌胜利。"

莫桑比克解放阵线党主席、总统纽西在贺函中说：“真诚祝愿您在继续履行服务人民和治理国家的崇高使命的过程中取得新的成功。”

刚果（布）劳动党主席、总统萨苏在贺函中说：“祝愿阁下在新的任期取得圆满成功。我愿与阁下一道努力，为两国全面战略合作伙伴关系发展作出新贡献，造福两国人民。”

厄立特里亚人民民主与正义阵线主席、总统伊萨亚斯在贺函中说，中共十九大对重大国内和国际问题进行了广泛讨论，为未来几十年中国的发展制定了宏伟蓝图。大会取得的这些重要成果，具有里程碑意义。

马里共和国总统凯塔在贺函中说：“再次当选是您英明领导中国共产党取得辉煌成就的结果，相信您在新的任期内将继续致力于造福中国人民的伟大事业。祝愿您在履行这一崇高的历史使命中获得圆满成功。”

布隆迪总统恩库伦齐扎在贺函中说：“中国人民拥护您继续担任中共中央总书记，我对此深表敬意。中共十九大作出的奋斗规划意义重大，为中国未来发展指明了方向，将为中华民族实现伟大复兴的中国梦，为世界均衡发展注入新的动力。”

阿富汗民族联盟主席、政府首席执行官阿卜杜拉在贺函中说：“展望未来，我预祝阁下在继续丰富中国对地区乃至全球的外交政策内涵方面，尤其是在推动‘一带一路’建设、提升全球安全、促进地区繁荣方面不断取得新成就。”

斯洛伐克方向党主席、政府总理菲佐在贺函中说：“我非常钦佩您提出的治国理政新理念新思想新战略，以及在新世纪推动构建人类命运共同体等创新理念。祝愿您以更大勇气和智慧，成功推进落实中共十九大各项决议。”

斐济优先党领袖、政府总理姆拜尼马拉马在贺函中说：“您的再次当选表明，中国人民对未来五年在您的领导下取得国家建设更大成就充满信心。”

汤加友谊之岛人民民主党领袖、首相波希瓦在贺函中说：“作为党的领袖，阁下无疑将继续领导中国走进新时代。阁下把中国人民的利益放在首位，我们对阁下非凡、英明的领导能力深表钦佩。”

阿富汗人民院议长易卜拉希米在贺电中说：“祝中国共产党在阁下领导下继续发展壮大，祝中国人民幸福安康。”

汤加王国议长、前首相图伊瓦卡诺在贺函中说，中国共产党带领中国在短时间内取得了非凡成就，中国的壮举一直鼓舞着汤加等发展中国家。

日本自民党干事长二阶俊博在贺函中说："衷心祝愿在以阁下为核心的新一届中共中央委员会领导下，贵党及贵国建设取得更加辉煌的成就。"

俄罗斯联邦共产党主席久加诺夫在贺函中说："衷心祝贺您再次当选中国共产党中央委员会总书记这一崇高职务。我们坚信，中共十九大确定的近期全面建成小康社会目标一定会实现。"

俄罗斯公正俄罗斯党主席米罗诺夫在贺函中说："再次当选党的最高领导人，是对您在党的建设、中国国家和社会宏伟改革事业中作出卓越贡献的充分肯定，也是对经过深思熟虑的新理念新思想新战略的高度认可，这得到了全党和全国人民的信任与支持。"

阿富汗伊斯兰民族运动党领袖、第一副总统杜斯塔姆在贺电中说："祝贺阁下再次当选中国共产党中央委员会总书记。在阁下的英明领导下，中国将继续取得更大发展成就，实现繁荣富强。"

巴基斯坦人民党主席比拉瓦尔在贺函中说："过去五年，阁下以高瞻远瞩的战略视野和坚韧不拔的意志品质，领导中国在经济、社会和外交领域取得前所未有的伟大成就。"

柬埔寨奉辛比克党主席诺罗敦·拉那烈在贺函中说，中共十九大提出的习近平新时代中国特色社会主义思想，在中国历史上留下了浓墨重彩的一笔，将对世界社会主义和人类社会产生重要影响。

南非非国大总书记曼塔谢在贺函中说，在习近平总书记的领导下，中国共产党不但成为中国各项事业的领导核心，还推动"一带一路"建设取得丰硕成果，为推动建设持久和平、共同繁荣的世界作出了积极贡献。

几内亚比绍几内亚和佛得角非洲独立党主席佩雷拉在贺函中说，相信在习近平总书记的领导下，中国共产党的建设将更加坚强有力，全党将众志成城，实现中国人民对美好未来的期盼，执政地位更加巩固。

瓦努阿图领袖党主席、政府基础设施部长纳帕特在贺函中说："正如您在十九大报告中所阐述的那样，中共提出的将中国建设得更加美好的政策理念，将进一步密切中国与世界各国的伙伴关系。"

坦桑尼亚革命党主席、总统马古富力在贺电中说："您再次当选党的总书记，必将领导中国走向更加辉煌的未来，向世界展示一个更加强大的中

国，衷心祝愿中国人民生活更加幸福美满。”

肯尼亚朱比利党领袖、总统肯雅塔在贺函中说：“过去五年，在以习近平同志为核心的中共中央英明领导下，中国取得了举世瞩目的发展成就。我期待与阁下一道努力，共同推进两党关系发展。”

缅甸全国民主联盟主席、国务资政昂山素季在贺函中说：“过去几年来，阁下展现出杰出的领袖风范。我相信，在阁下领导下，中国共产党决胜全面建成小康社会、夺取新时代中国特色社会主义伟大胜利的宏伟目标一定能够顺利实现。”

阿根廷共和国方案党领袖、总统马克里在贺函中说：“我认真研读了您在中国共产党第十九次全国代表大会开幕会上所作报告，衷心祝愿您提出的‘两个阶段’发展目标顺利实现。”

阿塞拜疆新阿塞拜疆党主席、总统阿利耶夫在贺函中说：“中共十九大通过了一系列重要决议，特别是确立了您提出的治国理政新方略，决定了中国共产党的发展方向，关乎中国共产党的自我革新，关系到全体中国人民的福祉、中国社会经济的发展以及中国奉行的外交方针。”

塞拉利昂全国人民大会领袖、总统科罗马在贺函中说：“我谨代表塞拉利昂政府和人民，祝贺阁下再次当选中共中央总书记。我谨借此机会，对阁下在我国政府和人民患难之际慷慨施以援手表示衷心感谢。”

卢旺达爱国阵线主席、总统卡加梅在贺函中说：“我相信，您继续领导推进党和国家各项事业，不仅是中国的福祉，而且有利于加强卢旺达爱国阵线同中国共产党之间的良好关系，有力推动两国关系发展。”

尼日尔总统优素福在贺函中说：“中国共产党和中国人民拥护阁下继续担任中共中央总书记，是因为您心系国家建设，领导中国持续繁荣发展，并赢得了世界各国的尊重与赞赏。”

中非共和国总统图瓦德拉在贺函中说：“中共十八大以来，在您的英明领导下，中国在政治、经济、社会等各领域取得了举世瞩目的成就，为广大非洲国家的发展树立了榜样。”

科摩罗总统阿扎利在贺函中说：“我谨代表科摩罗联盟政府和人民，并以我个人的名义，向您再次当选中共中央总书记致以热烈祝贺，并再次祝贺中共十九大取得圆满成功。”

摩尔多瓦总统多东在贺函中说："您的当选再次表明，中国人民支持您大力推进的国家发展进程。我相信，您将在这一崇高岗位上为实现国家繁荣和人民幸福作出更大贡献。"

乌克兰总统波罗申科在贺函中说："诚挚祝贺阁下再次当选中共中央总书记。您的当选再次证明您在党内享有崇高威望，并赢得了中国人民的高度信任。"

乌拉圭总统巴斯克斯在贺函中表示："我谨对您再次当选中共中央总书记致以衷心祝贺，并祝愿您取得更大执政成就。"

克罗地亚民主共同体主席、政府总理普连科维奇在贺函中说："我谨代表克罗地亚民主共同体并以我个人名义，祝贺阁下再次当选中共中央总书记。"

日本公明党党首山口那津男在贺函中说："我谨代表日本公明党衷心祝贺中共十九大取得圆满成功，祝贺您再次当选中共中央总书记。"

欧洲议会副议长帕帕迪莫里斯在贺函中说："中国共产党拥有丰富的执政经验。我坚信，您将继续带领贵党在实现国家经济、政治、文化、社会发展，推动国际合作，促进世界包容性增长和繁荣方面发挥领导作用。"

尼泊尔共产党（联合马克思列宁主义）主席、前政府总理奥利在贺函中表示："您提出的'把人民对美好生活的向往作为奋斗目标'是解决中国社会主要矛盾等问题的最好答案。"

匈牙利社会党主席莫尔纳在贺函中表示，祝愿中国现代化建设在习近平新时代中国特色社会主义思想引领下取得更大成就，中国继续为国际社会和平发展作出积极贡献。

阿根廷正义党主席希奥哈在贺函中表示，中国的成就充分表明，一国执政党只要有远见、勇气、能力和进取心，并拥有能够准确把握复杂多变国际形势的领袖，就没有克服不了的困难。

玻利维亚争取社会主义运动副主席加西亚在贺函中表示："在建设中国特色社会主义现代化国家的关键时刻，您再次当选总书记充分体现了中国党和人民对您的高度信任和殷切期待。我们赞赏中国共产党在其波澜壮阔的历程中为人类作出的贡献，希望同你们交流经验，共同促进世界和平。"

比利时法语社会党主席、前首相迪吕波在贺函中说，中共十九大总结了中国过去五年的重要成就，提出了努力建设繁荣国家的目标，并进一步阐明

了面向未来的宏伟方略。

社会党国际秘书长阿亚拉在贺函中表示："衷心祝贺您再次当选中共中央总书记。您的连任是对您一心为中国、中国共产党、中国人民服务的最好证明。"

发来贺电或贺函的还有：俄罗斯自由民主党主席日里诺夫斯基；白俄罗斯共产党中央第一书记索科尔；巴基斯坦穆斯林联盟（谢里夫派）旁遮普省主席、旁遮普省首席部长夏巴兹；巴基斯坦人民党联合主席、前总统扎尔达里；巴基斯坦神学会（法鲁兹派）秘书长、参议院副主席海德里；菲律宾前参议员马科斯二世；伊朗伊斯兰联合党总书记哈比比；伊拉克共产党中央委员会；黎巴嫩社会进步党主席琼布拉特；巴勒斯坦解放巴勒斯坦民主阵线总书记哈瓦特迈赫；巴勒斯坦人民党总书记萨利希；约旦共产党总书记法拉杰；南非共产党书记处第一书记福瑞；埃及大会党主席萨米达；几内亚比绍社会革新党主席南贝阿；尼日尔总统部长级特别顾问、前议长萨利富；葡萄牙共产党总书记德索萨；波黑塞族独立社会民主人士联盟主席多迪克；摩尔多瓦共产党人党主席、前总统沃罗宁；挪威工党主席斯特勒；德国社民党前主席、艾伯特基金会会长贝克；智利争取民主党主席纳瓦雷特；瓦努阿图瓦库党代主席、政府副总理纳图曼；印度全印和平与团结组织总书记森古普塔；意大利议会"中国之友"协会主席佩鲁弗；美国前国务卿基辛格；美国东西方研究所董事会主席佩罗；俄罗斯前总理弗拉德科夫；澳大利亚前总理、美国亚洲协会政策研究院院长陆克文；汤加王国公主、汤中友协会长皮洛莱乌・图伊塔；尼泊尔农民与工人党主席比久克切；韩国国民之党党首安哲秀；韩国自由韩国党党首洪准杓；韩国共同民主党党首秋美爱；韩国正党；伊拉克共产党中央委员会；塞浦路斯民主大会党主席奈奥菲多；黎巴嫩联盟党主席穆拉德；伊朗确定国家利益委员会秘书长雷扎伊；埃及自由埃及人党主席哈利勒；南非非国大全国执委易卜拉欣；非洲政党理事会秘书长纳菲阿；欧洲左翼党主席居西；德国自民党主席林德纳；德国左翼党联合主席基平、里克辛格；匈牙利工人党主席蒂尔迈尔；秘鲁阿普拉党制度总书记罗德里格斯、政治总书记奇里诺；秘鲁基督教人民党主席纳瓦罗；秘鲁人民力量党主席藤森庆子；法国共和党前副主席、前交通部长马里亚尼；秘鲁人民行动党国会发言人加西亚；智利共产党中央委员会；日本和平・人权・环境论坛共同代表藤本泰成；日本禁止原子弹氢弹协议会会长川野浩一；以色列以中学术交流促进协会执行主任魏凯丽；南非全国公民组织主席理查德·姆达肯；太平洋岛国发展论坛秘书长马特尔；秘鲁“新秘鲁”运动全国协调员门多萨。

● 大会亮点

十九大引起国内外舆论高度关注，从大会安排和进程看，特点鲜明，精彩纷呈，亮点很多。

——首次开启“党代表通道”。大会新闻中心邀请了多位来自一线的代表走过通道与媒体进行面对面的交流。采访活动由中央电视台进行现场直播，新闻中心免费提供直播公共信号。外国人士高度评价“党代表通道”，表示由此“看到了中国共产党的风采”。

《习近平：正圆中国梦》作者、俄罗斯人民友谊大学教授尤里·塔夫罗夫斯基说，看到多位来自不同领域的代表对着镜头自信地侃侃而谈，他非常欣慰——中国共产党党员应当有这样的自信，也应该展现这样的风采。

美国政治学者、专栏作家阿尼尔·西格德尔说，设立“党代表通道”有助于提高中国共产党的透明度，展示一个立体的中国。站在“党代表通道”上的不仅有官员，还有工作在不同岗位的普通人，由他们向外界表达自己对一些问题的看法，回应国内国际关心的问题，比较有说服力。在“党代表通道”上，党代表为普通党员发声，是民主的体现，不但加强了党代表同普通党员的联系，也拉近了党代会同普通党员的距离，更全方位体现了不同社会阶层的关切和声音。

——代表团讨论向记者开放。10月7日，十九大新闻中心发出《关于十九大期间代表团讨论向中外记者开放的通知》，宣布代表团开放讨论名单及时间安排。具体情况如下：（一）10月18日（星期三）15：00—17：30（开放四个代表团），分别是：海南代表团（人民大会堂海南厅），陕西代表团（人民大会堂陕西厅），宁夏代表团（人民大会堂宁夏厅），中央企业系统（在京）代表团（人民大会堂台湾厅）。（二）10月19日（星期四）9：00—11：30（开放15个代表团），分别是：山西代表团、辽宁代表团、吉林代表团、黑龙江代表团、浙江代表团、福建代表团、安徽代表团、江西代表团、

湖北代表团、广东代表团、四川代表团、云南代表团、甘肃代表团、青海代表团、中央金融系统代表团（人民大会堂西大厅）。（三）10月19日（星期四）15：00—17：30（开放15个代表团），分别是：北京代表团、天津代表团、河北代表团、内蒙古代表团、上海代表团、江苏代表团、山东代表团、河南代表团、湖南代表团、广西代表团、重庆代表团、贵州代表团、西藏代表团、新疆代表团、中央国家机关代表团（人民大会堂西大厅）。

开放活动当天，中外记者凭大会采访证件到开放代表团采访，记者自愿选择开放代表团参加，中间可转移场地继续旁听代表讨论。

——首次开设官微。10月11日，大会开始前一周，十九大新闻中心网站和微信公众号上线，及时服务新闻记者和广大网友。这是为适应移动传播时代特点提供移动式交互信息服务而首次开设的。微信公众号实时发布大会的各项议程、动态、公告、通知。实时在线咨询功能，随时为中外记者答疑解惑。人性化服务赢得一片赞誉。韩国《亚细亚经济》北京特派员金慧媛说，十九大新闻中心微信公众号，便于中外记者的采访。感觉各项措施都非常有条不紊。

十九大新闻中心还首次提供了融媒体访谈室服务。十九大新闻中心副主任、中国记协书记处书记王冬梅介绍，“就媒体的需求，特别是融媒体采、播以及制作的需求，我们增设了一个200平方米的融媒体演播室，在融媒体演播室设置了各种有线和无线的网络信号，这样记者可以在融媒体演播室进行专访、小型的集体采访，或者是互动性的采访”。

——外国专家首次参与报告译校。十九大新闻中心向参会记者提供中、英、法、西、日、俄、德、阿、葡、朝、越、老挝共计12种文字的十九大报告稿。引人注目的是，一批“外国面孔”参与了中共十九大报告的译校工作，成为最早看到十九大报告的外国人，涵盖英、法、俄、西、日、德、阿、葡、老挝9种语言。这是自改革开放以来，中共首次邀请外籍专家参与党代会报告外文版译校工作。这些外国专家中，很多人是以“让世界更好地认识中国”初衷参与进来，他们通过十九大报告的译校工作，看到了一个更加清晰、真实的中国梦。

英文专家桃李希望能够帮助更多英语国家的人理解十九大报告，作出自己微小的贡献。参与译校的阿拉伯文专家叶海亚说，“让外籍专家参与报告翻译工作是中国共产党一种高度自信的体现，是中国共产党公开透明态度的体现”。多语种十九大报告为世界人民提供了一个观察中国的窗口，近距离感受中国砥砺奋进的五年、中共从严治党的决心以及人民幸福生活的美好愿景。

——办会简朴务实。节俭朴素的会场、专注深入的研读、热烈生动的讨论，简朴会风处处可感，务实场景时时闪现，严明会纪一以贯之，清新之风扑面而来。习近平所站的讲台不摆鲜花，周围不设绿植。在参加分组讨论时，笔、纸张都是绿色环保的，会场还提供了一些公用的办公用品，如胶水、订书机等。整个会场没有摆放鲜花、绿植。代表们出发时没有迎送，驻地没有挂条幅，会场没有摆鲜花。来京报到时，代表团乘坐的都是普通航班、普通列车车次，享受的是与其他旅客同样标准的服务，有的代表团集体乘坐汽车抵达驻地；会务用车来自社会租用，车辆数量进行了大幅压缩，各代表团之间调剂使用。在北京会议中心代表们所住的房间，没有配备一次性用品，取而代之的是可以重复使用的牙刷、梳子等。一日三餐都是在驻地吃自助餐，既合口味又很简单，保质保量也不浪费。

十九大节俭办会，精简了形式，突出了内容，把中央八项规定精神落在实处。中央国家机关工委工作人员表示，十九大充分体现了简朴务实的特点，与会代表的精神面貌积极昂扬。多家海外媒体也纷纷刊文，关注中共十九大节俭务实办会的情况，指出这种规定与习近平当选总书记后开始实施的严格党纪相一致。

● 选举工作

根据大会选举办法规定和日程安排，10 月 20 日下午，中国共产党第十九次全国代表大会主席团在人民大会堂举行第二次会议。习近平同志主持会议。大会秘书长刘云山就十九届中央委员会委员、候补委员和中央纪律检查委员会委员候选人预备人选建议名单作了说明。会议通过了将关于十八届中央委员会报告的决议（草案）、关于十八届中央纪律检查委员会工作报告的决议（草案）、关于《中国共产党章程（修正案）》的决议（草案）提交各代表团讨论。会议通过了十九届中央委员会委员、候补委员和中央纪律检查委员会委员候选人预备人选建议名单，提交各代表团酝酿。会议通过了经各

代表团酝酿的大会选举办法。会议还通过了监票人、总监票人名单，待正式选举时提请大会通过。

从10月21日开始，各代表团对十八届中央政治局提出并经大会主席团通过的十九届中央委员会委员、候补委员和中央纪律检查委员会委员候选人预备人选名单进行了认真酝酿。10月22日下午和23日上午，大会举行各代表团全体会议，先后对中央委员、中央纪委委员和候补中央委员进行了预选。按照大会选举办法的规定，预选采用差额选举办法，差额比例均多于8%。整个预选工作在大会主席团的领导下，在监票人的监督下，严格按照大会选举办法进行，预选结果合法、有效。

22日晚和23日上午，大会主席团在人民大会堂举行第三次和第四次会议。习近平同志主持会议。会议通过了经各代表团差额预选产生的十九届中央委员会委员、候补委员和中央纪律检查委员会委员候选人名单（草案），决定将名单提交各代表团酝酿。

23日下午，大会举行各代表团分组会议，酝酿主席团第三次、第四次会议通过的中央委员、候补中央委员、中央纪委委员候选人名单。

24日上午，大会举行正式选举。习近平同志主持大会。大会应到代表和特邀代表2354人，实到2336人。实到代表超过应到代表的半数，符合大会选举办法的规定。会议首先通过了2名总监票人和36名监票人名单。在总监票人和监票人监督下，到会的代表和特邀代表以无记名投票方式，选举出由204名委员、172名候补委员组成的十九届中央委员会，选举出十九届中央纪律检查委员会委员133名。计票结束后，习近平宣布：第十九届中央委员会和中央纪律检查委员会，已经党的第十九次全国代表大会选举产生。全场响起热烈的掌声。

随后，大会通过了关于十八届中央委员会报告的决议。大会批准习近平同志代表十八届中央委员会所作的报告。大会通过了关于十八届中央纪律检查委员会工作报告的决议。大会充分肯定了十八届中央纪律检查委员会的工作。大会通过了关于《中国共产党章程（修正案）》的决议，决定这一修正案自通过之日起生效。大会一致同意，在党章中把习近平新时代中国特色社会主义思想同马克思列宁主义、毛泽东思想、邓小平理论、“三个代表”重要思想、科学发展观一道确立为党的行动指南。

大会完成各项议程后，习近平在热烈的掌声中发表了重要讲话。他指出，在全体代表共同努力下，这次大会开成了一次不忘初心、牢记使命、高举旗帜、团结奋进的大会。大会通过的十八届中央委员会的报告，高举中国特色社会主义伟大旗帜，以马克思列宁主义、毛泽东思想、邓小平理论、“三个代表”重要思想、科学发展观、新时代中国特色社会主义思想为指导，分析了国际国内形势发展变化，回顾和总结了过去五年的工作和历史性变革，深刻阐述了新时代中国共产党的历史使命，提出了新时代中国特色社会主义思想和基本方略，确定了决胜全面建成小康社会、开启全面建设社会主义现代化国家新征程的目标，对新时代推进中国特色社会主义伟大事业和党的建设新的伟大工程作出了全面部署，进一步指明了党和国家事业的前进方向。大会通过的中央纪律检查委员会工作报告，总结了十八届中央纪律检查委员会的工作，充分肯定了在党中央坚强领导下，各级纪律检查委员会忠诚履行党章赋予的职责，深入开展党风廉政建设和反腐败斗争，锲而不舍落实中央八项规定精神，严明政治纪律和政治规矩，推动各级党组织落实管党治党政治责任，发挥巡视利剑作用，把纪律挺在前面，坚决遏制腐败蔓延势头，净化党内政治生态，推动形成和巩固发展了反腐败斗争压倒性态势。大会通过的党章修正案，体现了党的十八大以来党的理论创新、实践创新、制度创新取得的成果，体现了党的十九大报告确立的重大理论观点和重大战略思想，反映了这些年来党的建设的成功经验，对加强党的全面领导、推进全面从严治党提出了明确要求。大会选举产生了新一届中央委员会，实现了新老交替。大会还选举产生了新一届中央纪律检查委员会。我们相信，这次大会作出的各项决策部署、取得的各项成果，必将对决胜全面建成小康社会、开启全面建设社会主义现代化国家新征程，对推进全面从严治党、推进党的建设新的伟大工程，对夺取新时代中国特色社会主义伟大胜利、实现中华民族伟大复兴的中国梦发挥十分重要的指导和保证作用。

习近平强调，我们作为党的全国代表大会代表，使命光荣，责任重大，一定要牢记党的初心和使命，牢记自己肩负的神圣职责，认真学习党的理论和路线方针政策，贯彻落实党关于决胜全面建成小康社会、开启全面建设社会主义现代化国家新征程的战略部署，更加自觉地学习党章、遵守党章、贯彻党章、维护党章，在思想上政治上行动上同党中央保持高度一致；一定要

密切同广大党员和人民群众的联系，及时反映广大党员和人民群众呼声，正确行使代表权利，自觉接受党和人民监督；一定要发挥模范带头作用，自觉按照新时代党的建设总要求改造和提高自己，积极投身新时代中国特色社会主义伟大实践，为党和国家事业贡献自己的智慧和力量，为全体党员作出表率，不辜负广大党员信任。

习近平表示，大会期间，各民主党派中央、全国工商联和各族各界人士向大会表示祝贺，广大人民群众通过各种方式向大会表示祝贺，许多国家领导人、政党、组织以及各界人士来电来函，也对大会表示祝贺，大会主席团谨向他们表示衷心的感谢。

习近平强调，中国共产党已经成立 96 年了，中华人民共和国已经成立 68 年了，改革开放已经进行 39 年了。长期以来，我们党团结带领中国人民和中华民族不懈奋斗、顽强拼搏，彻底改变了鸦片战争以后旧中国受人欺凌的悲惨境况，彻底改变了中国人民和中华民族积贫积弱的悲惨境况。今天，13 亿多中国人民意气风发、豪情满怀，我们 960 多万平方公里的祖国大地生机勃发、春意盎然，我们 5000 多年的中华文明光彩夺目、魅力永恒，我们党的领导和我国社会主义制度坚强牢固、充满活力，中国人民和中华民族前程伟大、前途光明。处在这样一个伟大时代，我们倍感自信自豪，同时也深感责任重大。我们要拿出勇气、拿出干劲，在一代一代中国共产党人团结带领人民创造的历史伟业的基础上，创造出无愧于时代的业绩，大踏步走向充满希望的未来。

习近平强调，中国共产党人的初心和使命，就是为中国人民谋幸福，为中华民族谋复兴。这个初心和使命是激励中国共产党人不断前进的根本动力。全党同志一定要永远与人民同呼吸、共命运、心连心，永远把人民对美好生活的向往作为奋斗目标，以永不懈怠的精神状态和一往无前的奋斗姿态，继续朝着实现中华民族伟大复兴的宏伟目标奋勇前进。全党要紧密团结在党中央周围，高举中国特色社会主义伟大旗帜，解放思想，改革创新，锐意进取，埋头苦干，带领全国各族人民为实现党的十九大确定的目标任务而奋斗。

习近平同志铿锵有力的话语，引起现场长时间热烈的掌声。

大会在雄壮的《国际歌》声中圆满结束。

三、确立习近平新时代中国特色社会主义思想为党的指导思想

● 庄严宣告中国特色社会主义进入新时代

大会科学总结了党的十八大以来五年的工作，指出这是党和国家发展进程中极不平凡的五年。五年来，面对世界经济复苏乏力、局部冲突和动荡频发、全球性问题加剧的外部环境，面对我国经济发展进入新常态等一系列深刻变化，我们党坚持稳中求进工作总基调，迎难而上，开拓进取，取得了改革开放和社会主义现代化建设的历史性成就。五年来，以习近平同志为核心的党中央以巨大的政治勇气和强烈的责任担当，革故鼎新、励精图治，提出一系列新理念新思想新战略，出台一系列重大方针政策，推出一系列重大举措，推进一系列重大工作，解决了许多长期想解决而没有解决的难题，办成了许多过去想办而没有办成的大事，推动党和国家事业发生历史性变革。这些历史性变革，对党和国家事业发展具有重大而深远的影响。

大会强调，五年来的成就是全方位的、开创性的，五年来的变革是深层次的、根本性的。这些历史性成就和历史性变革，标志着中国特色社会主义进入了新时代。这个新时代，是承前启后、继往开来、在新的历史条件下继续夺取中国特色社会主义伟大胜利的时代，是决胜全面建成小康社会、进而全面建设社会主义现代化强国的时代，是全国各族人民团结奋斗、不断创造美好生活、逐步实现全体人民共同富裕的时代，是全体中华儿女勠力同心、奋力实现中华民族伟大复兴中国梦的时代，是我国日益走近世界舞台中央、不断为人类作出更大贡献的时代。中国特色社会主义进入了新时代，这是我国发展新的历史方位，在中华人民共和国发展史上、中华民族发展史上具有重大意义，在世界社会主义发展史上、人类社会发展史上也具有重大意义。

● 进一步明确新时代中国共产党的历史使命

大会指出，实现中华民族伟大复兴是近代以来中华民族最伟大的梦想。中国共产党一经成立，就把实现共产主义作为党的最高理想和最终目标，义无反顾肩负起实现中华民族伟大复兴的历史使命，团结带领人民进行了艰苦卓绝的斗争，谱写了气吞山河的壮丽史诗。

今天，我们比历史上任何时期都更接近、更有信心和能力实现中华民族伟大复兴的目标。

实现伟大梦想，必须进行伟大斗争，建设伟大工程，推进伟大事业，这是时代发展给我们党提出的新使命。我们党深刻认识到，中华民族伟大复兴绝不是轻轻松松、敲锣打鼓就能实现的，必须准备付出更为艰巨、更为艰苦的努力。

我们党要团结带领人民有效应对重大挑战、抵御重大风险、克服重大阻力、解决重大矛盾，必须进行具有许多新的历史特点的伟大斗争，更加自觉地坚持党的领导和我国社会主义制度，坚决反对一切削弱、歪曲、否定党的领导和我国社会主义制度的言行；更加自觉地维护人民利益，坚决反对一切损害人民利益、脱离群众的行为；更加自觉地投身改革创新时代潮流，坚决破除一切顽瘴痼疾；更加自觉地维护我国主权、安全、发展利益，坚决反对一切分裂祖国、破坏民族团结和社会和谐稳定的行为；更加自觉地防范各种风险，坚决战胜一切在政治、经济、文化、社会等领域和自然界出现的困难和挑战。只有充分认识这场伟大斗争的长期性、复杂性、艰巨性，发扬斗争精神，提高斗争本领，才能不断夺取伟大斗争新胜利。

历史已经并将继续证明，没有中国共产党的领导，民族复兴必然是空想。我们党要始终成为时代先锋、民族脊梁，始终成为马克思主义执政党，必须深入推进党的建设新的伟大工程，更加自觉地坚定党性原则，勇于直面问题，敢于刮骨疗毒，消除一切损害党的先进性和纯洁性的因素，清除一切侵蚀党的健康肌体的病毒，不断增强党的政治领导力、思想引领力、群众组织力、社会号召力，确保我们党永葆旺盛生命力和强大战斗力。

中国特色社会主义是改革开放以来党的全部理论和实践的主题，是党和人民历尽千辛万苦、付出巨大代价取得的根本成就。中国特色社会主义道路是实现社会主义现代化、创造人民美好生活的必由之路，中国特色社会主义理论体系是指导党和人民实现中华民族伟大复兴的正确理论，中国特色社会主义制度是当代中国发展进步的根本制度保障，中国特色社会主义文化是激励全党全国各族人民奋勇前进的强大精神力量。必须继续统筹推进“五位一体”总体布局、协调推进“四个全面”战略布局，坚定道路自信、理论自信、制度自信、文化自信，既不走封闭僵化的老路，也不走改旗易帜的邪路，保持政治定力，坚持实干兴邦，始终坚持和发展中国特色社会主义。

● 确立了习近平新时代中国特色社会主义思想的历史地位

大会指出，十八大以来，国内外形势变化和我国各项事业发展都给我们提出了一个重大时代课题，这就是必须从理论和实践结合上系统回答新时代坚持和发展什么样的中国特色社会主义、怎样坚持和发展中国特色社会主义。围绕这个重大时代课题，以习近平同志为核心的党中央坚持以马克思列宁主义、毛泽东思想、邓小平理论、“三个代表”重要思想、科学发展观为指导，坚持解放思想、实事求是、与时俱进、求真务实，坚持辩证唯物主义和历史唯物主义，紧密结合新的时代条件和实践要求，以全新的视野深化对共产党执政规律、社会主义建设规律、人类社会发展规律的认识，进行艰辛理论探索，取得重大理论创新成果，创立了习近平新时代中国特色社会主义思想。

习近平新时代中国特色社会主义思想，明确坚持和发展中国特色社会主义，总任务是实现社会主义现代化和中华民族伟大复兴，在全面建成小康社会的基础上，分两步走在本世纪中叶建成富强民主文明和谐美丽的社会主义现代化强国；明确新时代我国社会主要矛盾是人民日益增长的美好生活需要和不平衡不充分的发展之间的矛盾，必须坚持以人民为中心的发展思想，不断促进人的全面发展、全体人民共同富裕；明确中国特色社会主义事业总体布局是“五位一体”、战略布局是“四个全面”，强调坚定道路自信、理论自信、制度自信、文化自信；明确全面深化改革总目标是完善和发展中国特色社会主义制度、推进国家治理体系和治理能力现代化；明确全面推进依法治国总目标是建设中国特色社会主义法治体系、建设社会主义法治国家；明确党在新时代的强军目标是建设一支听党指挥、能打胜仗、作风优良的人民

军队，把人民军队建设成为世界一流军队；明确中国特色大国外交要推动构建新型国际关系，推动构建人类命运共同体；明确中国特色社会主义最本质的特征是中国共产党领导，中国特色社会主义制度的最大优势是中国共产党领导，党是最高政治领导力量，提出新时代党的建设总要求，突出政治建设在党的建设中的重要地位。

大会认为，习近平新时代中国特色社会主义思想是对马克思列宁主义、毛泽东思想、邓小平理论、“三个代表”重要思想、科学发展观的继承和发展，是马克思主义中国化最新成果，是党和人民实践经验和集体智慧的结晶，是中国特色社会主义理论体系的重要组成部分，是全党全国人民为实现中华民族伟大复兴而奋斗的行动指南，必须长期坚持并不断发展。

大会一致同意，在党章中把习近平新时代中国特色社会主义思想同马克思列宁主义、毛泽东思想、邓小平理论、“三个代表”重要思想、科学发展观一道确立为党的行动指南。大会要求全党以习近平新时代中国特色社会主义思想统一思想和行动，增强学习贯彻的自觉性和坚定性，把习近平新时代中国特色社会主义思想贯彻到社会主义现代化建设全过程、体现到党的建设各方面。全党要深刻领会新时代中国特色社会主义思想的精神实质和丰富内涵，在各项工作中全面准确贯彻落实。

● 提出了新时代坚持和发展中国特色社会主义的基本方略

坚持党对一切工作的领导、坚持以人民为中心、坚持全面深化改革、坚持新发展理念、坚持人民当家作主、坚持全面依法治国、坚持社会主义核心价值体系、坚持在发展中保障和改善民生、坚持人与自然和谐共生、坚持总体国家安全观、坚持党对人民军队的绝对领导、坚持“一国两制”和推进祖国统一、坚持推动构建人类命运共同体、坚持全面从严治党，这十四条构成新时代坚持和发展中国特色社会主义的基本方略。全党同志必须全面贯彻党的基本理论、基本路线、基本方略，更好引领党和人民事业发展。

● 对开启全面建设社会主义现代化国家新征程作出战略安排

大会指出，从现在到2020年，是全面建成小康社会决胜期。需要按照十六大、十七大、十八大提出的全面建成小康社会各项要求，紧扣我国社会主要矛盾变化，统筹推进经济建设、政治建设、文化建设、社会建设、生态文明建设，坚定实施科教兴国战略、人才强国战略、创新驱动发展战略、乡村振兴战略、区域协调发展战略、可持续发展战略、军民融合发展战略，突出抓重点、补短板、强弱项，特别是要坚决打好防范化解重大风险、精准脱贫、污染防治的攻坚战，使全面建成小康社会得到人民认可、经得起历史检验。

从十九大到二十大，是“两个一百年”奋斗目标的历史交汇期。我们既要全面建成小康社会、实现第一个百年奋斗目标，又要乘势而上开启全面建设社会主义现代化国家新征程，向第二个百年奋斗目标进军。

综合分析国际国内形势和我国发展条件，从2020到本世纪中叶可以分两个阶段来安排：

第一个阶段，从2020年到2035年，在全面建成小康社会的基础上，再奋斗15年，基本实现社会主义现代化。到那时，我国经济实力、科技实力将大幅度跃升，跻身创新型国家前列；人民平等参与、平等发展权利得到充分保障，法治国家、法治政府、法治社会基本建成，各方面制度更加完善，国家治理体系和治理能力现代化基本实现；社会文明程度达到新的高度，国家文化软实力显著增强，中华文化影响更加广泛深入；人民生活更为宽裕，中等收入群体比例明显提高，城乡区域发展差距和居民生活水平差距显著缩小，基本公共服务均等化基本实现，全体人民共同富裕迈出坚实步伐；现代社会治理格局基本形成，社会充满活力又和谐有序；生态环境根本好转，美丽中国目标基本实现。

第二个阶段，从2035年到本世纪中叶，在基本实现现代化的基础上，再奋斗15年，把我国建成富强民主文明和谐美丽的社会主义现代化强国。到那时，我国物质文明、政治文明、精神文明、社会文明、生态文明将全面提升，实现国家治理体系和治理能力现代化，成为综合国力和国际影响力领先的国家，全体人民共同富裕基本实现，我国人民将享有更加幸福安康的生活，中华民族将以更加昂扬的姿态屹立于世界民族之林。

从全面建成小康社会到基本实现现代化，再到全面建成社会主义现代化强国，是新时代中国特色社会主义发展的战略安排。我们要坚忍不拔、锲而不舍，奋力谱写社会主义现代化新征程的壮丽篇章。

● 对继续推进新时代中国特色社会主义作出战略部署

大会指出，实现“两个一百年”奋斗目标、实现中华民族伟大复兴的中国梦，不断提高人民生活水平，必须坚定不移地把发展作为党执政兴国的第一要务，贯彻新发展理念，建设现代化经济体系。要着力深化供给侧结构性改革，加快建设创新型国家，实施乡村振兴战略和区域协调发展战略，加快完善社会主义市场经济体制，推动形成全面开放新格局。

大会强调，必须健全人民当家作主制度体系，发展社会主义民主政治。坚持党的领导、人民当家作主、依法治国有机统一，加强人民当家作主制度保障，发挥社会主义协商民主重要作用，深化依法治国实践，深化机构和行政体制改革，巩固和发展爱国统一战线，把我国社会主义民主政治的优势和特点充分发挥出来，为人类政治文明进步作出充满中国智慧的贡献。

大会认为，文化是一个国家、一个民族的灵魂。要坚定文化自信，坚持中国特色社会主义文化发展道路，激发全民族文化创新创造活力，推动社会主义文化繁荣兴盛，建设社会主义文化强国。要牢牢掌握意识形态工作领导权，培育和践行社会主义核心价值观，加强思想道德建设，繁荣发展社会主义文艺，推动文化事业和文化产业发展。

大会指出，带领人民创造美好生活，是我们党始终不渝的奋斗目标。必须始终把人民利益摆在至高无上的地位，让改革发展成果更多更公平惠及全体人民，朝着实现全体人民共同富裕不断迈进。要优先发展教育事业，提高就业质量和人民收入水平，加强社会保障体系建设，坚决打赢脱贫攻坚战，实施健康中国战略，打造共建共治共享的社会治理格局，有效维护国家安全。

大会强调，要加快生态文明体制改革，建设美丽中国。必须推进绿色发展，着力解决突出环境问题，加大生态系统保护力度，改革生态环境监管体制。我们要牢固树立社会主义生态文明观，推动形成人与自然和谐发展现代化建设新格局，为保护生态环境作出我们这代人的努力。

大会提出，要坚持走中国特色强军之路，全面推进国防和军队现代化。必须全面贯彻新时代党的强军思想，贯彻新形势下军事战略方针，构建中国特色现代作战体系，确保到2020年基本实现机械化，信息化建设取得重大进展，战略能力有大的提升；力争到 2035 年基本实现国防和军队现代化，到本世纪中叶把人民军队全面建成世界一流军队。

大会重申，必须全面准确贯彻“一国两制”、“港人治港”、“澳人治澳”、高度自治的方针，严格依照宪法和基本法办事，完善与基本法实施相关的制度和机制。必须继续坚持“和平统一、一国两制”方针，推动两岸关系和平发展，推进祖国和平统一进程。坚决维护国家主权和领土完整，绝不容忍国家分裂的历史悲剧重演。

大会强调，中国将坚持和平发展道路，推动建设相互尊重、公平正义、合作共赢的新型国际关系，建设持久和平、普遍安全、共同繁荣、开放包容、清洁美丽的世界，构建人类命运共同体。坚持对外开放的基本国策，积极促进“一带一路”国际合作，打造国际合作新平台，促进自由贸易区建设，推动建设开放型世界经济。中国将继续发挥负责任大国作用，积极参与全球治理体系改革和建设，不断贡献中国智慧和力量。

● 提出新时代党的建设总要求和全面从严治党新任务

大会强调，中国特色社会主义进入新时代，我们党一定要有新气象新作为。新时代党的建设总要求是：坚持和加强党的全面领导，坚持党要管党、全面从严治党，以加强党的长期执政能力建设、先进性和纯洁性建设为主线，以党的政治建设为统领，以坚定理想信念宗旨为根基，以调动全党积极性、主动性、创造性为着力点，全面推进党的政治建设、思想建设、组织建设、作风建设、纪律建设，把制度建设贯穿其中，深入推进反腐败斗争，不断提高党的建设质量，把党建设成为始终走在时代前列、人民衷心拥护、勇于自我革命、经得起各种风浪考验、朝气蓬勃的马克思主义执政党。

据此，大会提出全面从严治党的新任务，即把党的政治建设摆在首位，把保证全党服从中央、坚持党中央权威和集中统一领导，作为党的政治建设的首要任务；用新时代中国特色社会主义思想武装全党，用党的创新理论武装头脑，推动全党更加自觉地为实现新时代党的历史使命不懈奋斗；坚持党管干部原则，把好干部标准落到实处，匡正选人用人风气，突出政治标准；加强基层组织建设，以提升组织力为重点，突出政治功能；持之以恒正风肃纪，坚持以上率下，巩固拓展落实中央八项规定精神成果，继续整治“四

风”问题，坚决反对特权思想和特权现象；坚持受贿行贿一起查，坚决防止党内形成利益集团，夺取反腐败斗争压倒性胜利；健全党和国家监督体系，把党内监督同国家机关监督、民主监督、司法监督、群众监督、舆论监督贯通起来，增强监督合力；增强学习本领、政治领导本领、改革创新本领、科学发展本领、依法执政本领、群众工作本领、狠抓落实本领、驾驭风险本领，不断提高执政能力和水平。

四、为实现中华民族伟大复兴的中国梦不懈奋斗

党的十九大是在全面建成小康社会决胜阶段、中国特色社会主义进入新时代的关键时期召开的，大会进一步指明了党和国家事业的前进方向，是我们党团结带领全国各族人民在新时代坚持和发展中国特色社会主义的政治宣言和行动纲领，所起的影响是全面的、长远的，也是深刻的。

● 大会科学界定了我国发展所处的新的历史方位，对于动员全党全国人民踏上新征程迈出新步伐具有重要的激励作用

十九大报告指出，经过长期努力，中国特色社会主义进入了新时代，这是我国发展新的历史方位。中国特色社会主义进入新时代，意味着近代以来久经磨难的中华民族迎来了从站起来、富起来到强起来的伟大飞跃，迎来了实现中华民族伟大复兴的光明前景；意味着科学社会主义在二十一世纪的中国焕发出强大生机活力，在世界上高高举起了中国特色社会主义伟大旗帜；意味着中国特色社会主义道路、理论、制度、文化不断发展，拓展了发展中国家走向现代化的途径，给世界上那些既希望加快发展又希望保持自身独立性的国家和民族提供了全新选择，为解决人类问题贡献了中国智慧和中国方案。

十九大对我国所处的新的历史方位的界定，有助于统一全党和全国人民的思想认识，坚持党的基本理论、基本路线、基本方略，统筹推进“五位一体”总体布局、协调推进“四个全面”战略布局，把发展作为解决我国一

切问题的基础和关键，坚持以经济建设为中心，坚持全面深化改革，坚持以人民为中心的发展思想，开启全面建设社会主义现代化国家新征程，确保到2035年基本实现社会主义现代化，到本世纪中叶把我国建成富强民主文明和谐美丽的社会主义现代化强国。

● 大会对社会主要矛盾发生转化的判断体现了新时代的新任务和新要求

经过改革开放以来30多年的快速发展，中国社会主要矛盾发生了重大变化。在中国特色社会主义新时代，人民群众的需要已经从“物质文化需要”转化到“美好生活需要”，“落后的社会生产”转化到“不平衡不充分的发展”。

大会对中国社会主要矛盾作出的历史性重大判断，是我们党坚持实事求是、与时俱进、理论联系实际的重大理论创新，实事求是地反映了新时代中国特色社会主义的主要问题，有助于我们根据我国社会主要矛盾的变化，紧扣满足人民日益增长的美好生活需要，着力解决发展不平衡不充分的突出问题，牢固树立和贯彻创新发展、协调发展、绿色发展、开放发展和共享发展的新理念，大力提升发展质量和效益，在发展中更加注重社会公平，不断消除地区差距、收入差距和城乡差距，努力让全体人民共享改革开放和发展的成果，也有助于党和国家更加全面地分析和把握多方面、多样化、个性化、多变性、多层次的人民需要，对于更好地坚持“以人民为中心”的指导思想，不断满足人民群众追求美好生活的各项需求，与时俱进地研究分析人民群众需要的时代特点和演变发展规律，在决胜全面建成小康社会、全面建设社会主义现代化国家进程中取得新的更大成就。

● 大会确立习近平新时代中国特色社会主义思想为党的指导思想，为全党提供了科学理论指导和思想武装，对决胜全面建成小康社会、夺取新时代中国特色社会主义伟大胜利、为实现中华民族伟大复兴的中国梦不懈奋斗具有重大历史意义

十九大报告，主题鲜明、思想深邃，内涵丰富、博大精深，气势恢宏、催人奋进，通篇闪耀着马克思主义真理的光芒，通篇展示了以习近平同志为

核心的党中央引领新时代中国特色社会主义的理论成果、实践成果、创新成果，通篇激励着全党全国各族人民决胜全面建成小康社会、夺取新时代中国特色社会主义的伟大胜利、实现中华民族伟大复兴中国梦的坚定信心。报告通篇体现习近平新时代中国特色社会主义思想，站在历史和时代高度，紧紧抓住坚持和发展中国特色社会主义这条主线，科学判断中国特色社会主义进入新时代，提出了新时代我国社会主要矛盾，阐明了基本方略，描绘了宏伟蓝图，体现为民宗旨，强化从严治党要求，是我们党迈进新时代、开启新征程、续写新篇章的政治宣言和行动指南。

新时代催生新理论，新理论引领新实践。习近平新时代中国特色社会主义思想，开辟了马克思主义新境界、中国特色社会主义新境界、党治国理政新境界、管党治党新境界。党的十九大把习近平新时代中国特色社会主义思想确立为党必须长期坚持的指导思想，实现了党的指导思想又一次与时俱进，具有重大的政治意义、理论意义、实践意义。

● 大会选举产生了新一届中央领导机构，为决胜全面建成小康社会，开启全面建设社会主义现代化国家新征程提供了重要组织保证

经过认真酝酿和差额（8%）预选，大会于 10 月 24 日上午正式选举产生由 204 名委员、172 名候补委员组成的十九届中央委员会，选举出十九届中央纪律检查委员会委员 133 名。新一届中央领导集体的诞生，是经过严密的组织程序、充分发扬党内民主的结果，集中了各地区、各部门、各条战线、各个行业党的执政骨干和优秀代表，整体素质优良、结构比较合理、分布比较均衡，群众基础比较好，为决胜全面建成小康社会，开启全面建设社会主义现代化国家新征程提供了重要组织保证。

10 月 25 日上午，十九届一中全会选举产生了新的中央领导机构，习近平同志再次当选为中央委员会总书记、中央军委主席。一批为党和国家事业作出重大贡献的同志从党中央领导岗位上退下来，一批德才兼备、年富力强的领导干部进入新一届中央委员会和中央领导机构。这是一个政治坚定、团结统一、坚强有力、奋发有为的中央领导集体，这是一个人民可以期待、适应党和国家事业发展需要的中央领导集体。选举结果充分体现了全党全军全国各族人民的共同心愿，充分反映了我们党朝气蓬勃、兴旺发达。

全会结束后，新当选的中共中央总书记习近平和中共中央政治局常委李克强、栗战书、汪洋、王沪宁、赵乐际、韩正在人民大会堂同采访十九大的中外记者亲切见面。习近平向大家介绍了中共中央政治局常务委员会的其他成员后，代表新一届中共中央领导成员衷心感谢全党同志的信任，表示一定恪尽职守、勤勉工作、不辱使命、不负重托。

习近平指出，“过去的五年，我们做了很多工作，有的已经完成了，有的还要接着做下去。中共十九大又提出了新目标新任务，我们要统筹抓好落实。经过长期努力，中国特色社会主义进入了新时代。新时代要有新气象，更要有新作为。中共十九大到二十大的五年，正处在实现“两个一百年”奋斗目标的历史交汇期，第一个百年目标要实现，第二个百年奋斗目标要开篇。这其中有一些重要的时间节点，是我们工作的坐标。”

习近平强调，“2018 年，我们将迎来改革开放 40 周年。改革开放是决定当代中国命运的关键一招，40 年的改革开放使中国人民生活实现了小康，逐步富裕起来了。我们将总结经验、乘势而上，继续推进国家治理体系和治理能力现代化，坚定不移深化各方面改革，坚定不移扩大开放，使改革和开放相互促进、相得益彰。我坚信，中华民族伟大复兴必将在改革开放的进程中得以实现。”

习近平指出，“2019 年，我们将迎来中华人民共和国成立 70 周年。我们将贯彻新发展理念，推动中国经济持续健康发展，惠及中国人民和各国人民。我们将继续落实好“十三五”规划确定的各项任务，并对未来发展作出新的规划，推动各项事业全面发展，把我们的人民共和国建设得更加繁荣富强。”

习近平强调，“2020 年，我们将全面建成小康社会。全面建成小康社会，一个不能少；共同富裕路上，一个不能掉队。我们将举全党全国之力，坚决完成脱贫攻坚任务，确保兑现我们的承诺。我们要牢记人民对美好生活的向往就是我们的奋斗目标，坚持以人民为中心的发展思想，努力抓好保障和改善民生各项工作，不断增强人民的获得感、幸福感、安全感，不断推进全体人民共同富裕。我坚信，中国人民生活一定会一年更比一年好。”

习近平指出，“2021 年，我们将迎来中国共产党成立 100 周年。中国共产党立志于中华民族千秋伟业，百年恰是风华正茂！中国共产党是世界上最

大的政党。大就要有大的样子。实践充分证明，中国共产党能够带领人民进行伟大的社会革命，也能够进行伟大的自我革命。我们要永葆蓬勃朝气，永远做人民公仆、时代先锋、民族脊梁。全面从严治党永远在路上，不能有任何喘口气、歇歇脚的念头。我们将继续清除一切侵蚀党的健康肌体的病毒，大力营造风清气正的政治生态，以全党的强大正能量在全社会凝聚起推动中国发展进步的磅礴力量。"

习近平强调，"中国共产党和中国人民从苦难中走过来，深知和平的珍贵、发展的价值。中国人民自信自尊，将坚定维护国家主权、安全、发展利益，同时将同各国人民一道，积极推动构建人类命运共同体，不断为人类和平与发展的崇高事业作出新的更大的贡献。"

习近平指出，"历史是人民书写的，一切成就归功于人民。只要我们深深扎根人民、紧紧依靠人民，就可以获得无穷的力量，风雨无阻，奋勇向前。"

习近平最后说，"百闻不如一见。我们欢迎各位记者朋友在中国多走走、多看看，继续关注中共十九大之后中国的发展变化，更加全面地了解和报道中国。我们不需要更多的溢美之词，我们一贯欢迎客观的介绍和有益的建议，正所谓'不要人夸颜色好，只留清气满乾坤'。"

伟大的事业必须有坚强的党来领导。在新时代凝聚全党、团结人民、战胜挑战、破浪前进，保证我们党始终成为中国特色社会主义的坚强领导力量，必须有坚强有力的领导核心。肩负新时代的历史使命，更好进行伟大斗争、建设伟大工程、推进伟大事业、实现伟大梦想，我们党更加需要一个坚强的领导核心和中央领导集体。我们深信，坚决维护以习近平同志为核心的党中央权威和集中统一领导，坚决维护习近平总书记党中央的核心、全党的核心地位，就能凝聚中央委员会、中央政治局成员的智慧，凝聚各级领导干部的智慧，凝聚全党 8900 多万党员的智慧，凝聚起同心共筑中国梦的磅礴力量，就能团结带领全党全军全国各族人民，决胜全面建成小康社会，夺取新时代中国特色社会主义伟大胜利。

后　记

深入学习贯彻党的十九大精神，需要系统回顾和了解党的全国代表大会发展历程。为此，我们向广大读者推出了《从一大到十九大：中国共产党全国代表大会史》一书。

在编写过程中，我们得到了全国政协常委、文史和学习委员会副主任、中国中共党史学会常务副会长龙新民研究员，中共中央党史研究室副主任、全国政协委员冯俊教授的指导和帮助。在此，谨向他们表示崇高敬意和衷心感谢！

承担本书编写任务的分别是：王祖强、王侃、王斌，撰写中共一大至七大；沈传宝、王永魁，撰写中共八大至十一大；张士义、李东方、张晓明，撰写中共十二大至十九大。张士义、王祖强、沈传宝对全部书稿进行了统改。

编者

2017 年 10 月